Fritz Köhlein
Kleine Pflanzen für kleine Gärten

Fritz Köhlein

Kleine Pflanzen für kleine Gärten

134 Farbfotos
und 20 Zeichnungen

VERLAG
EUGEN
ULMER

Titelbild: *Campanula carpatica* und *Sedum spurium*
in der kleinen Steingartenecke.
Bild Seite 2: *Phlox amoena* (links im Bild) und
Sempervivum-Arten im Topf.

Die Bilder auf Seite 121, 129 (unten rechts) und 148 (links)
stammen von Walter Erhardt, Langenstadt,
alle anderen Aufnahmen vom Autor.

CIP-Titelaufnahme der Deutschen Bibliothek

Köhlein, Fritz:
Kleine Pflanzen für kleine Gärten /
Fritz Köhlein. Stuttgart : Ulmer 1989.
  ISBN 3-8001-6368-3

© 1989 Eugen Ulmer GmbH & Co.
Wollgrasweg 41, 7000 Stuttgart 70 (Hohenheim)
Printed in Germany
Lektorat: Agnes Bartunek
Einbandgestaltung: Alfred Krugmann
Satz: Typobauer Filmsatz GmbH, Ostfildern 3
Druck und Bindung: Friedrich Pustet, Regensburg

Inhaltsverzeichnis

Vorwort

Es ist ganz gleich, ob ein Garten klein oder groß ist. Was die Möglichkeiten seiner Schönheit betrifft, so ist seine Ausdehnung so gleichgültig, wie es gleichgültig ist, ob ein Bild groß oder klein, ob ein Gedicht zehn oder hundert Zeilen lang ist. Die Möglichkeiten der Schönheiten, die sich in einem Raum von 15 Schritt im Geviert, umgeben von vier Mauern, entfalten können, sind einfach unermeßbar.

Hugo von Hofmannsthal

Mit den »Kleinen Pflanzen für kleine Gärten« lege ich ein Buch vor, das sich in das bisher bekannte Spektrum der deutschsprachigen Pflanzen- und Gartenliteratur nur schlecht einordnen läßt. Normalerweise beziehen sich Pflanzen- oder Gartenbücher auf bestimmte Pflanzengruppen oder spezielle Verwendungsmöglichkeiten. Das vorliegende Buch betrachtet jedoch die gesamte Bandbreite von Zierpflanzen und deren Gebrauch einzig und allein unter dem Aspekt der beschränkten Größe. Die beträchtliche Nachfrage nach solchen Miniaturen nimmt noch weiter zu, wobei der Begriff »Miniatur« immer aus dem Blickwinkel der jeweiligen Pflanzengruppe zu betrachten ist. – Ein kleiner Hausbaum ist etwas anderes als eine kleine Steingartenpflanze für die Trogbepflanzung. Erscheint das Sortiment zwergiger Pflanzen im ersten Augenblick überschaubar, entpuppt es sich bei näherer Betrachtung als eine Vielfalt ohne Grenzen. Deshalb beinhaltet dieses Buch einen großen Pflanzenreichtum, kann aber andererseits auch nicht das Recht auf Vollständigkeit für sich beanspruchen, zumal sich besonders bei der Züchtung vieles in Bewegung befindet. Man sollte dieses Werk als einen Schlüssel betrachten, der zusammen mit ausführlichen Pflanzenbeschreibungen und spezieller Literatur ein Tor öffnet zur attraktiven Verwendung von kleinen Pflanzen in allen gärtnerischen Anwendungsbereichen.

Dieses Buch spricht wiederum einen breiten Kreis von Interessenten an, wobei es gleichgültig ist, ob diese aus dem Erwerbsgartenbau, aus Pflanzen-Liebhaberkreisen, aus der Gartenarchitektur, aus dem Bereich des Öffentlichen Grüns oder von Botanischen Gärten kommen. Es gibt keinen Gartenbereich, in dem nicht auch kleine Pflanzen verwendet werden. Ich hoffe, dafür Denkanstöße geben zu können.

Wie bei allen meinen Büchern handelt es sich auch hier um eine Gemeinschaftsarbeit. Ohne die Unterstützung meiner Frau Annemarie könnte ich diese verhältnismäßig umfangreichen Arbeiten nicht schaffen! Dank sei auch hier wieder meinem Verleger, Herrn Roland Ulmer, der sich meinen Gedanken stets aufgeschlossen zeigte und die umfangreiche Illustration und gute Ausstattung ermöglichte. Die Zusammenarbeit mit dem Lektorat und der Herstellungs-Abteilung bewährt sich nun schon seit eineinhalb Jahrzehnten, den Mitarbeitern gilt ein herzliches Dankeschön. Ebenfalls meinem Freund Walter Erhardt, der einige schöne Fotos beisteuerte, und Marlene Gemke, die aus meinen Skizzen nette, informative Zeichnungen machte. Bleibt noch zu sagen, daß ich hoffe, mit diesem Werk eine Lücke zu füllen. Ich bin dankbar, daß es mir vergönnt war, dieses Buch zu schaffen.

Dr.h.c. Fritz Köhlein
Bindlach, Frühjahr 1989

Einführung

*Weil es Blumen gibt, da eine höher als die
andere ist, so theilt man sie in drei verschiedene
Classen, nemlich in Blumen, welche einen
grossen, in die, so einen mittelmässigen,
und in die, so einen kleinen Platz einnehmen.
Dieser Unterschied ist sehr nöthig zu wissen,
damit man nicht eine mit der anderen confus
durch einander mische.*

Diese Worte stammen aus dem Buch »Die
Gärtnerey«, der deutschen Übersetzung des
französischen Werkes von Alexandre le Bond
durch Frantz Antoni Dannreitter aus dem
Jahre 1731. Das Zitat wurde also vor mehr als
250 Jahren niedergeschrieben und ist heute
noch genauso gültig wie damals. Es mag sein,
daß den Worten heute noch stärkeres Interesse gebührt.
Die doch verhältnismäßig großen Schloß- und
Klostergärten der damaligen Zeit und die
später folgenden großzügigen, bürgerlichen
Herrschaftsgärten sind seither den Hausgärten und Kleingärten von meist bescheidenem
Ausmaß gewichen. Diese Tendenz setzt sich
noch weiter fort, bedingt durch die Grundstückspreise und die Tatsache, daß Grund
und Boden nicht vermehrt werden kann.
Manche Gartenarchitekten haben sich dem
angepaßt und kommen bei der Planung von
Gärten mit oft kaum mehr als zehn Pflanzenarten aus, was auch für botanisch desinteressierte Gartenbesitzer durchaus genug sein
mag. Auf der anderen Seite steht die Vielfalt
der zur Verfügung stehenden Pflanzen, die
sich auch in der naturnahen Bepflanzung
unserer Gärten widerspiegeln sollte, sofern
der Gartenbesitzer dafür aufgeschlossen ist.
Kleine Gartenplätze und Pflanzenvielfalt lassen sich nur durch Verwendung von klein-

bleibenden Pflanzen unter einen Hut bringen.
Oft hat der Gartenbesitzer den Wunsch, in
vorhandenen Gärten Details neu zu gestalten
und zu bepflanzen. Für alle Bereiche, in denen
kleine Pflanzen benötigt werden, sollen die
folgenden Abschnitte als Hilfe dienen. Bei den
Pflanzenübersichten finden sich neben bewährten Arten und Sorten auch Raritäten
und brandneue Züchtungen, deren Beschaffung nicht immer leicht ist, oft helfen dann
ausländische, britische und US-amerikanische
Lieferanten. Am Schluß des Buches befindet
sich eine umfangreiche Bezugsquellenliste, die
wohl in vielen Fällen weiterhilft.
Die im folgenden angeführten zwergigen
Pflanzen und ihre Verwendungsmöglichkeiten, gepaart mit etwas eigener Phantasie, führen sicher zu Gärten und Gartendetails, die
voll befriedigen und dem Besitzer Freude
bringen.

Kleine Rosen und ihre Begleiter

Das umfangreiche, moderne Rosensortiment bietet auch für kleine und kleinste Gärten genügend Auswahl, um Gartensituationen mit diesen Pflanzen gestalten zu können, auch von seiten der Begleitpflanzen gibt es genügend kleine Partner.

Kleine Beetrosen

Betrachtet man das gängige Beetrosensortiment, so finden sich neben höheren, wüchsigen Sorten auch viele kompaktbleibende. Manche erreichen dabei nur eine Durchschnittshöhe von 40 cm; sie eignen sich durchaus auch für kleine Gärten. Ich will hier besonders auf einige ADR-Sorten (ADR = Anerkannte deutsche Rose) hinweisen, die dieser Höhenangabe entsprechen. Beachtung verdient die sehr attraktive, cremeweiß blühende Floribunda-Rose 'Edelweiß' und die bernsteingelbe bis bernsteinbraune und duftende 'Goldtopas'. Selbst in der Größenordnung von Beetrosen unter 40 cm Höhe ist die Auswahl noch sehr umfangreich, es handelt sich ebenfalls dabei um Floribunda Rosen. Die folgenden Sorten sind für kleine Gärten zu empfehlen.

'Boy's Brigade'. Floribunda-Rose. Nur 30 bis 40 cm hoch. Einfache scharlachrote Blüten mit weißer Mitte. Breitbuschig, gut verzweigt. Für niedrige Gruppen, Beete, Einfassungen, aber auch für Kübel und sonstige Gefäße.

'The Fairy' ist eine reizende Rose mit kleinen zartrosa Blüten. Es gibt nur wenige Sorten, die in den letzten Jahren so sehr an Popularität gewonnen haben wie diese. Ihre Winterhärte und Unempfindlichkeit mag dazu beigetragen haben.

'Cordula'. 30 bis 35 cm. Starkgefüllte, leuchtend-blutrote Blüten. Leichter Duft. Kompakt und stark verzweigt.

'Heinzelmännchen'. 35 cm. Blutrot, blüht rasch und reich nach. Ideal für kleine Beete.

'Insel Mainau'. 35 cm. ADR-Sorte. Blutrot, vollgefüllt, haltbar. Sowohl bei Sonne und Regen intensiv blühend.

'La Paloma 85'. 40 cm, manchmal auch etwas höher. Blüten sehr groß, ganzgefüllt, reinweiß. Buschige Pflanze.

'Marlena'. 35 cm. ADR-Sorte. Dauerblüher, niedrige Massensorte, regenunempfindlich. Blüten mittelgroß, leuchtend-dunkelrot, orange überhaucht.

'Meteor'. 35 cm. Edelrosenförmige Blüten, scharlachzinnober, haltbar, reichblühend.

'Piccolo'. Niedriger Wuchs. Edle, gefüllte, leuchtend-lachsrote Blüten. Der schnelle Durchtrieb der wüchsigen Sorte sichert einen andauernden Blütenflor.

'Polygold'. 20 bis 40 cm. Floribunda-Rose mit mittelgroßen, gefüllten, leuchtend-goldgelben Blüten. Sehr winterhart.

'Regensberg'. 35 cm. Mittelgroße, gefüllte Blüten, außen zartrosa, innen kräftiger rosa mit hellem Auge, Wildrosenduft.

'Rosali 83'. Niedrige Floribunda-Rose. Sehr gut gefüllte Apfelblüten-rosa Blüten. Der schnelle und starke Durchtrieb ergibt einen kontinuierlichen Blütenflor, ohne daß der kompakte Wuchs verlorengeht.

'Taora'. Floribunda-Rose mit niedrigem kompaktem Wuchs und kräftigorange getönten Blüten. Gut winterhart.

'Topsi'. Floribunda-Rose. Bleibt mit etwa 30 cm sehr niedrig. Blüht früh und andauernd. Die Farbe ist ein starkleuchtendes, feuriges Geraniumrot.

Auch der Schnitt beeinflußt das Höhenwachstum. In klimatisch bevorzugten Gärten, bei denen die Triebe wenig Winterschäden erleiden und kaum geschnitten werden, können die Höhenangaben wesentlich überschritten werden. Wer gleichmäßige, kompakte Beetpflanzen wünscht, sollte mindestens auf drei bis vier Augen zurückschneiden und alle dünnen Seitentriebe entfernen.

Zwergrosen-Sortiment

Neben den oben genannten kleinen Sorten von normalen Beetrosen stehen für kleinere Pflanzungen aber noch die eigentlichen Zwergrosen, in den meisten Fällen Zwerg-Bengalrosen, zur Verfügung, die in allen Teilen noch kleinwüchsiger bleiben. Ihre Anwendungsmöglichkeiten streuen sehr breit. Zwerg-Bengalrosen eignen sich für kleine Beete, Beeteinfassungen, für Töpfe, Kübel und größere Schalen. Bei flächiger Pflanzung wird eine Pflanzweite von etwa 20 cm gewünscht. Im Gegensatz zu den Beetrosen sollten Zwerg-Bengalrosen nur wenig geschnitten werden. Man stutzt sie nur schwach und entfernt erfrorene Teile.

Diese echten Zwerge unter den Rosen wurden in Mitteleuropa lange als Stiefkinder behandelt, doch hat sich das Sortiment in den letzten Jahren kräftig ausgeweitet. Im Vergleich mit Großbritannien nimmt es sich aber immer noch bescheiden aus. Jenseits des Kanals gibt es einige hundert Sorten. Die Angst vor fehlender Winterhärte ist bei den bei uns im Handel befindlichen Sorten unbegründet, auch in meinem eigenen Garten habe ich lange Zeit gezögert.

Selbstverständlich gilt für die Zwerg-Bengalrosen das gleiche wie für die Beetrosen: Im Herbst muß als Winterschutz die Erde um die Pflanze angehäufelt werden, da der Witterungsverlauf nicht vorherzusehen und Vorbeugen in jedem Fall besser ist als Heilen. Das im Angebot befindliche Sortiment kann jeden Wunsch erfüllen.

Zwerg-Bengalrosen

'Baby Darling'. Leuchtend-zinnoberrote, Edelrosen-förmige Blütchen.

'Baby Gold Star' (syn. 'Estrellita d'Oro'). 30 cm hoch. Halbgefüllte, flache, kleine, goldgelbe Blüten.

'Baby Maskerade'. Reichblühend, herrliches Farbspiel, rote Knospen, die leuchtend-goldgelb aufblühen, im Verblühen erscheint die Blüte feurigrot.

'Bit o'Sunshine'. Verhältnismäßig große, leuchtend-buttergelbe, gutgefüllte Blüten. Gut winterhart.

'Bluenette'. 20 bis 40 cm. Halbgefüllte, große Blüten, leuchtend-lilablau, also eine neue Farbe!

'Cinderella'. Flache, dichtgefüllte, duftende, weiße Blüten mit zartrosa Hauch. Triebe ohne Stacheln.

'Colibri 79'. 30 bis 40 cm. Blütenfarbe Gelb mit Kupferrot. Starkgefüllte, verhältnismäßig große Blüten.

'Contelin'. Eine etwas »verrückt« getönte Sorte mit ungewöhnlichen goldgrünen Blüten.

'Dorola'. Mittelgroße, gefüllte, leuchtend-goldgelbe Blüten. Hübsch bis zum Verblühen.

'Eleanor'. Etwa 20 bis 40 cm. Gutgefüllte, reinrosa Blüten.

'Elwina'. 20 bis 40 cm. Kleine orangerote, gutgefüllte Blüten. Niedriger Wuchs.

'Estima'. 20 bis 40 cm. Gutgefüllte, korallenrosa, mittelgroße Blüten. Buschiger Wuchs und schneller Nachtrieb.

'Freegold'. Knospen in großen Büscheln, leuchtend-kupfergelb.

'Fresh Pink'. 40 bis 60 cm. Leuchtendes Lachsrosa, edle spitze Knospen, leicht duftend.

'Gold Bunny'. Etwa 30 cm. Mittelgroße, gefüllte, goldgelbe Blüten, einzeln oder in kleinen Büscheln stehend. Kräftiger, etwas breiter Wuchs.

'Guletta'. Kompakte Pflanze mit vollgefüllten, zitronengelben Blüten.

'Little Artist'. 20 bis 30 cm. Blutrote, einfache Blüten mit großer weißer Mitte und auffallenden gelben Staubgefäßen. Niedrig und gut verzweigt.

'Little Prince'. 20 bis 40 cm. Kleine leuchtend-orangerote, halbgefüllte Blüten mit gelber Mitte. Kompakte, gut verzweigte Pflanze mit angenehmem Wildrosenduft.

'Maidy'. Edelrosen-förmige, dunkelrote Knospen, aufgeblüht blutrot mit weißer Unterseite.

'Minuetto'. Gefüllte orangerote Blüten mit 2,5 bis 3 cm Durchmesser. Mittelstark, buschig, wächst gut verzweigt. Geeignet für Töpfe, Balkonkästen, Einfassungen, kleine Gruppen.

'Morena'. 20 bis 40 cm. Gutgefüllte lachsrosa, sternförmige Blüten mit angenehmem Wildrosenduft. Gesund, wächst kräftig und breitbuschig.

'Orange Meillandina'. 30 bis 40 cm. Starkgefüllte rosettenförmige Blüten von leuchtendem Orangerot. Auch ideal für Topf und Balkon.

'Perle de Alcanada' (syn. 'Baby Crimson'). 40 cm. Kleine, leichtgefüllte Blüten, Farbe Lilarot bis Karminrot.

'Pink Heather'. Lockere, gefüllte, rosa Blüten.

'Rosabell'. 30 bis 40 cm. Kleine reinrosa, starkgefüllte Blüten, duftend, reichblühend.

'Rosina' (syn. 'Josephine Wheatcroft'). Kleine, halbgefüllte, goldgelbe Blüten, leicht duftend. Zwergiger Wuchs.

'Rosmarin'. Sternförmige, silbrig-rosafarbene Blüten mit hellrotem Zentrum, Dauerblüher.

'Rouletti' (Wahrscheinlich die alte 'Pompon de Paris'). 35 cm. Dichtgefüllte rosarote, sehr kleine Blüten.

'Scarlet Pimpernel'. Edelrosen-förmige, kräftigrote Blüten.

'Scarletta'. Sauber verblühende Dolden von leuchtendem Dunkelrot.

'Sonnenkind'. Edelrosen-förmige, goldgelbe Blüten. Neuheit! Sehr gesund.

'Spica'. Dichtgefüllte zweifarbige, rosarot und weiß gezeichnete Blüten.

'Starina'. 30 bis 50 cm. Edel geformte, gefüllte Blüten, lachsrot. Gute Topfsorte, ADR-Sorte.

'Sunmaid'. Gefüllte goldgelbe Blüten mit orangem Hauch, später rot.

'Sweet Fairy'. 25 cm. Kleine hellrosa Blüten, dichtgefüllt, duftend.

'Toliman'. Violette Zwergrose. Eine seltene Farbe im Sortiment.

'Wanaka'. 20 bis 40 cm. Reichblühende, leuchtend-orangerote Zwergrose, Wächst buschig-kompakt

'Weiße Wolke'. 20 cm. Blüten Edelrosen-förmig, ganzgefüllt, reinweiß. Kompakter Wuchs.

'White Gem'. Etwa 30 bis 40 cm. Große, dichtgefüllte weiße Blüten. Aufrecht, etwas sparrig wachsend. Für kleine Beete, größere Pflanzgefäße.

'Womans Own'. 25 bis 35 cm. Gefüllte lachsrosa bis silberrosa Blüten.

'Yellow Doll'. Gefüllte Blüten von kräftigem Goldgelb.

'Yellow Pinocchio'. Gelbe Blüten, kompakte Dolden.

'Zwergenfee'. Mittelgroße, gefüllte, regenfeste Blüten in Orange bis Blutrot, die sauber verblühen. Auch für Töpfe.

'Zwergenkönig'. Knospen spitz, Blüten ganzgefüllt, mittelgroß, sehr haltbar, leuchtend-blutrot. Für niedrige Hecken, Tröge, größere Töpfe und Container.

'Zwergenkönigin'. Größere Blüten von kräftigem, reinem Rosa, leichter Duft.

Zwerg-Polyantharosen

Ein weiteres niedrig bleibendes, kleinblumiges Sortiment umfaßt eine Reihe von Zwerg-Polyantharosen, die flächig gepflanzt werden können, sich aber auch für kleine Hecken, für die Topf-, Trog- oder Containerbepflanzung eignen. Sie sind also auch für kleine Gärten ideal. Diese klassischen Zwerg-Polyantharosen zeichnen sich durch Langblütigkeit aus.

Oben: 'Sonnenkind' ist ein Goldstück unter den Zwergrosen und bleibt gesund! Unten: 'Orange Meillandina' bringt Farbe in kleine Pflanzungen.

Der Blühbeginn fällt in günstigen Lagen oft in den Mai–Juni. Die Pflanzweite beträgt 40 bis 50 cm. Bei Pflanzung in engeren Gefäßen sollte eine gute Düngernachhilfe nicht vergessen werden. Die Blüten stehen bei allen Arten in dichten Dolden und die Form der Einzelblüte ist mehr kugelig. Die folgende Aufstellung nennt bekannte Sorten.

'Finnstar'. 30 bis 50 cm hoch. Blüten orangefarben, rundlich, locker gefüllt. Reichblühend mit schnellem Nachtrieb. Auch gut für Töpfe.

'Maywonder'. 35 cm. Blutroter Sport der bekannten Sorte 'Muttertag'.

'Muttertag'. 35 cm Leuchtendrote, gefüllte Blüten.

'Rosabell'. Etwa 30 bis 40 cm. Die rundlichen, dunkelrosa Knospen öffnen sich zu kleinen, gefüllten Blüten in einem klaren Reinrosa. Wächst kompakt-breitbuschig. Für niedrige Beete, Gruppen, Einfassungen, Topf- und Kübelbepflanzung.

'Sinoia'. 40 cm. Leuchtend-orangerote, gefüllte Blüten.

'Sneprinsesse'. 30 cm. Weiße, gefüllte Blüten.

'Snovit'. 40 cm. Weiße, gefüllte Blüten.

'Vatertag'. 35 cm. Leuchtend-reinrosa, gut haltbar, Wildrosenduft, Sport von 'Muttertag'.

Compacta-Rosen

Die Rosenzüchterfirma de Ruiter brachte in den 50er Jahren sogenannte Compacta-Rosen heraus. Sie weisen einen zwergigen, gedrungenen Wuchs auf und werden etwa bis 35 cm hoch. Sie können ebenfalls flächig, in Gruppen oder auch in die verschiedenartigsten Gefäße gepflanzt werden.

'Alberich' ('Happy'). 20 bis 30 cm hoch. Blüten halbgefüllt, sehr klein, johannisbeerrot.

'Balduin' ('Sleepy'). 20 cm. Kleine, locker gefüllte Blüten in kräftigem Rosa.

'Bertram' ('Sneezy'). 20 bis 30 cm. Einfache, dunkelrosa Blüten.

Zwergrosen, besonders solche mit einfachen Blütenschalen, passen auch in den Steingarten.

'Burkhardt' ('Grumpy'). 35 cm. Kleine, hell rosa Blüten, im Verblühen rot.

'Degenhard' ('Doc'). 25 cm. Flache, halbgefüllte Blüten, rosarot, Mitte weiß.

'Eberwein' ('Dopey'). 35 cm. Kleine halbgefüllte, dichtstehende, karminrote Blüten mit etwas hellerer Mitte.

'Giesebrecht' ('Bashfull'). 30 cm. Einfache Blüten, dunkel-purpurrosa, Mitte weiß.

Meillandina Topfrosen

Die französische Firma Meilland, in Deutschland durch Strobel in Pinneberg vertreten, hat die Meillandina Topfrosen herausgebracht. Es handelt sich hier ebenfalls um stecklingsvermehrte Zwergrosen, die als Topfrosen von Ende April bis Ende Juni guten Absatz finden und auf dem Fensterbrett, am Balkon und in

Kübeln verwendet werden. Sind diese Rosen verblüht, werden sie zurückgeschnitten und können in den Garten gepflanzt werden. Nach 6 bis 7 Wochen stehen die Pflanzen wieder im Flor, im Gegensatz zur Weiterkultur im Zimmer, wo die Lichtmenge nicht für einen zweiten Flor ausreicht.

'Belle Meillandina'. 30 bis 40 cm hoch. Buschige, mittelstarke Rose mit dunkel-orangenroten, rosettenartig gefüllten Blüten mit einem Durchmesser von 2,5 bis 3 cm. Für Töpfe, Balkonkästen, Einfassungen, kleine Flächen. Pflanzabstand etwa 35 cm.
'Brilliant Meillandina'. Etwa 30 bis 40 cm. Mittelstark-breitbuschig. Gefüllte, relativ große, rosettenartige, leuchtend-orangerote, oft einzeln stehende Blüten.
'Happy Meillandina'. Mehr breit- als hochwachsend, niederliegend oder stark überhängend. Sehr kleine, gefüllte, flachrosettige lachsrosa Blüten. Besonders für Ampeln geeignet.
'Pink Meillandina'. 30 bis 40 cm. Mittelstark, buschig wachsend. Blüten in kleinen Büscheln, gefüllt und mittelgroß, lachsrosa. Besonders für Töpfe, Balkonkästen, kleinere Einfassungen und Gruppen.
'Red Meillandina'. 30 bis 35 cm. Buschiger, mittelstarker Wuchs, Zweige teils leicht überhängend. Gefüllte, mittelgroße, blutrote Blüten in kleinen Büscheln. Für Einfassungen, Töpfe, kleinere Gruppen.
'Yellow Meillandina'. 30 bis 45 cm. Mittelstark, gut verzweigt mit gutgefüllten, gelben Blüten, die in kleinen Büscheln stehen und die später kupferrote getönte Ränder bekommen. Für kleine Beete, Töpfe, Balkonkästen und Kübelbepflanzung.

Weitere Sorten dieser Gruppe sind
'Golden Meillandina'. Goldgelb.
'Indian Meillandina'. Karmesinrosa.
'Lady Meillandina'. Pastellorangefarben.
'Orange Meillandina'. Signal-orangerot.
'Sunny Meillandina'. Aprikosengelb.
'White Meillandina'. Schneeweiß.

Kleiner regelmäßiger Rosengarten

Alle bisher genannten Rosengruppen können durchaus auch als Zwerg-Beetrosen bezeichnet werden. Mit ihnen läßt sich sogar ein regelmäßiger Miniatur-Rosengarten gestalten: In der Mitte legt man ein von einem Weg umgebenes Rondell an, umgeben von rechteckigen, wegdurchzogenen Pflanzflächen. Als Einfassung dient Buchsbaum, der jeden Schnitt verträgt, der also auch in 20 bis 30 cm Höhe gehalten werden kann. Im Zentrum der flächigen Zwergrosen-Pflanzung kann durchaus ein Rosenbäumchen stehen, selbstverständlich kein Hochstamm von 90 cm, sondern ein Fußstamm, von manchen Firmen auch einfach als Zwergstamm bezeichnet, mit einer Stammhöhe von rund 30 cm. Auf dem Stamm sind Zwerg-Bengalrosen, Zwerg-Polyantha oder zwergige bodendeckende Rosen veredelt. So ein altmodischer, regelmäßiger Zwerg-Rosengarten kann schon ab einer Größe von 5 × 5 m wirken.

Fuß- oder Zwergstämmchen

An Stelle der regelmäßigen flächigen Rosenpflanzung können auch nur Zwergstämme symmetrisch angeordnet werden, der Boden wird dann mit unauffälligen Bodendeckern bepflanzt, gut eignen sich dafür die Stachelnüßchen *(Acaena)*, die schnell den Boden überziehen und nur 10 cm hoch werden. Man kann unter verschiedenen Tönen auswählen (*Acaena buchananii*: silber bis graugrün, *A. magellanica*: graublau, *A. microphylla*: braungrün). Wer meint, das Wachstum ginge zu sehr in die Breite, (man kann aber jederzeit zurückschneiden), sollte die Sorte *A. microphylla* 'Kupferteppich' wählen. Sie wirkt in allen Teilen zierlicher und hat eine auffallende, braunrote Belaubung. Die folgenden Rosensorten sind bei uns derzeit als Fuß- oder Zwergstämmchen (Höhe 30 cm) im Angebot.

'Alberich'. Leuchtendrote Blüte.
'Baby Maskerade'. Goldgelb und Rot.

'Bit o'Shunshine'. Dottergelb.
'Bonica'. Rosa.
'Fairy Dance'. Rot.
'Fairyland'. Weiß mit rosa Hauch.
'Fresh Pink'. Lachsrosa.
'Guletta'. Zitronengelb.
'Little Artist'. Blutrot mit weißer Mitte.
'Maywonder'. Blutrot.
'Morena'. Lachsrosa.
'Muttertag'. Leuchtendrot.
'Orange Meillandina'. Orangerot.
'Red Yesterday'. Dunkelrot mit weißer Mitte.
'Rotelfe'. Leuchtendes Sammetblutrot.
'Scarlette'. Orangescharlach.
'Sneprinsesse'. Reinweiß.
'Snow Ballet'. Reinweiß.
'Starina'. Lachsrot.
'Swany'. Weiß.
'The Fairy'. Zartrosa.
'Vatertag'. Lachsorangerot.
'Yellow Meillandina'. Gelb.
'Zwergenfee'. Orange bis blutrot.
'Zwergkönig 78'. Leuchtend-blutrot.
'Zwergkönigin 82'. Reinrosa

Darüber hinaus erscheinen für kleine Pflanzungen auch Halbstämme in rund 60 cm Höhe interessant. Größenmäßig sind sie alle noch akzeptabel. Bekannte Sorten sind: 'Snow Ballet', 'Swany', 'The Fairy'.

Kleinstauden als Partner für Zwergrosen

Im gleichen Maße lassen sich auch aufgelokkerte Miniatur-Bepflanzungen durchführen, besonders mit Stauden. Man setzt rote Beetrosen in Gruppen von drei, fünf oder sieben Pflanzen und kombiniert mit dem niedrigen blauen Rittersporn 'Blue Spring', den man selbst aus Samen ziehen kann, den es aber auch als Jungpflanze zu kaufen gibt. 'Blue Spring' zeigt meist leuchtende Blautöne, die allerdings von Sämling zu Sämling etwas variieren, was keinesfalls stört. Einen gelben Farbton steuern zu diesr Jahreszeit niedrige

'Yellow Pinocchio' ist ein Zwerg mit kleinen gelben Blüten.

Goldgarben bei. Besonders die 40 cm hohe *Achillea*-Hybride 'Schwellenburg' eignet sich. Wer eine niedrigere Beipflanzung wünscht, kann auch *Achillea tomentosa* wählen. Um die Farbensymphonie abzurunden, nehmen wir noch die niedrige, 30 cm hohe weiße Margerite, *Chrysanthemum maximum* 'Silberprinzeßchen', hinzu. Die Staudengärtner führen die Sorte, sie kann aber auch selbst aus Samen gezogen werden.

Handelt es sich um niedrige gelbblühende Beetrosen, wird etwas umgestellt, Partner bleibt der Rittersporn 'Blue Spring' und die Margerite 'Silberprinzeßchen', die Goldgarben fallen weg, dafür kommt die niedrige Lichtnelke, *Lychnis*-Arkwrightii-Hybride 'Vesuvius', hinzu. Stellt man verschiedenfarbige Gruppen von Beetrosen nebeneinander, sollte man an den verbindenden weißen Blütenfarbton denken. Das Weiß taucht entweder bei diesen kleinen Beetrosen selber auf oder man kombiniert niedrige, zur gleichen Zeit wie die Rosen weißblühende Stauden. Das Sortiment wird laufend um zwergige Pflanzen bereichert.

So wurde 1985 in Großbritannien das Saatgut eines weißen Zwerg-Rittersporns in den Handel gebracht, *Delphinium*-Hybride 'Dwarf Snow White' (etwa 80 cm hoch).

Die Blütezeit der genannten Stauden verläuft parallel mit der Rosen-Hauptblüte, durch Rückschnitt (bei Rittersporn) oder Entfernen der abgeblühten Stiele werden die Stauden zum Remontieren angeregt.

Neben diesen Beispielen auffallender Stauden-Nachbarschaft lassen sich auch Kombinationen zusammenstellen, bei denen die Begleitpflanzen nur dienenden Charakter haben und im Farbton weniger auffällig sind. Meist bedient man sich ruhigerer Violett-Töne, wie sie besonders bei Lavendel und Katzenminze vorkommen. Diese Kombinationen werden gerne bei Rosen-Großpflanzungen verwendet, aber sie sind ebenso für Miniatur-Pflanzungen möglich. Unter den Lavendelsorten wird die tief-violettblau blühende Sorte 'Hidcote Blue' nur 30 cm hoch, während 'Munstead' 40 cm und 'Grappenhall' gar 60 cm hoch wird. Durch entsprechenden Schnitt kann die schon kleine 'Hidcote Blue' noch niedriger gehalten werden. Weiter gibt es eine sehr kleine Lavendelsorte, die nur 20 cm (!) hoch wird und Partner für niedrigste Rosenpflanzungen sein kann, nämlich *Lavandula angustifolia* 'Nana Alba'.

Auch bei der Katzenminze kennt man unterschiedliche Sorten. Die höhere *Nepeta × faassenii* 'Six Hill Giant' wird 50 cm hoch, während die normale *Nepeta × faassenii* nur 30 cm Höhe erreicht. Letztere kommt also für Kleinpflanzungen eher in Frage. Auch hier läßt sich durch Rückschnitt die Pflanze noch kompakter halten.

Gute Partner sind auch graue, bläuliche und silbrige Ziergräser, wobei besonders der Schafschwingel im Vordergrund steht. Das *Festuca*-Sortiment ist ziemlich umfangreich und es finden sich darin genügend Partner für niedrige, kleine Rosenpflanzungen. Besonders niedrig bleibt der Zwerg-Blauschwingel, *Festuca valesiaca* 'Glaucantha', mit nur 10 cm Höhe. Etwa 15 cm hoch wächst eine silbrige

Auslese der gleichen Art, die unter dem Sortennamen 'Silbersee' im Handel ist. Nicht viel höher wird *Festuca ovina* 'Blaufink', welche ein silberblaues Polster ausbildet. Etwa 15 cm hoch mit 25 cm langen Ähren werden die *Festuca ovina*-Sorten 'Blaufuchs' (auffallend stahlblaue Polster), 'Meerblau' (kräftigblau), 'Solling' (bläulich-graugrünes Polster) und 'Söhrewald' (frischgrün, silbrig schimmernd). Wer einen hellgrünen Farbton sucht, nimmt *Festuca filiformis* (syn. *F. tenuifolia*, 10 bis 20 cm) und im frischgrünen Ton präsentiert sich das Bärenfellgras, welches allerdings keine vollsonnigen Lagen liebt, sondern lieber etwas absonnig oder halbsonnig stehen will. Man kann es an die Nordseite der kleinen Rosenpflanzung setzen. Ein kleines Gras für vollsonnige Plätze ist das Schillergras (*Koeleria glauca*).

In größeren Rosenpflanzungen werden gerne auch hohe Solitärgräser verwendet, in kleineren Pflanzungen sollte sich deren Höhe entsprechend reduzieren. Vom Chinaschilf (*Miscanthus sinensis*), gibt es einige neuere Sorten, die niedrig bleiben: 'Silberpfeil' (130 cm hoch, weißbunt-längsgestreift), 'Herkules' (120 cm, purpurrotes Laub) und 'Purpurascens' (100 cm, rotes Laub im Herbst). Man soll sich nicht vom Namen des »Feinstrahl-Miscanthus«, *Miscanthus sinensis* 'Gracillimus', täuschen lassen. Dieser erreicht gut 150 cm Höhe und wächst auch sehr in die Breite, er ist also für unsere Zwecke weniger geeignet. Von den Pfeifengräsern kann die kleine *Molinia caerulea* 'Moorhexe' als kleines Solitärgras zu den Rosen gesetzt werden (70 cm). Bleibt noch der Hinweis auf das Lampenputzergras, das gerne bei Rosenpflanzungen genommen wird. Auch hier gibt es eine verkleinerte Sorte mit niedrigem gespreiztem Wuchs für unsere Zwecke, nämlich *Pennisetum alopecuroides* (syn *P. compressum*) 'Weserbergland' (40 cm).

Edel- und Floribunda-Rosen als Stamm

Zwergige Edelrosen gibt es nicht, obwohl die verschiedenen Sorten sehr unterschiedlich hoch wachsen. Die Höhe schwankt meist zwischen 50 cm und 90 cm, andererseits können Edelrosen zum Teil noch wesentlich höher werden. So wird für die bezaubernde Sorte 'Super Star' eine Höhe von 70 bis 90 cm angegeben. Wegen ihrer vorzüglichen Winterhärte und weil sie nur in Ausnahmewintern Frostschäden erleidet, kann man sie ohne großen Rückschnitt munter wachsen lassen. Sie erreicht dann, wie in meinem Garten, gut 180 cm. Sicherlich lassen sich Edelrosen auch in kleinen Hausgärten verwenden, besonders wenn man auf die Höhenangaben in den Katalogen achtet. Andererseits sollten durch den Schnitt die Proportionen gewahrt bleiben. Für echte Miniatur-Rosenpflanzungen eignen sich Edelrosen weniger.

Durchaus akzeptabel sind Edel- und Floribunda-Rosen, die auf Halbstämme (60 cm) veredelt sind, sie besitzen eher die richtigen Proportionen für kleine Gärten.

Edelrosen

'Alecs Red'. Kirschrote Blüte.
'Ave Maria'. Lachsrot.
'Bad Nauheim'. Leuchtendes Rubinrot.
'Blessings'. Korallenrosa.
'Burgund 81'. Samtig-blutrot.
'Corso'. Orangefarben.
'Duftwolke'. Korallenrot.
'Gay Gordons'. Rot oder gelb.
'Gloria Dei'. Lichtgelb mit Rosa.
'Lady Rose'. Lachsrot.
'Landora'. Reingelb.
'Mabella'. Zitronengelb.
'Mainzer Fastnacht'. Fliederfarben.
'Panorama'. Porzellanrosa.
'Pascali'. Weiß.
'Red Star'. Dunkelrot.
'Silver Jubilee'. Lichtrosa.
'Superstar'. Salmorange.
'Whisky'. Bronzegelb.

Floribunda-Rosen

'Deutsche Welle'. Lilaviolett.
'Friesia'. Goldgelb.
'Lilli Marleen'. Feurigrot.

Kletterrosen

Kletterrosen zeigen ebenfalls unterschiedliches Temperament. In vielen Fällen stehen ihnen zwar in der Vertikalen genügend Ausbreitungsmöglichkeiten zur Verfügung – im Gegensatz zur Waagerechten. Aber es gibt doch auch Plätze, wo schwachwüchsige Kletterrosen angebracht sind und 5 m lange und längere Triebe stören. Hier seien einige der Kletterrosen vorgestellt, deren Triebe eine Länge von 2,5 m nicht überschreiten. Es werden einige alte Kletterrosen miterwähnt, die jetzt wieder im Handel sind. Bei ihnen wurde das Jahr der Eintragung als Züchtung dazugesetzt.

'Altissimo'. Bis 2 m hoch. Öfterblühend, sehr große einfache, dunkelrote Blüten mit karminfarbenem Schimmer.
'Bantry Bay'. Bis 2,5 m. Reich- und langeblühend mit mittelgroßen, schalenförmigen, zart duftenden, hellrosa Blüten.
'Blairii Nr. 2' (1945). Bis 2,5 m. Sehr große, gutgefüllte, duftende Blüten, sehr reich blühend.
'Casino'. 2 bis 2,5 m. Blüht mehrmals, große, gefüllte Blüten, zitronengelb.
'Compassion'. 2 bis 2,5 m. Starkgefüllte, große, duftende Blüten, salmrosa mit orangefarbener Schattierung.
'Glenn Dale' (1927). Bis 2,5 m. Große, gefüllte, leicht duftende Blüten, bis zu 20 Blüten zusammen an starken Trieben. Hellgelb bis cremefarben, im Verblühen weiß.
'Gruß an Heidelberg'. Bis 2 m. ADR-Sorte. Feurigrot mit gutem Duft.
'Goldener Olymp'. Nur 1,5 bis 2 m. Kupferfarbene, edel geformte Knospen. Blüten

goldgelb mit Kupferschein. Blüht mehrmals. Sehr frosthart.

'Raubritter' (1936). Bis 2 m, alte Pflanzen können aber auch höher werden. Kleine hell-purpurrosa Blüten, halbgefüllt, flach kugelig. Einmal-, aber reichblühend.

'Royal Gold'. 1,5 bis 2 m. Mit großen, gutgefüllten, goldgelben Blüten, die leicht duften.

'White Cockade'. 2 bis 2,5 m. Edelrosen-förmige, reinweiße, gefüllte, angenehm duftende Blüten. Reich- und öfterblühend.

Dauerblühende Strauchrosen

Die meisten der dauerblühenden Strauchrosen bewegen sich in einer Größenordnung zwischen 1 und 2 m Höhe. Es gibt aber auch einige, die nur bis 1 m hoch werden. Es ist deshalb durchaus möglich, Hecken oder Gruppen aus dauerblühenden Strauchrosen in verkleinertem Maßstab zu schaffen. Normalerweise werden diese Rosen nicht geschnitten, nur geschädigtes Holz wird entfernt. Sprengen einzelne Triebe an den ihnen zusagenden Plätzen die Proportionen, so werden diese für unsere Zwecke entsprechend eingekürzt. Dauerblühende Strauchrosen können wie andere blühende Ziersträucher als Einzelgestalten in Staudenrabatten und als Vorpflanzung vor dunklen Koniferen-Hintergrund verwendet werden.

'Angela'. 80 cm bis 1 m hoch. Blüten reinrosa, gefüllt, in der Form alter Rosen. Empfehlenswerter, robuster, reichblühender Zierstrauch.

'Erfurt'. 80 cm. Blüten groß, halbgefüllt, leuchtend-rosenrot mit weißer und gelber Mitte. Wird nicht sehr hoch, ist aber trotzdem ein Platzfresser (wird bis 1,5 m breit).

'Fiona'. Etwa 1 m. Mittelgroße, halbgefüllte Blüten von leuchtendroter Farbe. Wächst locker und buschig, leicht überhängend.

'Fleurette'. Etwa 1 m. Einfache, karminrosa Blüten mit heller Mitte. Breitbuschig, zum Teil überhängend.

'Friesensonne'. Bis 1 m. Große, starkgefüllte, zitronengelbe Blüten. Gut winterhart.

'IGA 83 München'. Etwa 80 cm bis 1 m, Breite bis 60 cm. Blüten karminrosa mit lachsfarbenem Schein, halbgefüllt, in Büscheln. Buschig-aufrechter Wuchs. Gut widerstandsfähig gegen Mehltau und Sternrußtau. Gute Kombinationspflanze zu Stauden, Wildrosencharakter. Nach dem ersten Flor werden Hagebutten ausgebildet.

'Lichterloh'. Etwa 1 m. Halbgefüllte, blutrote Blüten. Hart und robust.

'Mozart'. 80 cm. Wächst breitbuschig. Einfache, rosa Blüten mit weißem Auge.

'Schneewittchen'. Bis 1 m. Gefüllte, Edelrosen-förmige, reinweiße Blüten. Weltrose 1983.

'Silberlachs'. 1 m oder höher. Große, einfache oder halbgefüllte Blüten in großen Dolden, dauerblühend.

Park- und Moosrosen

Gerade unter diesen botanischen Rosen und deren Auslesen finden sich viele Schätze für den Garten. Neben sehr großen und breiten finden sich auch kleinere, kompakte Pflanzen für den Garten mit beschränkter Größe. Meist wird man diese Rosen einzeln setzen, an sonnigen markanten Punkten oder in kleinen Trupps. Sie eignen sich aber auch für lockere Hecken und Pflanzungen an Böschungen. Wir erwähnen hier nur Pflanzen, die bis etwa 1 m hoch werden. Die Höhenangaben sind Mittelwerte. Je nach Standort und Klima können Abweichungen nach oben oder unten vorkommen.

Rosa-Arten

Rosa acicularis. Bis 1 m hoch. Einfache, dunkelrosa, duftende Blüten. Nicht verwechseln mit der Sorte 'Dornröschen', die gefüllt blüht und wesentlich höher wird.

Die Strauchrose 'Mozart' bleibt verhältnismäßig niedrig.

Rosa centifolia 'Blanche Moreau'. 80 cm. Große, gefüllte, starkduftende, reinweiße Blüten, stark bemoost, öfterblühend.

Rosa centifolia 'Crimson Globe'. 1 m. Gefüllte, leuchtend-karminrote Blüten, starker Zentifolienduft, öfterblühend, stark bemoost.

Rosa centifolia 'Major'. 1 m. Starkduftende Bauernrose, Blüten groß, gefüllt, kräftigrosa.

Rosa ecae. Bis 1 m. Einfache, kleine gelbe Blüten. Sehr stachelig.

Rosa glutinosa. Nur 30 bis 70 cm. Kleine, einzelne Blüten an kurzen Stielen, hellrosa. Sehr stachelig.

Rosa × harisonii (R. foetida × R. pimpinellifolia). 50 cm bis 1 m. Halbgefüllte, einzelne Blüten, hellgelb.

Rosa sicula. 30 bis 80 cm. Rosa Blüten, treibt Ausläufer. Ähnlich ist *R. serafinii*, jedoch ohne Ausläufer.

Sorten ohne Artenzuordnung

'Dagmar Hastrup'. 80 cm bis 1 m hoch. Einfache pastellrosa Blumen. Reicher Erstflor, später nachblühend, breitbuschig. Pflanzdichte 4 Stück pro m^2.

'F.J. Grootendorst'. 1 m. Gefüllte, leuchtendrote Blüten, breitbuschig. Besonders für mehrmals blühende Hecken geeignet.

'Moje Hammarberg'. Etwa 80 cm. Halbgefüllt, violettrosa, reichblühend. 4 Stück pro m^2.

'Morgenrot'. 60 bis 80 cm. Überreich blühend mit leuchtendroten Blüten, in der Mitte heller.

'Pendulina Pyrenaica'. 1 m. Blüten rosa-purpur, stehen einzeln oder bis zu fünft.

'Pink Grootendorst'. 1 m. Gefüllte, reinrosa Blüten in Büscheln.

'Pompon de Bourgogne' (Burgunder-Röschen). Kleine gefüllte, fleischrosa, am Rande weißliche, duftende Blütchen. Rundbuschig, 0,6 m.

'Red Nelly'. Bis 1 m. Einfache, leuchtendrote Blüten mit gelben Staubgefäßen, reichblühend.

'Stellata mirifica'. Bis 1 m. Dunkelrosa Blüten, 4 bis 6 cm Durchmesser.

Zwergrosen aus Samen

Mit Ausnahme der echten Arten werden die hier genannten Rosen vegetativ durch Veredelung, aber auch durch Stecklinge vermehrt. Es gibt eine Ausnahme: Kleine Miniaturrosen, im Volksmund als Kußröschen oder Damenröschen bekannt, können aus Samen gezogen werden. Als störend mag man nur die etwas unklare Nomenklatur empfinden. In Großbritannien ist das Saatgut unter der Bezeichnung »Rosa polyantha nana multiflora« erhältlich, neuerdings verkürzt als Rosa polyantha 'Angel Rose Mixed'. Bei uns erhält man den gleichen Samen unter dem Namen Rosa chinensis 'Engelsröschen'. Aus diesem Saatgut ergeben sich keine uniformen Pflanzen, sondern ein Gemisch aus einfachen, halbgefüllten und gefüllten Blüten in weißen, rosa und rosaroten Tönen, aber alle Nachkömmlinge sind reizende Zwerge von 25 bis 45 cm Höhe.

Die Anzucht aus Samen ist keinesfalls schwierig und bereits fünf Monate nach der Aussaat können die Pflänzchen blühen, günstige Bedingungen vorausgesetzt. Ausgesät wird meist Ende April, falls man nur einen kalten Kasten hat und allein auf die Wärme der Sonne angewiesen ist. Im Kleingewächshaus kann schon im März gesät werden und auf dem Fensterbrett noch früher. Als Substrat wird Beutelerde im Verhältnis 1:1 mit Sand gemischt. Die Keimung erfolgt normalerweise innerhalb von vier Wochen, meist drei Wochen nach der Aussaat, wenn es auch einige Nachzügler gibt. Nach weiteren drei Wochen wird pikiert (vereinzelt). Die Pflanzen werden sorgfältig entnommen, damit die faserigen Wurzeln keine Beschädigung erleiden. Gepflanzt wird am besten in 8-cm-Tontöpfe, wobei die Sämlinge kräftig angedrückt werden. Anfangs sorgt man für Sonnenschutz, andererseits sollte der Platz zur weiteren Anzucht aber auch luftig sein. Nach weiteren vier Wochen wird in die endgültigen Töpfe umgetopft. Die Erde sollte etwas lehmhaltig sein, ideal ist eine Mischung aus drei Teilen lehmhaltiger Rasenerde, ein Teil verrottetem Rinderdünger (Cofuna oder California-Rinderdung) und ein Teil Sand.

Schon bald zeigt sich bei den Pflanzen ein unterschiedliches Wuchstemperament. Im allgemeinen bleiben diese Rosen nicht ganz so zwergig kompakt wie die vegetativ vermehrten Zwerg-Bengalrosen. Andererseits kann durchaus auch ein Glückstreffer dabei sein mit besonders schöner Blüte und zwergigem Wuchs, hier lohnt sich dann sogar eine Weitervermehrung über Stecklinge. Im Gegensatz zur Aussaat aber schneidet man Stecklinge von Miniaturrosen im August–September.

Samenvermehrte Kußröschen können auf verschiedene Art und Weise verwendet werden. Ähnlich wie bei den Zwerg-Bengalrosen lassen sich kleine Gruppen pflanzen. Jedoch sind kaum regelmäßige Flächenpflanzungen möglich. Dazu sind die Unterschiede in der Höhe und bei der Blüte zu groß. Regelmäßige Flächenbepflanzungen bleiben den vegetativ vermehrten Zwerg-Bengalrosen vorbehalten.

Durchaus empfehlenswert ist es, samenvermehrte Zwergrosen im Steingarten zu verwenden. In etwas ungünstigen Klimaten erweist sich die Pflanzung im März–April als günstiger. In einer natürlich gestalteten Anlage sollten mehr die einfach- oder halbgefülltblühenden Typen verwendet werden. Sonnige Lage ist Bedingung und etwas verrotteter Dünger oder Knochenmehl ins Pflanzloch begünstigt das Wachstum. Falls man in Grüppchen pflanzt, ist ein Abstand von etwa 15 cm angebracht. Besonders wirkungsvoll sind die Kußröschen vor Zwerg-Nadelgehölzen oder größeren Steinen. Am letztgenannten Pflanzplatz dauert die Blütezeit bis zu sieben Monate, bedingt durch das leicht erwärmbare Gestein.

Zwergrosen in Töpfen

Schon im Altertum wurden Rosen in Töpfen gezogen, diese Liebhaberei hat bis heute noch nichts von ihrer Faszination eingebüßt. Zu der Kultur in etwas größeren Tontöpfen kam inzwischen die Verwendung in Trögen, Schalen und sogar in Fensterkästen hinzu. Als geeignetes Material bieten sich die Zwerg-Bengalrosen an, die aus Samen gezogenen Kußröschen, die Gruppe der Zwerg-Polyantharosen (Gruppe 'Muttertag', 'Vatertag' usw.) und de Ruiter's Zwergenserie. In größeren Gefäßen (Töpfe mindestens 25 bis 30 cm Durchmesser) können auch die kleinsten der normalen Buschrosen wachsen (siehe Liste). Auch hier hat sich lehmhaltige Rasenerde mit etwas verrottetem Rinderdünger gut bewährt.

Die Behandlung gestaltet sich insgesamt etwas unterschiedlich, je nachdem, für welchen Zweck die getopften Rosen gedacht sind – für das Freiland, für das Kalthaus oder für kühle Räume in der Wohnung. Im Freien können die Töpfe an besonders markanten Punkten frei stehen, oder sie werden eingesenkt. Man muß sich darüber im klaren sein, daß Rosen in Töpfen besonders leicht Winterschaden erleiden. Deshalb stellt man im

Herbst die Töpfe zusammen und schützt sie mit Laub und Fichtenreisig. Besser ist es selbstverständlich, die Rosentöpfe frostfrei, aber mäßig kalt zu überwintern.

Damit die Topfballen etwas abtrocknen, werden die Töpfe dann seitlich gelegt. Man kann mit dem Kulturbeginn warten, bis die Fröste im Frühjahr vorbei sind oder man verfrüht die Pflanzen. Ein vorsichtiger Start bei +6 bis 8 °C und später bei 15 bis 18 °C bringen die Rosen zum Treiben und Blühen. Wichtig ist im Herbst ein gutes Ausreifen. Gegen Ende August müssen die Wassergaben eingeschränkt werden, notfalls müssen die Töpfe auf die Seite gelegt werden, falls natürliche Niederschläge ein Zuviel an Feuchtigkeit bringen.

Besonders die Zwerg-Bengalrosen finden auch als Zimmerpflanzen Verwendung. Im Laufe des Oktobers stellt man sie ins Zimmer, sie erfreuen dann den ganzen Winter mit ihren reizenden Blüten. Im Frühling werden alle Triebe etwa bis zur Hälfte eingekürzt, anschließend wird etwas gewässert (Vorsicht, nicht zu viel Wasser geben!). Setzt die Triebbildung wieder ein, erhalten die Pflanzen etwas mineralischen Volldünger.

Eine besonders hübsche Rosenblüte erlebt der Besitzer eines Kalthauses oder eines Wintergartens besonders bei Zwerg-Hochstämmen. Erwähnt werden muß, daß unter Glas alle aus dem Freiland bekannten pilzlichen und tierischen Schädlinge am Werk sind. Manche zeigen sich sogar noch aktiver, jedoch lassen sie sich im Gewächshaus leichter bekämpfen.

Zwergrosen in Fensterkästen und Schalen

Vielfach finden sich in der Literatur für den Hobbygärtner Hinweise auf die Verwendung von Zwergrosen in Schalen, Trögen und Balkonkästen. Man muß sich aber darüber klar werden, daß der beschränkte, zur Durchwurzelung zur Verfügung stehende Raum und die stark exponierte Lage besonders im Hochsommer, aber auch bei Frost, einige helfende Maßnahmen erfordert.

Sollen sich Wachstum und Blütezeit nicht frühzeitig erschöpfen, muß regelmäßig wöchentlich schwach mit einem vollöslichen, kombinierten Mineraldünger gedüngt werden. Man düngt die Pflanzen bis in den August, also etwas länger, als für normale Rosenpflanzungen empfohlen. Keinesfalls dürfen Kübel und Kästen im Winter ungeschützt an ihrem sommerlichen Aufenthaltsort verbleiben. Der von allen Seiten einwirkende Frost würde ihnen den Garaus machen. Die Kübel und Fensterkästen überwintern am besten in einem hellen, kühlen und vor stärkeren Minustemperaturen geschützten, noch besser frostfreien Raum (Garage, Keller oder ähnliches). Während der Winterhalbzeit wird einmal kräftig gegossen. Wo eine solche Überwinterungsmöglichkeit nicht besteht, deckt man die Pflanzgefäße dicht mit Nadelholzreisern ab, zusätzlicher Schutz mit Laub oder Stroh ist empfehlenswert. Dichte Noppenfolien sollte man nur verwenden, wenn ausreichend Abstand zu den Rosen gewährleistet ist. Die Luft muß zirkulieren können!

Im zeitigen Frühling wird kräftig mit Phosphor und Kalium gedüngt. Bei der Kultur von Rosen in Behältern muß besonders auf einen 100prozentigen Wasserabzug geachtet werden. Andererseits ist bei längeren Trockenzeiten regelmäßig zu wässern.

Bodendecker-Rosen auch für kleine Flächen

»Bodendeckerrosen« sind zum Schlager geworden, keine andere Rosengruppe kann auf einen so kometenhaften Aufstieg zurückblicken. Dabei handelte es sich bei den Bodendeckern – zumindest in der Anfangsphase – um keine neuen Rosen. Einzelne, bereits gängige Sorten wurden lediglich aus dem Sortiment herausgepickt. Gärtner und Landespfleger, Fachleute und Hobbygärtner hatten mit der Zeit genug von der »Cotoneasteritis« und suchten nach anderen geeigneten, pflegeleichten Pflanzen. Eine Reihe von Rosen mit überhängendem, bogigen Wuchs schien dafür geeignet, zumindest nahm man das an.

Am richtigen Platz gepflanzt, zum Beispiel an großen Böschungen, ist nichts dagegen einzuwenden, wenn sich Rosen wie mit »Siebenmeilenstiefeln« über die Fläche verbreiten. Leider fehlte es anfangs an der richtigen Aufklärung und viele Hausgartenbesitzer nahmen an, bodendeckende Rosen wären auch für ihre Flächen geeignet, deren Ausmaß oft nur über 2 m² reichte.

Inzwischen ist auf diesem Gebiet eine gewisse Abgeklärtheit eingetreten und im Sortiment befinden sich jetzt auch Sorten, die zwar kriechend und niedrig, aber gebremst wachsen, so daß sie sich auch für kleine Flächen eignen. Zu ihnen gehören die folgenden Sorten.

'Angelita'. Etwa 10 bis 30 cm hoch. Kleine duftende, weiße, farbig überhauchte Blütchen. Eine kleinwachsende, niedrigbleibende Sorte mit überhängendem Wuchs. Auch für Töpfe.

'Fairyland'. 20 bis 40 cm. Leicht gefüllte weiße Blumen mit rosa Hauch. Kriechender Wuchs. 4 Pflanzen je m².

'Heideröslein Nozomi'. 30 cm. Dicht über dem Erdboden wachsende Sorte mit einer Vielzahl kleiner perlmuttfarbener Blüten. 4 bis 5 Pflanzen je m².

'Snow Carpet'. 10 bis 30 cm. Kleine, dichtgefüllte, weiße Blüten mit gelber Mitte und leichtem Duft. Wächst flach und bleibt niedrig. Reichblühend, aber wenig remontierend. Für kleine Flächen, auch für Töpfe und Bakonkästen sowie für Gräber. Etwa 5 Pflanzen je m².

'The Fairy'. Kleinblütige Polyantha-Rose mit vielen kleinen Blütendolden in zartem Rosa. Winterhart. 4 Pflanzen je m².

Eine ganze Reihe ähnlicher Züchtungen wird uns in den nächsten Jahren erreichen, wie die vielen Nummern-Sorten auf Gartenschauen bereits zeigten.

Kleine Sträucher als Randbepflanzung

Die Sorten vom Fingerstrauch (Potentilla fruticosa) bestechen durch ihre lange Blütezeit.

In vielen Hausgärten ist eine Randbepflanzung aus Blütensträuchern zu finden, gegen die im Grunde nichts einzuwenden ist, doch sprengt das Höhenwachstum oft die Proportionen, wobei durch zu enges Pflanzen dieser Effekt noch verstärkt wird. Der anfängliche Wunsch nach Sichtschutz weicht oft dem Gefühl der Eingeschlossenheit. Zusätzlich nehmen solche Streifen aus Blütensträuchern viel Fläche weg, was den oft sehr kleinen Grundstücken in mancher Hinsicht nicht zuträglich ist. Im folgenden werden wir sehen, wie durch geeignete Sortenauswahl Randbepflanzungen aus Blütensträuchern in begrenzter Größe möglich sind. Ein Sichtschutz entsteht dabei allerdings nicht, was aber durch andere Vorteile wieder aufgewogen wird.

Die gemischte kleine Blütenstrauchhecke

Wer sich dazu entschließt, entweder entlang der Grundstücksgrenze oder an anderer Stelle statt einer streng geschnittenen Hecke eine aufgelockerte Hecke aus Blütensträuchern zu

25

pflanzen, wünscht auch keine gleich hohe Linie, sondern Bewegung im Höhenwachstum. Das gilt sowohl für die normale, als auch für die reduzierte Größe. Aus diesem Grunde sind bei der Planung verschiedene Eigenschaften zu berücksichtigen. Die hier wiedergegebenen Blütensträucher erreichen etwa eine Höhe von 1 bis 1,5 m, was Bewegung in die Silhouette bringt. Hier muß beim Pflanzen darauf geachtet werden, daß die einzelnen etwas höher wachsenden Sträucher gleichmäßig verteilt werden, wobei niedrigere neben etwas höhere gesetzt werden oder niedrige Gruppen höheren folgen. Dies kann sich wiederholen, so daß eine Wellenlinie in der Höhenführung entsteht. Bei den angeführten Pflanzen sprengen nur die beiden angegebenen Zieräpfel *(Malus)* die angeführten Höhen, sie werden etwa 2 m hoch, obwohl sie innerhalb ihrer Gattung selbst Zwerge darstellen. Die Zieräpfel setzt man an die Endpunkte der Blütenhecke oder sie werden mit etwa gleichem Abstand in die Reihe gesetzt und man erhält dann noch mehr Bewegung.

Weiter gilt es, die Blütezeit und die Blütenfarben zu beachten. Farbangaben finden sich in den folgenden Pflanzenlisten, Blütezeiten sind den Katalogen zu entnehmen, obwohl man im Prinzip keine allzu großen Fehler machen kann. Als wichtig erweisen sich diese Angaben besonders dann, wenn man miteinanderblühende Gruppenschwerpunkte bilden will. Höchstwahrscheinlich wird man in keiner Baumschule das angegebene Pflanzensortiment geschlossen erwerben können, andererseits wird man auch nie sämtliche Arten in einer Blütenhecke unterbringen wollen. Wünscht man speziell eine bestimmte Art oder Sorte, muß man eben etwas in den Katalogen suchen.

Die Anlage dieser aufgelockerten Blütenstrauchhecke unterscheidet sich keinesfalls von der einer Hecke in »Normalgröße«. Der Platz soll sonnig oder zumindest teilsonnig sein. In bezug auf den Boden stellen die Pflanzen keine speziellen Ansprüche, sie gedeihen in normaler Gartenerde sehr gut. Besser ist es,

einen ganzen Pflanzstreifen zu lockern und durchzuarbeiten, als nur ein kleines Pflanzloch für jede Pflanze auszuheben. Letzteres kann sich besonders in schweren Lehmböden auf gefährliche Weise auswirken, besonders wenn es sich bei den Pflanzen um Ballen- oder Containerware handelt, die in leichten, torfhaltigen Substraten angezogen wurden. Es dauert dann sehr lange, bis die Sträucher eine echte Verbindung mit dem gewachsenen Boden erhalten. Beim Durcharbeiten kann der Boden mit Komposterde, Rindenkompost oder Torf angereichert werden. Keinesfalls darf nicht kompostierter Rindenmulch eingearbeitet werden, dieser eignet sich nur zum Abdecken der Oberfläche. Dünger wird später in geringer Menge als Kopfdünger aufgebracht und wird keinesfalls eingearbeitet. Schließlich will man bei einer kleinbleibenden Blütenstrauchhecke nicht durch Düngen übermäßiges Höhenwachstum anregen. Daß nach der Pflanzung gut gewässert wird, ist selbstverständlich. Auch noch einige Zeit danach sollte man gießen, wenn es längere Zeit nicht regnet.

In den wenigsten Fällen wird man so eine Hecke einzeilig pflanzen, was aber durchaus möglich ist. Meist wird versetzt zweizeilig gepflanzt. Der Pflanzabstand bei einer einreihigen Pflanzung entspricht etwa der zu erwartenden Wuchshöhe der Pflanzen. Der Abstand zwischen den Reihen kann bei versetzter Pflanzung etwas enger sein. Bei Blütenhecken erweist sich grundsätzlich ein etwas größerer Abstand als vorteilhafter im Vergleich zu einem zu engen Stand. Die natürliche Wuchsform der Pflanze soll immer noch zur Geltung kommen. Zur Auswahl stehen die folgenden Sträucher.

Abeliophyllum distichum, Schneeforsythie, Weiße Forsythie. 1 bis 1,5 m hoch.
Amelanchier ovalis 'Pumila', auch als *Amelanchier pumila* im Handel, Zwerg-Felsenbirne. Etwa 1 m.
Berberis thunbergii 'Atropurpurea Red Chief', Zwerg-Blutberberitze. 1 bis 1,5 m.

Buddleja crispa 'Farreri', Schmetterlingsflieder. 1 bis 1,5 m.

Buddleja nanhoensis, Schmetterlingsflieder. 1 bis 1,5 m.

Caryopteris × clandonensis, Bartblume. 1 m.

Caryopteris incana 'Kew Blue', Bartblume. 1 m.

Ceanothus-Hybride 'Gloire de Versailles' und 'Marie Simon', Säckelblume. 1 m. Benötigen in ungünstigen Lagen Winterschutz. 'Autumnal Blue'. 1 m. Winterhärteste *Ceanothus*-Hybride.

Choenomeles-Hybride 'Fire Dance', Japanische Quitte. 1,5 m. Wertvoll!

Choenomeles japonica, Japanische Quitte. 1 m.

Cytisus-Scoparius-Hybriden, Besenginster. 1,5 m. Alle Sorten sind von der Größe her geeignet. Nur für günstige Lagen, Schutz vor Wintersonne erforderlich. 'Killiney Red'. Besonders niedrige Sorte.

Deutzia × kalmiiflora, Deutzie, Maiblumenstrauch. 1 bis 1,5 m.

Deutzia × rosea, Deutzie, Maiblumenstrauch. 1 m.

Forsythia ovata 'Tetragold', Forsythie, Goldglöckchen. 1 m.

Genista tinctoria 'Royal Gold', Färberginster. 1 m.

Hydrangea macrophylla 'Acuminata', Hortensie. 1 m.

Hydrangea paniculata 'Grandiflora', Hortensie. 1,5 m.

Malus-Hybride 'Dorothea', Zwerg-Zierapfel. 2 m.

Malus toringo var. *sargentii*, Zwerg-Zierapfel. 2 m. Wird höher, was bei der Planung zu beachten ist.

Philadelphus-Purpureomaculatus-Hybride 'Belle Etoile', Pfeifenstrauch, Falscher Jasmin. 1,5 m.

Potentilla fruticosa 'Goldfinger', Fingerstrauch. 1 m.

Spiraea-Bumalda-Hybride 'Goldflame', Spierstrauch. 1 m. Gelbliche Blattfärbung.

Syringa meyeri 'Palibin', Zwergflieder (auch als *Syringa palibiniana* bekannt). 1,5 m.

Syringa microphylla 'Superba', Zwergflieder. 1,5 m.

Viburnum carlesii, Zwergiger Schneeball. 1 m.

Weigela florida 'Purpurea', Weigelie. 1,5 m.

Die noch kleinere Hecke

Die oben angeführten Sträucher eignen sich für eine Hecke, die zwischen 1 und 1,5 m hoch wird, sieht man von den beiden Zwerg-Zieräpfeln ab. Es gibt genug Pflanzen, mit denen sich noch kleinere Blütenstrauchhecken gestalten lassen. Das hinsichtlich der Pflanzung Gesagte von Seite 26 gilt auch hier. Diese kleineren Sträucher finden aber nicht nur als Abgrenzung des Grundstückes Verwendung, sondern können auch innerhalb des Gartens als sanfte Trennlinie dienen. Selbstverständlich eignen sich alle Pflanzen auch für Gruppen. Für eine Blütenstrauchhecke von etwa 70 bis 100 cm Höhe können die in der vorausgegangenen Aufstellung erwähnten Pflanzen mit einer Höhenangabe von 1 m verwendet werden. Zusätzlich kommen die folgenden Arten und Sorten hinzu.

Deutzia gracilis, Zwerg-Deutzie, Zwerg-Maiblumenstrauch. 70 bis 100 cm hoch.

Hypericum patulum 'Hidcote Gold', Johanniskraut. 80 cm.

Potentilla fruticosa 'Abbotswood', Fingerstrauch. 80 cm. 'Arbuscula', 'Goldteppich', 'Red Ace', 'Primrose Beauty', 'Tangerine'. Jeweils 60 bis 70 cm.

Spiraea-Bumalda-Hybride 'Anthony Waterer', Spierstrauch. 75 cm. 'Alba', Spierstrauch. 60 bis 70 cm.

Kleinste Blütensträucher

Selbst kleinste Hecken aus Blütensträuchern sind möglich, ihr Einsatzbereich liegt jedoch meist innerhalb des Gartens und weniger an der Grundstücksgrenze. Im gleichen Maße wie sich das Höhenwachstum reduziert, ver-

Die Säckelblume (Ceanothus-Hybride) 'Marie Simon' ist ein wertvoller, spätblühender Strauch.

ringert sich der Pflanzabstand, was zu bedenken ist. Auch hier gibt es noch eine Auswahl
von Pflanzen, wenn das Sortiment auch schon
etwas beschränkter ist. Für eine Höhe von 30
bis 50 cm eignen sich die folgenden Arten und
Sorten.

Choenomeles japonica 'Issai Red'. 30 cm
    hoch. 'Issai White'. 40 cm.
Cytisus × kewensis, Zwerg-Elfenbeinginster.
    30 bis 40 cm.

Forsythia viridissima 'Bronxensis', Zwerg-
    Forsythie. 50 cm.
Potentilla fruticosa 'Beesii', Zwerg-Finger-
    strauch. 50 cm.
    var. mandshurica, Weißer Fingerstrauch.
    50 cm.
Spiraea decumbens, niederliegender Spier-
    strauch. 50 cm.
Spiraea japonica 'Little Princess', Japanischer
    Spierstrauch. 30 bis 40 cm.
Rosa serafinii, Zwerg-Strauchrose. 40 cm.

Fliedersorten gibt es selbst für kleinste Gärten, wie der Zwerg Syringa meyeri 'Palibin' beweist.

Uniforme zwergige Blütenstrauchhecken

Praktisch sind von allen genannten kleineren Blütensträuchern Hecken mit nur einer Art oder Sorte möglich, besonders verbreitet sind solche aus *Berberis thunbergii* (Blut-Berberitze), *Spiraea*-Bumalda-Hybriden (Spierstrauch) und *Choenomeles japonica* (Japanische Zierquitte).

Reizvoll sind sicherlich auch Hecken aus *Cytisus × kewensis* und *Rosa serafinii*.

In manchen Fällen können Hecken zwar aus einer Art, aber aus verschiedenen Sorten bestehen. So lassen sich vom Fingerstrauch, *Potentilla* verschiedene Farbsorten in Gelb- und Weißtönen kombinieren. Ebenso sind beim Spierstrauch, *Spiraea*-Bumalda-Hybriden 'Anthony Waterer' und 'Alba', wirkungsvolle Mischungen von Farbvarianten möglich. Solche Kombinationen müssen aber gut überlegt sein, da sie nicht überallhin passen.

Zwerg-Laubgehölze

Verwendung

Noch stärker als bei den Zwerg-Nadelgehölzen bestehen bei den Zwerg-Laubgehölzen Unsicherheiten bezüglich ihrer Größenverhältnisse. Ihr jährlicher Zuwachs ist im allgemeinen größer. Er läßt sich stärker durch Bodenverhältnisse und Düngung beeinflussen. Sehr viele Arten und Formen zeigen zwar ein geringes Höhenwachstum, sie wachsen aber doch sehr in der Breite, was in kleinen Hausgärten zu berücksichtigen ist. Bei der Auswahl gilt es, die Winterhärte zu beachten. Was im maritimen Klima noch hart genug ist, kann im kontinentalen Klima ohne ausreichende Schutzmaßnahmen im Winter absterben. Besser beschränkt man sich auf die wirklich winterharten Gehölze.

Zwerg-Laubgehölze lassen sich im Garten auf sehr vielfältige Weise einsetzen. Die kleinsten und härtesten eignen sich sogar für Tröge, Schalen und ähnliche Formen »mobiler Gärten«. Die Härte ist deshalb so betont wichtig, da an solchen Pflanzplätzen der Frost nicht nur von oben her einwirkt, sondern auch von der Seite. Pflanzen in Gefäßen, welche an sonnigen Standorten aufgestellt sind, müssen obendrein ein höheres Maß an Trockenheit aushalten als die in gewachsenen Boden gepflanzten.

Die meisten Zwerg-Laubgehölze finden im Steingarten ihren Platz, wobei man auf die jeweilige Größenverhältnisse Rücksicht nimmt. Bei einigen ist auch die gewünschte Bodenreaktion zu beachten. Zwerg-Laubgehölze wirken im Steingarten besonders in Verbindung mit größeren Steinen. Einige vertragen einen Standort in den Fugen einer Trockenmauer. Normalerweise pflanzt man bei den Gehölzen Einzelexemplare. Speziell in kleineren Steingärten kann man, wo es die Fläche erlaubt, auch Dreiergruppen einsetzen.

Zwerg-Laubgehölze lassen sich auch als Vorpflanzung vor höheren Gehölzgruppen verwenden, wenn auch hier bei der Auswahl etwas Fingerspitzengefühl dazugehört. Auf die Kombinations-Möglichkeiten mit Zwergrosen wurde bereits hingewiesen, wobei die Sorten von *Potentilla fruticosa* und die Lavendelsorten im Vordergrund stehen. Es ist im Prinzip nichts gegen eine reine Zwerg-Laubgehölz-Pflanzung einzuwenden, wobei allerdings einige Faktoren zu berücksichtigen sind wie Höhe, Breitenwachstum, Harmonie in der Form, Blütenfarben bei synchroner Blütezeit.

Empfindlichere Arten, die guten Winterschutz benötigen, wie beispielsweise die Zwergformen von *Jasminum* und *Leptospermum*, finden in kälteren Gegenden besser im Alpinenhaus ihren Platz. Immergrüne und wintergrüne Zwerg-Laubgehölze stellen gute Partner zu kleinen Rhododendron-Arten und Sorten dar. Ganz kleine Arten lassen sich auch ganzjährig in Tontöpfen kultivieren, was besonders auch in Großbritannien üblich ist, wo diese Miniaturen dann oft als Ausstellungspflanzen dienen. Wer sucht, findet sicher noch weitere Einsatzmöglichkeiten.

Das Sortiment

Die hier aufgeführten Zwerg-Laubgehölze sind bezüglich ihrer Wuchshöhe echte Zwerge. Sie überschreiten kaum 60 cm, bei den wenigen Ausnahmen wird extra darauf hingewiesen. In den meisten Fällen sind Höhenangaben genannt, wobei auch hier noch einmal

Vom japanischen Zwergahorn (Acer palmatum) gibt es viele Züchtungen, alle Sorten wirken hübsch.

nem Laub bildet. Steht in meinem Steingarten seit vielen Jahren.
var. *sinica*. 60 cm. Ein ausgesprochen
zwergig-wachsender Buchs, der kompakt
bleibt.
'Koreana'. 45 cm, Breite 90 cm. Wie vorhergenannte Art, nur kräftiger wachsend.
Buxus sempervirens 'Aurea'. 15 cm hoch,
15 cm breit. Extrem langsam wachsender
Typ.
'Elegantissima'. 60 bis 70 cm, im sehr
hohen Alter manchmal auch etwas höher.
Dichter, aufrechter Busch mit schlanken,
panaschierten Blättern.
Buxus 'Vadar' oder 'Vadar Valley'. 50 cm.
Extrem winterharte Form, hält auch bei
uns in ungünstigen Lagen selbst in Trögen
durch, wächst aber etwas in die Breite.
Caragana pygmaea, Zwerg-Erbsenstrauch.
30 cm. Wächst in die Breite (60 bis 90 cm).

Ceanothus gloriosus (syn. *C. prostratus*
'Grandifolius'). 15 cm hoch, aber 90 cm
breit. Benötigt bei uns Winterschutz!
Cistus × *corbariensis* (*C. populifolius* ×
C. salvifolius), Zistrose. Gräuliche Blätter
und weiße, karminfarbene gefüllte Blüten.
Ziemlich winterhart.
Cistus nowackianus. Kleiner Strauch für
Steingarten und Alpinum. Winterhärteste
Cistus-Art.
Convolvulus cneorum, Silberwinde. 60 cm.
Hübsches, silbriges Sträuchlein. Bei uns
kultiviert man es jedoch besser im Alpi-
nenhaus!
Coprosma brunnea × *C. kirkii*. 30 cm hoch,
60 cm breit. Ziemlich winterhart.
Coprosma cheesmannii. 30 cm hoch, 60 cm
breit. Benötigt Winterschutz!
Coprosma petriei. 5 cm hoch, 20 cm breit.
Wächst kriechend.

Cornus canadensis, Kanadischer Hartriegel. 20 bis 30 cm. Bodendecker für Halbschatten bis Schatten. Schöne weiße Blüten und rote Früchte. Benötigt unbedingt eine saure Bodenreaktion.

Cotoneaster adpressus 'Little Gem'. 10 bis 15 cm. Langsamwachsend. Wächst in meinem Garten seit 20 Jahren im Trog.

Cotoneaster congestus (syn. *C. microphyllus* var. *glacialis*), Felsenmispel. Etwa 60 cm. Schmiegt sich Bodenbewegungen an.
'Nanus'. Die Sorte umfaßt unterschiedliche Typen. Die in Großbritannien verbreitete Form wird nur 5 cm hoch und 30 cm breit.

Cotoneaster conspicuus 'Cooperi'. 5 cm hoch, 45 cm breit. Die Sorte ist eine echte Zwergform der sonst 1 m hohen Art.

Cotoneaster dammeri. 10 bis 15 cm. Von dieser niedrigen, bodendeckenden Art gibt es eine ganze Reihe von Auslesen. In den letzten Jahrzehnten wurden davon Millionen Stück in Gärten und Parkanlagen gepflanzt, häufig so, daß man die Einzelpflanzen gar nicht mehr erkennen kann.
'Streibs Findling'. 5 bis 10 cm. Als Einzelpflanze mit hübscher Gestalt.

Cotoneaster horizontalis 'Saxatilis'. 25 cm hoch, bis 90 cm breit. Kompakter als die Art.
'Variegatus'. 30 cm hoch, bis 60 cm breit. Schöne, weißgerandete Blätter.

Cotoneaster microphyllus var. *cochleatus*. 30 bis 40 cm. Immergrün. Die Frosthärte der Art läßt etwas zu wünschen übrig, diese Auslese ist winterhärter.
'Schneiderianus'. Ein ganz niedriger Typ aus der Tschechoslowakei, völlig winterhart, paßt sich jeder Oberflächenform an.

Cotoneaster praecox, Nan-Shan-Zwergmispel. 50 cm. Die Zweige können aber oft bis 1 m weit abstehen.

Cotoneaster salicifolius 'Gnom'. 10 cm. Eine kriechende, bodendeckende, weidenblätterige Felsenmispel.
'Perkeo'. Mit kleinem, lanzettlichem Laub, niederliegend, wächst sehr in die Breite.

'Repens'. Aufliegender Wuchs, kleine Blätter und kleine, rote Früchte. Echte Zwergform.

Cytisus ardoini, Geißklee. 30 cm hoch, 30 cm breit.
'Cottage'. 40 bis 45 cm. Eine insgesamt wüchsigere Sorte.

Cytisus × *beanii* (*C. ardoini* × *C. purgans*). 30 bis 40 cm hoch, etwa 80 cm breit. Schöne, reichblühende Geißklee-Art.

Cytisus decumbens, Kriechginster. 10 bis 15 cm. Wächst aber ohne Rückschnitt im Laufe der Jahre sehr in die Breite.

Cytisus demissus. 10 cm. Niedriger Strauch mit dünnen Trieben. Wächst in die Breite!

Cytisus emeriflorus (syn. *C. glabrescens*). 30 bis 40 cm. Dankbarer, reichblühender Strauch, der auch gut einen Rückschnitt verträgt.

Cytisus hirsutus. 50 cm. Wächst in die Breite.
var. *alpestris*. Eine niedergestreckte Zwergform.

Cytisus × *kewensis*, Zwerg-Elfenbeinginster (*C. ardoini* × *C. multiflorus*). 25 bis 30 cm, kann aber bis 1,5 m breit werden. Für größere Stein- und Heidegärten.

Cytisus purpureus, Rosenginster. 50 bis 60 cm. Benötigt etwas Platz! Die Sorte 'Atropurpureus' wirkt kräftiger im Farbton und der Strauch wächst mehr flachkriechend. 'Gringna'. 30 cm. Sehr gedrungener Wuchs.

Cytisus scoparius 'Dukaat'. Dicht, steif-aufrecht wachsend, wird aber nur etwa 50 cm hoch. Lange Blütezeit im Gegensatz zu den anderen Hybriden.

Daphne, Seidelbast. Die Gattung *Daphne* enthält eine Vielzahl sehr niedriger, für kleine Plätze brauchbare Arten, wir können hier nur die wichtigsten davon aufführen.

Daphne alpina, Alpen-Seidelbast. 15 bis 30 cm. Robust und langlebig, sommergrün. Duftet nach Vanille.

Daphne altaica. Bis 60 cm. Sommergrüner Strauch mit weißen Blüten.

Daphne arbuscula. 25 cm hoch, 30 cm breit. Dichtes, rundliches Sträuchlein mit rosaroten Blüten und feinem Duft.

Daphne blagayana. 15 bis 30 cm. Wächst niederliegend-aufrecht, kann sich aber in die Breite ausdehnen! Cremeweiße Blüten.

Daphne blagayana × *D. cneorum* 'Eschmann'. Wird etwas größer als die zuvorgenannte Art. Wächst locker.

Daphne cneorum, Rosmarin-Seidelbast. 20 bis 30 cm. Bekannte niedrige, wohlriechende Art.

'Ecimia'. 25 bis 30 cm. Wüchsiger und reichblühender als die Art.

'Major'. 30 bis 35 cm. Wird etwas höher und breiter als die Art.

'Pygmaea'. 5 cm. Dicht am Boden wachsende Zwergform.

'Pygmaea Alba'. 5 cm. Weißblühender Sport der vorhergenannten Sorte.

'Variegata'. Wie die Art, nur mit feinen, weißen Randstreifen an den Blättern.

Links: Cytisus ardoini 'Cottage'. Unten: Daphne cneorum 'Pygmaea', der kleinste Seidelbast.

**Oben: Cytisus decumbens kann etwas breiter wer-
den. Rechts: Der Flügelginster, Genista sagittalis.**

var. *verlottii*. Reichblühende Varietät aus
Südfrankreich.

Daphne genkwa. Kann im Alter bis 90 cm
hoch werden. Verdient es aber hier, wegen
der bei der sonst in der Gattung nicht vorhandenen lilablauen Blütenfarbe erwähnt
zu werden.

Daphne giraldii. 60 bis 75 cm. Wohlriechende, gelbe Blüten in Büscheln.

Daphne glandulosa (syn. *D. oleoides* var.
glandulosa). Etwa 30 cm. Wächst sehr
langsam. Blüte hell-lachskarminfarben.

Daphne × hybrida (syn. *D. × dauphini* =
D. sericea × D. odora). Ein 35 cm hoher
Zwergstrauch mit langer Blütezeit.

Daphne julia. 35 cm. Ähnelt *D. cneorum*,
trägt jedoch dichte, gedrängte Blüten-
köpfe.

Daphne × *mantensiana* (*D.* × 'Somerset' × *D. retusa*). 60 cm. Rundliche Büsche, hübsche, gutduftende Blüten.

Daphne × *napolitana* (*D. sericea* × *D. cneorum*). 50 cm. Wohlriechende, gedrungene Hybride.

Daphne petraea, Felsen-Seidelbast. 10 cm. Ein tatsächlicher Zwerg.
'Grandiflorum'. 15 cm hoch, 25 cm breit. Mit besserem Knospenansatz als die Art.
'Plena'. 10 bis 15 cm. Lange Blütezeit.

Daphne retusa. 40 bis 60 cm. Wundervoller, duftender Frühlingsblüher.

Daphne × *rosetti* (*D. laureola* ssp. *phillippi* × *D. cneorum*). 35 cm. Grünweiße, duftende Blüten.

Daphne sericea (syn. *D. collina*). 35 cm. Wohlriechende, lachsrosa Blüten und orangerote Früchte.

Daphne × *thauma* (*D. petraea* × *D. striata*). 15 cm. Zwergform, *D. petraea* sehr ähnlich, schwachwüchsig und langlebig.

Deutzia 'Nikko'. 30 cm hoch, 30 cm breit. Ein echter Zwerg in dieser Gattung.

Dryas, Silberwurz. Alle *Dryas*-Arten sind Gehölze, auch wenn der Gärtner sie meist den Stauden zugesellt. Alle bleiben niedrig (8 bis 15 cm), aber können flächendeckend wachsen, was bei der Planung zu berücksichtigen ist. Echte Zwerge werden im Kapitel »Steingärten für wenig Platz« (Seite 182) genannt.

Erinacea anthyllis (syn. *E. pungens*), Igelginster. 10 bis 30 cm. Für sonnige Lagen, wächst sehr in die Breite.

Escallonia-Hybride 'Gwendolyn Anley'. 50 cm, manchmal auch höher. Diese südamerikanischen Sträucher sind bei uns meist nicht winterhart. Diese und die folgende Sorte können in günstigen Lagen gehalten werden.

Escallonia rubra 'Woodside' (syn. *E. rubra* 'Pygmaea'). 40 cm, Breite 40 cm.

Euonymus × *fortunei*, Spindelstrauch. Es gibt zahlreiche Sorten, die oft zu groß werden oder durch ihre Kletterkünste stören.

Die folgenden sind im allgemeinen als gesittet bekannt.
'Colorata'. 40 cm hoch, 40 cm breit.
'Emerald Cushion'. 40 cm hoch, 90 cm breit.
'Emerald Gaiety'. 40 cm hoch, 60 cm breit.
'Emerald Gold'. 30 cm hoch, 60 cm breit.
'Kewensis'. 8 cm hoch, 35 cm breit. Kleine Form.
'Minimus'. 10 cm hoch, 20 cm breit. Sehr zierlich und kleinblättrig.
'Silver Queen'. 45 cm hoch, 90 cm breit. Wo Triebe die Proportionen sprengen, kann zurückgeschnitten werden.

Euonymus japonica 'Microphyllus Variegatus'. 40 cm hoch, 30 cm breit.

Forsythia viridissima 'Bronxensis'. 45 bis 50 cm. Kleinste Forsythie.

Fuchsien. Es gibt eine Reihe von Freilandfuchsien, die an geschützten Plätzen selbst in Ostbayern unsere Winter überdauern, sofern sie Winterschutz erhalten. Fuchsien frieren zurück und treiben im Frühling wieder aus. Die bekannte *Fuchsia magellanica* mit ihren Formen wird zu hoch, es gibt aber auch einige Zwerge.

Fuchsia-Hybride 'Peter Pan'. 30 cm hoch, 25 cm breit.
'Tom Thumb'. 30 cm hoch, 15 cm breit.

Fuchsia magellanica var. *pumila* (syn. *F.* 'Pumila'). 15 cm hoch, 15 cm breit.

Fuchsia procumbens. 30 cm hoch, 15 cm breit. Kriechend, weniger auffällige neuseeländische Art. Frostempfindlich, benötigt Winterschutz.

Genista anglica. 30 cm.
'Cloth of Gold'. 15 cm hoch, 45 cm breit. Kriechende Form.

Genista germanica. 30 cm hoch, 50 cm breit. Niederliegend mit aufsteigenden Ästen. Die Art meidet Kalk.

Genista hispanica. 40 cm hoch, 70 cm breit. Dichter, fast rundlicher Strauch.
'Compacta'. 35 cm. »Kompakter« Wuchs.

Genista horrida. 30 cm hoch, 40 cm breit. Starre, stechende, kissenartige Sträuchlein.

Genista-Hybride 'Lemon Spreader' *(G. pilosa* 'Procumbens' × *G. januensis)*. 30 cm hoch, 90 cm breit und breiter. Blüht prächtig goldgelb.

Genista lydia. 30 cm hoch, 60 cm breit. Kissenartig, überreich blühend.

Genista pilosa, Sandginster. 20 bis 30 cm. Niederliegende, wurzelnde Äste, kann sehr in die Breite wachsen.
'Goldilocks'. 40 bis 60 cm. Stärkerwachsend als die Art.
'Minor'. 5 cm hoch, 30 cm breit.
'Procumbens'. 20 cm.

Genista pulchella (syn. *G. villarsii*). 5 cm.

Genista radiata, Strahlenginster. 60 cm. Meist breiter Wuchs, sehr langlebig. 'Tremeczo'. 30 cm. Miniaturausgabe der Art.

Genista sagittalis, Flügelginster. 10 bis 20 cm hoch, bis 90 cm breit. Kriechende, wurzelnde Äste.
var. *minor* (syn. *G. delphinensis*). 5 cm hoch, 15 cm breit. Miniaturausgabe der Art.

Genista sericea. 10 bis 20 cm. Dornenlose Äste, goldgelbe Blüten.

Genista tinctoria 'Plena'. Im Gegensatz zur Art nur 30 cm hoch, wird aber recht breit.

Hebe, Neuseeländer Veronika. Von den Heben gibt es eine enorme Anzahl von Arten und Sorten. Manche werden wesentlich höher als 60 cm, und einige sind auch bei normalen Winterschutz-Maßnahmen nicht winterhart. Die folgenden bleiben klein und sind bei etwas Schutz winterhart.

Hebe armstrongii. 40 bis 50 cm. Die härteste Art.

Hebe armstrongii × *H. selaginoides*. 15 cm hoch, 30 cm breit. Winterschutz erforderlich.

Hebe brachysiphon 'White Gem'. 45 cm hoch, 45 cm breit.

Hebe buchananii (zum Beispiel 'Georg Feenwick'). 15 bis 25 cm. Winterschutz erforderlich.
'Minor'. 5 bis 10 cm. Für kleinste Plätze.

Hebe buxifolia. 23 bis 30 cm. Winterschutz erforderlich.

'Nana'. Miniaturausgabe. Winterschutz erforderlich.

Hebe 'Carl Teschner'. 15 cm hoch, 45 cm breit.

Hebe chatamica. 15 cm hoch, 30 cm breit.

Hebe cupressoides. 50 cm. 'Nana'. 25 cm hoch, 15 cm breit.

Hebe decumbens. 30 cm hoch, 60 cm breit.

Hebe epacridea. 15 cm hoch, 55 cm breit. Winterschutz erforderlich.

Hebe 'Emerald Green'. 25 bis 35 cm. Benötigt guten Winterschutz.

Hebe leiophylla. 15 bis 20 cm. Ein wahrer Zwerg.

Hebe lycopodioides 'Peter Pan'. 15 cm. Wirkt sehr zwergig.

Hebe pinguifolia. 30 cm hoch, 70 cm breit. 'Pagei'. 40 cm. Ausgesprochen winterhart.

Hebe raoulia. 15 cm.

Hebe salcoxiana. Etwa 30 cm.

Hebe traversii. 50 cm.

Hebe venustula. Etwa 25 cm. Guter Winterschutz erforderlich.

Hedera, Efeu. Es gibt enorm viele Arten, die sich auch fürs Freiland eignen. Hier werden nur kompaktwachsende genannt, die keine Ausläufer bilden.

Hedera helix 'Conglomerata'. 15 cm hoch, 30 cm breit.
'Erecta' (syn. 'Conglomerata Erecta'). 60 cm hoch, 45 cm breit.

Helianthemum-Arten. Sie werden meist zu den Stauden gezählt, stehen hier aber mit voller Berechtigung in der Gehölzliste. Es gibt unzählige Sorten. Die bewährtesten bei uns sind 'Golden Queen', 'Cerise Queen', 'Gelbe Perle', 'Lawrensons Pink', 'Rubin', 'Sterntaler' und 'Wisley Primrose'.

Helichrysum splendidum. 60 cm hoch, 60 cm breit. Braucht etwas Winterschutz.

Hydrangea 'Pia'. Miniatur-Hortensie. 15 cm hoch, 15 cm breit.

Hypericum calycinum. 30 cm. In die Breite wachsender Bodendecker.

Hypericum × *moserianum* (*H. calycinum* × *H. patulum)*. 60 cm. 'Tricolor'. 45 cm. Panaschiertes Laub.

Oben: Lonicera japonica var. repens 'Aureo-reticulata', ein Gruß aus Japan. Weißer Zwerg-Fingerstrauch Potentilla fruticosa var. mandshurica (links) und P. fruticosa 'Red Ace', das rote Gegenstück (rechts).

Ilex crenata 'Dwarf Form', Stechpalme. 30 cm hoch, 30 cm breit.

'Golden Gem'. 45 cm hoch, 45 cm breit.

'Mariesii'. 25 cm und mehr. Eines der am langsamsten wachsenden Laubgehölze.

'Microphylla'. 25 cm und mehr.

'Stokes'. 20 cm und mehr.

'Tiny Tim'. 25 cm und mehr.

Ilex pernettiifolia. 1,20 m bis 1,40 m. Wird wesentlich höher als vorstehende Art, wächst aber schlank-pyramidal aufrecht und sehr langsam.

Jasminum humile var. *revolutum.* Etwa 80 cm. Nahezu immergrüner kleiner Strauch. Etwas winterhärter als die folgende Art.

Jasminum parkeri, Zwergjasmin. 25 cm hoch, 30 cm breit. Winterschutz erforderlich.

Lavandula angustifolia. Die Lavendelsorten erreichen recht unterschiedliche Größen.

'Hidcote Blue'. 30 cm. Bleibt sehr kompakt.

'Nana Alba'. Nur 20 cm.

Leptospermum humifusum. 5 cm hoch, 20 cm breit. Immergrüner, teppichbildender Strauch. Benötigt sehr guten Winterschutz.

Ein universeller Zwerg-Spierstrauch ist Spiraea japonica 'Little Princess'.

Linnaea borealis, Moosglöckchen. Kriechend, nur für das Moorbeet geeignet! Gartenfreundlicher ist die Sorte 'Americana'.

Lithodora zahnii. 40 cm hoch, kann aber bis 90 cm breit werden. Dicht verzweigtes Sträuchlein. Benötigt guten Winterschutz.

Lonicera japonica 'Aureo-reticulata'. 40 cm. Treibt längere Triebe und kann als Kletterpflanze gezogen werden.

Lonicera nitida 'Baggesen's Gold'. 50 cm. Leuchtend-goldgelbe Blätter.

Lonicera spinosa var. *albertii* (syn. *L. albertii*). 50 cm. Sparriger Strauch mit überhängenden Zweigen.

Mahonia aquifolium 'Apollo'. 60 cm. Mit ziemlich großen Blättern und gelben Blütentrauben.

Mahonia repens. 40 cm. Ausläufertreibender Strauch.

Muehlenbeckia axillaris. 2 bis 3 cm. Bodendecker, benötigt leichten Winterschutz.

Muehlenbeckia complexa. Ähnlich *M. axillaris* im Aussehen, kann aber auch bis 3 m hoch klettern. Benötigt sehr guten Winterschutz.

Pachysandra terminalis. 20 cm. Immergrüner Bodendecker, bildet Ausläufer.
  'Green Carpet'. 15 cm. Kompakte Form.
  'Variegata'. 15 cm. Panaschierte Form. Der Ausläufer bildende Bodendecker wächst verhaltener als die Art.

Parahebe catarracea. 30 cm hoch, 45 cm breit. Etwas Winterschutz ist nötig.
  'Nana'. 15 bis 25 cm. Weißblühende Neuseeländerin, braucht etwas Winterschutz.
  'Rosea'. 30 bis 45 cm. Rosablühende Sorte.

Parahebe hookeriana. 10 cm.

Paxistima canbyi. Dicknarbe. 25 cm. Immergrün, hübsch, aber ausläuferbildend.

Philadelphus × *lemoinei* 'Manteau d'Hermine'. 60 cm hoch, 60 cm breit. Hübscher Zwerg-Pfeifenstrauch.

Pimelea prostrata. Ganz flach am Boden aufliegendes Zwergsträuchlein aus Neuseeland mit weißen Blüten.

Polygala chamaebuxus, Kreuzblume. 15 bis 20 cm.
  'Kaminiski'. 20 cm.
  'Loibl'. 15 cm.
  'Purpurea'. 12 cm.
  'Rhodoptea'. 12 cm.

Potentilla. Aus der Vielzahl der strauchigen *Potentilla*-Arten bleiben die folgenden Arten kompakter:

Potentilla fruticosa 'Beesii'. 35 cm hoch, 45 cm breit. In Großbritannien als *P.f.* 'Nana Argentea' verbreitet.
  'Dwarf Yellow'. 25 cm.
  'Goldteppich'. 40 bis 50 cm.
  'Longacre'. 50 bis 60 cm.
  'Prostrate Copper'. 25 cm hoch, 90 cm breit.
  'Pyrenaica'. (syn. *P. farreri* 'Prostrata'). 40 bis 60 cm.
  'Red Ace'. 50 bis 60 cm.
  var. *mandshurica*. 40 bis 60 cm.
  var. *rigida* (syn. *P.f.* var. *arbuscula*). 50 cm.

Prunus pumila var. *depressa*. Niederliegende Sandkirsche. 10 cm.

Rhamnus pumilus, Zwerg-Kreuzdorn. 10 bis 20 cm. Wächst sehr langsam, sehr schön für Steingärten.

Rosa. Siehe Zwergrosen, ab Seite 17.

Rubus calycinoides (syn. *R. fockeanus*). 5 cm hoch, 90 cm breit. Flachwachsend, bodendeckend.

Rubus parvus. 25 cm hoch, 45 cm breit. Benötigt etwas Winterschutz.

Salix-Arten, Weiden. Aus dem umfangreichen Weiden-Sortiment muß man gut wählen, manche sind zu wüchsig.

Salix × *ambigua* (*S. aurita* × *S. repens*). 30 bis 50 cm.

Salix apoda 'Male Form'. 10 cm hoch, 30 cm breit.

Salix arbuscula. 30 bis 50 cm. 'Humilis'. 5 cm hoch, 25 cm breit.

Salix × *boydii* (*S. lanata* × *S. reticulata*). 30 cm hoch, 25 cm breit, im späteren Alter auch bis 60 cm.

Salix 'Boyd's Pendulous'. Hat mehr kriechenden Charakter.

Salix × grahamii (S. herbacea × S. phylici-folia). 30 cm.

Salix helvetica, Schweizer Weide. 60 cm hoch, 90 cm breit.

Salix herbacea, Krautweide. 2 bis 5 cm.

Salix hylematica. 10 cm. Stammt aus Nepal.

Salix lanata 'Stuartii'. 60 cm hoch, 45 cm breit.

Salix × moorei (S. herbacea × S. phylicifo-lia). 8 cm hoch, 60 cm breit.

Salix myrsinites. 40 cm. ssp. *jacquiniana*. 8 cm hoch, 30 cm breit.

Salix polaris. 30 cm hoch, 30 cm breit.

Salix repens ssp. *argentea*. 40 cm hoch, 60 cm breit. ssp. *rosmarinifolia*. 10 cm.

Salix reticulata, Netzweide. 5 cm hoch, 45 cm breit.

Salix retusa, Sumpfblättrige Weide. 'Pyg-maea'. 25 cm.

Salix serpillifolia. Quendelblättrige Weide. 8 cm.

Salix × simulatrix (S. arbuscula × S. herba-cea). 10 cm.

Santolina chamaecyparissus, Heiligenkraut. 50 cm. Schutz vor Wintersonne erforder-lich. ssp. *tomentosa*. 50 cm.

Santolina rosmarinifolia (syn. *S. viridis*). 50 cm. Winterschutz erforderlich.

Santolina × lindavica. 20 bis 40 cm.

Sarcococca humilis. Schwach ausläufertrei-bend. 50 cm.

Sorbus chamaemespilus. Zwerg-Mehlbeere. Wächst langsam. 80 bis 160 cm.

Sorbus reducta. 40 bis 60 cm, manchmal auch höher.

Spiraea albiflora, weißblütiger Spierstrauch. 50 cm.

Spiraea bullata. 30 bis 40 cm.

Spiraea-Bumalda-Hybriden 'Alpina'. 60 cm hoch, 90 cm breit.
'Crispa'. 40 cm.
'Gold Flame'. 60 cm. Mit wunderschönem Austrieb.
'Nyewoods'. 40 cm.

Spiraea decumbens, niedrigliegender Spier-strauch. 25 cm.

Spiraea japonica 'Guldmound'.
'Little Princess'.

Syringa afghanica (syn. *Syringa laciniata*). 60 cm. Alle anderen »Zwergflieder« wer-den schon zu hoch.

Ulmus davidianus var. *pygmaeus*. 60 cm und höher.

Viburnum davidii. 50 cm.

Viburnum farreri 'Nanum'. 60 cm hoch, 90 cm breit.

Viburnum opulus 'Nanum'. 40 cm hoch, 30 cm breit.

Viburnum tinus 'Gwennllian'. Niedrige Zwergform.

Vinca minor, Immergrün. 30 cm. Sorten 'Alba', 'Bowles', 'Rubra' und andere.

Xanthorhiza simplicissima, Gelbholz, 50 bis 60 cm.

Zelkova serrata var. *pygmaea*. Extreme Zwergform des bis 30 m hohen Baumes.

Zwerg-Nadelgehölze für beschränkten Raum

Die Bezeichnung »Zwerg« gilt besonders bei Gehölzen nur relativ gesehen. Was für den einen eine Kleinausgabe ist, stellt für einen anderen Betrachter schon einen »kleinen Riesen« dar. Als Beispiel aus der Praxis sei die in Büchern und Katalogen meist als Zwerggehölz angeführte Zuckerhutfichte, *Picea glauca* 'Albertina Conica' (auch *Picea glauca* 'Conica'), genannt. Jungpflanzen im Container sehen niedlich aus, und zwischen 20 m hohen Parkbäumen wirken sie zwergig, selbst noch im ausgewachsenen Zustand. Als echtes Zwerggehölz kann die Zuckerhutfichte keinesfalls gelten. Im Garten des Autors wuchsen sie mannshoch und mußten entfernt werden, weil sie Kahlstellen aufwiesen. Sicher hält sich der jährliche Zuwachs in Grenzen: 2 m Höhe wurden im Laufe von 20 Jahren erreicht, nachdem die Pflanzen in üblicher Handelsgröße gesetzt worden waren. Es gibt aber von der Zuckerhutfichte eine Kleinausgabe, die unter dem Namen 'Laurin' im Handel ist und deren jährlicher Zuwachs wirklich nur wenige Zentimeter beträgt. Diese Form kann aus der Sichtweise eines kleinen Hausgartens als echtes Zwerggehölz bezeichnet werden.

Wer Zwerggehölze erwirbt, erhält oft äußerst dürftige Informationen; die unmöglichen Proportionen in manch altem Garten beruhen darauf, daß der Käufer etwas erstand, was sich mit zunehmendem Alter als Riesenbaby entpuppte. Als Jungpflanze im Container wirkt jede Konifere niedlich. Hellwach und mißtrauisch sollte man werden, wenn ein angebliches Zwerggehölz auffallend preisgünstig angeboten wird, denn so etwas gibt es nicht! Ein echtes Zwerggehölz hat nur einen geringen jährlichen Zuwachs und steht schon eine Reihe von Jahren in der Baumschule, bis es

Verkaufsgröße erreicht hat. Da kann es nicht nur 4 DM kosten. Gewisse Schwierigkeiten bei den Größenangaben muß man allerdings zubilligen. Gehölze hören nicht ab einer gewissen Höhenangabe zu wachsen auf, auch wenn im Alter eine bestimmte Höhenstabilität erreicht wird.

Bei der Beurteilung kommt dem jährlichen Zuwachs größte Bedeutung zu. Er sollte so gering wie möglich sein. Als Beispiel dafür sei die Fuchsschwanzkiefer oder Grannenkiefer (*Pinus aristata*) genannt. Der Baum erreicht in den White Mountains der USA Höhen von 15 bis 20 m. Das Alter einiger Bäume am Naturstandort wird auf etwa 4000 Jahre geschätzt. Im Garten bleibt der Zuwachs so schwach, daß die Pflanzen nach 10 Jahren Standzeit immer noch zwergig wirken. Niemand kann behaupten, *Pinus aristata* sei eine Zwergkonifere, aber seine Verwendung im Garten als Zwerg rechtfertigt der sehr geringe Zuwachs.

Es handelt sich also um einen schwierigen Themenkomplex. Die im folgenden aufgeführten Pflanzen sind echte Zwerge. Der Größenrahmen der üblichen Zwergkoniferen-Listen wird dabei bewußt unterschritten. Die meisten genannten Formen eignen sich wirklich für kleine Pflanzplätze. Selbstverständlich können einzelne Koniferenzwerge als Altexemplare höhenmäßig über das Ziel hinausschießen.

Hexenbesen

Zum Verständnis des Gesamtkomplexes erscheint das Wissen um die Herkunft dieser zwergigen Koniferen wichtig. Keine stellt eine Art im botanischen Sinn dar, sie wachsen also

Cedrus deodara 'Golden Horizon' ist eine neuere, auffällige Sorte aus Großbritannien.

nirgendwo wild. Fast alle unserer kleinen Koniferen sind durch »Hexenbesen« entstanden. Hexenbesen entstehen in der Natur häufig als Folge von Infektionen mit bestimmten Bakterien oder Pilzen. Sie können auch als örtlich begrenzte Mutationen an Zweigen auftreten, die dann vegetativ weitervermehrt werden. Im allgemeinen geschieht die Vermehrung durch Stecklinge, bei Kiefern meist durch Veredlung. Die Ursachen für die Entstehung der kompakten Wuchsform sind nicht immer genau erforscht, für den Gartenliebhaber ist nur wichtig, daß er verkleinerte Ausgaben der Mutterpflanze bekommt. Im rauhen Klima Alaskas entstehen oft arg zer-

zaust wirkende Schwarzfichten (*Picea mariana*), mit enorm vielen Hexenbesen, die meist durch einen Pilz hervorgerufen werden. Auch bei uns können aufmerksame Beobachter hin und wieder in unseren Wäldern Hexenbesen-Bildungen (an Birken und Hainbuchen) entdecken. »Superzwerge« können dadurch entstehen, wenn sich an Zwerggehölzen, die aus Hexenbesen entstanden sind, nochmals Hexenbesen bilden, die nochmals verkleinert wirken. Die Zwergkoniferen bilden Zapfen mit fertilen Samen aus. Werden diese ausgesät, entsteht fast immer wieder die hochwachsende Stammart. Man kann allerdings vereinzelt auch Zwergformen aus diesen Samen her-

43

anziehen. Bei mir lieferte die Zwergform unserer heimischen Kiefer, *Pinus sylvestris* 'Perkeo', einen einzigen Sämling, der im Wuchs zwergig blieb.

Standardsortiment der Zwergkoniferen

Bis auf eine Ausnahme führen wir nur Arten und Sorten auf, die im Alter kaum die 1-m-Grenze überschreiten. Sie eigenen sich zur freien Verwendung in Steingärtchen, zum Bepflanzen von Trögen, Schalen und anderen mobilen Gefäßen, wobei man im letzteren Fall die Größe der Pflanzfläche etwas berücksichtigen muß. Andererseits dürfen die angegebenen Größen nicht schrecken, weil sie erst nach einem oder gar nach zwei Jahrzehnten erreicht werden. Eine naturnahe Trogbepflanzung ist nicht für die Ewigkeit gedacht und nach etlichen Jahren muß die gesamte Pflanzung ohnehin aus den verschiedenen Gründen aufgehoben und neu gepflanzt werden. Deshalb besteht kaum die Gefahr, daß die genannten Zwergkoniferen frühzeitig die Proportionen sprengen.

Abies balsamea 'Nana'. Etwa 1 m hoch.
    f. *hudsoniana*. 50 bis 70 cm.
Abies concolor 'Compacta'. 60 cm bis 1 m.
Abies procera 'Blaue Hexe'. Bis 1 m.
Cedrus deodara 'Golden Horizon'. Bis 1 m.
Cedrus libani 'Prostrata'. 30 cm hoch und
    75 cm breit.
Chamaecyparis lawsoniana 'Aurea Densa'. 40
    bis 60 cm.
    'Chilworth Silver'. 1 m.
    'Ellwoods Gold'. 1 m.
    'Ellwoods White'. 1 m.
    'Gimbornii'. 60 cm bis 1 m.
    'Little Spire'. 1 m.
    'Minima Aurea'. 80 cm.
    'Minima Glauca'. 1 m.
    'Nidiformis'. 1 m.
    'Pixi'. 80 cm bis 1 m.
Chamaecyparis obtusa 'Chabo-yadori'. 40 bis
    50 cm.

'Coralliformis'. 50 cm.
'Hage'. 50 cm.
'Kosteri'. 40 cm.
'Nana Aurea'. 40 cm.
'Nana Gracilis'. Die bekannte Muschel-Scheinzypresse kann im Alter eine Höhe von 3 m erreichen, was aber fast ein Menschenleben lang dauert. Wegen des langsamen Zuwachses hat die Sorte ihre Berechtigung, hier zu stehen.
'Nana Lutea'. 1 m.
'Pygmaea'. 40 cm hoch, 1 m breit.
'Rigid Dwarf' (auch 'Rigida'). 50 cm.
Chamaecyparis pisifera 'Filifera Nana'. 1 m.
    'Golden Mop'. 1 m.
    'Plumosa Nana Aurea'. 60 cm.
    'Plumosa Rogersii'. 1 m.
    'Sungold'. 1 m.
Chamaecyparis thyoides 'Ericoides'. 1 m.
Cryptomeria japonica 'Compressa'. 80 cm bis
    1 m.
Juniperus chinensis 'Plumosa Aurea'. 1 m.
Juniperus communis 'Compressa'. 80 cm.
    'Nana Aurea'. 50 cm.
Juniperus horizontalis f. *alpina*. 50 bis 60 cm.
    'Andorra Compact'. 30 bis 40 cm.
Juniperus squamata 'Blue Star'. 70 bis 80 cm.
    Kann zwar im Alter bis 1,5 m breit werden, die Pflanze gehört trotzdem hierher.
Picea abies 'Capitata'. 60 cm.
    'Clanbrassiliana'. 60 cm.
    'Gregoryana'. 60 bis 80 cm.
    'Kamon'. 50 cm hoch, 1 m breit.
    'Maxwellii'. 60 bis 80 cm.
    'Nidiformis'. 80 cm bis 1 m.
    'Pumila glauca'. 1 m.
    'Repens'. 50 cm. Flach aufliegend, wächst in die Breite.
Picea glauca 'Alberta Globe'. 60 cm.
Picea mariana 'Nana'. 50 cm.
Picea × mariorika 'Machala'. 30 bis 50 cm
    hoch, 1 m breit.
Pinus contorta 'Span's Dwarf'. 75 cm.
Pinus mugo 'Jeddeloh'. 25 cm hoch, 1 m
    breit nach rund 10 Jahren.
    'Ophir'. 30 bis 40 cm hoch, 60 cm breit nach 6 Jahren.

Pinus nigra 'Hornibrookiana'. 60 cm hoch,
  60 cm breit nach 10 Jahren.
Pinus pumila 'Draijers Dwarf'. Jährlicher Zu-
  wachs 5 bis 6 cm.
Pinus sylvestris 'Compressa'. Jährlicher Zu-
  wachs 4 bis 5 cm.
  'Doone Valley'. 70 cm.
  'Nana'. 50 cm bis 1 m.
Podocarpus nivalis. 30 bis 40 cm, kann im
  Alter aber breit werden.
Thuja occidentalis 'Danica'. 50 cm nach
  20 Jahren.
  'Little Champion'. 50 cm bis 1 m. Wächst
  sehr langsam.
  'Tiny Tim'. 30 cm hoch, 60 cm breit nach
  12 Jahren.
Thuja orientalis 'Aurea Nana'. 60 cm.
Tsuga canadensis 'Nana Gracilis'. 50 cm.
Tsuga diversifolia 'Nana'. 60 cm.

Die ganz Kleinen

Die folgenden Koniferen eignen sich auch für
sehr kleine Pflanzplätze. Es handelt sich entweder um ausgesprochene Miniaturen, oder
ihr jährlicher Zuwachs ist so gering, daß sie
eine größere Höhe erst nach sehr langer Zeit
erreichen. Für eine freie Pflanzung im Garten
sind sie zu klein und zwischen anderen, »normalen« Pflanzen würden sie optisch verschwinden. Für Steingärtchen, Tröge und
Schalen erweisen sie sich als gerade richtig. In
Verbindung mit alpinen Pflanzen und Mini-
gräsern entstehen reizende Pflanzbilder.

Abies cephalonica 'Meyers Dwarf'. 30 bis
  50 cm hoch, 60 cm breit.
Abies concolor 'Piggelmee'. Kaum über
  30 cm hoch.
Cedrus libani 'Pigmy'. Nach 20 Jahren 30 cm
  hoch, 40 cm breit.
  'Sargentii'. Wird zwar 1 m hoch, wächst
  aber sehr langsam und ist deshalb hier mit
  aufgeführt.
Chamaecyparis lawsoniana 'Ellwoods
  Pygmy'. 50 cm im hohen Alter.

'Fletcheri Nana'. Zwergig, wächst sehr
  langsam.
'Gnom'. 25 cm. Sehr zwergig.
'Pygmy Argentea'. 60 cm. Zwergiger
  Wuchs.
Chamaecyparis obtusa 'Caespitosa'. 20 bis
  30 cm.
  'Intermedia'. 30 cm. Pro Jahr 1 cm Zu-
  wachs.
  'Mariesii'. 50 cm. Schwachwachsende
  Sorte.
  'Nana'. 60 cm.
  'Pygmaea'. Wächst sehr langsam.
Chamaecyparis pisifera 'Miko'.
  'Plumosa Compressa'. 50 cm.
  'Pygmaea'.
  'Snow'. 30 bis 40 cm.
  'Tsukumo' (auch als 'Tsukumi' verbreitet).
Cryptomeria japonica 'Vilmoriniana'.
Juniperus communis 'Echiniformis'. 50 cm.
Juniperus horizontalis 'Wiltonii'. 10 cm.
  Wächst teppichartig, aber langsam.
Juniperus procumbens 'Nana'. 15 cm. Wächst
  in die Breite, aber sehr langsam.
Picea abies 'Diffusa'. 40 cm.
  'Echiniformis'. 30 bis 40 cm.
  'Humilis'. 50 cm.
  'Little Gem'. Jährlicher Zuwachs 2 bis
  3 cm.
  'Mariae-Orffiae'. 80 cm. Wächst langsam.
  'Nana Compacta'. 40 cm.
  'Pygmaea'. 1 m. Wächst aber nur schwach.
Picea glauca 'Conica Laurin'. Jährlicher Zu-
  wachs 2 bis 3 cm.
Picea omorika 'Minima'. 25 cm.
  'Pimoco'. 30 cm.
Pinus leucodermis 'Schmidtii'. 60 cm. Wächst
  ausgesprochen langsam.
Pinus mugo 'Brevifolia'. 50 cm nach 10 Jah-
  ren.
Pinus parviflora 'Adocks Dwarf'. Wächst
  sehr langsam.
Pinus strobus 'Minima'. Etwas stärkerer Zu-
  wachs, trotzdem für viele Jahre im Trog
  brauchbar.
Pinus sylvestris 'Beuvronensis'. 50 cm nach
  25 Jahren!

Oben: Picea glauca 'Alberta Globe' wächst kugelförmig. Unten: Der weitverbreitete Zwergwacholder Juniperus squamata 'Blue Star', bei dem die unteren Zweige entfernt wurden.

Taxus baccata 'Amersfoort'. Wächst sehr langsam. 50 cm bis 1 m.

Taxus × media 'Nidiformis'. 25 cm nach 10 Jahren.

Thuja occidentalis 'Little Gem'. Zwergiger Wuchs.

Thujopsis dolobrata 'Nana'. 50 cm.

Höhenzwerge – Flächenriesen

Eine ganze Anzahl von Koniferen, die ein nur geringes Höhenwachstum aufweisen, wachsen stark in die Breite, entweder auf dem Boden aufliegend oder breit-gespreizt. Sie dienen dadurch als Bodendecker. Es kommen hin und wieder in kleinen Gärten Situationen vor, die eine Verwendung vorteilhaft erscheinen lassen, deshalb sei auch hierzu eine entsprechende Aufstellung wiedergegeben.

Abies amabilis 'Spreading Star'. 1 m hoch, aber sehr breit.
Abies koreana 'Piccolo'. 30 cm hoch, bis 1,5 m breit.

Pinus mugo, eine anspruchslose Bergkiefer.

Abies procera 'Jeddeloh'. 50 cm bis 1 m hoch, aber breit.
Cedrus libani 'Prostrata'. 30 cm hoch, 75 cm breit.
Chamaecyparis pisifera 'Nana'. 60 cm hoch, im Alter bis 1,5 m breit.
Juniperus chinensis var. *sargentii*. 30 bis 40 cm hoch, breitkriechend.
   'Glauca'. 30 bis 40 cm hoch, breitkriechend.
Juniperus communis ssp. *alpina*. 20 bis 30 cm hoch, breitkriechend.
   'Sibirica'. 20 bis 30 cm hoch, breit-niederliegend.
Juniperus horizontalis 'Blue Clips'. Höhe 40 bis 50 cm. Wächst flach ausgebreitet.
   'Douglasii'. 30 cm hoch, 2 bis 3 m breit.

'Emerald Spreader'. Niederliegend.
'Glauca'. 30 cm hoch, niederliegend.
'Jade River'. 30 bis 40 cm hoch, niederliegend.
'Prostrata'. 30 cm hoch, niederliegend.
Juniperus squamata 'Blue Carpet'. Höhe 20 bis 30 cm, Breite 2 m.
   'Blue Sprider'. Höhe 20 bis 30 cm, Breite 1,8 m.
Microbiota decussata. Höhe 25 cm, Breite bis 2 m.
Pinus pumila 'Dwarf Blue'. Wächst ganz flach und ausgebreitet.
Taxus baccata 'Procumbens'. Höhe 30 cm, Breite bis 2 m.

Die Aufstellungen von Zwergkoniferen beinhalten nur einen kleinen Teil der wirklich vorhandenen Zwerge. Es wurden hauptsächlich gängige, lieferbare Typen genannt. Spezialbaumschulen führen ein viel größeres Sortiment und jährlich kommen durch neuentdeckte »Hexenbesen« weitere Typen hinzu. Angaben über Endhöhen, die nach einem gewissen Zeitraum erreicht werden, lassen sich bei den Neuentdeckungen natürlich nicht machen.

Von der Zwerg-Hemlocktanne (Tsuga) gibt es mehrere Sorten.

Das Bonsai-Thema einmal anders

Wir wollen hier nicht die Erziehung japanischer Bonsai propagieren und beschreiben, schließlich liegt diese spezielle Form der Gehölzerziehung außerhalb des Themenkreises dieses Buches. Es gibt aber einige daran angelehnte Methoden, um zwergige Koniferen noch kleiner zu halten, oder einigen eine baumähnliche Form zu geben. Dabei wird weder gedrahtet, noch gekrümmt, wir benötigen lediglich eine Schere.

Besonders bei Kiefern, die im Verhältnis zu Fichten, Tannen, Scheinzypressen und Wacholder weniger Triebe besitzen, lassen sich durch das Kürzen oder Entfernen der Triebe interessante, kompakte Wuchsformen erzielen. Man kann hier auf unterschiedliche Weise vorgehen: Entweder werden die Jahresneutriebe total abgeschnitten oder abgeknipst und im folgenden Jahr entwickelt sich ein Mehrfaches an kurzen, kompakten Reservetrieben, die man ungestört wachsen läßt. Im nächsten Jahr können dann wieder Triebe entfernt werden. Es entstehen dabei extrem kompakte Wuchsformen, so daß oft selbst geübte Dendrologen bei der Bestimmung passen. Teilweise wird eine etwas andere Methode verwendet, bei der die Triebe nur zur Hälfte abgeschnitten werden. Dieses Verfahren kann jährlich wiederholt werden.

Zwergkiefern vertragen stärkeren Rückschnitt gut, ebenso wie die anderen Zwergkoniferen. Besonders schnittverträglich sind Wacholder und Scheinzypresse.

Bei vielen Arten und Sorten lassen sich kleinere Miniaturbäumchen erzielen, indem man die unteren Äste abschneidet. Besonders schnell gelingt dies bei *Juniperus squamata* 'Blue Star'. Solche Typen sehen in Trögen und Schalen sehr gut aus, können aber auch in kleinen Steingärtchen und -beeten stehen. Unter Umständen wirken sie in so einer Umgebung aber etwas kitschig. Bei Pflanzen mit stärkerem Zuwachs, wie dem genannten Wacholder 'Blue Star' muß alljährlich etwas nachgeschnitten werden, damit die Form erhalten bleibt.

Größe und Form einer Zwergkonifere hängen außerdem vom Wurzelraum ab, der der Pflanze zur Verfügung steht. Je beengter der Wurzelbereich, zum Beispiel in einer Schale, desto kleiner bleibt sie. Dies gilt selbstverständlich auch für die beschriebenen Zwerg-Laubgehölze.

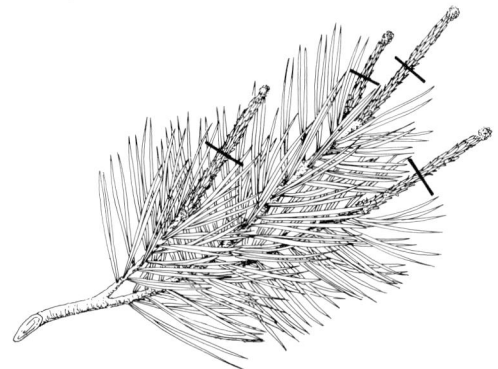

Links: Mit Hilfe einer selbstgebauten Rampe lassen sich auch schwere Pflanztröge relativ leicht transportieren. Rechts: Koniferen behalten ihre kompakte Wuchsform, wenn man junge Triebe regelmäßig zurückschneidet oder, wie hier bei der Kiefer gezeigt, die Triebe um ein Drittel einkürzt.

Der kleine Hausbaum

Die Malus-Hybride 'Almey' bildet seit Jahrzehnten ein Schmuckstück im Garten des Autors.

Allgemeine Hinweise

Der Besitzer jedes Gartens – und sei die Fläche noch so klein – träumt von seinem Baum. Allgemein hat sich für solche Solitärs der Begriff »Hausbaum« durchgesetzt. In vielen Fällen wird irgendein Baum gepflanzt, ohne die zu erwartenden Größenverhältnisse in einigen Jahrzehnten zu berücksichtigen. Anfangs sieht jedes Gehölz gut aus, aber Großbäume sprengen oft schon nach wenigen Jahren die Proportionen. Manchmal werden bewußt schnellwachsende Gehölze gepflanzt (Weiden, Pappeln), damit im neuangelegten Garten rasch ein ansehnlicher Baum steht. Aus welchem Grund auch immer solche Riesen gepflanzt wurden, man sollte nicht zögern, sich ab einer bestimmten Größe von ihnen zu trennen. Wobei es für das Fällen von Hausbäumen streng geregelte rechtliche Bestimmungen gibt. Einfacher ist es selbstverständlich, dem Wunsch nach schneller Gehölzkulisse zu widerstehen und gleich einen langsamwüchsigen, kleinkronigen Baum zu pflanzen, der auch im Alter im Rahmen bleibt. Man sollte vorher gut die zukünftigen Größenverhältnisse bedenken und überlegen, ob sich der geplante Pflanzplatz hinsichtlich der Lichtverhältnisse eignet. Auch die Entfernung zum Haus und zur Grundstücksgrenze ist zu berücksichtigen. Entfernungen zum Nachbargrundstück sind per Gesetz vorgeschrieben, aber in den einzelnen Bundesländern nicht einheitlich geregelt. Überlegen sollte man sich aber auch, welche Eigenschaften für einen selbst vorrangig sind – Stichpunkte sind Habitus, Blütenflor, Herbstfärbung oder Fruchtbildung. Berücksichtigt werden sollte auch die richtige Pflanzzeit, sofern die Gehölze nicht im Container gezogen wurden.

Kleine Bäume und strauchige Gehölze

Unsere Auswahl nennt neben den geeigneten, eigentlichen Bäumen auch Gehölze von strauchigem Wuchs, die die gleiche Funktion erfüllen können.

Acer circinatum, Rundblattahorn, Weinahorn. Der meist mehrstämmige, mittelhohe Baum wird in seiner nordamerikanischen Heimat bis 10 m hoch, bei uns erreicht er kaum 6 bis 7 m. Besonders gut geeignet für tiefgrundige, mildfeuchte Böden. Sehr frosthart! Schöne kupfrig-rote Herbstfärbung, wirkungsvoll als Solitär.

Acer cissifolium, Cissus-Ahorn, Cissusblättriger Ahorn. Kleiner Baum bis Großstrauch (selten höher als 8 m) mit schöner gelbroter Herbstfärbung. Auch aufgrund seines malerischen Wuchses erscheint dieser Ahorn pflanzwürdig. Wichtig ist es zu wissen, daß diese Art keinen Kalk liebt.

Acer ginnala, Feuerahorn oder Mandschurischer Ahorn. Wächst meist strauchig, erreicht Höhen um etwa 6 m. Der Baum erweist sich als völlig hart gegenüber extremer Witterung und Industrieabgase, liebt nicht zu nasse Böden. Leuchtendrote Herbstfärbung.

Acer japonica 'Aconitifolium', Japanischer Ahorn. In der japanischen Heimat kommt er als kleiner Baum vor, bei uns wächst er meist strauchig. Nur für geschützte Plätze wirklich empfehlenswert. Langsamwüchsig, selten über 3 m hoch, schöne Wuchsform, purpurne Blüte, feuerrote Herbstfärbung. Liebt sonnige Lagen.

Acer monspessulanum, Französischer Maßholder, Dreilappiger Ahorn, Montpellier-Ahorn. Kann sich zu einem kleinen Baum entwickeln, wächst bei uns aber meist strauchartig. Ähnelt etwas dem Feldahorn, kann 7 bis 8 m hoch werden. Liebt trockene, sonnige und steinige Lagen oder mineralkräftige Lehmböden.

Acer × neglectum 'Annae'. Schwachwachsender, 4 m (bis 6 m) hoher, breitausladender Baum mit prachtvollem, dunkelroten Austrieb. Verträgt auch schattige Standorte.

Acer negundo, Eschenahorn. Von den vielen Sorten sind besonders die folgenden für den kleinen Garten zu empfehlen.
'Odessanum'. Mittelstarkwachsender, 5 m (bis 7 m) hoher Baum mit dicht-weißlich behaarten, jungen Zweigen. Die leuchtendgoldgelben Blätter sind beim Austrieb rötlich überlaufen. Liebt volle Sonne.
'Aureo-variegatum'. Etwa von gleicher Höhe, aber mit dunkelgrünen Blättern, die goldgelb gefleckt sind. Liebt mehr halbschattige Lagen.
'Variegatum', auch als Silber-Eschenahorn oder Weißbunter Eschenahorn bekannt. Ziemlich langsamwachsende, 5 bis 6 m hohe Form. Blätter sehr unregelmäßig, weiß gerandet. Schönste der weißbunten Formen. Meist auf Hochstamm veredelt.

Acer maximowiczianum (syn. *A. nikoense*), Nikko-Ahorn. Wächst sehr langsam und bleibt klein. Empfindlicher als die anderen Arten, benötigt einen geschützten Platz. Scharlachrote Herbstfärbung.

Acer palmatum, Fächerahorn. Wird bei uns nur etwa 4 m hoch. Die frischgrüne Belaubung verfärbt sich im Herbst karminrot.

Sonnige bis halbschattige Lagen, sehr gut frosthart, benötigt aber eine leicht saure Bodenreaktion.

Acer pensylvanicum, Streifenahorn. Wird für manche Gärten oft schon zu groß, an günstigen Plätzen erreicht er bis 12 m Höhe. Fällt durch die zierende Borke im Winter auf. Liebt nicht zu heiße Lagen.

Acer platanoides 'Globosum'. Die Krone bleibt im Jugendstadium ohne Schnitt kugelrund. Wird bis 6 m hoch. Im Alter erscheint die Krone abgeflacht und ziemlich breit. Rotbrauner Austrieb, leuchtendgelbe Herbstfärbung.

'Nanum'. Kann im Alter zwar bis 10 m hoch werden, was aber lange dauert, Breite dann etwa 3 bis 4 m.

Acer saccharum 'Borns Graciosa', Borns Silberahorn. Ist feintriebiger und bleibt kleiner als die Art. Höhe etwa bis zu 10 m, deshalb ebenfalls nicht für jeden Garten geeignet. Liebt windgeschützte Lagen und feuchtere Böden.

Aesculus parviflora, Strauchkastanie. Wächst nur etwa 4 m hoch, selten bis 6 m. Meist strauchig im Wuchs, wird breiter als hoch, was bei der Planung zu berücksichtigen ist. Die Pflanze erweist sich als vollkommen winterhart und industriefest. Schöne, 20 bis 30 cm hohe Blütenstände im Juli–August.

Alnus incana 'Aurea', Golderle. Wächst langsam und meist nur strauchartig. Wird bis etwa 6 m hoch. Gelbrote Winterzweige. Blätter im Austrieb schön gelb, Kätzchen karminfarben bis orangerot. Besonders für frische Gartenböden.

Amelanchier laevis, Glatte Felsenbirne. Wird im östlichen Nordamerika bis zu 12 m hoch, erreicht bei uns aber nur etwa 5 m und bleibt somit kleiner als die nachfolgende Art. Die waagerechten, abstehenden Zweige, die an der Spitze überhängen, geben der Pflanze eine gewisse Eleganz. Die Pflanze ist im Mai von 4 cm großen, weißen Blüten übersät, wobei der kupferrote Blattaustrieb den Gesamteindruck noch

steigert. Scharlachrote Herbstfärbung. Wohl die wertvollste Felsenbirne.

Amelanchier lamarckii (auch als *A. botryapium* und *A. canadensis* kultiviert), Kupfer-Felsenbirne. Kann zwar bis zu 7 m hoch werden, zeigt aber von der Wuchsform her immer eine gewisse Leichtigkeit. Die deutsche Bezeichnung kommt vom kupferroten Austrieb. Liebt neutrale bis leicht alkalische Böden, die eine gewisse Frische aufweisen. Neben der schönen weißen Frühlingsblüte ist besonders auch die Herbstfärbung beachtenswert. Gehandelte Pflanzen sind meist mehrstämmig.

Aralia elata, Aralie. Höhe 5 bis 7 m. Oft mehrstämmig, bizarr wachsend, dornig (auch »Teufels-Spazierstock« genannt), tropisch anmutend. Blüten in großen, gelblichweißen Trugdolden im August–September. Die Sorte 'Variegata' ist wesentlich empfindlicher als die Art.

Betula pendula 'Dalecarlica'. Während unsere normale Weißbirke eine Höhe von 30 m erreichen kann, wird die echte Ornäsbirke nur etwa bis 10 m hoch. Sie ist frohwüchsig und von elegantem, überhängendem Wuchs.

'Purpurea', Blutbirke. Auch diese Form zeigt einen gebremsten Wuchs, sie wird 7 bis 10 m hoch. Dunkelpurpurnes Laub.

Cercidiphyllum japonicum, Kadsurabaum, Judasblatt. Wächst oft mehrstämmig. Das gelbe Herbstlaub duftet kuchenartig. Höhe bis etwa 6 m, wird unter günstigen Umständen auch höher (10 m). Bevorzugt feuchtere, tiefgründige Böden, ist absolut frosthart, aber empfindlich gegen Trockenheit. Herrliche Herbstfärbung.

Cercis siliquastrum, Gemeiner Judasbaum. Wird anders als am Heimatstandort bei uns nur 4 bis 6 m hoch, wo er einen reichverzweigten Baum oder einen größeren Strauch bildet. Die purpurrosa Blüten stehen in drei- bis sechsblütigen Trauben. Liebt warmen, kalkhaltigen Standort, ist aber nur im Jugendstadium frostempfindlich, im Alter dagegen absolut frosthart.

Amelanchier laevis ist unter den Felsenbirnen wohl die hübscheste für den Garten.

Cornus florida, Blumenhartriegel. Kleiner Baum oder baumartiger Strauch mit auffallenden weißen, sternförmigen Brakteen und roter Herbstfärbung. Besonders die Auslese 'Rubra' ist zu empfehlen mit rosa bis rot gefärbten Brakteen. Zusammengepflanzt mit der weißen Stammart ergeben sich schöne Pflanzenbilder. Wird normalerweise 5 bis 6 m hoch, in Ausnahmefällen wächst er auch höher.

Cornus kousa, Japanischer Blumenhartriegel. Ähnelt der vorangegangenen Art, wächst jedoch meist strauchiger. Höhe etwa 7 m. Die weißen Hüllblätter erscheinen etwa vier Wochen nach denen von *C. florida*. Ist stärker an eine saure Bodenreaktion gebunden.

Cornus mas, Kornelkirsche. Wird 5 m hoch, manchmal auch höher. Liebt kalkhaltigen Boden und ist industriefest. Bildet meist einen baumartigen Strauch. Gute Bienenweide und Vogelschutzgehölz.

Crataegus laevigata 'Paul's Scarlet', Rotdorn. Wenn er nicht geschnitten wird, wächst er

Malus × zumi 'Professor Sprenger' schmückt mit Blüten und Früchten.

breit und sparrig ausladend. Höhe etwa bis 7 m. Im Mai-Juni mit leuchtendroten, gefüllten Blüten in großer Zahl. Bildet keine Früchte.

Crataegus × lavallei 'Carrierei'. Mit unregelmäßiger, dichter, breit gewölbter Krone. Im Mai weiße, schwachblühende Blütenstände. Die orangeroten Früchte hängen lange am Baum. Höhe bis 7 m.

Crataegus monogyna 'Stricta'. Wächst säulenförmig, wird etwa 7 m hoch und im Alter etwa 2,5 m breit.

Crataegus pedicellata (syn. *C. coccinea*). Wird oft auch strauchförmig erzogen, locker verzweigt, bis 7 m hoch. Weiße Blüten erscheinen im Mai in lockeren Doldenrispen. Scharlachrote, leicht abfallende Früchte.

Crataegus × prunifolia. Wächst unregelmäßig und etwas sparrig mit aufrechtstehenden Hauptästen. Höhe bis 7 m. Weiße Blüten im Mai–Juni in vielblütigen Doldenrispen. Scharlachrote, früh abfallende, kugelige Früchte.

Crataegus 'Shirotae'. Waagerecht ausgebreitete Äste mit bogig überhängenden Spitzen. Höhe etwa 5 bis 7 m, wird aber 7 m breit!

Magnolia × loebneri. Wertvollste Magnolie für rauhe Gegenden, da außerordentlich winterhart. Diese Hybride *(Magnolia stellata × M. kobus)* vereinigt die Frohwüchsigkeit von *M. kobus* mit der Blühwilligkeit der Sternmagnolie. Wird etwa 6 m hoch, trägt weiße Blüten im April–Mai. Im Garten des Autors erlitt sie in exponierter Lage auch bei − 28 °C keinen Schaden.

Malus-Arten, Zieräpfel. Diese kleinen Bäume bis baumartigen Sträucher erreichen 3 bis 12 m Endhöhe, sie werden im Grunde viel zu wenig verwendet. Man sollte wohl die Auswahl anhand der Angebotslisten der Baumschulen treffen. Im Garten des Autors haben sich bewährt:

'Almey' *(M. × adstringens)*. Mit zahllosen, tiefpurpurnen Blüten im Frühling und rötlichen Früchten im Herbst. Etwa 4 m hoch, wächst breit-aufrecht, ist sehr frosthart.

'Professor Sprenger' *(M. × zumi)*. Im Frühling mit vielen einfachen, weißen Blüten besetzt. Trägt im Herbst schöne orangefarbene, rotbackige Äpfelchen. Höhe etwa 5 bis 6 m, sehr frosthart.

Malus toringo var. *sargentii*. Mit einfachen, mittelgroßen Blüten und kleinen, gelbroten Früchten. Höhe nur etwa 3 m, breitwachsend, mehr strauchig! Ebenfalls sehr frosthart.

Prunus mahaleb, Steinweichsel, Felsenkirsche, Weichselkirsche. Vielstämmiger Baum mit breiter Krone. Liebt sonnige Plätze und warme, trockene Böden, ist aber sonst ziemlich anspruchslos. Kann unter günstigen Umständen bis zu 10 m hoch werden.

Prunus serrulata, Japanische Blütenkirsche. Hier sind die Angebotslisten der Baumschulen genau zu beachten, da es sehr raschwüchsige und breitkronige Typen gibt, die schnell die Proportionen auf kleinen Flächen sprengen.

'Amanogawa' ist durch ihre einmalige, schmale, säulenförmige Wuchsform zu empfehlen. Höhe etwa 4 bis 5 m. Rosa, halbgefüllte Blüten.

'Asano' erreicht die gleiche Höhe von 4 bis 5 m, wächst aber breit-aufrecht.

'Mount Fuji' wirkt elegant und wird 5 bis 7 m hoch, kann aber eine ziemlich breite Krone ausbilden. Eine typische Hängeform von gleicher Größe ist 'Shidare-Sakura'.

Prunus subhirtella hat ebenfalls einige schöne Formen hervorgebracht, die hinsichtlich ihrer Größe im Rahmen bleibt.

'Autumnalis'. Blütezeit im Frühling und im Herbst. Weißrosa, halbgefüllte Blüten. Etwa 5 m hoch und breitkronig.

'Fukubana'. Höhe 4 m, in Ausnahmefällen auch etwas höher. Mit abstehenden Ästen und leicht überhängenden Zweigen. Die rosa Blüten sind halbgefüllt und gekraust.

'Pendula Rubra'. Bis 4 m hoch. Mit zierlichen, hängenden Zweigen und rosaroten, einfachen Blüten. Schönste der spätblühenden Hängekirschen.

Prunus virginiana, Virginische Traubenkirsche. Ähnlich wie *P. mahaleb*, aber zierlicher und kleiner und deshalb für kleinere Gärten von größerer Bedeutung. Auffallende, rot gefärbte Beeren. Blüht nach der üblichen *Prunus*-Blütezeit. Liebt nicht zu schwere, mehr trockene Böden.

Rhus glabra, Scharlachsumach. Höhe nur bis zu 3 m. Der Baum treibt aber durch die vielen Wurzelausläufer sehr in die Breite.

Rhus typhina, Essigbaum, Sumach. Diese Pflanze soll erwähnt werden, wenn auch ihre Untugend, Wurzelschosser zu bilden, manchen Gartenbesitzer zur Verzweiflung bringen kann, besonders wenn diese nicht laufend entfernt wurden. Andererseits handelt es sich um einen dekorativen, malerischen, bis 5 m hohen kleinen Baum mit orange-scharlachfarbener Herbstfärbung.

Im Winter zieren ihn seine karminroten Fruchtkolben. Der anspruchslose Baum ist vollkommen winterhart.

'Laciniata', Farnwedelsumach. Wegen seines Breitenwachstums ist er für beschränkte Plätze nicht zu empfehlen.

Robinia hispida 'Macrophylla', Rosenakazie. Wächst mehr strauchartig, Höhe bis 3 m. Blüten rosa bis purpurn, zu dritt bis zu sechst in Trauben angeordnet. Schön als Solitär und vor Mauern. Härter als die Art.

Robinia kelseyi. Winterharter, 3 m hoher Strauch. Sehr dicht mit fünf- bis achtblütigen Trauben besetzt. Die Einzelblüte ist rosalila gefärbt. Der Baum blüht schon als Jungpflanze reich. Meist als Heister im Angebot.

Sorbus aria 'Magnifica'. Kann im Alter 10 m erreichen, wächst schmal-kegelförmig und wird erst später breiter. Die weißen, verzweigten Blütendolden erscheinen im Mai.

Sorbus decora. Locker aufgebaute, rundliche Krone, Höhe bis 10 m. Im Mai mit weißen, lockeren Blütenständen, im Herbst bildet der Baum lebhaftrote Früchte.

Sorbus-Lombarts-Hybriden. Hybrid-Ebereschen. Sie sollten verstärkt Eingang in die Gärten finden. Auswahl anhand von Baumschulkatalogen. Einige schwach-wüchsige Sorten sind 'Copper Glow' (kupferfarbene Beeren), 'Kirsten Pink' (rosa Beeren), 'Maidenblush' (weißlichrosa Beeren), 'Vermiljon' (leuchtendrote Beeren).

Sorbus serotina, Späte Eberesche. Sehr wertvolle, etwa 6 m hoch wachsende Art. Die weißen Blüten erscheinen im Mai, später bilden sich korallenrote Früchte. Scharlachrote Herbstfärbung.

Sorbus × *thuringiaca* 'Fastigiata'. Bis zu 7 m hoher, langsam wachsender Baum mit schmaler, säulenförmiger Krone, Bildet zahlreiche dunkelrote Früchte aus. Gelbe bis rote Herbsttracht.

Sorbus vilmorinii, Vielfiedrige Eberesche. Die Sorbusarten und Hybriden werden bisher wohl zu wenig geschätzt. Bei *S. vilmorinii* handelt es sich um einen langsamwachsenden, kleinen Baum mit elegant anmutenden Fiederblättern und sich rosarot färbenden Früchten. Herbstfärbung prachtvoll gelbrot bis tiefrot. Höhe bis etwa 6 m.

Ulmus minor 'Wredei', Goldulme. Der Baum kann zwar sehr hoch wachsen, aufgrund ihres schmalen Wuchses eignet sich die Goldulme aber durchaus für kleine Flächen. Wegen ihrer gelben Blattfärbung gilt sie als sehr auffällige Ulme und wird häufig gepflanzt. Leider bleibt sie von der Ulmenkrankheit nicht verschont.

Rhododendron mit geringem Platzbedarf

Verwendung und grundsätzliche Hinweise

Rhododendren gehören zu jenen Pflanzen oder Pflanzengruppen, die in den vergangenen Jahrzehnten verstärkt Eingang in unsere Gärten gefunden haben, sei es durch Neueinführungen, Züchtung neuer Sorten, aber auch durch die Verlockung der bunten Abbildungen in den Katalogen von Baumschulen und Versandgeschäften. Nicht zuletzt durch die positive Tätigkeit der Deutschen Rhododendron-Gesellschaft fanden Rhododendren stärkere Beachtung. Mit der breiten Verwendung hielt leider die Aufklärung über die Ansprüche dieser Ericaceen nicht Schritt, so daß sie oft schon bald nach der Pflanzung eingehen oder als traurige Exemplare ihr Dasein fristen. Dabei lassen sich die Ansprüche in wenigen Sätzen zusammenfassen, wobei es bei der Vielzahl der Arten, Hybriden und Sorten einige kleine Abweichungen geben kann.

Die Hauptforderungen, egal ob es sich um Rhododendron-Riesen oder um kleine oder zwergige Typen handelt, sind gleich. Es wird möglichst hohe Luftfeuchtigkeit gewünscht. In Gegenden, wo diese Forderung erfüllt wird (Küstengebiete, Flußniederungen, Gebirgstäler), kann an sonnigeren Plätzen gepflanzt werden als in lufttrockenen Gebieten. Grundsätzlich sind aber immer lichtschattige und absonnige Lagen vorzuziehen. Die Bodenreaktion soll im allgemeinen leicht sauer sein. Kalk tolerieren nur wenige Rhododendren, wobei unsere Hybriden hinsichtlich dieser Ansprüche meist toleranter sind. Hier zeigt

der sonst schädliche saure Regen in Kalkgebieten ausnahmsweise eine positive Wirkung.

Da ein durchlässiger, humoser, mildfeuchter Boden gewünscht wird, ist die Verwendung von Torf in der Pflanzerde meist notwendig. Dieses Substrat, das man heutzutage sparsam verwenden sollte, kann ohne Qualitätseinbußen mit Rindenkompost gestreckt werden (nicht verwechseln mit Rindenmulch!). Je nach vorhandener Bodenreaktion ist zu berücksichtigen, daß der pH-Wert von Schwarztorf wesentlich niedriger liegt als der von Weißtorf. Schwarztorf wird allerdings auch schneller als Weißtorf abgebaut.

Treten durch den Kalkgehalt Chlorose-Erscheinungen auf, müssen die Pflanzen mit eisenhaltigen Spurenelement-Düngern (Fetrilon, Sequestren) gegossen oder gespritzt werden. Es handelt sich dabei um organische Eisenverbindungen. Man braucht dabei keine Bedenken wegen möglicher Umweltschädigungen haben. Andere Reaktionsveränderer sind Phosphorsäure, welche im Gießverfahren gegeben wird, oder sogenannte Schwefelblüte, die über die Erdoberfläche verabreicht wird. Auch wenn wir hier »nur« kleinbleibende *Rhododendron* behandeln, sind diese Hinweise wichtig.

Die abnehmende Grundstücksgröße bringt es auch hier mit sich, daß die Nachfrage nach kleinerbleibenden Pflanzen steigt. Das Größenwachstum hängt bei Rhododendren sehr von den optimalen Klimaverhältnissen ab. *Rhododendron*-Hybriden, die in Schottland haushoch werden können, erreichen im günstigen oldenburgischen oder holsteinischen Seeklima im Alter etwa 3 bis 4 m Höhe, während sie im Binnenland kaum höher als mannshoch werden. Diese meist älteren Hybriden sind für die heutigen Größenverhältnisse der Grundstücke meist immer noch zu groß. Erfreulicherweise haben besonders die deutschen Rhododendron-Züchter in den letzten Jahrzehnten kleinere, kompaktere Sorten gezüchtet, die außerdem viele weitere positive Eigenschaften aufweisen.

Beliebt sind Rhododendron-Pflanzungen in Vorgärten, wo aber häufig an zu sonnige Standorte gepflanzt wird, was extreme Schwachwüchsigkeit und geschädigte Blätter zur Folge hat. Ausnahmen bestätigen die Regel: So erweist sich beispielsweise die *Rhododendron*-Repens-Hybride 'Baden-Baden' durchaus als sonnenresistent, sofern ein Minimum an Bodenfrische vorhanden ist. Dies gilt auch für die neuen *Rhododendron*-Yakushimanum-Hybriden. Ein weiterer beliebter Platz für kleine Rhododendren ist die Pflanzung vor Koniferengruppen oder andere immergrüne Gehölze. Auch hier ist die Besonnung zu berücksichtigen. Das Moorbeet, hier im erweiterten Sinn, eignet sich ebenfalls für eine artgerechte Rhododendren-Pflanzung. Es gibt für den Interessenten besonders kleine Arten, die ihren Platz im Steingarten und im Alpinum finden. Wer sucht, findet darüber hinaus noch weitere geeignete Pflanzplätze für kleine Rhododendren. Im Kontinentalklima benötigen *Rhododendron* und andere Moorbeetpflanzen eine intensive Bodenbearbeitung wie sonst keine Pflanzengruppe. Das Substrat oder die Substratmischung für kleine *Rhododendron* unterscheidet sich – mit wenigen Ausnahmen – von dem der großblumigen Hybriden.

Rhododendron-Repens-Hybriden

Diese scharlachroten niedrigen *Rhododendron*-Repens-Hybriden sind der Züchtungsarbeit von Dietrich G. Hobbie aus Linswege bei Oldenburg zu verdanken. Sie gingen aus einer Kreuzung zwischen *Rhododendron* 'Essex Scarlet × *Rhododendron forrestii* (syn. *R. repens*) hervor, und stellen Auslesen aus rund 1500 F_1-Hybriden dar. Es sind alles ziemlich schwachwachsende, niedrige und mehr in die Breite wachsende Typen, die meist auch im Alter nur knapp 1 m Höhe erreichen. Ein weiterer Vorteil liegt in der Sonnenverträglichkeit der meisten Sorten, wobei die Sorte 'Baden-Baden' wohl überhaupt die widerstandsfähigste ist.

Die Hybriden dieser Gruppe stellen keine eigentlichen Steingarten-*Rhododendron* dar. Ihre rote Blütenfarbe wirkt zu intensiv, vor allem in naturnah gestalteten Anlagen. Akzeptabel erscheinen sie mir dagegen in mehr formalen, größeren Pflanzungen. In Vorgärten sind sie wegen ihrer Größe gern gesehene Untermieter, auch für Vorpflanzungen vor anderen *Rhododendron*- und Koniferengruppen eignen sie sich gut. Die Aufstellung nennt bewährte Sorten aus dem Angebot.

'Abendrot'. Blüte leuchtendrot. Rötliche Blütenknospen, reichblühend und widerstandsfähig. Breiter Wuchs.

'Aksel Olsen'. Blutrote Blüten. Besonders reich- und spätblühend, meist erst nach dem 10. Mai. Wächst mehr breit als hoch.

'Antje'. Blutrote Blüten. Außerordentlich reichblühend. Mehr aufrechter, kegelförmiger Wuchs.

'Bad Eilsen'. Reichblühend. Scharlachrote Blüte, die Anfang Mai einsetzt. Breiter Wuchs.

'Baden-Baden'. Scharlachrote Blüten. Winterhart und besonders sonnenverträglich. Wächst kompakt und in die Breite.

'Bengal'. Brillantrote Blüten. Besonders flachwachsend mit bogenförmigen Trieben.

'Burning Love'. Reinrote Glockenblüten. Blüht gut über dem Laub. Tiefrote Winterknospen.

'Dr. Ernst Schäle'. Große, hell-scharlachrote Blüten, reichblühend. Halbrunder, geschlossener Wuchs, besonders winterhart.

'Elisabeth Hobbie'. Blüht in einem transparenten Dunkel-Scharlachrot. Sehr winterhart und sonnenverträglich.

'Juwel'. Die Blütenfarbe ist ein glühendes Dunkel-Scharlachrot. Wächst mehr breit als hoch.

'Mannheim'. Blüht dunkelrot als letzte der *Rhododendron*-Repens-Hybriden. Besonders winterhart. Aufrecht-kugeliger Wuchs.

'Red Carpet'. Reichblühend, mit leuchtend-brillantroten Blüten. Blüht bereits ab Ende April. Der Name ist gut gewählt, die Pflanzen werden nicht höher als 30 cm (!) und wachsen flach über den Boden.

'Satin'. Trägt bereits Ende April die anilinroten Blüten. Besonders schwachwachsende Hybride.

'Scarlet Wonder'. Scharlachrote Blüten. Hellgrünes Laub. Voll sonnenverträglich, reichblühend.

Rhododendron yakushimanum und R.-Yakushimanum-Hybriden

Die Einführung von *Rhododendron yakushimanum* erfolgte verhältnismäßig spät. Während sehr viele Pflanzen aus dem äußersten Süden Japans bei uns oft nicht völlig winterhart sind, erweist sich diese *Rhododendron*-Art von der südlich gelegenen japanischen Insel Yaku-Shima als absolut winterhart. Schließlich liegt ihr natürliches Verbreitungsgebiet im Gebirge in 1500 bis 1900 m Höhe an steilen Hängen, der vollen Sonneneinstrahlung ausgesetzt. Zweifellos handelt es sich bei den Hybriden dieser Art um die wertvollsten Züchtungen für kleine Gärten – neben den schon erwähnten *Rhododendron*-Repens-Hybriden. Die Art wird etwa 0,5 bis 1 m hoch, was auch für die meisten Hybriden zutrifft. Allerdings sind viele dieser Sorten neueren Datums und stehen oft noch nicht lange genug unter Beobachtung, um eine endgültige Aussage zur Höhe zu erlauben.

Die Art zeichnet sich durch besondere Reichblütigkeit, den gedrungenen dichten Wuchs und das eigenartige Blatt aus. Die Blätter sind beim Austrieb weißgrau behaart und so wirkt die Pflanze schon zu diesem Zeitpunkt dekorativ. Der Blattrand ist eingerollt. Die Blüten erscheinen im Mai. Sie sind erst zartrosa, später werden sie weiß. Die Pflanze erweist sich, wie bereits erwähnt, als völlig winterhart, auch in meinem Garten in Oberfranken. Der Standort sollte lediglich Schutz vor austrocknenden Ostwinden bieten.

Rhododendron yakushimanum wurde in den letzten Jahren häufig für Kreuzungen herangezogen, wobei sich der Züchter Hachmann aus Barmstedt in Holstein große Verdienste erworben hat, indem er eine breite Farbpalette gezüchtet und herausgebracht hat. Die folgenden Sorten stammen mit einer Ausnahme von Heinz Hachmann. Das Jahr der Einführung ist jeweils in Klammer angegeben.

'Anilin' (1983). Leuchtend-rötlichrosa Blüten, innen weißrosa. Flacher Wuchs.

'Anuschka' (1982). Pinkrosa Blüten, innen weißrosa.

'Bambola' (1984). Hellrote Blütenglocken.

'Barmstedt' (1982). Blüten leuchtend-rötlichrosa, innen zartrosa-weiß. Weißfilziger Austrieb. Flachrunder Wuchs.

'Belona' (1980). Zart-lachsrosa Blüten, innen heller. Wuchs etwas kräftig-breitrund. Besonders gute Winterhärte.

'Blurettia' (1982). Rosaviolett-lila Blüte. Flacher, kompakter Wuchs.

'Daniela' (1984). Lachsrosa-lachsrote Blüte. Flacher, kompakter Wuchs.

'Emanuela' (1985). Pinkrosa Blüten mit rötlichem, gewelltem Saum, innen weiß.

'Fantastica' (1983). Rötlichrosa Blüten, innen weißrosa. Großer »Blütenstutz« (= aufrechte Doldentraube). Runder, kompakter Wuchs.

'Flava' (Züchter: Dietrich G. Hobbie). Hellgelbe Blüte mit kleinem, roten Innenfleck.

'Julischka' (1980). Rötlichrosa Blüten, innen zartrosa-weiß mit roter Zeichnung. Flacher Wuchs.

'Kalinka' (1983). Rubinrosa Blüten, sehr reichblühend, später nach Hellrosa verblassend. Glänzendgrünes Laub. Wuchs sehr gleichmäßig rund und kompakt.

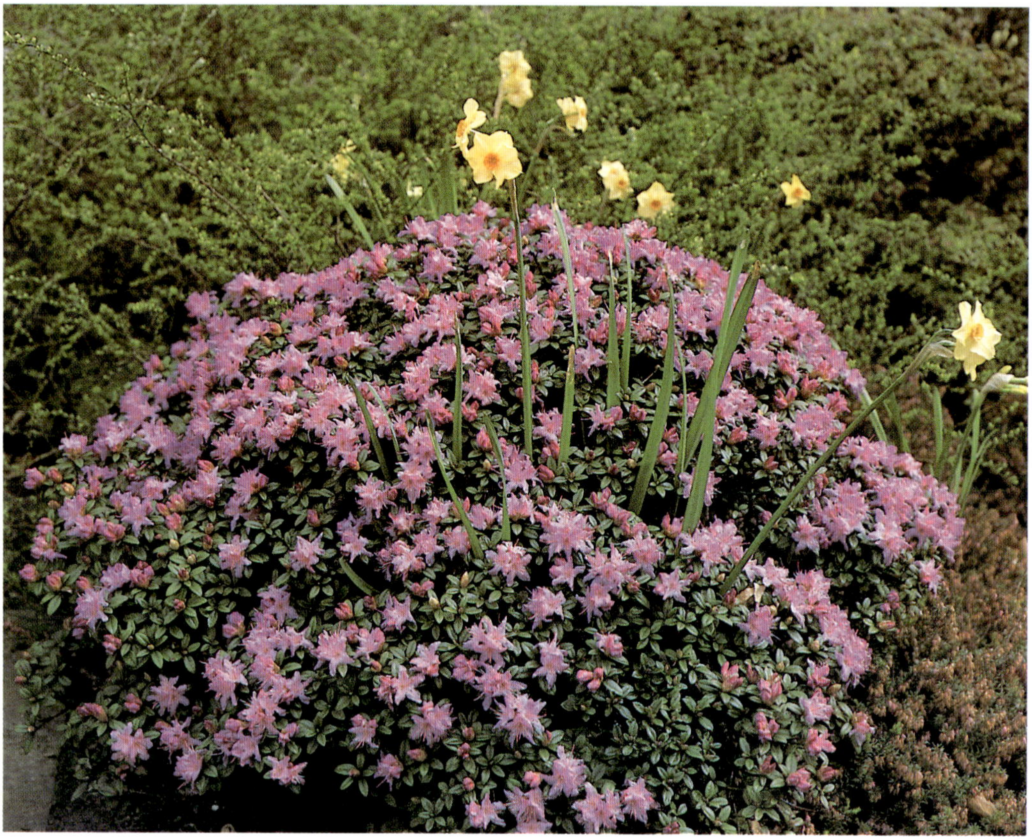

Oben: Rhododendron-Impeditum-Hybride 'Moerheim'. Links: R.-Yakushimanum-Hybride 'Rosita'.

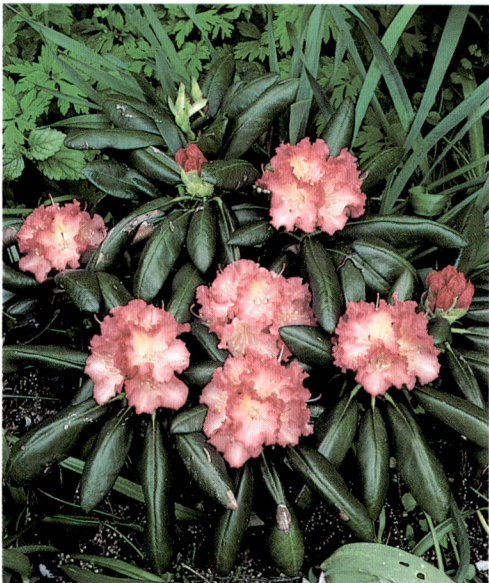

'Kantilene' (1984). Rubinrosa Blüten.

'Lamentosa' (1984). Zartlila bis weiße Blüten mit weinroter Zeichnung. Lockerer Wuchs.

'Lampion' (1985). Zart-lachsrote bis lachsrosa Blüten, eine überreich blühende *Rhododendron-forrestii*-Einkreuzung. Flacher, kompakter Wuchs.

'Lumina' (1982). Rubinrosa Blüten mit lila Tönung. Sehr winterhart.

'Marietta' (1986). Zartgelbe bis cremegelbe Blüte mit feiner, brauner Zeichnung. Tiefdunkelgrüne Belaubung. Dichter, kompakter Wuchs. Sehr winterhart.

'Marlis' (1985). Große pinkrosa Blüten, innen rosa-weiß. Junger Austrieb silbrig behaart. Wuchs etwas kräftiger.

'Morgenrot' (1978). Rote Knospen und Blütenaußenseite, innen zartrosa. Überreich blühend. Breiter, kompakter Wuchs.

'Polaris' (1978). Rubinrosa Blüte, sehr reichblühend. Dichter, kompakter Wuchs.

'Porzellan' (1982). Weiße Blüte mit grüngelber Zeichnung.

'Rendezvous' (1983). Hellrosa Blüten.

'Rosita' (1982). Blüten mit tiefrosa Saum, innen zartrosa mit gelber Zeichnung.

'Schneekrone' (1982). Reinweiße Blüte, im Aufblühen mit zartrosa Tönung. Flacher, kompakter Wuchs.

'Schneewolke' (1982). Hellrosa Knospen, die sich im Öffnen reinweiß färben. Wuchs breitrund.

'Silberglanz' (1985). Blüten weiß mit zartlila Tönung. Breitrunder Wuchs, glänzendes Laub.

'Silberwolke' (1978). Blüten weiß mit zartlila getönten Knospen, später reinweiß.

'Silvetta' (1985). Reinweiße Blüte, Knospe im Aufblühen zunächst zartlila.

'Sneezy'. Blüte rötlich-rosa. Halbaufrechter, kompakter Wuchs. Gut winterhart.

'Sonatine' (1984). Rubinrosa Blüte, in der Knospe tiefrot. Junges Laub schön silbrig, später glänzendgrün. Kompakter Wuchs. Gut winterhart.

'Tatjana' (1983). Rubinrosa Blüten. Sehr haltbar in großer Blütendolde. Flach-kompakter Wuchs.

Rhododendron myrtifolium ist auch als R. kotschyi bekannt.

Rhododendron-Arten für kleine Steingärten und ähnliche Plätze

Mit den *Rhododendron*-Jungpflanzen verhält es sich ähnlich wie mit den Zwergkoniferen, man sieht dem oft schwachen Setzling seine endgültige Größe kaum an und schwierige Umpflanzarbeiten im Alter sind häufig vorprogrammiert. Deshalb muß bei beschränkten Platzverhältnissen die Pflanzenauswahl besonders sorgfältig getroffen werden. Auf die Besonnung ist ebenfalls Rücksicht zu nehmen, besonders wenn der Platz im Wurzelbereich eng ist, wie etwa in Trögen, Kübeln oder ähnlichen mobilen Pflanzgefäßen. Vollsonnige Plätze können dann zu Schäden oder zum Verlust der gesamten Pflanze führen. Das Substrat unterscheidet sich nicht von dem für die kleinen Hausgarten-Rhododendron genannten. Bei der Lage des Pflanzplatzes ist auch die Einstrahlung der Wintersonne zu berücksichtigen. Die folgenden *Rhododendron* zeigen zwar im allgemeinen eine gute Winterhärte, doch ist an exponierten Plätzen im Winter etwas Schutz mit Koniferenästen erforderlich. Die folgende Liste erhebt keinerlei Anspruch auf Vollständigkeit.

Rhododendron aureum. Nur etwa 30 cm hoch. Gelbe Blüte. Liebt feuchte Plätze. Sehr winterhart, Kultur aber nicht einfach. Immergrün.

Rhododendron calostrotum. Etwa 30 cm. Purpurviolette Blüten im Mai. Schwachwüchsig. Winterschutz nötig.
ssp. *keleticum* (syn. *R. keleticum*). Winterhärter als die Art.

Rhododendron campylogynum ssp. *myrtilloides*. 15 cm. Fingerhut-förmige, mauvepinkfarbige Blüten. Benötigt Winterschutz. Von der Art gibt es auch höhere Formen.

Rhododendron camtschaticum. Nur bis 20 cm. Sommergrüner Zwerg. Kissenförmiger Wuchs mit großen rotvioletten Blüten.

Rhododendron cuneatum (syn. *R. ravum*). Bis 50 cm. Purpurrosa Blüten. Vollkommen winterharte Art.

Rhododendron dauricum 'Nanum'. Purpurne Blüten. Kriechender Wuchs, etwas sparrig.

Rhododendron drumonium. Bis 50 cm. Variiert in der Blütenfarbe von Tief-Rosapurpur, Purpurblau bis Mauve.

Rhododendron ferrugineum. 30 bis 50 cm. Bekannter »Almrausch« der Zentralalpen. Rosa Blüten. Gut winterhart. Die Sorte 'Tottenham' ist besonders reichblühend, kleinblütig, kompakt und sehr frosthart. Eine Rarität ist die weißblühende Sorte 'Alba'.

Rhododendron forrestii × *R. cerasicum*. (syn. *R. repens* × *R. cerasicum*). Höchstens 15 cm. Formt flache Matten. Blüten scharlach-karminrot.

Rhododendron hanceanum 'Nanum'. 20 cm. Die gelben Blüten erscheinen im Mai. Wächst sehr langsam. Winterhart.

Rhododendron hirsutum. Der behaarte Almrausch aus den Kalkalpen hat kleine rosarote Blüten, ist gut winterhart, aber im Garten nicht immer einfach zu kultivieren. Auch eine weißblühende Sorte 'Alba' und eine gefülltblühende Sorte 'Plenum' ist bekannt.

Rhododendron impeditum. Manche Sorten, die unter diesem Namen gehandelt werden, sind genaugenommen Abkömmlinge von *R. fastigiatum*. Es gibt zahlreiche Hybriden, die aber oft ein stärkeres Höhenwachstum zeigen. Wirklich klein und kompakt bleibt die echte Art mit 40 bis 50 cm Höhe. Sie ist sehr winterhart und trägt blaue bis blauviolette Blüten. Von den Hybriden bleiben die Sorten 'Amethyst' (Züchtung Arends) und 'Indigo' niedrig, beide wachsen kompakt. Eine extreme Zwergform ist als 'Pygmaeum' im Handel. 15 cm hoch.

Rhododendron × *intermedia*. 60 cm hoch, 30 cm breit. Naturhybride von *R. ferrugineum* × *R. hirsutum* mit kleinen, rosa-rötlichen Blüten. Erweist sich in den meisten Böden als etwas gartenfreundlicher im Vergleich zu den Eltern.

Rhododendron intricatum. Etwa 30 cm. Lilafarbene, schmal-röhrenförmige Blüten. Gut winterhart.

Rhododendron keysii. Es gibt verschiedene, auch etwas höherwüchsige Typen, die oft einen leichten Winterschutz benötigen. Besonders niedrig (30 cm) bleibt 'Ebino', eine Sorte, die zudem eine gute Winterhärte aufweist. Die Sorte stammt von der japanischen Insel Ebino, hat fahl-zitronengelbe Blüten. Benötigt viel Torf im Substrat.

Rhododendron lapponicum. Nur 25 cm. Eine nordische Art. Schwierig in Kultur.

Rhododendron lepidostylum. 40 bis 60 cm. Die gelben Blüten erscheinen im Juli. Benötigt Winterschutz.

Rhododendron lepidotum. 30 bis 60 cm. Besonders die Sorten 'Obovatum' und 'Eleagnoides' sind zu empfehlen.

Rhododendron litangense. 30 bis 50 cm. Purpurviolette Blüten. Geeignet für Steingärten. Winterhart.

Rhododendron megeratum. 30 bis 70 cm. Fahl-tiefgelbe Blüte. Benötigt sehr guten Winterschutz.

Rhododendron myrtifolium (syn. *R. kotschyi*). Bis 50 cm. Rosafarbene Blüten. Gut winterhart.

Rhododendron orthocladum. 60 cm. Feinverzweigter Strauch mit trichterförmigen, lila Blüten. Wächst am Heimatstandort auf Kalkfelsen. Winterhart.

Rhododendron prostratum. 10 bis 30 cm. Niederliegende Art. Blüten karminrot bis purpurrosa. Gut winterhart.

Rhododendron pumilum. Nur 30 cm. Pinkrosa Blüten im Mai–Juni.

Rhododendron racemosum. Bis 50 cm. Hellrosa Blüten. Besonders für Steingärten. Benötigt etwas Winterschutz.

'Radiostrotum' (*R. radicans* × *R. calostrotum*, nach der gültigen Nomenklatur *R. calostrotum* ssp. *keleticum* × *R. calostrotum* ssp. *calostrotum*). 30 cm. Züchtung von Arends. Purpurrote Blüten, frühblühend. Winterhärter und widerstandsfähiger als die Eltern.

Rhododendron rupicola var. *chryseum* (syn. *R. chryseum*). 30 bis 60 cm. Goldgelbe Blüte. Immergrüne Art, guter Partner zu *R. impeditum* und deren Namenssorten. Normal winterhart, in Ausnahmewintern etwas Schutz erforderlich.

Rhododendron sargentianum × *R. myrtifolium* (syn. *R. kotschyi*). Etwa 25 cm. Kugelige Pflanzen mit cremeweißen Blüten. Sehr gut winterhart.

Rhododendron semanteum. Bis etwa 30 cm. Lilapurpurne Blüten. Kissenförmiger Wuchs.

Rhododendron tapetiforme. 20 bis 30 cm. Hell-lilarosa Blüten. Teppichbildend. Gut winterhart.

Miniatur-Azaleen

Bei der folgenden Aufstellung handelt es sich um echte Zwerge, die im Alter etwa eine Höhe von 50 cm erreichen. Hier sind neben verschiedenen Hybriden auch die sogenannten Diamant-Azaleen aufgeführt, die von Fleischmann, Wiesmoor, gezüchtet wurden. Sie entstanden aus Kreuzungen der Sorte 'Multiflorum' (ein bei Arends entstandener Zufallssämling mit unbekannter Herkunft) mit *Rhododendron kiusianum*-Hybriden. In dekorativen Steingärten oder Gartenteilen lassen sich diese Pflanzen gut einsetzen, in rein alpinen Anlagen wirken sie zur Blütezeit aber oft etwas zu prächtig. Sonst bieten sich alle nur denkbaren Pflanzplätze an, sogar sonnig gelegene im Gegensatz zu den immergrünen *Rhododendron*-Arten.

'Chinzan'. Salmrosa Blüte. Niedriger Wuchs.
'Diamant lachs'. Kleinblumig, hell-lachsfarben. Dichte Kissenform.
'Diamant lila-blau'. Kleinblumig, lilablau. Dichte Kissenform.
'Diamant purpur'. Kleinblumig, purpurlila. Dichte Kissenform.
'Diamant rosa'. Kleinblumig, reinrosa. Dichter, kissenförmiger Wuchs. Gut winterhart.

'Diamant rot'. Kleinblumig, hellrot. Dichte Kissenform.

'Diamant weiß'. Kleinblumig, reinweiß.

'Geisha'. Aronense-Hybride. 30 bis 50 cm. Karminfarbene, rosa und violette Formen. Reichblühend. Winterhart.

'Granada' (Hachmann 1982). Kleinblumig, rubinrot bis rubinrosa. Dichte Kissenform.

'Gumpo Fancy' Bicolor (*R. indicum* var. *eriocarpum* 'Gumpo Fancy'). Winterschutz erforderlich.

'Gumpo' Rosa (*R. indicum* var. *eriocarpum* 'Gumpo'). Winterschutz erforderlich.

'Gunrei'. Rote Blütenfarbe mit weißer Zeichnung.

'Hinoncayo'. Kurume-Hybride. Zartrosa Blüten mit schwacher Zeichnung. Niedriger Wuchs.

Rhododendron kiusianum. Eine verhältnismäßig winterharte Art, von der es eine ganze Reihe von Farbvarianten gibt.

'Albiflorum'. Weiße Blüte.

var. *alpinum*

'Best Pink'. Rosarote Blüte.

'Hinode'

'Multiflorum'

'Shio Pink'

'Labe'. Kleinblumig, reinrosa.

'Lister'. Arendsii-Hybride. Blüte lachs-karminfarben, mittelgroß. Niedriger Wuchs.

'Mariko'. Lachsrote Blüten. Dunkelgrüne, fein behaarte Blätter.

Rhododendron mucronatum 'Noordtiana'. Weiß, sehr großblumig. Wächst sehr breit und nieder.

'Multiflora'. Immergrüne Zwergsorte, die bei Arends entstanden ist. Kleine, zahlreiche lilarosa Blüten.

'Muttertag'. Kurume-Hybride. Rosarote, mittelgroße Blüten. Niedriger Wuchs.

'Neye'. Arendsii-Hybride. Karminrote Blüten, mittelgroß. Niedriger, buschiger Wuchs.

Rhododendron obtusum var. *amoenum*. Amoena-Hybride. Purpurrote, frühblühende Zwergazalee. Breiter und niedriger Wuchs.

Folgende Hybriden sind außerdem wichtig:

'Cadwellii'. Amoena-Hybride. Purpurfarbene Blüte mit schwacher Zeichnung. Wuchs niedrig, aber breit.

'Gabriele' (Hachmann 1979). Rötlich-rosa Blüte, sehr reichblühend. Flachrunder Wuchs.

'Kermesina'. Rosa-rötliche Blüte, kleinblumig, reichblühend.

'Rubinetta' (Hachmann 1975). Kleinblumig, rubinrot, reichblühend. Flachbreiter Wuchs. Sehr frosthart.

'Rubinstein' (Hachmann 1975). Reichblühend, rotrubin. Dichter, kompakter Wuchs.

'Schneewittchen' (Hachmann 1980). Reinweiße Blüten. Flach-kompakter Wuchs. Gut winterhart.

'Orange Favorite'. Kleinblumig, rein-orangefarbene Blüten. Dichter, kompakter Wuchs. Gut winterhart.

'Uelfe'. Arendsii-Hybride. Blüte purpurn. Niedriger Wuchs.

'Vida Brown'. Große, pinkrosa Blüten, doppelter Blütenblattkreis. Spätblühend.

Neuerdings sind in der DDR eine ganze Reihe von Zwergazaleen entstanden, die klein und kompakt bleiben. Sie sind nach Felsen der Sächsischen Schweiz benannt, so die Sorten 'Falkenstein', 'Feuerstein', 'Königsstein' u.a.

Niedrige Arten und Sorten für vielerlei Verwendung

Bei den folgenden Rhododendron handelt es sich um Arten, die nicht für die Verwendung in Steingärten erwähnt wurden, und um Sorten aller Abstufungen. Kriterium für alle erwähnten Pflanzen ist eine Endhöhe von etwa 1 m, wobei man hier selbstverständlich ebenfalls nicht mit dem Zentimetermaß messen darf.

Die Endhöhe hängt von vielen Faktoren ab, aber eine Höhe von 1 m kann als Faustzahl angenommen werden. Die Vielzahl der ange-

Rhododendron-Hybride 'Falkenstein' ist eine neue Züchtung aus der DDR.

gebenen *Rhododendron* garantiert eine ebensogroße Vielfalt wie bei den großblumigen Arten und Hybriden. Wieder will ich darauf hinweisen, daß *Rhododendron* normalerweise keine Sonnenkinder sind, andererseits hängt die Sonnenverträglichkeit von der Luft- und Bodenfeuchte ab (siehe Seite 58). Mit Bodenfeuchte ist keinesfalls stehende Nässe gemeint, diese wiederum kann für die Pflanze tödlich sein. Die angeführte Vielzahl wird keine Baumschule oder kein Gartencenter komplett im Sortiment führen, andererseits bietet aber jede größere Firma zumindest einige der genannten Arten und Sorten an.

Rhododendron-Hybride 'Blue Diamond' ('Intrifast' × *R. augustinii*). Etwa 1 m hoch, unter günstigen Umständen auch etwas höher. Violettblaue Blüte. Gut winterhart.
'Blue Silver'. Abkömmling von *R. hippophaeoides*. Etwa 1 m. Sechs bis acht lilarose Blüten in lockeren Dolden. Liebt feuchteren Standort. Schwachwachsend. Gut winterhart.
'Bremen' (*R. haematodes* × rote *R.*-Catawbiense-Hybride). Etwa 1 m. Hellrote Blüte. Gedrungener Wuchs. Gut winterhart.
Rhododendron calostrotum 'Pink Drift'. 45 cm. Reichblühend, rosa Blüte. Wuchs

ähnlich wie *R. impeditum*. Gut winterhart. Hat sich im Garten des Autors bewährt.

Rhododendron canadense. 50 cm bis 1 m. Sommergrüne Art. Purpurlila Blüten. Schwachwachsend. Winterhart. Liebt feuchten Standort. Es gibt auch eine weißblühende Form *R. c.* var. *album*.

'Chikor' (*R. rupicolum* var. *chryseum* × *R. ludlowii*). Schöne, zwergige Hybride mit gelben Blüten. Auch Herbstblüte.

'Curlew' (*R. ludlowii* × *R. fletcherianum*). Große, gelbe Blüten. Kompakte Büsche.

Rhododendron degronianum. Etwa 1 m. Frühblühend mit zartrosa, dunkelrot gerippten Blüten. Gut winterhart.

Rhododendron edgarianum. Bis 90 cm. Purpurrosa Blüten. Benötigt Winterschutz.

'Ethel'. Schwarzrote Repens-Hybride. Bleibt zwergig.

Rhododendron fastigiatum. Etwa 50 cm. Leicht mit *R. impeditum* zu verwechseln. Blauviolette Blüten. Wächst straff aufrecht. Gut winterhart.

Rhododendron forrestii var. *repens*. Etwa 15 cm. Rote Blüten. Kriechender Wuchs. Etwas Winterschutz nötig. Ausgangsart für die *R.*-Repens-Hybriden.

Rhododendron fulgens. Bis 1 m. Dunkelrote Blüten. Schwachwachsend. Benötigt Winterschutz. Mehr für Sammler geeignet.

Rhododendron glaucophyllum. 60 cm bis 1 m. Glockenförmige, rosa Blüten. Aromatisch duftende Blätter. Benötigt Winterschutz.

Rhododendron haematodes. Bis 60 cm. Dunkelrote, röhrigglockige Blüten. Benötigt Winterschutz. Für Steingärten und schmale Rabatten. Nur für Liebhaber und Sammler.

'Gnom'. Trichterförmige, scharlachrote Blüten mit 6 cm Durchmesser.

Rhododendron heliolepis. Bis 1 m. Trichterförmige, purpurrosa Blüten. Guter Winterschutz nötig.

Rhododendron hippophaeoides. 60 cm bis 1 m. Lila Blüten. Gut winterhart. Liebt feuchtere Lagen.

'Haba-shan'. Rosa-lavendelfarbene Blüten.

Rhododendron hormophorum. 80 cm bis 1 m. Lilafarbene Blüten. Benötigt guten Winterschutz. Nur für Sammler.

'Hummingbird' (*R. haematodes* × *R. williamsianum*). Etwa 60 bis 90 cm. Dunkelrosarote Blüten, dunkelgrüne Blätter. Kompakter Wuchs.

'Hypon Snowflake' (*R. microleucum* × 'Chikor'). Kreisrunde, weiße Blüten. Gut winterhart.

Rhododendron-Impeditum-Hybriden. Während die Art und einige kompaktwachsende Hybriden schon im Zusammenhang mit dem Steingarten genannt wurden, gibt es eine Reihe von Hybriden, die etwas höher wachsen und die hier aufgeführt werden sollen.

'Azurika' (Hachmann 1979). Reichblühend, dunkelblau-violette Blüten. Dichter, kompakter Wuchs. Gut winterhart.

'Blue Tit'. Wird an günstigen Standorten etwas über 1 m hoch. Blüten hell-lilablau.

'Gristede'. Blauviolette Blüten.

'Moerheim'. Blütenfarbe hell-lila, kleinblumig. Mehr flacher Wuchs. Benötigt einen etwas geschützten Standort.

'Ramapo'. Hell-lilarosa Blüte. Flachbreiter Wuchs. Sehr winterhart.

'Sacko'. Dunkel-blauviolett. Wuchs dicht und kompakt. Sehr gut winterhart.

'Violetta'. (Hachmann 1977). Bis 65 cm. Reichblühend in Violett-lila. Winterhart.

'Intrifast'. Blaue Blüte. Zwergiger Wuchs mit winzigem Blatt.

Rhododendron kaempferi. Bis etwa 1 m. Die Blütenfarbe ist variabel und wechselt von Rosa über Purpur bis Orangefarben. Überwiegend sommergrüne Belaubung.

'Lactevirens' (syn. *R.* × *wilsonii*) (*R. carolinianum* × *R. ferrugineum*). Bis 1 m. Blüten purpurrot. Schmal-elliptische Blätter. Völlig winterhart. Für Heidegärten und größere Steingärten.

'Lavendula' (*R. russatum* × *R. saluenense* × *R. rubiginosum*). Lavendelrosa Blüten, reichblühend und großblumig. Kompakter Wuchs. Winterhart.

Rhododendron linearifolium (syn. *R. macrose-palum* var. *linearifolium*). Etwa 60 cm. Rosa, duftende Blüten. Winterschutz nötig.

'Maizauber' (*R. traillianum* × *R. williamsianum*). Eine Hobbie-Neuzüchtung. Mit rosa Blüten und bronzefarbenem Austrieb. Wächst schwach und buschig. Gut winterhart.

'Merganser'. Etwa 45 cm. Kleine, gelbe Blütenglocken. Dichtes, schwarzgrünes Laub.

Rhododendron metternichii. Etwa 1 m. Hellrosa Blüten. Wächst kompakt und langsam. Winterhart.

Rhododendron minus (syn. *R. punctatum*). 1 m, manchmal auch höher. Lilarosa Blüte. Dunkelgrüne Belaubung, kleinblättrig. Vollkommen winterhart.

'Opal'. *R. hippophaeoides*-Hybride. Etwa 80 cm bis 1 m. Lilarosa Blüten. Winterhart. Ähnelt stark *R. hippophaeoides*.

'Orbianum' (*R. orbiculare* × *R.* 'Metterianum'). Schwach und in die Breite wachsende Hobbie-Neuzüchtung mit rosa Blüten im Mai. Gut winterhart.

Rhododendron orbiculare. Bis 1 m. Karminrosa Blüten. Fast kreisrunde Blätter. Winterhart.

Rhododendron pemakoense. Etwa 45 cm. Reichblühend mit fahlrosa Blüten. Leichter Winterschutz nötig.

'Phalarope' (*R. pemakoense* × *R. davidsonianum*). Etwa 1 m. Lilarosa Blüten.

'Pink Hill'. (Hybride von *R. brachycarpum* 'Montanum'). Blüte mittelgroß und hellrosa. Schwacher, breitbuschiger Wuchs. Gut winterhart.

'Ptarmigan' (*R. microleucum* × *R. leucaspis*). Etwa 30 cm. Schöne kreisrunde, weiße Blüten, silbriges Blatt. Gut winterhart.

'Robert Seleger'. Niedrige, dichte Kissen, überschüttet mit zartrosa Blüten. Schwachwachsend. Winterhart.

Rhododendron roxicanum. Selten höher als 40 cm mit glockenförmigen weißen, rosagetönten Blüten. Winterhart.

Rhododendron russatum. 50 bis 80 cm. Dankbare Art für größere Steingärten mit dunkelvioletten Blüten. Winterhart! Ebenfalls sind die folgenden Hybriden zu empfehlen.

'Azurwolke' (Hachmann 1977). Bis 70 cm. Blüht leuchtend-reinblau. Rund-kompakter Wuchs.

'Gletschernacht' (Hachmann 1976). Bis 1 m. Blüht tief-dunkelblau. Aufrechter Wuchs.

'Blue Wonder' (*R. russatum* × *R. augustinii*). Dunkelblaue Hobbie-Züchtung, winterhart.

Rhododendron saluense. 50 cm bis 1 m. Purpurrote große, breitglockige Blüten. In Kultur etwas schwierig. Alpine Art.

Rhododendron sanguineum. Etwa 70 cm. Es gibt verschiedene Subspezies. Karminrote Blüten. Benötigt Winterschutz.

Rhododendron scintillans. 50 bis 70 cm. Blüte purpurrosa bis lavendelblau. Winterhart. Für größere Steingärten.

Rhododendron souliei. 50 cm bis 1 m. Weißrosa Blüten. Winterschutz erforderlich.

Rhododendron taliense. Bis 1 m. Blüte reinweiß oder zartrosa getönt. Winterhart.

'Teal' (*R. brachyanthum* × *R. fletcheri*). Bis 1 m. Klar-gelbe Blüten.

'Temple Belle' (*R. orbiculare* × *R. williamsianum*). 50 cm. Blüte zartrosa. Wächst flach und niedrig. Benötigt Winterschutz.

Rhododendron thomsonii. Bis 1 m. Dunkelrote Blüten. Lockerer Wuchs. Winterschutz nötig.

Rhododendron thymifolium. 60 cm bis 1 m. Kleine, lavendelblaue Blüten und schmale Blätter. Ausgesprochen winterhart.

Rhododendron wardii-Hybriden. Diese Neuheiten werden zwar etwas höher (80 bis 100 cm), erscheinen aber wegen der großen, gelben Blüten wichtig. Besonders zu empfehlen sind 'Graf Lennart' und 'Goldbukett'.

Rhododendron williamsianum. Rosa Glockenblüten. Kugeliger Wuchs mit rundlichen Blättern. Leichter Winterschutz erforderlich.

Rhododendron campylogynum ssp. myrtilloides.

'Goldbukett', eine gelbe R. wardii-Hybride.

Rhododendron yedoense. Bis 1 m. Blütenfarbe Zart-Lilarosa. Winterhart.
var. *poukhanense* (syn. *R. poukhanense*). Lilarosa Blüten. Niedrig-kompakter Wuchs. Benötigt etwas Winterschutz.

Partner für Zwerg-Rhododendren

Rhododendron lieben, von wenigen Ausnahmen abgesehen, eine leicht saure Bodenreaktion. Es liegt nahe, daß man Partner auswählt, die sowohl in dieser Hinsicht die gleichen Ansprüche stellen, als auch in bezug auf die Besonnung. Durch die letztgenannte Forderung unterscheiden sich Heidegärten von Rhododendron-Pflanzungen, obwohl sie in etwa die gleichen Bodenansprüche haben. Eine Heideszenerie will, unabhängig von der Größe, sonnig plaziert sein, Rhododendron-Pflanzungen lieben lichtschattige bis absonnige Plätze. Aber es muß wieder differenziert werden: Kleinblättrige Arten, wie sie im Steingarten-Sortiment aufgeführt sind, können meist auch vollsonnig stehen und eignen sich durchaus für den Heidegarten.

Für den Zwerg-Heidegarten schränkt sich schon wegen der Größenverhältnisse das Sortiment ein. Dies ändert nichts daran, daß eine milde Feuchtigkeit im Bodenbereich (ohne stehende Nässe!) und eine möglichst hohe Luftfeuchtigkeit anzustreben sind. Je geringer die Boden- und Luftfeuchtigkeit, desto stärker bevorzugen die Pflanzen Halbschatten. Besonders wichtig sind bei den begleitenden Partnern die endgültigen Größenverhältnisse. Wenn die Proportionen nicht stimmen, werden alle sonst harmonierenden Eigenschaften überdeckt. Empfohlen werden können die folgenden kleineren Partner. Sie eignen sich besonders zur Unterpflanzung.

Partner aus der Ericaceen-Familie

Andromeda polifolia 'Macrophylla'. Nur 8 cm hoch. Trägt hübsche rosa Blütenglocken und dunkelgrüne Blätter.

Arctostaphylos × media (A. nevadensis × A. uva-ursi). Nur 10 cm. Gut wüchsig, mit roten Beeren. Verträgt auch volle Sonne.

Cassiope lycopodioides 'Beatrice Lilley'. 2,5 cm. Weiße Blüten im roten Kelch.

Cornus canadensis, Kanadischer Hartriegel. 10 cm. Milchweiße Blütensterne und rote Beeren. Meist den Stauden zugeordnet, wächst gut bodendeckend. Benötigt unbedingt saure Bodenreaktion.

Gaultheria-Arten, Scheinbeere. Nicht alle bleiben niedrig. Nur etwa 10 bis 15 cm hoch werden: *Gaultheria itoana*. Anfangs rosafarbene, später weiße Beeren. *Gaultheria procumbens*, Rebhuhnbeere. Blüte weißlichrosa, Frucht rot.

Pieris nana. Nur 5 cm. Kleine, cremeweiße Blüten, die an Maiglöckchen erinnern, und kleine, dunkelgrüne Blätter. Benötigt hohen Torfanteil im Substrat.

Vaccinium vitis-idaea var. *minus*. Etwa 10 cm. Kleine, rosa Blüten und rote Beeren.

Andere kleine Partner

Von den Farnen eignen sich alle kleine Arten und Sorten, mit Ausnahme der an Kalk gebundenen. Näheres siehe Kapitel »Farne von beschränkter Größe « (ab Seite 112). Bei den Gräsern gibt es wenige kleine Arten, die Schatten und Halbschatten vertragen, wie *Carex digitata* (20 cm), *Carex montana* (20 cm), *Carex umbrosa* (20 cm), *Festuca scoparia*, der Bärenfellschwingel (10 cm), *Luzula pilosa*, Haarmarbel (20 cm). Von den anderen Immergrünen muß *Vinca minor*, das Immergrün, genannt werden. Der genügsame, etwa 15 cm hohe, heimische Bodendecker paßt gut für halbschattige Lagen. Es gibt eine ganze Reihe von Farbsorten in Blau, Weiß, Rosa, Violett, die einfach oder gefüllt blühen. Bei den Blütenstauden muß auf zwergige Astilben, kleine *Hosta*, niedrige Bergenien und *Iris gracilipes* hingewiesen werden, die jeweils in den entsprechenden Kapiteln aufgeführt sind.

Der Zwerg-Heidegarten

Der Begriff »Heide« ist an die Vorstellung von Weite und großen Flächen gekoppelt. Trotzdem verlangt der Liebhaber von Heidekräutern auch bei einer durchschnittlich kleinen Grundstücksgröße oft nach einem kleinen Heidegarten, besonders in Norddeutschland. Was auf den ersten Blick als unmöglich erscheint, nämlich eine Mini-Heide zu gestalten, erweist sich bei näherer Betrachtung als reizvolle Aufgabe. An geeignetem Pflanzenmaterial mangelt es keineswegs.

Zwergige Heidekräuter

Zwar gibt es ein umfangreiches Sortiment an Heidearten, doch leider sind nicht alle, besonders die in Großbritannien verbreiteten Arten, völlig winterhart. Im wesentlichen konzentriert sich bei uns das Sortiment auf die Schnee- oder Frühjahrsheide, *Erica herbacea*, und auf die Besen- oder Sommerheide, *Calluna vulgaris*. Von beiden gibt es sehr viele Sorten. Die Sorten der erstgenannten Art werden normalerweise 25 bis 30 cm hoch, aber es gibt durchaus welche bis 50 cm Höhe. Bei *Calluna vulgaris* liegt die Durchschnittshöhe bei 35 cm. Das heißt, in vielen Fällen lassen sich Sorten beider Arten für kleinere Gärten verwenden, wenn man die extrem hochwachsenden meidet. Beide Arten bleiben durchaus kompakt, sofern man vorschriftsmäßig zurückschneidet. Bei der Schneeheide erfolgt der Schnitt sofort nach der Blüte im April, bei der Besenheide im Herbst oder im zeitigen Frühjahr. Dadurch wird die Höhe auch durch den Schnitt beeinflußt.
Andererseits bietet das Sortiment aber auch echte Zwerge, sowohl bei der Schneeheide als auch bei der Sommerheide.

Erica herbacea (syn. E. carnea), Schneeheide

Die hier genannten Sorten werden nicht höher als etwa 15 cm. Die Höhenangaben können sich je nach Standort nach oben oder unten verschieben.

'Alan Coates'. 15 cm hoch, wächst etwas in die Breite (etwa 30 cm). Blüht blaßrosa auf, wird dann dunkler, eher purpurn. Blütezeit Spätwinter bis Frühling.
'Ann Sparkes'. Etwa 15 cm hoch, 20 cm breit. Gelb-oranges Laub, später golden mit rotbronzenen Blatträndern. Blütenfarbe kräftiges Purpurrot. Die Sorte blüht jedoch faul. Blütezeit Spätwinter bis Vorfrühling. Auch unter dem Namen 'Vivellii Aurea' verbreitet. Wichtig wegen der Laubfärbung.
'Cecilia M. Beal'. Etwa 15 cm hoch, wächst aber trotz des dichten Wuchses etwas in die Breite (etwa 30 cm). Die verhältnismäßig großen, weißen Blüten stehen ähren-ähnlich dicht. Blütezeit ab Wintermitte bis in das zeitige Frühjahr.
'Eileen Porter'. Etwa 15 cm hoch, etwa 20 cm breit. Karminrosa Glöckchen an steifen Stengeln. Blüht sehr lange! Oft schon im Herbst bis in das späte Frühjahr. Dichter Wuchs.
'Gracilis'. Etwa 15 cm hoch, aber 30 cm breit. Alte Sorte mit rosa Blüten. Nur wegen des frühen Blühbeginns beachtenswert (Frühwinter).
'Heathwood'. Etwa 15 cm hoch, wächst allerdings auch in die Breite (etwa 35 cm). Die blühenden Triebe sind kräftig-kompakt mit lila- bis purpurroten Blüten. Wuchs buschig-aufrecht. Blütezeit Spätwinter bis Frühling.

'James Backhouse'. Etwa 15 cm hoch, 25 cm breit. Die rosa Glöckchen erscheinen im Spätwinter bis Frühling.

'King George'. Etwa 15 cm hoch, 25 cm breit. Zahlreiche dunkel-rosarote Blütchen an kurzen Trieben. Dichter Wuchs, dunkelgrünes Laub. Blütezeit von Wintermitte bis zum Frühling. Sehr wertvoll, obwohl es sich um eine alte Sorte handelt.

'Mayfair White'. Etwa 15 cm hoch, aber bis 30 cm breit. Blüten an kurzen, vollbesetzten weißen Trieben. Blütezeit Spätwinter.

'Myretoun Ruby'. Etwa 15 cm hoch, aber bis 30 cm breit. Die auffallenden großen, rosaroten Blütenglöckchen, die sich später leuchtendrot färben, stehen im guten Kontrast zu dem dunkelgrünen Laub. Eine sehr gute Sorte. Blütezeit Spätwinter bis Frühling.

'Pink Spangles'. Etwa 15 cm hoch, aber bis 30 cm breit. Reinrosa, große Blütchen von Wintermitte bis Frühling. Im Herbst sind die Knospen zweifarbig rosa und cremefarben.

'Praecox Rubra'. Etwa 15 cm hoch, aber etwa 30 cm breit. Zahlreiche kleine, rötlich-rosa Blütchen von Winteranfang bis zum Frühling. Wird nur für milde Lagen empfohlen.

'Prince of Wales'. Etwa 15 cm hoch, 25 cm breit. Laub hellgrün, oft mit roten Spitzen. Blüten hellrosa in kurzen Trauben. Blütezeit Wintermitte bis Frühling.

'Queen Mary'. Etwa 15 cm hoch, 25 cm breit. Reinrosa Blüten an kompakten Trieben. Oft nicht sehr wüchsig. Blütezeit schon Spätherbst bis Winter.

'Queen of Spain'. Etwa 15 cm hoch, 25 cm breit. Nur noch selten im Sortiment. Blüte leuchtendrosa. Dichter Wuchs. Blütezeit Wintermitte bis Frühling.

'Ruby Glow'. Etwa 15 cm hoch, wächst aber sehr in die Breite (etwa 35 cm). Braune Blütenknospen und rubinrote Blüten. Reichblühend, oft erscheint der Neutrieb, ehe alles verblüht ist. Blütezeit Spätwinter bis Frühling.

'Sherwoodii'. Etwa 15 cm hoch, aber 30 cm breit. Aus den großen, grünen Knospen entwickeln sich blaßrosa Glöckchen an kurzen, dichten Stengeln. Dichter Wuchs. Blütezeit Wintermitte bis Frühling.

'Snow Queen'. Etwa 15 cm hoch, aber sehr breit. Große, zahlreiche reinweiße Blüten über frischgrünem Laub. Wuchs steif und dicht. Blütezeit Spätwinter bis Vorfrühling.

'Thomas Kingscote'. Etwa 15 cm hoch, 25 cm breit. Blaßrosa Blüten. Wächst langsam bei dichtem Wuchs. Blütezeit Wintermitte bis Frühling.

'Vivellii'. Etwa 15 cm hoch, 30 cm breit. Dunkelgrünes Laub. Nicht verblassende, tief-karminrote Blüten an kräftigen kompakten Trieben. Eine wertvolle Sorte. Blütezeit Spätwinter bis Vorfrühling.

'Winter Beauty'. Etwa 15 cm hoch, 30 cm breit. Meistangebaute Sorte in Zentraleuropa. Was unter diesem Namen kultiviert wird, soll die Sorte 'King George' sein. Dunkelgrünes Laub, hell-rosarote Blüten an kleinen, dichten Zweigen. Wächst langsam. Blütezeit Frühwinter bis Frühling.

Die Angabe der Blütezeit ist an einen milden Winterverlauf gebunden. Bei Dauerschneelage wird die Blütezeit auf Termine nach der Schneeschmelze verschoben.

Calluna vulgaris, Besen- oder Sommerheide, Heidekraut

Auch hier werden nur Sorten genannt, die im Durchschnitt eine Höhe von 15 cm nicht überschreiten.

'Alba Aurea'. 10 cm hoch, 25 cm breit. Dunkelgrünes Laub mit goldenen Spitzen beim Austrieb. Frühblühend.

'Alba Rigida', auch als 'Rigida Prostrata' oder 'Decumbens Alba' bekannt. Etwa 15 cm hoch. Kurze, steife Zweige mit dunkelgrünem Laub und weißen Blüten. Besonders für Steingärten und Heidegärten auf beschränktem Raum.

Erica herbacea 'Vivellii'. Ein Rückschnitt nach der Blüte hält die Pflanze kompakt.

'Andrew Proudley'. Etwa 15 cm hoch, 20 cm breit. Gelbbraunes Laub, das sich während des Winters bronze- und orangefarben verfärbt. Volle Trauben mit kleinen, rosavioletten Blütchen. Besonders für kleine Heide-, Stein-, und Troggärten.

'Baby Wicklow', auch unter dem Namen 'Camla' bekannt. Nur 5 cm hoch, 10 cm breit, gehört deshalb zu den kleinsten Heiden. Dichte, dunkelgrüne Hügel aus dichtzusammenstehenden Trieben. Bildet nur wenig gefüllte Blüten.

'Calf of Man', auch als 'White Carpet' bekannt. Zur Sorte 'Alba Rigida' nur geringer Unterschied. Etwa 10 cm hoch, 25 cm breit. Lange Blütentriebe, weißblühend. Niedrigliegender Wuchs.

'Californian Midge'. Etwa 15 cm hoch, 20 cm breit. Ähnelt der Sorte 'Nana Compacta'. Sehr kleine Pflanzen mit blaßpurpurnen Blüten, besonders zur Bepflanzung von Trögen und Steinen geeignet.

'Carole Chapman'. Etwa 15 cm hoch, aber etwa 30 cm breit. Goldfarbenes Laub und weiße Blüten.

'Dainty Best'. Etwa 10 cm hoch, etwa 25 cm breit. Ist ähnlich 'Sister Anne', jedoch im Wuchs flacher und offener. Nur wenige lavendelfarbene Blüten an kurzen Blütentrieben. Empfindlich gegen Feuchtigkeit im Herbst.

'Dirry'. Etwa 15 cm hoch. Reichblühende Sorte mit dunkelgrünem Laub und rötlichvioletten Blüten. Wuchs breitkriechend.

'Elkstone'. Etwa 15 cm hoch, aber bis 30 cm breit. Blüht früh und lange mit kleinen, weißen Blütentrieben. Zierlicher Wuchs.

'Foxii Floribunda'. Etwa 15 cm hoch, 20 cm breit. Bildet schöne, winzige Hügel mit leuchtend-rosaroten Blüten.

'Foxii Nana'. Etwa 10 cm hoch, 15 bis 20 cm breit. Noch dichter im Wuchs als die vorhergenannte, aber nur vereinzelt blühend. Bildet niedrige, halbkugelige Hügel aus leuchtend-grünem Laub. Die besondere Wirkung liegt in der Wuchsform.

'Golden Carpet'. Etwa 8 bis 10 cm hoch, aber bis 35 cm breit. Laub gelb mit orangem Stich im Winter. Kurze Blütentriebe mit purpurnen Blüten. Bildet einen niederen Hügel.

'Heidezwerg'. Etwa 8 cm hoch. Hellgrünes Laub mit purpurfarbenem Schimmer. Purpurlila Blüten, nicht sehr zahlreich. Kriechender, rasenbildender Wuchs. Sehr empfehlenswert.

'Humpty Dumpty'. Etwa 10 cm hoch, 15 cm breit. Moosgrünes Laub, unregelmäßiger Wuchs. Besonders für den Steingarten geeignet.

'J.H. Hamilton'. Etwa 15 cm hoch, aber 30 cm breit. Gefüllte, rosa Blüten in zierlichen Blütenständen. Besonders auch für schwere Böden und für kleine Sträuße geeignet.

'Jimmy Dyce'. Etwa 15 cm hoch, 25 cm breit. Das dunkelgrüne Laub verfärbt sich im Winter rötlich. Rosaviolette, ährenartige Blütentriebe.

'John F. Letts'. Nur etwa 10 cm hoch, aber 30 cm breit. Das Laub ist hell-goldgelb, orange und rötlich gesprenkelt. Diese Farben wirken im Winter noch intensiver. Blaß-lavendelfarbene Blüten an kleinen Trieben. Hübsch im Steingarten.

'Loch Na Seil'. Etwa 15 cm hoch, 30 cm breit. Graugrünes Laub. Hellviolette Blüten. Wächst niederliegend.

'Minima'. Etwa 10 cm hoch, 30 cm breit. Im Sommer hellgrünes, im Winter mattgrünes Laub. Nur wenige blaßpurpurne Blüten.

Die Zweige fallen oft unordentlich auseinander.

'Minima Smith's Variety'. Etwa 10 cm hoch, 25 cm breit. Wesentliche Verbesserung der alten 'Minima'. Blüten blaßrosa in kleinen Blütenständen. Sehr langsamer Wuchs.

'Mousehole'. Etwa 10 cm hoch, 25 cm breit. Miniaturpflanze mit fast stacheligem Aussehen. Zart-dunkelgrünes Laub. Blütenfarbe Rosa-Hellpurpur.

'Mrs. Alf'. Etwa 15 cm hoch, bis 30 cm breit. Laub tiefgrün im Frühling, später ziegelrote Färbung. Verzweigte, dichte, buschige Pflanze.

'Mrs. Ronald Gray'. Etwa 5 bis 8 cm hoch, etwa 20 cm breit. Smaragdgrünes Laub. Polsterförmiger, im Alter langsamer Wuchs. Eine der besten niedrigen *Calluna*-Sorten.

'Multicolor'. Etwa 15 cm hoch, 30 cm breit. Orange-gelbe Triebe. Die Winterfärbung variiert von Rot bis Dunkelpurpur. Blüten malvenfarbig an kurzen, ährenartigen

Calluna vulgaris 'Annemarie' verlangt sandigen, nährstoffarmen und sauren Boden.

Trieben. Kompakter, niedriger und buschiger Wuchs.

'Nana Compacta'. Etwa 15 cm hoch, 25 cm breit. Leuchtendgrünes Laub. Kleine, langsamwachsende Pflanze mit schönen, lilarosa Blütenständen.

'Prostrata Flagelliformis'. Etwa 8 cm hoch, 25 cm breit. Blüten lilarosa. Fast kriechender Wuchs. Bildet niedrige Hügel aus dünnen, gedrehten Trieben.

'Pygmaea'. Etwa 8 cm hoch, 20 cm breit. Niederwachsende Pflanze, hat Ähnlichkeit mit 'Foxii Nana', ist jedoch breiter. Leuchtendgrünes Laub. Lilarosa Blüten an kurzen, ährenartigen Trieben.

'Silver Cloud'. Etwa 15 cm hoch, aber bis 30 cm breit. Silberblaues Laub und hell-purpurfarbene Blüten. Bildet hübsche, gedrungene Hügel.

'Sister Anne'. Etwa 15 cm hoch, 25 cm breit. Dichtes, graugrünes Laub und überreiche rosa Blüte. Wirkt dicht und gedrungen.

'White Mite'. Etwa 15 cm hoch, 25 cm breit. Glänzendgrünes Laub. Weiße Blüten, die extrem zeitig erscheinen.

Die folgenden Sorten gehören in die gleiche Gruppe niedriger *Calluna vulgaris*, sie finden sich aber seltener im allgemeinen Angebot: 'Alba Minima' (8 cm hoch, Blüte weiß), 'Alba Pumila' (8 cm, weiß), 'Alex Warwick' (10 cm, weiß), 'Darts Flamboyant' (15 cm, lavendel), 'Gray Carpet' (10 cm, zartlila), 'Heidberg' (10 cm, lilarosa), 'Heideteppich' (10 cm, violett), 'Jan Dekker' (15 cm, hellpurpur), 'Karin Blum' (15 cm, weiß), 'Kees Gouda' (10 cm, lila), 'Kuphalditii' (15 cm, purpurrosa), 'Lambstails' (15 cm, rosa), 'Lyndon Proudley' (15 cm, lavendel), 'Mullach Mor' (10 cm, weiß), 'Oiseval' (15 cm, weiß), 'Pica' (10 cm, lila), 'The Pygmy' (5 cm, purpurrosa), 'Tom Thumb' (15 cm, rosé), 'Velvet Dome' (5 cm).

Außer den genannten Sorten von *Erica herbacea* und *Calluna vulgaris* gibt es noch eine große Anzahl von anderen *Erica*- und *Calluna*-Arten und -Sorten, doch besitzen sie wesentlich geringere Bedeutung. Auch sind Hybriden entstanden, für die das gleiche gilt. Ein Hinderungsgrund für ihre hiesige Verwendung liegt außerdem in der mangelhaften Winterhärte in unserem Klima, wobei es eine Rolle spielt, wo sich der Garten befindet. Im maritimen Klima Norddeutschlands ist die Kultur kritischer Sorten eher möglich als in Süd- und Ostdeutschland. Ein weiterer Aspekt spielt speziell bei der Auswahl für den kleinen Garten eine Rolle. Viele der Arten werden meist zu groß! Lediglich bei *Erica cinerea*, der Grauheide, und *Erica tetralix*, der Moorheide, gibt es einige Sorten, die für unsere Zwecke beachtenswert sind.

Erica cinerea, Grauheide

'Apricot Charm'. Etwa 15 cm hoch, 25 cm breit. Leuchtendgelbes Sommerlaub, im Winter aprikosenfarben-orange. Blüht kaum, nur hin und wieder erscheint eine purpurne Blüte. Schöne, dichte Laubschmuck-Sorte.

'Atrosanguinea Smith's Variety'. Etwa 15 cm hoch, 25 cm breit. Dunkelgrünes Laub und leuchtendrote Blütentriebe, die bogig gewölbt sind.

'Coccinea'. Etwa 10 cm hoch, aber 30 cm breit. Dunkelgrünes Laub mit tief-rubinroten Blütenglöckchen in kleinen Trauben, reich- und sehr frühblühend. Gut geeignet für Steingärten.

'Foxhollow Mahogany'. Etwa 15 cm hoch, aber 30 cm breit. Tiefgrünes Laub. Klare, dunkelbraun-rote Blütenfarbe, dicke Blütentrauben.

'Golden Drop'. Etwa 15 cm hoch, 25 cm breit. Goldgelbes Laub, das sich im Winter rot verfärbt. Nur vereinzelte malvenrosa Blüten. Schöne, niederliegende Laubschmuck-Sorte. Volle Sonne und gut dränierter Boden sind für eine gute Ausfärbung nötig.

'Honeymoon'. Etwa 10 cm hoch, 15 cm breit. Eine echte Zwergform mit blaßgrünem Laub und weißen Blüten.

'Lavender Lady'. Etwa 15 cm hoch, 25 cm breit. Lockere, breite Wuchsform mit lavendelfarbenen Blüten und blaßgrünem Laub.

'Pink Ice'. Etwa 10 cm hoch, 25 cm breit. Kompakte Pflanze mit mittelgrünem Laub und zahlreichen, tief-reinrosa Blüten.

'Rock Pool'. Etwa 15 cm hoch, 25 cm breit. Leuchtend-goldgelbes Laub, das sich im Winter mehr nach Orange und Rot verfärbt. Blüht ziemlich faul mit leuchtendpurpurnen Blüten. Niederliegender Wuchs. Eine schöne Blattschmuck-Sorte.

'Stephen Davis'. Etwa 15 cm hoch, 25 cm breit. Tiefgrünes, glänzendes Laub und auffallend leuchtendrote Blüten.

Außer den genannten Sorten wachsen die folgenden noch zwergig, sind aber allgemein seltener im Angebot:
'Fulgida' (10 cm, purpurrot), 'Guernsey Lime' (10 cm, purpur), 'Guernsey Plum' (15 cm, lila), 'Guernsey Purple' (15 cm, purpur), 'John Eason' (15 cm, rot), 'Lady Skelton' (15 cm, rubinrosa), 'Mrs. Dill' (10 cm, tiefrosa), 'Prostrate Lavender' (10 bis 15 cm, lavendel), 'Pygmaea' (15 cm, purpurrosa), 'Rozanne Waterer' (bräunlich-purpur).

Erica tetralix, Moorheide, Glockenheide

'Daphne Unterwood'. Etwa 15 cm hoch, 25 cm breit. Graugrünes Laub und tiefrosa Blütenglöckchen.

'Darleyensis'. Etwa 15 cm hoch, aber etwa 30 cm breit. Graugrünes Laub. Zart-lachsrosa Blüten. Mattenartiger Wuchs.

'L. E. Unterwood'. Etwa 15 cm hoch, 25 cm breit. Laub grün, Knospen aprikosenfarben, Blüten hell-lachsrosa. Wächst langsam.

'Mary Grace'. Etwa 15 cm hoch, 25 cm breit. Graugrünes Laub und leuchtendrosa Blüten mit milchig-weißem Grund. Kriechender Wuchs.

'Melbury White'. Etwa 15 cm hoch, 20 cm breit. Silbergraues Laub und weiße Blüten, die zeitig zu blühen beginnen. Die Blütenglöckchen sind groß und zahlreich.

'Pink Star'. Etwa 15 cm hoch, 25 cm breit. Silbergraues Laub und lilarosa, sternförmig angeordnete, gehäufte Glöckchen, die nach oben und nach außen stehen.

'Ruby's Variety'. Etwa 15 cm hoch, 25 cm breit. Hellgrünes Laub und weiße Blüten mit blaßrosa Hauch, Blütenrand purpur. Lockerer Wuchs. Durch jährlichen leichten Rückschnitt bleibt die Pflanze etwas kompakter.

Kleine Heideecken

In den wenigsten Fällen wird im Hausgarten versucht, eine natürliche Heide zu imitieren. Auf armen Böden läßt sich durchaus eine Zwerg-Strauchheide oder Felsenheide naturnah gestalten, bei entsprechender Bodenvorbereitung und Pflanzung der natürlichen Partner. Normalerweise verbindet der Gartenbesitzer den Begriff »Heide« mit einer Landschaft wie der Lüneburger Heide, einer Steppenheide also. Diese Landschaft lag keineswegs immer in ihrer heutigen Form vor. Sie entstand im Laufe von Jahrhunderten erst durch Abholzung und übermäßige Beweidung mit Schafen. Man braucht aus diesem Grunde kaum Gewissensbisse bekommen, wenn man in Hausgärten die in den Kalkalpen vorkommende Schneeheide (*Erica herbacea*) zusammen mit der Besenheide (*Calluna vulgaris*) verwendet, welche in der Natur nicht zusammen wachsen.

Als wichtig erweist sich in allen Fällen der Boden und die Bodenreaktion. Es ist kaum möglich, einen Heidegarten zu gestalten, wenn die Erde sehr nahrhaft und kalkhaltig (basisch) ist. Gewünscht wird ein durchlässiger, nährstoffarmer Boden mit saurer Reaktion bei einem pH-Wert von 4 bis 5. Vorhandene Böden kommen durch Zusatz von kalkfreiem Fluß- oder Kiessand, Torf und Rindenkompost dem Ideal näher. Beim Torf eignen sich selbstverständlich nur düngerfreie

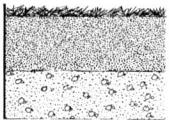

Rindenkompost – Sand 1 : 1

gewachsener Boden – Sand – Torf 1 : 1 : 1

gewachsener Boden

kleine Heidegartenecke (kalktolerant)
Juniperus communis 'Compressa'
Pinus mugo 'Brevifolia'
Erica herbacea 'Winter Beauty'
Festuca valesiaca 'Silbersee'
Festuca glacialis
Molinia caerulea ssp. caerulea 'Moorhexe'

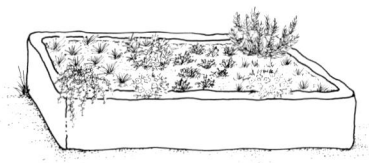

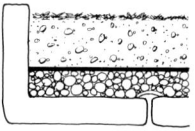

Rindenkompost – Sand 1 : 1

Torf – Sand – Rindenkompost 1 : 1 : 1

Matte aus Polyestervlies
Dränage

Wasserabzugsloch mit Sieb

kleiner Heidegarten im Trog (saures Substrat)
Pinus leucodermis 'Schmidtii'
Juniperus communis 'Echiniformis'
Salix apoda 'Mane Form'
Dianthus subacaulis
zwergige Calluna-Sorten wie
'Foxii Nana', 'Humpty Dumpty', 'Mousehole'

Je nachdem, welche Substratmischung verwendet wird, eignen sich kalktolerante Pflanzen oder Pflanzen, die ein saures Bodenmilieu bevorzugen.

Produkte. Wichtig ist es auch zu wissen, daß Schwarztorf einen wesentlich geringeren pH-Wert aufweist als Weißtorf; andererseits wird Schwarztorf schneller abgebaut. Von den Rindensubstraten wählt man zum Beimischen unbedingt Rindenkompost. Rindenmulch, falls er nicht zu grob ist, darf dagegen nur zum Abdecken noch offener Pflanzflächen verwendet werden.

Die gewünschte saure Bodenreaktion läßt sich außerdem durch Chemikalien erhalten oder nach unten korrigieren, zum Beispiel durch Einarbeiten von etwas Schwefelblüte in die Erdoberfläche. Im Gegensatz zu vielen Fungiziden und Insektiziden aus der Chemie erübrigt sich bei dem genannten Produkt die Angst vor unkontrollierbaren Schädigungen. In Maßen kann jährlich zusätzlich etwas Rhodohum oder ein anderes Azaleensubstrat aufgebracht werden.

Bei gemeinschaftlicher Verwendung von *Erica herbacea, Calluna vulgaris* und anderen Eriken ergibt sich eine gewisse Problematik hinsichtlich der Bodenreaktion, da die Schneeheide in den Kalkalpen vorkommt, also auf kalkhaltigem Substrat wächst. Die Pflanze braucht im Garten keine besonders basischen Böden, die Humusauflage, in der die Schneeheide in der Natur wurzelt, besitzt meist ohnehin eine leicht saure Reaktion. Bei normaler Verwendung im Garten, wie etwa im Steingarten, wächst die Pflanze gut im neutralen Boden und toleriert leicht-alkalische Verhältnisse, wenn genügend Humus vorhanden ist. Andererseits wächst die Schneeheide auch gut in leicht-sauren Böden bei einem pH-Wert um 6. In diesem pH-Bereich wachsen sowohl Schneeheiden als auch Besenheiden noch gut, deshalb ist eine gemeinschaftliche Verwendung durchaus möglich. Man muß nicht stän-

76

dig mit dem pH-Meter durch den Garten laufen, um die Bodenreaktion zu messen, am besten sieht man das alles nicht so eng. Zudem haben sich die Gartensorten der Schneeheide in jahrzehntelanger Kultur in den meist norddeutschen Gärtnereien und Baumschulen den noch saureren Bodenreaktionen angepaßt.

Im Hausgarten können schon kleine Heideecken von 3 oder 5 m² Größe durchaus attraktiv wirken, nach oben sind dabei keine Grenzen gesetzt. Der Platz muß sonnig sein, Südseiten an Gebäuden eignen sich daher gut, auch kleine Vorgärten können heideartig gestaltet werden. Flächenpflanzungen, gleich welcher Größenordnung, müssen von vertikalen Elementen unterbrochen und aufgelockert werden.

Nadelgehölze. In der Natur gesellen sich meist Wacholder in Säulenform zur Heidevegetation. In den Baumschulen sehen zwar *Juniperus communis* und seine Sorten immer recht hübsch und zierlich aus, man sollte sich aber nicht dazu verleiten lassen, sie für kleine Heideflächen zu verwenden. Sie entwickeln sich im Laufe der Jahre zu Riesen. Für die unverzichtbar erscheinende säulenförmige Silhouette gibt es entsprechende Sorten.

Bei der Auswahl gilt es, die Proportion zur Fläche im Auge zu behalten. Für kleinste Pflanzflächen eignet sich der Zwerg-Säulenwacholder, *Juniperus communis* 'Compressa', der erst nach sehr vielen Jahren seine Endhöhe von etwa 1 m erreicht. Der hübsche Geselle läßt sich auch gar nicht schwer aus Stecklingen weitervermehren. Leider zeigt er sich gegen Wintersonne sehr empfindlich und oft vertrocknet seine nach Süden gerichtete Seite. Sie wird unansehnlich braun oder das Gehölz geht ganz ein. An Plätzen mit starker Einstrahlung durch Wintersonne muß Sonnenschutz durch Reisig oder Sackleinen gegeben werden, aber nie den Baum mit dichter schwarzer Folie einbinden!

Juniperus vulgaris 'Kmetsch' ist außerdem eine sehr gute Sorte, die langsam und dicht wächst und erst nach langer Zeit 1,5 m Höhe erreicht.

Für etwas größere Flächen muß noch auf *Juniperus communis* 'Columnaris' hingewiesen werden. Auch er wächst langsam und besitzt eine schmale Säulenform, wobei die blaugrüne Benadelung sehr schön wirkt. Die Endhöhe beträgt etwa 1,5 bis 2 m.

Bei den insgesamt sparsam zu verwendenden Nadelgehölzen können auch langsamwachsende, andersgeformte Wacholder Verwendung finden, diese sind dem Kapitel »Zwerg-Nadelgehölze« zu entnehmen. Hier sei nur auf die Zwergform des Blauzedern-Wacholders, *Juniperus squamata* 'Blue Star', hingewiesen, welcher in Gärtnereien und Baumschulen ziemlich verbreitet ist und der jeden Rückschnitt verträgt, falls er für seinen angestammten Platz zu groß wird. Der silberblaue Farbton paßt weniger gut für eine naturnahe Gestaltung, aber in den meisten Anlagen mit dekorativer Wirkung ist dieser Wacholder durchaus erwünscht.

Als weitere Nadelgehölze bieten sich Kiefern an. Je nach Größe der Fläche fügen sich Zwergformen der Bergkiefer (*Pinus montana*) ein oder die Krummholz-Kiefer (*Pinus mugo* ssp. *pumilio*) und die Grannen-Kiefer (*Pinus aristata*). Auch hier sei auf den Abschnitt über Zwerg-Nadelgehölze hingewiesen. Die zuletztgenannte *Pinus aristata* erreicht am Heimatstandort in den White Mountains der USA enorme Höhen, bei uns zeigt sie sich als ein sehr langsamwachsender Zwerg, der lange braucht, bis er die Proportionen sprengt. In Vorgärten kann ein Exemplar die Attraktivität der Anlage durchaus erhöhen. Bei der Neupflanzung ist man versucht, zu viele Nadelgehölze zu setzen, weniger ist auch in diesem Falle mehr!

Zwerg-Laubgehölze. Selbstverständlich lassen sich, wenn auch sehr sparsam, Zwerg-Laubgehölze verwenden, wie zwergige Ginster- (*Genista*) und Geißklee-Arten (*Cytisus*) oder kleine Stechpalmen (*Ilex*). Von den Seidelbast-Arten eignet sich besonders *Daphne cneorum*, der süßduftende Rosmarin-Seidelbast. Selbst bei den Birken gibt es einen Zwerg, *Betula nana*, die Nordische Zwergbirke.

Farne. Im lichten Schatten der Zwerggehölze kann durchaus ein kleiner Farn stehen wie der Zwerg-Frauenfarn, *Athyrium filix-femina* 'Minutissima', oder der teppichbildende *Blechnum penna-marina*.

Ericaeen. Auch aus der Verwandtschaft der Eriken selbst kennt man einige Zwerge, die sich gut einfügen. Die Sorten der Lavendelheide werden zu groß, aber *Pieris japonica* 'Pygmaea' paßt hierher. Das gilt auch für die Lorbeerrose, hier sind die kleinen *Kalmia latifolia* 'Myrtifolia' und *Kalmia angustifolia* 'Rubra Nana' und *Andromeda polifolia* 'Compacta' zu nennen. Die Scheinbeeren, *Gaultheria*-Arten, werden weniger hoch. *Gaultheria procumbens* erreicht etwa 20 cm, aber ebenfalls *Gaultheria miqueliana* ist mit 30 cm noch zu gebrauchen. Weiter gibt es eine Reihe von »besseren«, höherwertigen Pflanzen. Kleine Kostbarkeiten sind *Arctostaphylos myrtifolius*, eine Bärentraube, welche flache Polster von 3 cm Höhe bildet, die Ährenheide, *Brukkenthalia spiculifolia*, mit etwa 10 cm Höhe und die herrlichen Schuppenheiden (*Cassiope*). Zu den kleinen gehören *Cassiope*-Hybriden 'Badenoch' (10 cm) und 'Edinburgh' (18 cm), *C. lycopodioides*, welche ausgebreitete Matten bildet, sowie *C. mertensiana* 'Randle Cook' (15 cm). Weiter sei noch auf die hübsche Preiselbeere *Vaccinium vitis-idaea* 'Koralle' hingewiesen. An kleinste Plätze paßt die ganz flach wachsende nordische Sorte *Vaccinium vitis-idaea* 'Minus'.

Gräser. Keinesfalls dürfen in einem kleinen Heidegarten einige Ziergräser fehlen. Kleine Typen vom Blauschwingel (*Festuca glauca*), Schafschwingel (*Festuca ovina*) oder Schillergras (*Koeleria glauca*) passen, alles in Dreier- oder Fünfergruppen gesetzt, je nach Größe des Zwerg-Heidegartens. Man kann auch ein Gras »hoch« herausschießen lassen, etwa das kleinste Pfeifengras, *Molinia caerulea* 'Moorhexe'.

Mit auffällig blühenden Stauden sollte man etwas vorsichtiger umgehen. In Frage kommen Katzenpfötchen (*Antennaria*), Zwerglavendel, niedrige *Sedum*-Arten, Wildnelken (*Dianthus deltoides* und *D. arenarius*), Thymian (*Thymus*-Arten), Silber- und Golddistel (*Carlina acaulis* und *C. acanthifolia*), Silberblatt-Veronika (*Veronica spicata* ssp. *incana*), niedrige Habichtskräuter und niedrige Alant-Sorten wie *Inula ensifolia* 'Compacta' oder die hübsche *Inula ensifolia* 'Goldammer'.

Rosen. Bleibt noch, auf die Rosen hinzuweisen. Man kann sich einfachblühende Zwerg-Bengalrosen herauspicken, die auch farblich weniger stark auffallen. Ein reizender Zwergstrauch, der im Habitus natürlicher aussieht, ist *Rosa sicula*. Die einfachen, rosa Blütenschalen halten zwar nicht lange, die Art bietet zur Blütezeit jedoch einen Augenschmaus. In mageren Böden wird dieser Strauchrosen-Zwerg tatsächlich nicht höher als 40 bis 50 cm.

Im Heidegarten sollten die Heidearten überwiegen und obwohl hier nur zwergige Partner genannt sind, sollte man diese sehr sparsam verwenden. Auch auf wenigen Quadratmetern sollte ein flächig-großzügiger Eindruck entstehen. Aus den Listen sucht man sich für eine freie Pflanzung möglichst die bis 15 cm hohen und 15 bis 30 cm breiten Sorten aus. Auf kleinen Flächen darf man nicht zu viele Arten durcheinander setzen, sondern pflanzt gruppenweise. Der Pflanzabstand beträgt 15 bis 25 cm. Nie Schneeheide (*Erica herbacea*) und Besenheide (*Calluna vulgaris*) durcheinanderpflanzen! Die beste Zeit zur Neuanlage ist der April oder Mitte September bis Mitte Oktober. Wie eingangs schon erwähnt, soll der Boden möglichst mager sein, man kann bei der Pflanzung als Dünger lediglich etwas grobe Hornspäne geben, die sehr langsam abgebaut werden.

Heide in mobilen Gärten

In größeren Pflanzgefäßen können alle genannten Pflanzen verwendet werden. Die Verwendung ist hier sehr breit gefächert und durch die geringen Pflegeansprüche eignet sich eine heideähnliche Pflanzung auch für

Kübel und Kästen im öffentlichen Grün, besonders für innerstädtisches »mobiles Grün«. Nur sollte man dabei auf Raritäten verzichten, denn »Langfinger« gibt es überall. Im Privatgarten bleiben die mobilen Pflanzflächen im allgemeinen noch wesentlich kleiner, meist handelt es sich um Tröge, gut imitierte Duplikate alter Formen oder modern geformte Pflanzgefäße aus Zement oder Asbestersatz. Auch Behälter aus pflanzenfreundlich imprägnierten Hölzern wirken hübsch. Man kann sogar sagen, die warmen Holztöne harmonieren besonders gut mit heideähnlichen Bepflanzungen.

Es muß auch hier auf sehr gute Dränage geachtet werden, das Wasserabzugsloch darf nie verstopfen. Die unteren zwei Drittel der Pflanzgefäße werden mit grobem Material gefüllt, in diesem Fall ist sogar Styromull günstig wegen des außerordentlich geringen Gewichtes. Auch ist es vorteilhaft, die Innenseiten der Behälter mit Styroporplatten auszukleiden, jedoch nicht bis zum oberen Rand, denn diese Isolierung sollte später unsichtbar sein. Als Substrat wird wieder eine durchlässige, saure Erde verlangt, die mit Torf und Rindenkompost angereichert ist. In Gefäßen darf kein reiner Torf verwendet werden, da dieser bei längerer Sonnenbestrahlung stark zum Austrocknen neigt, Zusätze von Sand und grober Walderde sind zu empfehlen.

Handelt es sich um kleinste Flächen, beispielsweise um einen Trog von 30 × 70 cm Ausmaß, ist eine strenge Pflanzenauswahl zu treffen. Als Nadelgehölz eignet sich der Zwerg-Säulenwacholder, *Juniperus communis* 'Compressa'. Als kleines Laubgehölz kann eine kleine Felsenmispel wie *Cotoneaster adpressus* 'Nana' über den Rand herabwachsen oder eine der langsamwachsenden Zwergweiden, *Salix apoda* 'Mane Form'. Erlaubt der Platz ein aufrechtwachsendes Zwerg-Laubgehölz, paßt *Salix × boydii* oder *Ilex crenata* 'Mariesii'. Beide wachsen nur wenige Zentimeter im Jahr.

Die Zwergsorten der Besenheide spielen »die erste Geige«, sie werden in Dreier- oder Fün-fergruppen gesetzt, um auch bei diesen kleinen Pflanzplätzen flächig zu wirken. Eine Reihe dieser Miniaturen blühen schwach oder bilden nur vereinzelt Blütenglöckchen, besitzen aber aufgrund ihrer Wuchsform und Färbung trotzdem großen Schmuckwert. Zu ihnen gehören Sorten wie 'Baby Wicklow', 'Dainty Best', 'Foxii Nana', 'Humpty Dumpty', 'Tom Thumb' und 'Velvet Dome'. Mäßig- bis starkblühende Zwerge sind 'Andrew Proudley', 'Californian Midge', 'Foxii', 'Heidezwerg' (wird etwas breiter), 'Lambstails', 'Minima Smith's Variety', 'Mousehole', 'Mrs. Ronald Gray', 'Nana Compacta', 'Pygmaea' und 'Sister Anne'.

In mobilen Pflanzungen läßt sich sowieso kein großflächiger Eindruck vermitteln, deshalb kann hier ein größerer Prozentsatz anderer flächigwachsender Pflanzen verwendet werden als bei freier Pflanzung. Als Gräser bieten sich *Festuca valesiaca* 'Glaucantha' an und, obwohl man bei solchen Gestaltungen vorsichtig mit panaschierten Pflanzen sein sollte, sehen drei oder fünf »Minihorste« von *Carex firma* 'Variegata' sehr gut aus. Feste flache Polster, die kaum blühen, bildet das Schleierkraut *(Gypsophila aretioides)*, der Schafteppich *(Raoulia australis* und *Raoulia hookeri)*, oder kleine Sandkräuter wie *Arenaria tetraquetra*. Farbe geben auch hier besonders zwergige Nelken wie *Dianthus microlepis, D. pavonius* (syn. *D. neglectus)*. Unter den echten, nur wenige Zentimeter hohen Staudenzwergen findet sich noch so mancher Heidepartner. An absonnigen Stellen kann auch das Moosglöckchen *(Linnaea borealis)* empfohlen werden, wobei die Sorte 'Americana' gartenfreundlicher ist als die europäische Herkunft.

Heidepflanzungen in Gefäßen benötigen, speziell wenn es sich um etwas empfindlichere Pflanzen handelt, unbedingt Schutz vor Wintersonne. Mehrere Lagen von Fichtenästen sind hier wirkungsvoll.

In besonders niederschlagsreichen Gebieten ist manchmal auch Schutz vor Winternässe erforderlich.

Für den Zwerg-Heidegarten auf kleinstem Raum stehen geeignete Pflanzen zur Verfügung.

Kleine Eriken-Verwandtschaft

Verschiedene kleine Ericaceen, die keine eigentlichen Heidepflanzen sind, wurden bereits kurz erwähnt. Neben meterhohen Arten, Sorten und Auslesen gibt es auch eine vielfältige Palette kleinerer Arten, die – sparsam verwendet – den Zwerg-Heidegarten attraktiver gestalten. Selbstverständlich reichen ihre Verwendungsmöglichkeiten über den Heidegarten hinaus. Sie bereichern ausgesprochene Moorbeete, aber auch Steingärten. Eine Voraussetzung stellt auch bei ihnen eine saure Bodenreaktion dar, nur wenige bevorzugen neutralen Boden oder tolerieren eine leicht-alkalische Reaktion.

Die primäre Schmuckwirkung geht von der Gestalt und den hübschen immergrünen Blättern aus, wobei Blüten und Früchte durchaus nicht immer unscheinbar wirken, sondern es kommen im Gegenteil auffallende Blüten- und Fruchttrachten vor. Die meisten Ericaceen sind ziemlich winterhart; sie stammen meist aus Hochgebirgslagen oder aus arktischen und subarktischen Gebieten. Andererseits wird im Flachland wegen der im Winter oft fehlenden Schneedecke ein Schutz vor Wintersonne nötig. Nach wie vor eignet sich Koniferenreisig besonders gut. Auch diese Gewächse lieben magere, torfhaltige Böden, auch wenn sie meist etwas mehr Nährstoffe tolerieren als die eigentlichen Heidekräuter. Erikagewächse führen viele Gärtnereien, Gartencenter und Baumschulen. Ausdrücklich will ich darauf hinweisen, daß die verschiedenen zwergigen Typen verhältnismäßig selten im Angebot zu finden sind und man schon suchen muß, falls man eine bestimmte Art oder Sorte wünscht. Die folgende Liste nennt nicht ausschließlich niedrigste Typen, sie enthält auch etwas höhere Formen, aber auf alle Fälle Zwerge von hohen Arten.

Andromeda polifolia 'Compacta' ist eine zwergige Lavendelheide.

Andromeda glaucophylla. Nur 10 bis 30 cm hoch. Immergrüner Strauch mit 2 bis 4 cm langen, linealischen, blaugrünen Blättern, die unterseits weißfilzig sind. Wächst teppichbildend und etwas in die Breite gehend. Weißlich-rosafarbene Blüten im Mai–Juni.

Andromeda polifolia, Echte Lavendelheide. Etwa bis 25 cm. Immergrüner Zwerg mit dünnen, aufrechten Zweigen und schmal-lanzettlichen, eingerollten Blättern. Im Mai–Juli erscheinen rosaweiße, krugförmige Blüten in endständigen Dolden. Gut winterhart.

'Compacta'. Auch unter dem Sortennamen 'Nana' bekannt. In Großbritannien als 'Bog Rosmary' gehandelt. Wie die Art, wächst jedoch wesentlich langsamer und kompakter. Die Blätter wirken etwas gräulicher, wachsartiger.

'Macrophylla'. Bis 35 cm. Wird zwar etwas höher und hat breitere Blätter, ist aber in kleineren Anlagen noch gut zu gebrauchen.

'Nikko'. Etwa 35 cm. Neuere japanische Züchtung mit tief-rosaroten Blüten.

'Shibutusu'. Etwa 35 cm. Blaugraue, lederartige Blätter. Fahlrosa Blüten.

Arctostaphylos alpinus. Nur 5 cm. Zwergige, kriechende Pflanze. Blätter schmal, 13 mm lang, prächtiggrün, im Herbst sich rötlich verfärbend. Weißrosa Blütchen und purpurschwarze Beeren.

Arctostaphylos myrtifolia. Etwa 3 cm. Wüchsige, ausläufertreibende, polsterartige Pflanze mit rötlich gefärbten Zweigen und Büscheln von rosaroten Blüten. Trägt später schwarzpurpurne Beeren.

Arctostaphylos nevadensis, Nordamerikanische Bärentraube. Mattenbildender, kriechender, immergrüner Strauch mit langen, dicht belaubten Ausläufern. 3 cm lange, lanzettliche Blätter und rosa Blüten in kompakten Blütenständen im April–Juli. Rote Kugelfrüchte.

Arctostaphylos uva-ursi, Europäische Bärentraube. Immergrün, wächst kriechend mit langen Ausläufern, die leicht wurzeln. Blätter kleiner als bei *A. nevadensis.* Rosaweiße Blüte, glänzendrote Beeren. Gut winterhart.

Bruckenthalia spiculifolia. Ährenheide. 10 bis 20 cm. Zwergstrauch mit meist gegenständigen, nadelförmigen Blättern, die aber auch quirlförmig angeordnet sein können. Im Juli–August erscheinen die hellrosa Blüten in dichten Ähren. Sehr winterhart.

Cassiope-Hybriden. 'Badenoch' *(C. fastigiata × C. lycopodioides)*. 15 cm hoch, etwa 30 cm breit. Graugrüne und reichblühende Hybride.

'Bearsden'. Gleiche Eltern wie die vorherige Pflanze, aber im Aussehen mehr lichtgrün.

'Edinburgh'. 23 cm hoch und breit. Mit aufrechten grünen Trieben und Massen von weißen Blütenglöckchen.

'Muirhead' *(C. wardii × C. lycopodioides)*. 15 cm hoch, 40 cm breit. Sehr hübsche Pflanze mit Matten aus grauen, gegabelten Stengeln und sehr großen, cremeweißen Blütenglocken, die von roten Kelchen umgeben sind.

Cassiope lycopodioides. Bildet niedrige, ausgebreitete Matten mit durcheinanderlaufenden Zweigen und dunkelgrünen Blättern. Blüht reich mit weißen Blütenglokken. Es wird empfohlen, nach der Blüte ein Gemisch von Torf und Sand im Verhältnis 1 : 1 in die Pflanze einzustreuen. Sehr winterhart.

'Beatrice Lilley'. 25 bis 30 cm. Kompakte Form mit steifer, kurzer Verzweigung. Die weißen Blüten sitzen in brillantroten Kelchen.

'Rigida'. Wächst stärker und wirkt kräftiger als die Art.

Cassiope mertensiana. 15 bis 30 cm. Zwergstrauch mit aufrechten oder ausgebreiteten Zweigen. Weiße Blüten im April. Winterhart.

'Gracilis'. 22 cm hoch, 35 cm breit. Wirkt wie die Stammart, jedoch feiner und niedriger.

'Randle Cooke'. 22 cm hoch, 45 cm breit. Besonders reichblühend.

'Red Lakes'. 10 cm hoch, 23 cm breit. Rosa überhauchte Blüten, doch nicht reichblühend. Kompakter Wuchs.

Cassiope selaginoides. 23 cm hoch, 23 cm breit. Aufrechte Zweige mit großen, weißen Blütenglocken. Die Kultur ist nicht einfach. Es gibt auch eine niedrigere Form, die nur 15 cm hoch wird.

Cassiope tetragona, 23 cm hoch, 30 cm breit. Schuppenheide, Maiglöckchenheide. Wächst eher aufrecht. Die weißen Blütenglöckchen sitzen an kurzen Blütenstielen. 'Saximontana'. Westkanadische Form mit weißen Blüten.

Chamaedaphne calyculata 'Nana'. Lorbeerkrüglein. Etwa 20 bis 30 cm. Fast waagerechte Zweige und krugförmige Blüten, die im April–Mai entlang der Zweige hängen.

Cyathodes colensoi. 23 cm hoch, 30 cm breit. Ein hübsches, aber seltenes Sträuchlein. Bronzegraue Zweige mit silbrigen Spitzen und Büscheln weißer Blüten. Die Winterhärte ist meist nicht voll gegeben (Überwinterung im Haus).

Empetrum nigrum, Krähenbeere. Heideartiges, bodendeckendes Gehölz von großer Widerstandsfähigkeit gegen Schatten, Hitze und Feuchtigkeit. Unscheinbare Blüten, schwarze Beeren. Hübsches, grünes Laub.

'Bernstein'. Wie die Art, jedoch mit bernsteinfarbenen Blättern.

Gaultheria adenothrix. Bis 35 cm. Hübsche Art aus Japan mit ovalen, dicken, lederigen Blättern, oben glänzend, unten rötlichbraun und etwas behaart. Blüten weiß, etwas rosa geflammt, große, rote Beeren.

Gaultheria cuneata. Glänzend-bronzefarben überhauchte Blätter, die sich im Winter karminrot verfärben, weiße Beeren. Wächst niedrig und dicht. Sehr winterhart.

Gaultheria depressa. 30 cm. Kleinstrauch mit weißen Blüten und roten oder weißen Früchten.

Gaultheria itoana, Scheinbeere. Nur 10 bis 15 cm. Zwergstrauch mit 1 cm langen und 3 mm breiten Blättern. Rosaweiße Blüten in kleinen, 2 cm langen Trauben. Weiße Früchte.

Gaultheria miqueliana, Scheinbeere. 20 bis 30 cm. Immergrüner Beerenstrauch. 2 bis

3 cm große Blätter mit zahlreichen, schönen weißen Früchten, die noch im Winter an der Pflanze bleiben.

Gaultheria procumbens. Rebhuhnbeere oder niederliegende Scheinbeere. Nur 10 bis 15 cm. Wächst niederliegend. Der gute Bodendecker benötigt etwas Platz und treibt unterirdische Ausläufer. Dunkelgrüne, eiförmige, 1 bis 3 m lange Blätter. Glockenartige, hellrosa Blüten in Trauben. 8 bis 15 mm dicke rote Beeren, die auch im Winter haften bleiben. Vollkommen winterhart.

Gaultheria shallon, Büffelbeere, Große Scheinbeere. 60 cm. Hier muß auf die Größe geachtet werden, für manche Plätze wird sie schon etwas umfangreich. Derbe, 5 bis 9 cm lange, eiförmige Blätter, die am Rande gesägt sind. Die Blüten sind weiß, rötlich getönt und die Früchte blauschwarz. Benötigt in den meisten Gegenden etwas Winterschutz. Ein Rückschnitt alle zwei Jahre ergibt eine geschlossenere Wuchsform.

Gaultheria trichophylla. Nur etwa 10 cm. Eine der hübschesten Arten der ganzen Gattung. Geschlossener und kompakter Wuchs. Ovale, kleine, prächtiggrüne Blätter, die sich zum Herbst oft rötlich verfärben, an den Rändern etwas behaart. Die rosaweißen Blüten wirken im Gegensatz zu den großen, blauen Beeren weniger auffallend.

Kalmia angustifolia 'Rubra', Schmalblättrige Lorbeerrose. 1 bis 2 m. Dieser immergrüner Strauch wird zwar relativ hoch, wächst aber straff-aufrecht und ziemlich langsam, so daß er an vielen kleineren Plätzen noch verwendet werden kann. 6 cm lange, lanzettliche, frischgrüne Blätter. Rosa bis weiße, schön schüsselförmige Blüten in end- und achselständigen Büscheln.
'Rubra Nana'. Wie die vorherige Sorte, nur niedriger und kompakter im Wuchs.

Kalmia latifolia 'Myrtifolia'. Während *Kalmia latifolia* mit bis zu 2 m Höhe für unsere kleinen Pflanzgefäße meist zu groß

wird, ist dieser sehr langsamwachsende, kompakte Kleinstrauch gut zu gebrauchen. Blätter und Blüten sind kleiner als bei der Art. Etwas Winterschutz geben.

Kalmia polifolia (syn. *K. glauca*). Etwa 50 cm. Zwergstrauch mit 2 bis 3 cm langen, linealischen Blättern, die eingerollte Ränder zeigen. Die etwa 1,5 cm breiten Blüten sind purpurrosa. Benötigt geschützte Plätze.
'Microphylla'. Nur 12 cm. Eine zwergige Ausgabe der Art. Prächtiggrüne Blätter und untertassenförmige, fünfzählige Blüten. Ziemlich winterhart.

Ledum groenlandicum 'Compactum'. Während die Art bis 1 m hoch wird, für unsere Zwecke also etwa zu hoch, zeigt diese Auslese einen niedrigen, mehr gedrungenen Wuchs. Die Blätter sind gedrungen und schmal-elliptisch. Die kleinen, weißen Blüten stehen in endständigen Dolden. Feuchte Plätze sind Voraussetzung für das Gelingen der Kultur. Absolut winterhart.

Ledum hypoleucum. 30 cm. Eine etwas seltene Art mit helleren Blättern als bei *Ledum groenlandicum*. Sie trägt weiße, endständige Blütenbüschel. Es wird geraten, ähnlich wie bei manchen Rhododendren, die verblühten Reste auszubrechen, was eine reichere Blüte im folgenden Jahr garantiert.

Loiseleuria procumbens. Wächst in den Alpen ausgebreitet über Felsen. Nicht leicht zu kultivieren. Rosa, glockenförmige Blüten. Winterhart.

Pernettya mucronata 'Dwarf Form'. 40 cm hoch, während die Art 50 bis 60 cm hoch wird. Diese zwergige Auslese erreicht 60 bis 70 cm Breite im ausgewachsenen Zustand. Immergrüner Strauch mit unscheinbaren, weißrosa Blüten. Schöne, rosa Früchte. Achtung, die Pflanze ist zweihäusig, es müssen sowohl weibliche als auch männliche Pflanzen gesetzt werden, wenn sich Früchte bilden sollen.

Pernettya pumila. 15 cm. Unter dieser Bezeichnung wird besonders in Großbritan-

Cassiope-Hybride 'Edinburgh' gehört zu den attraktivsten und wüchsigsten Sorten der Gattung.

Pernettya mucronata ist zweihäusig, was man beim Pflanzen berücksichtigen muß.

nien eine Pflanze angeboten, die ausgesprochen klein bleibt und cremeweiße, wachsartige Beeren trägt.

Phyllodoce aleutica. 15 bis 20 cm. Eine wenig verbreitete, gutwachsende Art mit hübschen, fahlgelben Beeren. Bildet Ausläufer. Schutz vor Wintersonne erforderlich.

Phyllodoce breweri, Blauheide. 20 bis 30 cm. Locker-buschig wachsender Strauch mit stumpf-linealischen, 8 bis 10 mm langen Blättern. Blüten aufrecht in endständigen, 5 bis 10 cm langen, purpurrosa Trauben. Oft im Herbst remontierend.

Phyllodoce caerulea. Nur 10 bis 15 cm. Dicht verzweigter Strauch mit dichtgedrängten linealischen, 4 bis 9 mm langen und glänzenden, dunkelgrünen Blättern. Purpurne Blüten.

Phyllodoce empetriformis, Moosheide. Mehr kriechender Wuchs. Nadelförmige Blätter und glockenförmige, lilarosa Blüten in lokkeren Dolden. Auch für Steingärten geeignet. Winterhart. Schutz vor Wintersonne erforderlich.

Phyllodoce tsugifolia. Nicht sehr unterschiedlich zur vorhergegangenen Art, trägt jedoch krugförmige rosa Blüten.

Phyllodoce nipponica. Kaum mehr als 13 cm. Kleines, aufrecht-, aber langsamwachsendes Sträuchlein. Die Blätter sind oberseits glänzendgrün und an der Unterseite stumpf-weißlich. Weiße, glockenförmige Blüte. Hübsche Pflanze, wenn auch mit kurzer Blütezeit. Ziemlich winterhart, benötigt aber Schutz vor Wintersonne.

Pieris japonica 'Variegata'. Während *Pieris floribunda* und *P. japonica* zu hoch werden, ist diese langsamwachsende, kleine, aber blühfaule Form durchaus empfehlenswert. Die Blätter haben einen kleinen, attraktiven weißen Rand.

Pieris japonica 'Pygmaea'. Eine kuriose Zwergform, die zusätzlich sehr langsam wächst. 1,2 bis 2,5 cm lange Blätter und weiße, in einfachen Trauben stehende Blüten. Blüht faul.

Pieris nana (syn. *Arcterica nana*). Nur etwa 10 cm. Ausgebreitet wachsender Zwergstrauch, treibt unterirdische Ausläufer. Die Blätter stehen paarweise oder in dreifachen Quirlen. Trägt duftende weiße Blüten im April–Mai.

Vaccinium oxycoccos, Heimische Moosbeere. Triebe flach auf dem Boden liegend. Fei nes Laub und kleine, rosa Blüten. Rote, eßbare Früchte. Benötigt etwas Feuchtigkeit.

Vaccinium uliginosum, Moorbeere. Etwa 50 cm. Trägt weiße Blüten. Schwarze, süße und wohlschmeckende Früchte. Feuchter bis nasser Boden sind Voraussetzung für gutes Gedeihen.

Vaccinium vitis-idaea, Preiselbeere. Die bekannte heimische Waldbeere sollte in keinem Heidegarten fehlen. Wächst gut auf sandigen Böden. Es gibt folgende Sorten:
'Koralle'. Eine großfrüchtige Auslese. Sehr attraktiv.
'Compacta'. Kleine Zwergform der Art.
'Minus'. Völlig flachwachsende, arktische Miniaturform.

Neuerdings züchtete Albert Zillner aus Uchte neue Sorten, die hohe Beerenerträge bringen, andererseits aber im Heidegarten einen hohen Schmuckwert aufweisen.
'Erntedank'. Feiner Wuchs, überreich mit Beeren besetzt. Trägt zweimal im Jahr.
'Erntekrone'. Etwas derberer Aufbau, aber reichtragend und mit größeren Früchten.
'Erntesegen'. Hohe Erträge, mittelgroße Früchte.

Zenobia pulverulenta. 60 cm. Zwergstrauch mit bogig überhängenden Trieben. Reinweiße Blüten, die wie große Maiglöckchen aussehen. Halbimmergrün.

Die große Anzahl möglicher Begleitpflanzen zu den Heiden soll nun nicht dazu verleiten, im kleinen Heidegarten zu viel davon zu verwenden, darauf will ich noch einmal ausdrücklich hinweisen. An anderen Plätzen wie Moorbeeten und Steingärten gilt das selbstverständlich nicht. Das A und O ist stets eine saure Bodenreaktion. In Kalkgegenden sollte man sich eine Anpflanzung gut überlegen. Der Aufwand, um die Ansprüche der Pflanzen zu befrieden, ist zu hoch.

Zur Gruppe der Erikagewächse gehören auch die Rhododendren, von denen es auch viele kleine und kleinste Arten und Sorten gibt. Viele eignen sich auch für Heidegärten, falls das Thema nicht zu eng gesehen wird. Erinnert sei nur an *Rhododendron minus* sowie *R. impeditum* und dessen Formen, aber auch manche Hybride paßt zur Heide. Die kleinen Zwergformen sind im Kapitel »Rhododendron mit geringem Platzbedarf« ab Seite 57 nachzulesen.

Beetstaudengruppen in reduzierter Größe

Beetstauden oder Prachtstauden sind in den meisten Fällen züchterisch weiterentwickelte Pflanzen mit gesteigerter Attraktivität im Blütenbereich. Meist handelt es sich durchaus um Platz beanspruchende Pflanzen von beachtlicher Höhe, die die Verwendung in kleineren Hausgärten beschränken oder gar ausschließen. In sehr vielen Fällen stehen aber verkleinerte Ausgaben der Arten zur Verfügung. Zwar muß man etwas suchen, wenn man bestimmte Sorten haben möchte, da sich die Anbieter noch nicht auf Kleinsortimente eingestellt haben. Bei der Anlage ändert sich in bezug auf das Vorgehen nichts gegenüber einer Bepflanzung mit großen Pflanzen.

Voraussetzung ist ein sonniger Platz, das Ideal stellt im allgemeinen ein nahrhafter, sandiglehmig-humoser Boden dar, der bei einer Neuanlage gut durchgearbeitet wird und frei von Dauerunkräutern sein sollte. Auf kleinstem Raum werden nur Einzelpflanzen zusammengestellt, wo es die Fläche erlaubt, werden Dreier-Gruppen zusammengepflanzt.

Kleine Beetstauden

Die folgenden Miniaturausgaben kommen in die engere Wahl.

Achillea filipendulina 'Sonnengold'. Etwa 40 cm hoch. Goldgelb, grünliches Blatt.
Achillea-Hybride 'Schwellenburg'. 30 bis 40 cm. Blüte goldgelb, silbergraues Blatt.
Achillea × taygetea 'Moonshine'. Etwa 40 bis 50 cm. Schwefelgelb, silbriges Blatt.
Aquilegia-Hybride 'Biedermeier'. 35 cm. Mischung in leuchtenden Farben.
'Harmony'. 50 cm. Neue F_1-Hybride, standfest.

'Musik'. Einzelfarben und Formelmischung erhältlich.
Aster amellus, Berg-Aster
'Breslau'. 40 cm. Blauviolett.
'Butzemann'. 25 cm (!). Violett.
'Kobold'. 40 cm. Violettblau.
'Mira'. 40 cm. Dunkellila.
'Sonora'. 40 cm. Dunkelviolett.
'Sternkugel'. 40 bis 50 cm. Lavendelfarben.
'Veilchenkönigin'. 40 bis 50 cm. Dunkelblau.
Aster-Dumosus-Hybriden, Kissen-Aster. Hier braucht man eigentlich keine Sorten zu nennen, das gesamte Sortiment läßt sich verwenden. Besonders bewährt haben sich die folgenden Sorten.
'Heinz Richard'. 30 cm. Leuchtendrosa.
'Kassel'. 40 cm. Karminrot, halbgefüllt.
'Kristina'. 30 cm. Reinweiß, halbgefüllt.
'Mittelmeer'. 25 cm. Intensivblau.
'Prof. A. Kippenberg'. 40 cm. Strahlendlavendelblau.
'Wachsenburg'. 50 cm. Leuchtendrosa.
Aster ericoides, Erika-Aster, Myrten-Aster
'Blue Star'. 80 cm. Reinblau.
'Golden Spray'. 80 cm. Weiß mit gelbem Hauch.
'Loveley'. 80 cm. Zartrosa.
'Ringdove'. 80 cm. Lilarosa.
Aster novae-angliae, Rauhblatt-Aster. Leider werden viele für kleine Pflanzplätze noch zu hoch und es wäre eine lohnende Aufgabe für einen Züchter, kleinere Sorten zu schaffen.
'Alma Pötschke'. 80 bis 100 cm. Lachsrot.
Aster novi-belgii, Glattblatt-Aster. In vielen Fällen, in denen diese Aster zu hoch wird, können Kissenastern (*Aster*-Dumosus-Hybriden) deren Aufgabe übernehmen. Hier werden nur die niedrigsten genannt.

'Crimson Brocade'. 80 cm. Rosarot, halbgefüllt.

'Fellowship'. 80 cm. Rosa. Gutgefüllt.

'Freda Ballard'. 80 cm. Leuchtendrot,
halbgefüllt.

'Gayborder Splendour'. 80 cm. Cyclamen-
rosa, halbgefüllt.

'Karminkuppel'. 80 cm. Karminrot.

'Sailor Boy'. 80 bis 90 cm. Dunkelblau,
halbgefüllt.

Chrysanthemum coccineum, bunte Frühlings-
Margerite

'Alfred'. 60 cm. Kirschrot, gefüllt.

'Gartenschatz'. 30 cm. Rosa mit gelber
Mitte.

'James Kelway'. 60 cm. Dunkelrot, einfach.

'Laurin'. 25 cm. Lachsfarben, einfach.

'Pfingstgruß'. 30 cm. Dunkelrosa, gefüllt.

'Roter Zwerg'. 25 cm. Kirschrot, einfach.

Chrysanthemum-Indicum- und *C.*-Korea-
num-Hybriden, Gärtner-Chrysantheme. Die
Auswahl ist sehr groß, auch bei den niedrigen
kleinen Sorten.

'Altgold'. 40 cm. Goldbronze.

'Bounty'. 50 cm. Weiß mit braunrosa
Mitte.

'Denise'. 50 cm. Goldgelb.

'Golden Dream'. 30 cm. Goldgelb, halbgefüllt.

'Goldmarie'. 40 cm. Goldgelb, gefüllt.

'Herbstbrokat'. 40 cm. Kupferfarben.

'Kleiner Bernstein'. 50 cm. Bernsteinfar-
ben, halbgefüllt.

'Niederschlesien'. 50 cm. Rotbraun, gefüllt.

'Orchid Helen'. 40 bis 50 cm. Lilarosa, gefüllt.

'Sassan'. 50 cm. Orange, gefüllt.

'Schneelicht'. 50 cm. Weiß, halbgefüllt.

'Schneesturm'. 40 cm. Cremeweiß, gefüllt.

'Schwyz'. 50 cm. Leuchtend-rostrot, gefüllt.

'White Bouquet'. 50 cm. Weiß mit beiger
Mitte.

**Durch gezielte Sortenauswahl erhält
man kleinere Ausgaben von
höherwüchsigen Beetstaudengruppen.**

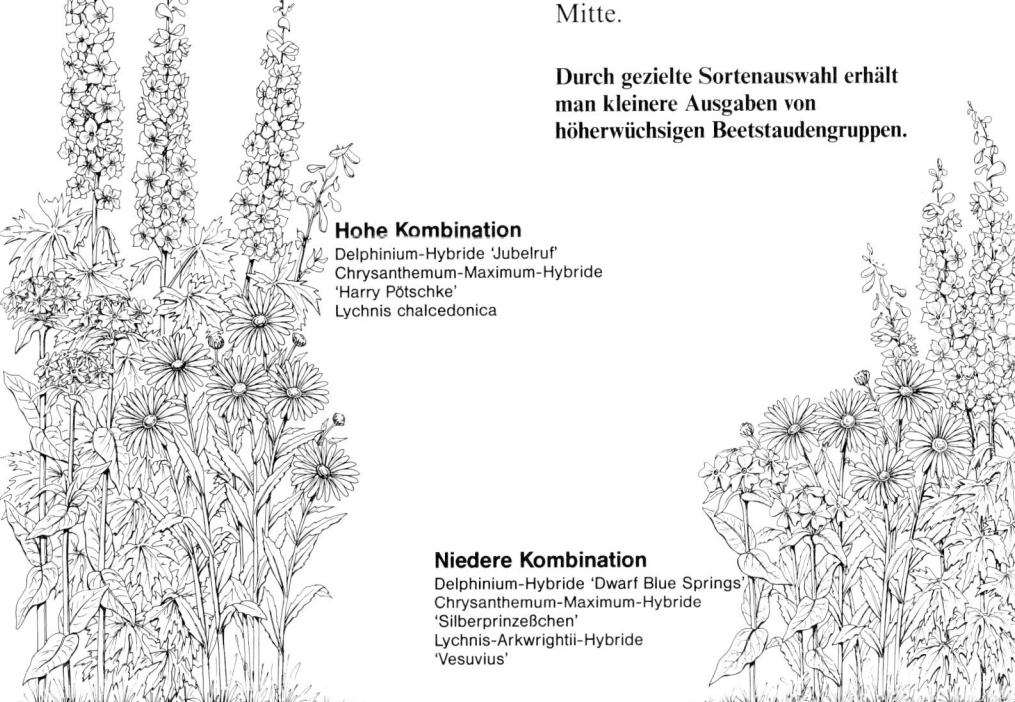

Hohe Kombination
Delphinium-Hybride 'Jubelruf'
Chrysanthemum-Maximum-Hybride
'Harry Pötschke'
Lychnis chalcedonica

Niedere Kombination
Delphinium-Hybride 'Dwarf Blue Springs'
Chrysanthemum-Maximum-Hybride
'Silberprinzeßchen'
Lychnis-Arkwrightii-Hybride
'Vesuvius'

Die samenvermehrbare Chrysanthemum-Maximum-Hybride 'Silberprinzeßchen'.

Chrysanthemum coccineum 'Laurin', ein rosa Zwerg.

Chrysanthemum-Maximum-Hybriden, Weiße Garten-Margerite. 'Eisrevue'. 60 cm.

'Grünherz'. 60 cm.

'Gruppenstolz'. 50 cm.

'Silberprinzeßchen'. 30 cm.

Delphinium, Rittersporn. Auch in niedrigeren Staudengruppen darf hin und wieder etwas höher herausragen, wenn dabei die Gesamtproportionen gewahrt bleiben. Deshalb läßt sich die ganze Gruppe der etwas locker aufgebauten Belladonna-Hybriden auch in kleinen Gärten verwenden.

Delphinium-Belladonna-Hybride 'Capri'.

100 cm. Hellblau.

'Casa Blanca'. 100 cm. Weiß.

'Connecticut Yankei'. 100 cm. Verschiedene Blautöne.

'Kleine Nachtmusik'. 80 cm. Dunkellila.

'Piccolo'. 70 bis 80 cm. Blau.

'Völkerfrieden'. 100 cm. Enzianblau.

Die anderen *Delphinium*-Hybriden werden im allgemeinen zu hoch, wenn auch die eine oder andere, bis etwa 1,5 m hohe Sorte noch brauchbar ist. Neuerdings gibt es Sämlingsware, die im Habitus den Gartensorten sehr nahe kommt, aber recht niedrig bleibt.

Delphinium-Hybride 'Dwarf Blue Springs'.

80 cm. Exzellente Mischung in Blau-, Mauve- und Lila-Tönen.

'Dwarf Snow White'. 80 bis 90 cm. Weißes Gegenstück zur vorhergegangenen Sorte.

'Stand Up' spielt in der Höhe etwas. Die Sämlinge sind niedriger und kompakter.

Erigeron, Feinstrahlaster. Die meisten *Erigeron*-Hybriden erreichen eine Höhe von 60 bis 70 cm und eignen sich deshalb durchaus für kleine Plätze. Man wählt am besten bewährte Sorten wie 'Adria', 'Dunkelste Aller', 'Rosa Triumph', 'Schwarzes Meer', 'Sommerneuschnee', 'Strahlenmeer'. Niedriger sind:

Erigeron-Hybride 'Foersters Liebling'.

50 cm. Karminrosa, halbgefüllt.

'Lidschatten'. 30 cm. Violettblau.

'Mrs. E. M. Beal'. 40 cm. Helles Lila.

Gypsophila, Schleierkraut. Auch für kleine Staudengruppen erscheint Schleierkraut als Auflockerung sehr wichtig. Die folgenden mittelhohen Sorten bieten sich an.

Gypsophila paniculata 'Compacta Plena'.

30 cm. Rosa-weiß.

Gypsophila repens 'Monstrosa'. 30 cm. Weiß, starkwachsend.

'Pink Star'. 40 cm. Rosa, gefüllt.

'Rosenschleier'. 30 cm. Rosa, gefüllt.

Zwerg-Rittersporn, Delphinium-Hybride 'Dwarf Blue Springs' und Lichtnelke, Lychnis-Arkwrightii-Hybride 'Vesuvius'.

Helenium, Sonnenbraut. Neben den hohen, besonders von Karl Foerster gezüchteten Sorten, gibt es auch kompakte.

Helenium bigelovii 'Superbum' ('The Bishop'). 60 cm. Gelb-brauner Knopf.

Helenium-Hybride 'Crimson Beauty'. 50 cm. Hellbraun.

'Goldlackzwerg'. 80 cm. Rotbraun mit gelber Zeichnung.

'Moerheim Beauty'. 80 cm. Leuchtendbraunrot. Sehr gute Sorte.

Helianthus, Stauden-Sonnenblume.

Eine ganze Reihe von Arten wird sehr hoch, für den Hintergrund von kleinen Staudengruppen passen noch

Helianthus decapetalus 'Capenock Star'. 120 bis 130 cm. Zitronengelb, einfach.

'Soleil d'Or'. 120 bis 130 cm. Goldgelb, gefüllt.

Heliopsis, Sonnenauge. Auf diese Staude sollte man auch bei kleinen Flächen nicht verzichten. Sie entpuppt sich als Dauerblüher ersten Ranges, besonders wenn Verblühtes regelmäßig entfernt wird.

Heliopsis scabra 'Goldgrünherz'. 100 cm. Gelb, gefüllt, mit grünem Herz.

'Goldspitze'. 100 cm. Tiefgelb, gefüllt.

'Sonnenglut'. 80 cm. Große, orangefarbene Blüten.

'Spitzentänzerin'. 120 cm. Die Sorte wird zwar höher, ist aber äußerst wertvoll!

'Wüstenkönig'. 80 cm. Orangegelb.

Hemerocallis, Taglilien. Die Namensgebung der Gruppen führt manchmal zu Zweifeln. Kleinblumige *Hemerocallis* können durchaus hoch werden. Für uns sind die Miniatur-*Hemerocallis* wichtig, die im entsprechenden Kapitel »Miniatur-*Hemerocallis*« ab Seite 125 nachzulesen sind.

Iris, Schwertlilien. Auch sie erscheinen so wichtig, daß ihnen ein besonderer Abschnitt, »Zwerg-Iris«, gewidmet ist.

Kniphofia, Fackellilie. Diese exotisch anmutenden Stauden müssen vor Staunässe, besonders im Winter, geschützt werden. Auch hier gibt es kleine Arten im Sortiment.

Kniphofia galpinii. 50 cm. Orangegelb.

Kniphofia-Hybride 'Bressingham Comet'. 70 cm. Orangegelb, kleinblumig.

'Bressingham Flame'. 70 cm. Orangerot.

'Bressingham Gleam'. 70 cm. Hellorange.

'Bronceleuchter'. 60 cm. Hell-bronzefarben.

Liatris, Prachtscharte. Für trockene Böden. Vorsicht vor Wühlmäusen.

Liatris spicata 'Kobold'. 40 cm. Leuchtendviolettlila. Einzige niedrige Sorte.

Lychnis, Lichtnelken. Die »Brennende Liebe«, *Lychnis chalcedonica*, ist für manche Gruppen mit 1 m Höhe etwas hoch, hier empfiehlt sich

Lychnis-Arkwightii-Hybride 'Vesuvius'. 40 cm. Orange-scharlach.

Lupinus, Lupinen. Die Einzelfarben werden alle etwas hoch, es gibt aber auch zwei Zwergsorten in Mischung, die sich auch über Samen vermehren lassen.

Lupinus polyphyllus 'Gartenzwerg'. 60 cm. Standfest und farbenprächtig.

'Minarette'. 60 cm. Dichte Blütenstände.

Monarda, Indianernessel. Die meisten werden etwas höher, doch gibt es auch gedrungener wachsende zur Auswahl, die angegebenen Höhen sind allerdings variabel und die Sorten können auf einem frischen Standort etwas höher werden.

Monarda-Hybride 'Adam'. 100 cm. Karminrot.

'Blaustrumpf'. 100 cm. Dunkellila.

'Cambridge Scarlet'. 100 cm. Scharlachrot, frühblühend.

'Donnerwolke'. 100 cm. Purpurrot.

'Morgenröte'. 100 cm. Lachsrot.

'Mrs. Perry'. 75 cm (!). Hellrot.

'Schneewittchen'. 100 cm. Weiß.

Oenothera, Nachtkerze. Hier gibt es keine Schwierigkeiten in bezug auf die Höhe, alle Sorten sind brauchbar, auch für kleine Gruppen.

Oenothera tetragona 'Fyrverkeri'. 50 cm. Goldgelb, rote Knospen.

'Hohes Licht'. 60 cm. Leuchtendgelb.

'Sonnenwende'. 60 cm. Goldgelb, großblumig. (Wertzeugnis!)

Paeonia, Pfingstrosen. Meist ist es nicht die Höhe, die der Verwendung an kleinen Plätzen Schranken setzt, sondern das Breitenwachstum alteingewachsener Pflanzen. Es gibt sicher auch viele Plätze, wo sich »normale« Sorten in kleinen Gärten verwenden lassen. Im folgenden sind aber nur wirklich kleine genannt.

Paeonia-Hybride 'Claire de Lune'. 70 cm. Hellgelb.

'Cytherea'. 60 cm. Tief-kirschrot, einfache Blüten.

'Mai Fleuri'. 70 cm. Zart-lachsrosa bis weiß.

Paeonia officinalis 'Mollis'. 60 cm. Dunkelrosa, einfach.

Paeonia peregrina 'Fire King'. 50 cm. Leuchtend-orangerot.

Unter den *Paeonia*-Lactiflora-Hybriden findet sich eine ganze Reihe von nur 80 cm hohen Sorten, die man aus Stauden-Katalogen auswählen kann.

Papaver, Türkenmohn. In den letzten Jahren entstanden auch kleinere Sorten, so daß es sogar eine gewisse Auswahl gibt.

Papaver orientale 'Gracile Perkeo'. 30 cm. Rosarot, stark gefüllt.

'Karine'. 60 cm. Hellrosa mit rosa Flecken.

'Kleine Tänzerin'. 60 cm. Lachsfarben mit schwarzen Flecken.

'Sturmfackel'. 50 cm. Feurigrot. Eine bewährte, ältere Sorte.

Phlox, Flammenblume. Auch in Höhen von 60 bis 70 cm sind Sorten vorhanden, wenn dabei auch die weißen Töne etwas überwiegen.

Phlox-Maculata-Hybride 'Alpha' ist zwar etwas höher, aber sehr schlank.

Phlox paniculata 'Fujiyama'. 70 cm. Reinweiß.

'Le Mahdi'. 70 cm. Violettblau.

'Mia Ruys'. 50 cm. Reinweiß.

'Redivivus'. 70 cm. Lachskarmin.

'Schneehase'. 60 cm. Reinweiß.

'Württembergia'. 70 cm. Karminrosa, frühblühend.

Rudbeckia fulgida var. *speciosa* (syn. *R. newmannii*). 60 cm. Goldgelb, schwarzer Knopf.

var. *sullivantii* 'Goldsturm'. 60 cm. Wie oben, wächst aber etwas in die Breite. Wertvoll.

Rudbeckia laciniata 'Goldquelle'. 80 cm. Goldgelb. Zwergsorte der Goldball-Rudbeckie.

Salvia, Salbei. Die Sorten von *Salvia nemorosa* zeigen sich alle im Höhenwachstum bescheiden und passen für kleine Plätze.

Salvia nemorosa 'Blauhügel'. 50 cm. Reinblau.

'Mainacht'. 50 cm. Leuchtend-schwarzblau.

'Negrito'. 40 cm. Blau.

'Ostfriesland'. 45 cm. Violett.

'Primavere'. 45 cm. Violett.

'Rügen'. 40 cm. Blau.

'Viola Klose'. 40 cm. Dunkelblau, frühblühend.

'Wesuwe'. 45 cm. Violett.

Solidago, Goldrute. Man darf auch im kleinen Garten nicht an die Wucherstauden von Anno dazumal denken, die edleren Zwerge gehören in jede Staudengruppe.

Solidago-Hybride 'Golden Shower'. 70 cm. Breite, goldgelbe Rispen.

'Goldenmosa'. 70 cm. Goldgelb.

'Goldwedel'. 60 cm. Helles Gelb, lange blühend.

'Praecox'. 50 cm. Schlanke, gelbe Rispen.

'Strahlenkrone'. 60 cm. Goldgelb, flache Blütenstände. Wertvoll!

Tradescantia, Dreimasterblume. Die meisten Sorten erreichen eine Höhe von 40 cm und sind gut zu gebrauchen, eine Aufzählung erübrigt sich deshalb. *Tradescantia*-Andersoniana-Hybride 'Karminglut' bleibt mit 35 cm wohl besonders niedrig.

Als Partner empfehlen sich

Die Auswahl zueinander passender Beetstauden gestaltet sich nicht immer einfach. Im Gegensatz zu den Sommerblumen hat jede Art,

Die Phlox-Maculata-Hybride 'Alpha' blüht extrem früh.

ja sogar jede Sorte, ihre spezifische Blütezeit. Man muß versuchen, geeignete Duos zu finden, noch besser ist es, einen Gleichklang aus drei Blütenfarben anzustreben. Es genügt nicht, Pflanzen mit drei unterschiedlichen Blütenfarben und gleicher Blütezeit zu kombinieren, die Farben müssen auch harmonieren und die Stauden sollen in der Gesamtgestalt zueinander passen. Weniger wichtig erscheinen die Ansprüche an Sonne, Boden, Feuchtigkeit und Düngung, da die aufgeführten Beetstauden, wie eingangs schon erwähnt, in dieser Beziehung keine sehr unterschiedlichen Forderungen stellen.

Die Blütezeiten verlaufen öfter einmal nicht synchron. Bei einer Dreierkombination beginnt dann eine Sorte erst zu blühen, wenn die beiden anderen ihren Höhepunkt bereits überschritten haben. Man sollte daraufhin keinesfalls gleich umpflanzen. Verschiedene Stauden reagieren schließlich unterschiedlich auf manchen extremen Witterungsverlauf. Es ist durchaus möglich, daß im kommenden Jahr die Blütezeit wieder harmonisch verläuft, hundertprozentig hat man das nie im Griff.

Anders verhält es sich mit unharmonischen Blütenfarben-Kombinationen. Die Farbe der Blüten ändert sich auch im folgenden Jahr nicht. Deshalb wird im Herbst oder Frühling umgepflanzt, es ist sogar möglich, Verbesserungen sofort durchzuführen. Mit gutem Wurzelballen ausgehoben und im Anschluß an die Neupflanzung gut gewässert, vertragen die meisten Stauden diese Operation auch während der Vollblüte, man hat dabei die Garantie, diese notwendig erscheinende Korrektur nicht zu vergessen.

Unter einer witterungsbedingten Blütezeitverschiebung sind auch die anschließend aufgeführten Staudenkombinationen zu betrachten.

Bei **blauem Rittersporn** versucht man andere leuchtende Farbtöne zu kombinieren. *Achillea filipendulina* 'Sonnengold' oder 'Schwellenburg' paßt zu *Delphinium*-Hybride 'Dwarf Blue Springs', ebenso wie die leuchtendrote Lichtnelke, *Lychnis*-Arkwrightii-Hybride 'Vesuvius'. Zu diesem Paar muß unbedingt eine weiße Farbe dazukommen, ein weißer Zwerg-Rittersporn (*Delphinium*-Hybride 'Dwarf Snow White') oder Zwerg-Margeriten (*Chrysanthemum*-Maximum-Hybride 'Silberprinzeßchen').

Zu den erwähnten **gelben Schafgarben** (*Achillea*) paßt *Salvia nemorosa* mit ihren vielen Sorten gut, die alle Blau- und Violett-Töne zeigen. Weiße oder weißrosa Schleierkräuter, die in vorstehender Liste genannt wurden, lockern die Gruppen auf. Gelbe Schafgarben sind auch geeignete Partner für rötliche, frühblühende Sonnenbraut-Arten (*Helenium*-Hybride 'Moerheim Beauty' zum Beispiel).

Astern. Die genannten blauen und violetten Berg-Astern können mit niedrigem *Phlox* und mit den erwähnten Sonnenaugen-Arten (*Heliopsis*) harmonieren. Die Kissen-Astern (*Aster*-Dumosus-Hybriden) finden Partner bei der Prachtscharte (*Liatris*) und bei einigen niedrigen Goldruten (*Solidago*).

Die Myrten-Aster (*Aster ericoides*) hat gute Partner bei den niedrigen Chrysanthemen, wobei besonders die pomponblütigen hübsch aussehen. Die Glattblatt-Aster *(Aster novi-belgii)* und die Rauhblatt-Aster *(Aster novae-angliae)* finden genügend gelbblühende Partner bei den niedrigen ausdauernden Stauden-Sonnenblumen *(Helianthus)*, bei den Chrysanthemen und späten Sonnenbraut-Arten *(Helenium)* und Sonnenaugen *(Heliopsis)*. Die letztgenannten blühen sicher noch, wenn Verblühtes immer rechtzeitig entfernt wurde.

Bei den **frühblühenden Beetstauden** ist es nicht immer einfach, passende Partner zu finden, da die Auswahl nicht sehr groß ist. Späte bunte Frühlings-Margeriten *(Chrysanthemum coccineum)* berühren sich in der Blütezeit oft noch mit Feinstrahlastern *(Erigeron)* oder mit Lupinen. Man kann aber auch rosa- und rotblühende Sorten zusammensetzen und ein strahlendes Weiß kommt mit der Wiesen-Margerite dazu *(Chrysanthemum leucanthemum* 'Maistern', 60 cm). Kleine Lupinen *(Lupinus)* finden Partner bei den frühen Goldgarben *(Achillea)*, bei den Garten-Margeriten *(Chrysanthemum*-Maximum-Hybride 'Silberprinzeßchen') und bei frühen Flammenblumen (wie *Phlox paniculata* 'Württembergia' oder *Phlox paniculata* 'Mia Ruys'). Durchaus können Türkenmohn *(Papaver orientale)* und Lupinen miteinander harmonieren.

Pfingstrosen *(Paeonia*-Arten) sind an und für sich mehr Einzelgänger. Man kann farblich unterschiedliche Sorten kombinieren, wobei man möglichst einfach- und gefülltblühende Sorten *nicht* nebeneinander pflanzt. Sie vertragen sich mit dem frühen zwergigen Rittersporn, eventuell auch mit Lupinen. Feinstrahlastern *(Erigeron)* bieten wieder eine umfangreiche Partnerwahl. Die Nachtkerzen *(Oenothera tetragona*-Sorten) bringen den fehlenden gelben Farbton und oft blüht schon früh genug die niedrige Goldrute *(Solidago*-Hybride 'Strahlenkrone'). Auch Goldgarben *(Achillea)* sehen hübsch dazu aus. Der niedrige Rittersporn *(Delphinium*-Hybride 'Dwarf Blue Springs') paßt, doch muß man die Gegenpartner beachten.

Die Blüte der **niedrigen Sonnenbrautarten** *(Helenium)* beginnt verhältnismäßig früh. Sie finden Partner bei weißen Margeriten, Feinstrahlastern *(Erigeron)*, Flammenblumen *(Phlox)*, Rudbeckien *(Rudbeckia)* Goldruten *(Solidago)* und vielen anderen. Ähnlich verhält es sich mit dem Sonnenauge *(Heliopsis)*. Immer sollte man bei den Sommerblühern an die auflockernden Schleierkräuter denken und an Gräser mit mittelhohem Wuchs. Vom Riesen-Chinaschilf entstanden jetzt auch neue kleine Züchtungen, die sich für unsere Miniatur-Beetstaudengruppen gut eignen, wie *Miscanthus sinensis* 'Purpurascens' (100 cm), 'Herkules' (120 cm) und 'Silberpfeil' (130 cm).

Taglilien *(Hemerocallis)* finden schon genügend farbliche Gegenstücke unter sich, harmonieren aber auch mit Dreimasterblumen *(Tradescantia)*, Funkien *(Hosta)* und oft berühren sich die Blütezeiten mit der der kleinen Rittersporne. Die Indianernesseln *(Monarda)* finden Partner unter sich, können aber auch bei Flammenblumen *(Phlox)* stehen, zusammen mit Veronika *(Veronica longifolia* 'Blauer Sommer', 60 cm) oder mit Gräsern.

Bei den Pflanzen, bei denen nur der Gattungsname genannt wurde, bezieht sich die Angabe immer auf die zuvor genannten (ab Seite 86) kleinen Sorten. Die angeführten Kombinationen sollen nur Anregung sein. Es gibt noch viele Möglichkeiten, unter anderem auch durch Einbeziehung passender Wildstauden.

Kleine Wildstauden für sonnige Plätze

Richtige Gestaltung und Kombination

Die Hinwendung zu Wildstauden liegt im Trend unserer Zeit, wobei sich hinter diesem Begriff eine ungeheure Vielfalt an Pflanzenarten und -formen verbirgt, die den »normalen Gartenbesitzer« verunsichert. Es gibt keine Gartensituation, für die es nicht geeignete Wildstauden gäbe. Wichtig ist es, sich für den jeweiligen Platz die richtigen Pflanzen herauszupicken, zudem muß das Höhen- und Breitenwachstum berücksichtigt werden. Der Australische Schafteppich (*Raoulia australis*) wird beispielsweise nur wenige Millimeter hoch und die Weidenblätterige Sonnenblume (*Helianthus salicifolius*) treibt jährlich Triebe bis in eine Höhe von 2,5 m. Das gleiche gilt für das Breitenwachstum. Manche Wildstauden begnügen sich mit den wenigen ihnen zugewiesenen Quadratzentimetern Fläche. Andererseits erobern manche Wucherer schnell ein paar Quadratmeter, oder sie bedrängen zur Blütezeit breitlagernd die Nachbarn. Deshalb gilt es, die Auswahl für kleinere Gärten und beschränkte Flächen besonders sorgfältig zu treffen. Man sollte auch nicht ins andere Extrem verfallen und die vorgesehene Fläche etwa nur mit Polsterstauden bestücken. Eine gekonnte Wildstauden-Pflanzung weist Bewegung auf, auch wenn es sich um eine plane Pflanzfläche handelt. Für die folgenden beiden Beispiele wurden Wildstauden gewählt, die eine Höhe von etwa 50 bis 60 cm nicht überschreiten, was nicht ausschließt, daß doch hin und wieder eine »Rakete« aufsteigen darf.

Man sollte sich vor dem »Streuzucker-Effekt« hüten, auch bei beschränkten Flächen wird nach Möglichkeit in Dreier- oder Fünfer-Gruppen gearbeitet. Der Gartenbesitzer, der seinen Garten ohne Architekt plant und anlegt, braucht vor der Pflanzenvielfalt nicht zu kapitulieren. Die genannten Arten passen in den einzelnen Gruppen gut zueinander. Wenn eine Kombination gar nicht gefällt, ist das weiter nicht schlimm, denn Stauden lassen sich anders als Gehölze leicht umpflanzen.

Welche Plätze sind für Wildstauden geeignet? Praktisch alle, wenn sich auch gewisse Schwerpunkte herausbilden. Beispielsweise in der Nähe von Terrassen, in Vorgärten, beiderseits der Gartenwege, als Übergang vom Rasen zur Gehölzkulisse, als Wildstauden-Inseln in der Nähe von Sitzplätzen und viele andere Gartenecken. Wildstauden eignen sich weniger für eine gleichmäßige Pflanzung, sondern eher für freie, unregelmäßige Gestaltung.

Bei einer richtigen Pflanzung bereiten Wildstauden wenig Arbeit, aber ohne eine regelmäßige Pflege geht es auch hier nicht, wobei das Schwergewicht auf regelmäßig liegt. Sind die Staudenflächen erst einmal verunkrautet, ist es schwer, sie wieder sauber zu bekommen. Man hüte sich vor falschen Propheten, die das Bio-Öko-Zeitalter mit sich bringt. Schließlich verbirgt sich hinter dem Schlagwort »Spontanvegetation« oft Faulheit am falschen Platz. Der Aufwand an Pflege hängt stark von der richtigen Standortwahl ab.

Der warme, trockene Platz

Solche Plätze sollten einen gut-durchlässigen Boden aufweisen, so daß auch bei längeren Regenperioden keine Staunässe entstehen kann. Die folgende Aufstellung beinhaltet Pflanzen, die in etwa die gleichen Ansprüche stellen und die sich miteinander kombinieren lassen. Wassernachhilfe ist nur im Extremfall nötig. Ein Großteil sind niedrige Arten von Gattungen, die auch höhere Arten aufweisen. Auch hier handelt es sich wieder nur um eine Auswahl. Einige Pflanzen wurden schon bei den Beetstauden erwähnt, sie können aufgrund ihres Wuchscharakters universell eingesetzt werden.

Acanthus dioscoridis var. *perringii*, Zwerg-Acanthus. 40 bis 50 cm hoch. Die dekorative Staude ersetzt *Acanthus spinosus* an beschränkten Plätzen.

Achillea, Edelgarbe. Den goldgelben Farbton vertreten in kleinen Pflanzungen *A. filipendulina* 'Neugold' (60 cm) sowie die *Achillea*-Hybride 'Schwellenburg' (40 cm). Schwefelgelbe bis hell-zitronengelbe Blüten tragen *A. × taygetea* (40 cm) und deren Sorte 'Moonshine' (40 cm).

Alyssum argentum (syn. *A. rostratum* hort.), Sommer-Steinkraut. Etwa 30 cm. Stärker wüchsig.

Anaphalis triplinervis, Perlkörbchen, Riesen-Katzenpfötchen. Hier muß besonders auf die beiden Klose-Züchtungen 'Silberregen' (50 cm) und 'Sommerschnee' (25 cm) hingewiesen werden.

Armeria maritima, Grasnelke. Wichtig sind die Sorten 'Alba' (15 cm) und 'Düsseldorfer Stolz' (15 cm), die karminrosa 'Frühlingszauber' bleibt noch kleiner (10 cm). Auch bei beschränktem Platz sollte man sie in größerer Stückzahl pflanzen.

Artemisia schmidtiana 'Nana', Edelraute. Etwa 25 cm. Silberblätteriger Bodendecker.

Aster-Arten. Auch einige Astern bieten sich für eine Wildstauden-Kombination an: Die Wildart von *A. amellus* mißt nur 30 bis 40 cm. Außerdem eignen sich *A. linosyris* (40 cm) und *A. sedifolius* 'Nanus' (30 cm).

Calamintha nepeta var. *nepetoides* (syn. *C. nepetoides*). 30 cm. Die Echte Bergminze wirkt gut neben gelbblühenden Partnern.

Carlina acanthifolia, Golddistel. 15 cm. Mit strohgoldenen Blüten.

Carlina acaulis ssp. *simplex* (syn. *C. caulescens*) und die Farbvariante 'Bronce' sind hier mit etwa 25 cm am Platze, während die niedrige *C. acaulis* ssp. *acaulis* mehr in den Steingarten gehört.

Chrysogonum virginianum, Goldkörbchen. 25 cm. Gelb- und lange blühende Kleinstaude.

Coreopsis verticillata 'Zagreb', Mädchenauge. Die nur 25 cm hohe Kleinausgabe wächst aber nicht auf allen Böden zufriedenstellend. Eine Neuheit mit 40 cm Höhe ist die Sorte 'Moonbeam' mit hellgelben Blättern.

Dimorphoteca barberiae 'Compacta'. Der 30 bis 40 cm hohe, rotviolette Korbblütler ist trotz seiner Höhe wichtig. Benötigt etwas Winterschutz.

Echinops ritro 'Veitch's Blue', Kugeldistel. Die Pflanze wird zwar höher, sie erreicht an trockenen Plätzen etwa 80 cm. Aber wie eingangs erwähnt, sollte in der Pflanzung auch immer einmal etwas höher »herausschießen«.

Eriophyllum lanatum, Goldaster. Etwa 30 cm. Anspruchslose Kleinstaude mit gelben Blüten.

Eryngium, Edeldistel. Hier empfiehlt sich *E. bourgatii* (40 cm) und *E. planum* 'Blauer Zwerg' (50 cm).

Geranium sanguineum, Blutroter Storchschnabel. Neben der karminroten Stammart sind die Sorten 'Album' (weiß, 30 cm) und 'Avimore' (leuchtend-reinrosa, 30 cm) zu empfehlen. Für besonders kleine Plätze paßt auch die Sorte 'Nanum' (15 cm).

Gypsophila, Schleierkraut. Es gibt eine Reihe von passenden niedrigen Arten und Sorten, doch neigen alle dazu, sich etwas auszubreiten. *G. repens* mit den Sorten 'Rosea' und 'Rosa Schönheit' wird nur 10 cm hoch, die Sorte 'Monstrosa' erreicht 30 cm. Ebenfalls 30 cm erreichen die Hybriden 'Compacta Plena' und die schöne 'Rosenschleier'.

Die Wildform der Bergaster, Aster amellus, erreicht nur 30 bis 40 cm Höhe.

Helianthemum, Sonnenröschen. Alle Arten und Sorten bewegen sich in einer Größenordnung von 15 bis 20 cm. Deutsche Staudengärtnereien führen oft mehr als 20 Sorten und britische mehr als 40. Alle eignen sich vom Standort her, doch sollte man für Wildstauden-Pflanzungen nur die einfachblühenden Sorten auswählen. Schutz vor Wintersonne erforderlich.

Helichrysum, Strohblume. Die Hybride 'Schwefellicht' (25 cm) und *H. tianshanicum* (20 cm) fühlen sich an warmen, trockenen Plätzen richtig wohl.

Inula, Alant. Die Gattung mit den gelben, margeritenähnlichen Blüten beinhaltet auch einige niedrige Typen. *Inula orientalis* wird an trockenen Standorten etwa 50 cm hoch, *I. hirta* und *I. ensifolia* 'Compacta' erreichen 30 cm. Noch gedrungener ist die neue Sorte 'Goldammer'.

Kniphofia-Hybride 'Bronceleuchter', Fackellilie. Von allen Sorten bleibt diese neben der Art *K. galpinii* am niedrigsten (60 cm) und sie gehört zu den Stauden, die die Vertikale in der Pflanzung betonen.

Lavandula angustifolia, Lavendel. Niedrig bleiben die Sorten 'Dwarf Blue' (dunkelblau, 30 cm), 'Grappenhall' (blau, 30 cm) und 'Nana Alba' (weiß, 20 cm). Von der letztgenannten sollte man immer eine größere Anzahl pflanzen.

Liatris spicata 'Kobold', Prachtscharte. Etwa 40 cm. Ganz besonders diese kompakte Sorte ist hervorzuheben.

Ein wertvoller Sommerblüher ist der Zwerg-Alant, Inula ensifolia 'Compacta'.

Zwergige Lichtnelke, Lychnis flos-jovis 'Minor'.

Limonium, Strandflieder. Die Neigung zum seitlichen Lagern muß bei *L. latifolium* und deren Sorte 'Blauschleier' (50 cm) berücksichtigt werden. Nur 30 cm hoch wird die bekannte Trockenpflanze *Goniolimon tataricum* (syn. *Limonium tataricum*).

Linum perenne, Staudenlein. Die Art wird 40 bis 50 cm hoch, die weiße Sorte 'Album' bleibt meist etwas niedriger. Es gibt aber neuerdings auch kleinere Sorten wie 'Nanum Album Diamant' (25 cm) und 'Nanum Saphir' (25 cm).

Lychnis, Lichtnelke. Besonders die Jupiterblume, *L. flos-jovis*, mit 30 bis 40 cm Höhe und rosenroten Blüten gehört in die warmtrockene Pflanzung (es gibt zusätzlich noch eine kleinere Sorte 'Minor'). Ebenfalls die *Lychnis*-Arkwrightii-Hybride 'Vesuvius', doch sollte man letztere wegen ihrer knallig-scharlachroten Blütenfarbe sparsam verwenden.

Nepeta, Katzenminze. Niedrige Arten dieser Universalstaude sind *N.* × *fassenii* (30 cm, lilablau) und deren Sorte 'Superba' (lilablau, 20 cm).

Origanum vulgare, Gewöhnlicher Dost, Heidegünsel. Sowohl Schmuck- als auch Gewürzpflanze. Die Art und die Sorte 'Roseum' werden etwa 30 cm hoch, die Sorten 'Compactum' und 'Aureum' nur etwa 15 cm. Erwähnt werden soll auch die Hybride 'Erntedank' (leuchtend-purpurviolett, 25 cm).

Paeonia tenuifolia, Netzblatt-Pfingstrose. Bei den Wildstauden haben selbstverständlich Pfingstrosen mit Ausnahme dieser Art nichts zu suchen, wobei weniger die gefüllte 'Plena', sondern die einfachblühende, zartrosa Sorte 'Rosea' in Frage kommt.

Potentilla, Fingerkraut. Von der Höhe her passen die Sorten von *P. atrosanguinea* und *P. nepalensis* durchaus, doch ist ihr oft breitlagernder Wuchs zu berücksichtigen. Kompakt und niedriger bleiben die beiden Sorten von *P. aurea* 'Goldklumpen' und 'Aurantiaca' mit nur 15 cm Höhe.

Salvia nemorosa, Salbei. Eigentlich eignen sich alle Sorten, wenn auch 'Superba' schon etwas zu hoch wird (70 cm). 'Rügen' (blau, 40 cm), 'Viola Klose' (dunkelblau, 40 cm) und 'Blauhügel' (mittelblau, 40 cm) sind die kleinsten. Alle anderen werden zwischen 40 und 50 cm hoch.

Santolina chamaecyparissus, Heiligenblume. Diese Staude sollte wegen ihrer silbergrauen Blätter nicht fehlen. Die Art wird etwa 30 cm hoch, es gibt aber auch eine kleinere Ausgabe, die Sorte 'Dwarf Form' (15 cm).

Sedum, Fetthenne. Als Teppichbildner eignen sich viele Arten und Sorten, beispielsweise *S. floriferum* 'Weihenstephaner Gold' und *S. kamtschaticum* var. *middendorffianum*.

Als Einzelgestalt oder in kleinen Gruppen fügen sich die Sorten von *S. spectabile* wie 'Brillant' (40 cm) oder 'Carmen' (40 cm) ein sowie Sorten von *S. telephium* wie 'Herbstfreude' (50 cm) und 'Munstead Red' (50 cm). Es gibt eine Sorte für sehr beschränkte Plätze, 'Rosenteller', mit nur 30 cm Höhe. Noch kompakter wächst sogar 'Humile'.

Solidago, Goldrute. Viele Sorten werden für die kleine Pflanzung zu groß, aber die hochbewertete 'Strahlenkrone' (60 cm) muß erwähnt werden, ebenso wie die 40 cm hohe *S. cutleri* 'Pyramidalis'.

Stachys byzantina (syn. *Stachys lanata*) 'Silver Carpet'. Etwa 30 cm. Da sie nur selten blüht, ist das Blatt dieser weißfilzigen Pflanze wichtig. Wächst in die Breite!

Thymus, Thymian. Alle Arten sind geeignet. Die ganz flachen Sorten von *T. serphyllum* bilden Teppiche.

Verbascum, Königskerze. Selbst in kleinen Pflanzungen darf eine hohe Königskerze aufsteigen, sogar bis in Brusthöhe. Wer niedrige Varianten benötigt, nimmt *V. phoeniceum* mit nur 60 cm Höhe, die allerdings meist violette Blüten hat.

Veronica spicata ssp. *incana*, Silberblatt-Veronika. 30 cm. Die silbernen Blatt-Teppiche mit den dunkelblauen Blütenähren stören an keinem Platz. Die Sorte 'Candidissima' bleibt noch kompakter.

Die Wirkung einer Pflanzung, bestehend aus den aufgeführten Wildstauden, wird durch das Einfügen passender Ziergräser noch gesteigert. Besonders die vielen Sorten der Blauschwingel (Abkömmlinge von *Festuca ovina* und *F. valesiaca*) passen hierher. Sie sollten gruppenweise, aber nie in zu großen Flächen gepflanzt werden. Wer einen fahlbraunen Farbton wünscht, um den trocken-sonnigen Aspekt zu unterstreichen, kann die Neuseeländer Federbusch-Segge *(Carex comans)* pflanzen. Warm-trockene Lagen liebt *Pennisetum orientale* (Orientalisches Federborstengras) und *Stipa pennata* (Mädchenhaargras,

Federgras). Gräser dürfen auch in kleineren Pflanzungen das Höhen-Limit überschreiten, damit Bewegung in die Szenerie kommt, etwa mit *Stipa barbata* (Reiher-Federgras), dem Goldbartgras *(Sorghastrum avenaceum,* syn. *Chrysopogon nutans)* oder mit *Calamagrostis × acutiflora* 'Karl Foerster', die gleich einer Fontaine bis 1,5 m hoch wächst.

Sonnige Lagen mit frischen Böden

Besonders in Tallagen mit anlehmigen Böden und einer guten Taubildung empfiehlt sich eine andere Wildstauden-Kombination, ohne daß man unbedingt auf alle genannten Pflanzenarten des vorangegangenen Abschnitts verzichten muß. Man sollte nur unterhalb der Pflanzballen etwas Dränagematerial einbringen. Andererseits gedeihen die meisten Stauden der folgenden Aufstellung auch an halbschattigen Plätzen noch gut. Die Stückzahl hängt wiederum von der zu bepflanzenden Fläche ab, aber je geringer das Höhenwachstum der einzelnen Art, desto größer kann die Stückzahl innerhalb der Gruppe sein.

Ajuga reptans, Kriechender Günsel. Die einzelnen Sorten bilden etwa 15 cm hohe Teppiche. Empfehlenswert sind 'Atropurpurea' (braunrote Blätter), 'Burgundy Glow' (dunkelrote Blätter mit hellroter Zeichnung), 'Alba' (grünes Laub, weiße Blüten), 'Teppichrosa' (rötlichgrünes Blatt, rosa Blüten). 'Delightful' kann wohl mit ihrer mehrfarbigen Blattfärbung als die schönste Sorte gelten.

Alchemilla, Frauenmantel. Die Gattung beinhaltet eine ganze Reihe von anspruchslosen Wildstauden. *A. mollis* wird etwa 30 cm hoch und die Arten *A. erythropoda, A. splendens* und *A. hoppeana* nur etwa 15 cm.

Aquilegia, Akelei. In bezug auf Höhe und Gesamterscheinung passen in frischere Standorte besonders die neuen Benary-Hybriden der Musik-Serie, die etwa 50 cm hoch werden. Die Serie enthält die Farben 'Blau-Weiß', 'Gelb', 'Rosa-Weiß', 'Rot-Gold', 'Rot-Weiß', 'Weiß' und die Formelmischung 'Harmony'. Es handelt sich zwar um das Ergebnis langer Zuchtarbeit, wobei aber der Wildstauden-Charakter nicht verlorenging. In den Listen der Staudengärtnereien finden sich noch viel mehr Sorten, die höhenmäßig im Rahmen bleiben.

Campanula, Glockenblume. Die 20 bis 30 cm hohen Sorten von *C. carpatica* eignen sich. Erwähnung verdienen die beiden samenvermehrbaren Sorten 'Blaue Clips' und 'Weiße Clips'. Echten Wildstauden-Charakter hat auch die Knäuel-Glockenblume *(Campanula glomerata).* Sie und ihre Sorten werden zwischen 40 und 60 cm hoch.

Chrysanthemum arcticum, Herbst-Margerite. Die Art mit ihren Farbvarianten wird etwa 30 cm hoch. Die Stammart besitzt weiße Margeritenblüten, 'Roseum' blüht zartrosa und 'Schwefelglanz' gelb. Mit ihren ungefüllten Blüten paßt diese Pflanze gut in Wildstauden-Pflanzungen.

Dodecatheon meadia, Götterblume. Die etwa 40 cm hohe Art erweist sich als robust genug, um neben anderen unempfindlichen Wildstauden bestehen zu können. Zu berücksichtigen ist, daß die Götterblumen frühzeitig einziehen.

Doronicum orientale, Gemswurz. Von der Größe her passen alle Sorten. Die Sorte 'Goldzwerg' bleibt mit 25 cm Höhe besonders niedrig.

Filipendula vulgaris (syn. *F. hexapetala)* 'Plena', Mädesüß, Spierstaude. Die 30 cm hohe Art hat zwar gefüllte Blüten, was aber ihrem Wildstauden-Charakter keinen Abbruch tut.

Hemerocallis, Taglilie. Es gibt durchaus verwendbare Wildarten in beschränkter Größe. Die am frühesten blühenden Arten sind *H. minor* (zitronengelb, 45 cm), *H. thunbergii* (zitronengelb, 60 cm) und *H. dumortieri* (40 cm).

Heuchera, Purpurglöckchen. Fast alle Sorten bewegen sich in einer Größenordnung von

Carlina acanthifolia, die Golddistel.

50 bis 60 cm. *Heuchera* bringen Farbe in die Pflanzung.

Iris sibirica. Unter den Sorten finden sich einige, die kaum mehr als 50 bis 60 cm hoch werden, beispielsweise 'Mountain Lake' und 'Dirndl'.

Lythrum salicaria, Blutweiderich. Unter den verhältnismäßig hohen Sorten kommt auch eine kompakte mit nur 60 bis 70 cm Höhe vor. Sie trägt den Namen 'Robert'.

Polemonium, Jakobsleiter, Himmelsleiter. *P. reptans* 'Blue Pearl', *P. × richardsonii* und die weißblühende Sorte 'Alba' erreichen alle nur etwa 40 cm. Höhe.

Rudbeckia fulgida var. *speciosa*, Sonnenhut. Diese Art überschreitet kaum eine Höhe von 60 cm. Die einfachen gelben, margeritenähnlichen Blüten stören nirgendwo.

× *Solidaster luteus*. Etwa 60 cm hohe Gattungshybride mit Wildstauden-Charakter.

Veronica, Ehrenpreis. Die beiden schönen Sorten von *V. austriaca* ssp. *teucrium*, 'Knallblau' und 'Shirley Blue', werden etwa 25 cm hoch. Die Sorten von *V. spicata* erreichen unterschiedliche Höhen: 'Blaubart' (tiefblau, 50 cm), 'Blaubündel' (mittelblau, 60 cm), 'Blaufuchs' (blauviolett, 40 cm), 'Heidekind' (weinrot, 20 cm), 'Rotfuchs' (dunkelrosarot, 40 cm), 'Spitzentraum' (hellblau, 60 cm).

Bei der Planung der Pflanzung sollte man die Angaben zur Blütezeit in den Katalogen und in der Fachliteratur berücksichtigen. Stauden mit in etwa synchroner Blütezeit fasse man zu einzelnen Schwerpunkten zusammen.

Niedrige Halbschattenstauden

Was ist Halbschatten?

Der Begriff Halbschatten wird oft nicht richtig definiert und der Gartenanfänger fühlt sich damit verunsichert. Insgesamt verbirgt sich dahinter ein sehr breites Spektrum von Gartensituationen. Sicher sind Plätze mit ganztägig durch lichtes Gezweig gefiltertes Licht nicht sehr oft in Gärten zu finden, wobei man den Anspruch an Halbschatten nicht so eng sehen darf. Die Pflanzen vertragen es durchaus, wenn die Plätze eine kurze Zeit des Tages der vollen Sonne ausgesetzt sind, wobei diese Zeit besser in den Morgen- oder Abendstunden liegen sollte, und nicht während der heißen Mittagszeit. Zu den halbschattigen Standorten gehören ebenso absonnige Plätze hinter hohen Gebäuden und Gehölzkulissen. Selbst neben höheren Mauern, Treppen und sogar hinter dekorativen Steinen kann ein solcher »Halbschatten-Pflanzplatz« liegen. So wenig wie die Pflanzen dieser Gruppe volle Sonne lieben, vertragen sie keinen tiefen Schatten, sie würden kümmern und letztendlich verschwinden.

Halbschattenplätze sollten fast immer mit humosem Boden und einem Minimum an Bodenfeuchte gekoppelt sein. In Gegenden mit sehr geringen Niederschlägen, verbunden mit sehr durchlässigem, sandigem Boden, wird man nie den optimalen Zustand einer solchen Pflanzung erleben. Hier ist dann ein gewisser Aufwand nötig, um überhaupt ein zufriedenstellendes Wachstum zu erreichen, durch Zugabe von Lehm, Kompost, Rindenkompost, Tonmehl (Bentonit), Vermiculite und Torf (bei dem man sich aus ökologischen Gründen Beschränkungen auferlegen sollte). Alle diese Materialien besitzen eine gewisse Speicherungsfähigkeit für Feuchtigkeit. Grundsätzlich vertragen Halbschattenstauden um so mehr Sonne, je höher der Feuchtigkeitsgehalt des Bodens ist, ohne jedoch ein Sumpf zu sein.

Neu angelegte Gärten weisen kaum Halbschatten-Pflanzplätze auf, lediglich im Schlagschatten von Gebäuden finden sich derartige Standorte. Erst mit dem Höhenwachstum von Bäumen, Sträuchern und Hecken werden diese zahlreicher. In Hausgärten sind die geeigneten Pflanzplätze fast immer flächenmäßig sehr beschränkt, im Gegensatz zu Parks und anderen öffentlichen Grünanlagen. Deshalb sind im Garten die Proportionen besonders zu beachten.

**Sanguinaria canadensis 'Multiplex',
eine gefüllte Blutwurz.**

Kleine Halbschattenstauden

Wer nun ein kleines Verlegenheits-Sortiment vermutet, täuscht sich. Es findet sich für den Halbschatten die gleiche Artenvielfalt ein wie für Plätze in voller Sonne. Allgemein betrachtet stehen sogar noch edlere Gestalten zur Verfügung. Da die Halbschattenplätze meist kleiner sind als die vollsonnigen, wurde die Durchschnittshöhe der aufgeführten Pflanzen wesentlich niedriger angesetzt. Aber auch hier soll wieder Bewegung in die Pflanzung durch unterschiedliche Höhenabstufungen kommen.

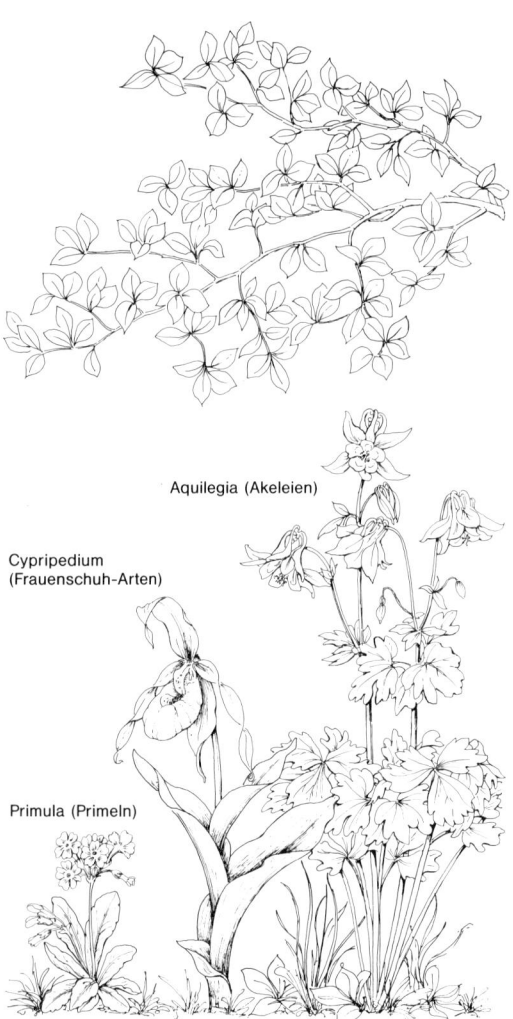

Aquilegia (Akeleien)

Cypripedium (Frauenschuh-Arten)

Primula (Primeln)

Lichte Halbschattenplätze eignen sich besonders für kleine Pflanzungen. Es steht eine umfangreiche Auswahl von Wildstauden zur Verfügung.

Ajuga, Günsel. Wie bei den vollsonnigen Wildstauden aufgeführt, Seite 99.

Alchemilla mollis, Frauenmantel. Verträgt eher Halbschatten als die anderen Arten.

Anemone-Japonica-Hybride 'Prinz Heinrich', Japan-Anemone. Etwa 60 cm hoch. Normalerweise werden die Japan-Anemonen für kleine Pflanzflächen zu hoch, lediglich die genannte Sorte bleibt niedriger.

Aquilegia, Akelei. Wie bei den sonnigen Wildstauden aufgeführt, Seite 99.

Arabis procurrens, Schaumkresse. 10 cm. Bildet weißblühende, kleine Teppiche.

Arisaema amurense, Amur-Feuerkolben. Etwa 40 cm. Die Blüte ist unscheinbar, der Fruchtschmuck im Herbst dagegen beachtenswert. Sät sich an zusagender Stelle selbst aus.

Arum italicum, Italienischer Aronstab. 30 cm. Hauptzierde sind die Fruchtkolben im Herbst, besonders die Sorte 'Pictum' mit weiß-gezeichnetem Blatt ist schön.

Aruncus aethusifolius, Zwerg-Geißbart. Diese anspruchslose Staude wird im Gegensatz zu den anderen bekannten Arten nur etwa 30 cm hoch.

Asarum, Haselwurz. Bodendecker, der auch in tiefen Schatten vordringen kann. Blüte unscheinbar. *A. europaeum* ist etwa 10 cm hoch, *A. caudatum* 5 cm.

Astilbe, Prachtspiere. Neben den bekannten hohen Arten existieren eine ganze Reihe, die eine Höhe von 40 cm nicht überschreiten. Für kleinste Pflanzplätze gibt es die echten Zwerge, die *Astilbe*-Cripsa-Hybriden 'Liliput' (lachsrosa, 15 cm), 'Perkeo' (dunkelrosa, 15 cm) und 'Alba' (weiß, 15 bis 20 cm). Ähnlich kurz bleibt *A. glaberrima* var. *saxatilis*, während die Sorte 'Sprite' etwa 30 cm Höhe erreicht. Andere Zwerge sind *A. chinensis* var. *pumila* (25 cm), *A. c.* var. *pumila* 'Christina' (25 cm), 'Spätsommer' und 'Veronica Klose' (40 cm). Alle genannten Sorten besitzen ausreichenden Wildstaudencharakter, um in solchen Pflanzungen bestehen zu können.

Bergenia, Bergenie. Diese Stauden vertragen meist auch sonnigere Standorte, doch ihrem Charakter nach ist ein Platz im Halbschatten vorzuziehen. Auf kleinen Flächen wirken die meisten Bergenien viel zu wuchtig. Eigentlich kann nur *Bergenia crassifolia* var. *pacifica* und *B. stracheyi* empfohlen werden.

Bletilla stricta, Japan-Orchidee. Die Art und die weißblühende Sorte 'Alba' werden etwa 35 cm hoch und fügen sich überall gut ein.

Convallaria majalis, Maiglöckchen. Die Pflanze erobert sich zwar am geeigneten Ort oft größere Flächen, trotzdem muß sie hier genannt werden, ebenso wie die großblütige Sorte 'Grandiflora', die rosablühende 'Rosea' und die gefülltblühende 'Plena'.

Corydalis, Lerchensporn. Bei *C. lutea* und *C. ochroleuca* erscheint der Ausbreitungsdrang durch Selbstaussaat zu groß, so daß sie für kleine, halbschattige Plätze kaum in Frage kommen. Es gibt aber zwei Kleinode in dieser Gattung, *C. cashmeriana* (Kaschmir-Lerchensporn) und *C. solida* 'Georg Baker' (syn. *C. transsylvanica*, Gefingerter Lerchensporn). *C. cashmeriana* braucht unbedingt sauren Boden.

Cypripedium, Frauenschuh. Die vielen, aber heiklen Arten sollen ungenannt bleiben, aber *C. calceolus*, der Heimische Frauenschuh, und *C. reginae*, der Mokassin-Frauenschuh, sind attraktive Gartenschätze mit einer Höhe von 30 cm.

Darmera peltata (syn. *Peltiphyllum peltatum*), Schildblatt. Während die Art für kleinere Flächen viel zu wuchtig wirkt, kann die Zwergform 'Nana' mit ihrer Höhe von 40 cm gut verwendet werden.

Dicentra, Tränendes Herz. Das bekannte Tränende Herz, *D. spectabilis*, wirkt für kleine Plätze trotz seiner Zartheit zu wuchtig, aber die etwa 30 cm hohen *D. formosa* 'Bountiful' und 'Luxuriant' können verwendet werden. *D. peregrina* ist ebenfalls hübsch.

Digitalis, Fingerhut. Diese werden im allgemeinen zu hoch, aber *D. × mertonensis* kann getrost in kleinen Pflanzungen einmal aufragen, ebenso wie *D. lanata*.

Epimedium, Elfenblume. Alle im Handel befindlichen Arten und Sorten können ausgewählt werden. Das Breitenwachstum, das erst nach längerer Zeit das gesetzte Maß überschreitet, läßt sich leicht eindämmen. Oder man entscheidet sich gleich für die nur 25 cm hohen, schwachwachsenden Sorten *E. × youngianum* 'Niveum' und 'Lilacinum'.

Gentiana, Enzian. Der Schwalbenwurz-Enzian, *G. asclepiadea*, fühlt sich im Halbschatten wohl. Außer der blauen Stammform gibt es auch weiße und rosa Typen. Während diese etwa 50 cm hoch werden, existiert neuerdings eine Zwergform, die Sorte 'Nana', die nur eine Höhe von 25 cm erreicht.

Hacquetia epipactis, Schaftdolde. Die Blütenköpfchen der hübschen, kleinen Wildstaude sind von gelbgrünen Hochblättern umgeben.

Helleborus, Christrose. Die verschiedenen Typen von *H. niger* sind zu nennen sowie die bunten *Helleborus*-Hybriden. Sehr niedrig bleibt *Helleborus niger* 'Praecox'.

Hepatica, Leberblümchen. Alle Arten und Sorten sind geeignet, doch sollte man die raren gefüllten Sorten in Wildstauden-Pflanzungen nicht verwenden.

× *Heucherella tiarelloides* 'Bridget Bloom'. Die Gattungshybride mit 40 cm Höhe fügt sich selbst in die kleinsten Flächen gut ein.

Hosta, Funkie, Herzlilie. Es gibt jetzt eine ziemlich große Auswahl auch an kleinen Sorten. Ihnen ist das Kapitel »Zwerg-*Hosta*« gewidmet (ab Seite 132).

Hylomecon japonica, Japanischer Mohn. Etwa 25 bis 30 cm. Der schöne Frühjahrsblüher trägt leuchtend-goldgelbe Blüten. Die Pflanze wächst im Laufe der Jahre zwar etwas in die Breite, paßt sich aber den Gegebenheiten an. Achtung, die Pflanze zieht bald ein!

Cypripedium calceolus, der Frauenschuh, fühlt sich im Halbschatten wohl.

Iris. Den zwergigen Iris widmet sich ein eigenes Kapitel dieses Buches (ab Seite 121), und normalerweise sind *Iris* ausgesprochene Sonnenkinder. *Iris gracilipes* fühlt sich jedoch im Halbschatten wohl und liebt humosen Boden mit saurer Bodenreaktion (Höhe 25 bis 30 cm). Leider findet sich diese Art selten im Angebot, eine noch größere Rarität ist *I. gracilipes* 'Alba'.

Jeffersonia diphylla, Herzblattschale. Während der Blütezeit etwa 20 cm hoch, später erreichen die Blätter 40 cm Höhe. Weiße Blüten.

Kirengeshoma palmata, Wachsglocke. 50 bis 60 cm. Die Art wird zwar etwas höher, aber als spätblühende Wildstaude fügt sie sich mit ihren nickenden, wachsartigen Blüten auch auf beschränkten Plätzen gut ein.

Lamiastrum galeobdolon, Goldnessel. Bei ihr muß man aufpassen, sie durchwuchert oft ganze Gartenteile. Sucht man einen attraktiven Bodendecker, der noch zu bändigen ist, eignen sich die Sorten 'Silbergroschen' und 'White Nancy'. Schwachwachsend sind ebenfalls 'Roseum' und 'Aureum', Abkömmlinge von *Lamium maculatum*.

Liriope muscari. Die Blüten erinnern etwas an Traubenhyazinthen. Alle Sorten können verwendet werden.

Meconopsis quintublinervia, Scheinmohn. 30 bis 40 cm. Während die meisten anderen *Meconopsis*-Arten etwas höher werden, bleibt diese Art mit blauen Blüten im Größenrahmen.

Omphalodes, Gedenkemein. *O. cappadocica* bildet niedrige, 20 cm hohe, himmelblau blühende Horste, benötigt aber Schutz vor Wintersonne. Die etwa 10 cm hohe *O. verna* breitet sich zwar als Bodendecker in die Horizontale aus, ist aber auch für kleine Flächen brauchbar. Schön dazu wirkt die weißblühende Sorte 'Alba'.

Ophiopogon planiscapus 'Nigrescens'. 20 cm. Die linealischen, blauschwarzen Blätter stellen den wesentlichen Schmuck dar.

Pachysandra terminalis, Ysander. Braucht zwar Zeit zum Anwachsen, wächst dann aber in die Breite. Die niedrige, nur 15 cm hohe 'Green Carpet' erweist sich für kleine Flächen noch als akzeptabel. Wesentlich langsamer wächst die panaschierte Sorte 'Variegata'.

Plagiorhegma dubium (syn. *Jeffersonia dubia*). Etwa 15 cm. Die kleine Pflanze mit lavendelblauen Blüten erinnert etwas an Leberblümchen.

Polygonatum, Salomonsiegel. Neben den Riesen und den mittelgroßen Typen gibt es auch einige Zwerge für kleine Plätze – *P. japonicum* 'Variegatum' (40 cm) und *P. falcatum* (15 cm). Die nur 7 cm hohe *P. hookeri* eignet sich mehr für den Steingarten.

Primula, Primeln. Viele Etagenprimeln werden zwar relativ hoch, können aber trotzdem verwendet werden. Ideal für halbschattige Plätze erscheinen alle Namenssorten von *Primula sieboldii*, die allerdings

Von oben: Dicentra peregrina ist ein zwergiges Tränendes Herz aus Japan. Ranunculus ficaria 'Picton's Double', gefülltes Scharbockskraut. Moossteinbrech, Saxifraga × arendsii 'Ingeborg'.

frühzeitig einziehen. Hübsch wirken die Waldprimeln, beispielsweise *P. polyneura*. Empfehlenswert ist auch die Orchideenprimel, *P. vialii*. Die großblumigen Elatior-Hybriden zeigen für reine Wildstaudenpflanzungen eine zu prachtvolle Blüte.

Pulmonaria, Lungenkraut. Manche müssen unter Kontrolle bleiben, damit sie nicht zu wuchtig wirken, aber grundsätzlich können alle verwendet werden. Zu den niedrigsten (etwa 20 cm) gehören *P. angustifolia* 'Azurea' und *P. saccharata* 'Alba'.

Ranunculus bulbosus 'Pleniflorus', Knolliger Hahnenfuß. Hier stören die gefüllten Blüten keinesfalls. Bei zu trockenem Stand wird die Art häufig von Wurzelläusen befallen.

Ranunculus ficaria, Scharbockskraut. 10 bis 12 cm. Im Gegensatz zur Art zeigen sich die hübschen Sorten im Wuchs eher verhaltend und können in Halbschatten-Pflanzungen als früheinziehende, niedrige Stauden eingesetzt werden. Die Sorten haben bei uns noch nicht die Verbreitung gefunden, die sie verdienen: 'Lemon Queen' (zitronengelb), 'Picton's Double' (gelb, gefüllt), 'Albus' (weiß), 'Aurantiacus' (orangegelb) 'Major' (gelb, großblütig), 'Primrose' (primelgelb).

Rodgersia podophylla 'Smaragd', Schaublatt. 40 bis 60 cm. Während alle anderen Arten und Sorten zu wuchtig wirken, kann diese Neuzüchtung von Pagels noch so manchen Platz im kleinen Garten besiedeln. Bitte auch genügend Platz zur Seite einplanen.

Sanguinaria canadensis, Blutwurz. 20 cm. Besonders die gefülltblühende Sorte 'Plena', die durchaus in Wildstauden-Pflanzungen paßt, wirkt sehr attraktiv. Sie zieht im Hochsommer ein!

Saxifraga × arendsii. Viele können in den Halbschatten gehen. Die Sorte 'Ingeborg' (15 cm), bleibt besonders kompakt.

Saxifraga rotundifolia, Steinbrech. 40 cm. Von den unzähligen weiteren Arten kann für halbschattige Plätze eigentlich nur diese empfohlen werden.

Symphytum grandiflorum 'Wisley Blue'. 30 cm. Die rahmgelbe Stammform hat wohl nur Bodendeckerfunktion, die kleinbleibende Sorte paßt in den Halbschatten.

Tanakaea radicans, Japanischer Steinbrech. Die Art bildet zwar Ausläufer, kann aber unbedenklich gepflanzt werden. Die kleine Waldstaude benötigt humosen Boden und saure Bodenreaktion.

Thalictrum minus 'Adiantifolium', Wiesenraute. 40 cm. Nur diese Sorte paßt vom Größenverhältnis her.

Tricyrtis, Krötenlilie. Es gibt zwar auch einige höhere Sorten, aber die meisten bleiben im Rahmen. Besonders niedrig (40 cm) sind die Hybriden 'Tojen' und 'Shima Yellow'.

Trillium, Dreiblatt. Von diesen nordamerikanischen Kostbarkeiten kann man im Grunde nie genug haben. Alle erweisen sich als Schönheiten für den Halbschatten. Besonders *T. grandiflorum* bleibt mit 25 bis 30 cm Höhe sehr niedrig.

Uvularia, Goldsiegel, Trauerglocke. Häufig wird die etwa 30 cm hohe *U. grandiflora* angeboten, wesentlich hübscher wirkt dagegen *U. perfoliata* mit ihren nach außen gebogenen Blütenglocken.

Vancouveria hexandra, Zwerg-Elfenblume. Die etwa 40 cm hohe, zierliche Halbschattenstaude erinnert an Epimedium.

Viola, Veilchen. Die Sorten von *V. odorata* finden im Halbschatten ihren angemessenen Platz, wenn sie sich auch oft selbst aussäen. Geeignete Sorten sind 'Triumph' (blau, 15 cm), 'Red Charme' (purpurrot, 15 cm), 'Irish Elegance' (cremegelb, 15 cm), 'Alba' (weiß, 15 cm).

Waldsteinia geoides, Waldsteinie. Die 20 cm hohe Staude treibt im Gegensatz zu *W. ternata* keine Ausläufer und ist daher auch für kleinste Flächen brauchbar.

Zum Thema Halbschatten gehören zudem zahlreiche Farne und Gräser, sie sind in eigenen Kapiteln gesondert dargestellt (ab Seite 112 und 107).

Kleine Gräser

Verwendung

Der Altmeister der Staudengärtnerei, Dr. h. c. Karl Foerster, sagte einmal, man könne bei der Verwendung von Gräsern kaum etwas falsch machen. Wer lange genug Gräser im Garten gehabt hat, kann das nur bestätigen. Gräser lockern eine Pflanzung auf und wirken trotzdem verbindend, sie setzen Akzente und geben eine natürliche Note. Im Laufe der Jahrzehnte entstand ein umfangreiches Sortiment von gartenwürdigen Gräsern, die auch hinsichtlich des Höhenwachstums keinen Wunsch offen lassen. Zwischen 3,5 cm und 3,5 m schwankt die Höhe der Gräser, an günstiger Stelle und bei günstiger Witterung werden *Arundo donax*, das Pfahlrohr, und *Miscanthus floridulus* (syn. *M. japonicus*), der Riesen-Chinaschilf oder Riesen-Miscanthus, noch höher, und das innerhalb einer einzigen Vegetationsperiode. Wir wollen uns allerdings nicht mit den Riesen beschäftigen, sondern mit den Zwergen.

Man kann sich eigentlich kaum eine Gartensituation vorstellen, bei der nicht kleine Gräser Verwendung finden, egal ob zwischen Rosen, in der kleinen Wildstaudenpflanzung, zusammen mit kleinen Prachtstaudengruppen, im Steingarten, am Wasser und Miniatur-Ausgaben fügen sich in mobile Gärten wie Tröge und Kübel ein, um nur einige Beispiele zu nennen.

Die »echten« Zwerge für kleinste Flächen

Bei den wirklichen Zwergen müssen die Partner im richtigen Größenverhältnis stehen. Sie sollten nicht von zu wüchsigen Nachbarn zurückgedrängt oder überdeckt werden, was besonders im eigentlichen Steingarten zu beachten ist. In Kübeln, Trögen und Tischgärten und bei der Bepflanzung von Steinen wird man insgesamt keine »explodierenden« Stauden wählen.

Alopecurus lanatus, Fuchsgras. Etwa 10 cm hoch. Nur beschränkt verwendbar, da es sehr nässeempfindlich ist.

Carex, Segge. Es gibt eine ganze Reihe von niedrigen Arten. Die kleinste, die auch nur einen beschränkten Zuwachs aufweist, ist die dunkelgrüne, gelbgestreifte *Carex firma* 'Variegata'. Aber auch die Stammart *C. firma*, die Polster-Segge, hat in Kultur ihre Berechtigung. *C. flava*, die Gelbe Segge (10 bis 20 cm) schmückt mit gelbgrünem Blatt. *Carex humilis*, die Zwergsegge (15 cm) bildet kleine Rasen, was zu berücksichtigen ist. Wichtig ist die Vogelfuß-Segge in ihrer panaschierten Form *C. ornithopoda* 'Variegata'. Wenn die älteren Horste an kleinsten Plätzen die Proportionen sprengen, muß rechtzeitig aufgeteilt werden. Ein Findling unbekannter Abstammung ist ein kleines Gras, das unter der Bezeichnung *Carex* 'The Beatles' in den Handel gekommen ist. Es wird etwa 15 cm hoch, hängt aber nach außen über.

Festuca, Schwingel. Hier gibt es wieder eine größere Auswahl.

Festuca scoparia, Bärenfell-Schwingel. 10 cm. Die Art gehört höhenmäßig zur Gruppe der kleinen Gräser, es muß allerdings das Breitenwachstum berücksichtigt werden. Deshalb läßt sich dieses Gras nicht überall einsetzen. Die Sorte 'Pic Carlit' wächst etwas kompakter. *F. alpina*, der Grüne Alpenschwingel, wird 10 bis 15 cm hoch.

Etwa die gleiche Höhe erreicht *F. glacialis*, der Gletscher-Schwingel. Von dieser Art gibt es auch eine zwergige Auslese. Von den vielen *F. ovina*-Sorten bleibt 'Blaufink' mit einer Höhe von 10 bis 20 cm besonders kompakt. *F. quadrifolia* bildet 10 bis 20 cm hohe Polster. Diese Art bietet den Vorteil eines geringen Zuwachses. Aus Großbritannien stammen zwei echte Zwerge, *F. ovina* 'Minima' und *F. gracilis* 'Nana'.

Festuca valesiaca, der Zwerg-Blauschwingel, ist in dieser kleinen Größenordnung besonders wichtig. Die meisten im Handel befindlichen Sorten stammen aus Samenvermehrung, was unterschiedliches Höhenwachstum bedingt. Gute Typen sollten nicht über 10 cm hoch werden, bei eigenen Aussaaten lese man extra niedrige Sämlinge aus, die man dann vegetativ weitervermehrt. Eine schöne Sorte, die 10 bis 15 cm hoch wird und mit ihrem silberblauen Farbton besticht, ist 'Silbersee' von der Staudengärtnerei K.H. Marx. Eine altbewährte Sorte ist 'Glaucantha'.

Koeleria glauca, Schillergras. Wie bei *Festuca valesiaca* sind Typen unterschiedlicher Höhe im Handel. Nur die niedrigen, 15 bis 20 cm hohen Auslesen gehören zu den kleinen Gräsern. Das Schillergras liebt einen trockenen Standort und durchlässigen Boden.

Poa abreviata, Arktisches Rispengras. 2,5 bis 3,5 cm. Das kleinste Ziergras bildet kleine, oft nur handtellergroße »Rasen« und fügt sich noch in kleinste Plätze ein.

Sesleria rigida, Silber-Schopfgras. Die Art bleibt mit 10 bis 15 cm Höhe besonders niedrig.

Kleine Gräser für breitgefächerten Einsatz

Die im folgenden genannten Arten und Sorten bewegen sich in einer Größenordnung von 20 bis 50 cm Höhe und wirken kaum störend.

Carex siderostica 'Variegata', eine reizvolle, panaschierte Segge.

Arrhenatherum elatinus bulbosum ssp. 'Variegatum', Glatthafer oder Glasknollenhafer, wie Karl Foerster das Gras nannte. Die weißbunten Blätter stehen steif-aufrecht. Nicht für Wildstauden-Pflanzungen!

Arundinaria, Zwergbambus. *A. variegata* (syn. *Sasa pumila* 'Variegata'), *A. pumila* (syn. *Sasa pumila*, 50 bis 60 cm), *A. disticha* 'Okino-zasa' (syn. *Pleioplastus distichus*, 30 bis 40 cm hoch) und *A. pygmaea* (30 cm) sind alles Zwergbambus-Arten, die sich nach anfänglich gesittetem Verhalten in die Breite ausdehnen und oft ganze Gartenteile erobern können. Eine Verwendung auf kleinen Pflanzflächen erscheint nur durch Einsperren im Wurzelbereich (zum Beispiel mit Hilfe eines eingelassenen Eimers ohne Boden) sinnvoll.

Bouteloua oligostachya, Moskitogras. 30 cm. Interessantes Gras, das mit seinen waagerecht stehenden Ähren auffällt. Besonders schön an erhöhten Stellen im Steingarten.

Briza media, Zittergras. 40 cm. Das bekannte Gras läßt sich nicht immer leicht einfügen. Besonders für größere Steingärten und sonnige Wildstauden-Pflanzungen.

Carex, Seggen. Bei den Arten dieser Höhenabstufung müssen besonders die farbigen Neuseeländer Arten genannt werden, wie

Carex hachijoensis 'Evergold' wirkt elegant mit seinen schmalen Blättern.

Carex buchananii, die Fuchsrote Segge (40 cm), *C. comans*, die Federbusch-Segge (20 cm, fahlbraun), und *C. petriei*, die Rotbraune Zwergsegge (25 bis 30 cm). Für Halbschattenplätze eignen sich *C. digitata*, die Gefingerte Segge (20 cm), *C. montana*, die Berg-Segge (20 cm), *C. morrowii* 'Variegata' (40 cm), *C. plantaginea*, die Breitblatt-Segge (30 bis 40 cm), die selbst in tieferem Schatten wachsen kann, ebenso wie die Schatten-Segge, *C. umbrosa* (20 cm). Im Gegensatz dazu kann *C. siderostica* 'Variegata' (30 bis 40 cm) sonniger stehen, sie zieht aber im Winter ein. Eine weitere panaschierte Form ist *C. conica* 'Himekan-suge', sie wird auch unter der Bezeichnung 'Variegata' gehandelt. Hübsch wirkt eine weitere Segge aus Japan, die leider unter den verschiedensten Bezeichnungen im Handel ist, *C. hachijoensis* 'Evergold', C. 'Ingwersen' oder C. 'Evergold'.

Dactylis glomerata 'Variegata'. Buntes Bandgras oder Silber-Sprudelgras. 40 cm. Ein weiß gestreiftes Gras. Es ist nicht sehr ausdauernd und die weißbunte Farbe stört etwas in naturnahen Anlagen.

Festuca, Schwingel. Man kann diese liebenswerten Gräser überall verwenden, doch nicht auf zu großen Flächen – die auf be

schränktem Raum ja sowieso kaum vorkommen. Schwingelarten wirken alteingewachsen oft unordentlich. Es können hier gar nicht alle genannt werden. Wichtig sind *Festuca amethystina*, der Regenbogen-Schwingel (30 cm), *F. cinerea* (syn. *F. glauca*), der Blauschwingel, mit den Sorten 'Silberreiher', 'Azurit' und 'Pallens', 'Aprilgrün', 'Bergsilber', 'Blauglut', 'Frühlingsblau', 'Harz', 'Kentucky Blue', 'Meerblau', 'Palatinate', 'Glaucantha', 'Seeigel', 'Söhrenwald'. Alle erreichen eine Höhe von 20 bis 30 cm. Die oft unter *F. ovina*, Schaf-Schwingel, aufgeführten Sorten gehören fast alle zu *F. cinera* (syn. *F. glauca*). Außer der Stammart bleibt noch *F. ovina* 'Solling' mit 25 cm Höhe recht klein.

Hakonechloa macra 'Aureola'. 30 cm. Dieses japanische Gras mit bronzegelber Färbung hängt schön über und erweist sich als sehr ausdauernd. Nicht für ausgeprägte naturnahe Pflanzungen.

Luzula, Hainsimse, Marbel. Diese Gattung erscheint besonders wichtig, da sie eine Reihe von Arten und Auslesen für halbschattige und schattige Bereiche beisteuert. *Luzula nivea*, Schnee-Marbel, wird wie die Auslese 'Schneehäschen' mit silbrigbehaarten Blüten etwa 30 cm hoch. *L. pilosa*, Haar-Marbel, erreicht etwa die gleiche Höhe, während *L. silvatica*, Wald-Marbel, mit ihren Sorten unterschiedlich groß wird: 'Aurea Marginata' (20/30 cm), 'Silberhaar' (15/40 cm), 'Tauernpaß' (15/25 cm), 'Hohe Tatra' (20/40 cm). Die erste Zahl gibt die Horsthöhe, die zweite die Höhe des Blütenstandes an.

Milium effusum 'Aureum', Gelbes Flattergras. 50 cm. Das Gras bringt Farbe in die Pflanzungen. Es sieht in der ersten Hälfte der Vegetationsperiode hübsch aus, danach wirkt es etwas unordentlich, deshalb sollte man es rechtzeitig zurückschneiden. Es sät sich gern selbst aus.

Molinia caerulea 'Variegata'. Horst 20 cm, Blütenstand 30 cm hoch. Es ist schon von der Größe her zu empfehlen, erweist sich als sehr ausdauernd. Für naturnahe Pflanzungen weniger geeignet.

Pennisetum alopecuroides 'Weserbergland', Lampenputzergras. Die Sorte ist mit 40 cm die niedrigste, alle anderen Sorten werden höher.

Poa, Rispengras. Etwa 25 cm. Gräser für trockene Lagen sind *Poa alpina, Poa glauca* und *Poa chaixii*.

Sesleria, Blaugras. Alle eignen sich für sonnige bis halbschattige Wildstaudenpflanzungen. *Sesleria argentea* (50 cm), *S. autumnalis* (35 cm), *S. caerulea* (25 cm) und *S. nitida* (50 cm).

Stipa, Federgras. Die meisten Arten werden höher. Für Steingärten eignet sich *Stipa pennata*, das Mädchenhaargras, (50 cm).

Niedrige »hohe« Gräser

Die Überschrift klingt zunächst paradox, aber schließlich wurde schon einige Male darauf hingewiesen, daß gleichhohe Pflanzungen langweilig wirken und daß auch auf kleinsten Flächen eine höhere Pflanze das Bild auflockern sollte. Das Höhenwachstum darf dabei die Proportionen nicht sprengen. Die folgenden Gräser genügen diesen Anforderungen. Sie alle sollten Einzelgestalten in kleinen Pflanzungen bleiben.

Achnatherum calamagrostis, Silberährengras. Etwa 80 cm hoch. Mit gelblichweißen Rispen.

Carex muskingumensis, Palmwedel-Segge. 70 cm. Sie ist besonders für halbschattige Plätze wichtig.

Cortaderia selloana 'Pumila', Zwerg-Pampasgras. Diese nur 80 bis 100 cm hohe Form hat schöne silberweiße Fahnen und eignet sich für kleine, warme Plätze in dekorativen Pflanzungen.

Deschampsia cespitosa, Waldschmiele. Alle Sorten können verwendet werden, sowohl für sonnige als auch für halbschattige Plätze. Der Blütenstand erreicht etwa 80 cm Höhe. Die Sorte 'Bronzeschleier' bleibt etwas niedriger (70 cm).

Festuca gigantea, Grüner Riesenschwingel. Ährenhöhe etwa 1 m. Wichtig für halbschattige Plätze. *Festuca mairei*, der Atlas-Schwingel, kann für begrenzte Flächen nicht empfohlen werden, obwohl er auch nicht höher wird. Er benötigt aber viel Platz!

Helictotrichon sempervirens (syn. *Avena sempervirens*), Blaustrahlhafer. Die Art und die Auslese 'Saphirsprudel' werden 80 cm bis 1 m hoch. Beide wachsen zwar ebenfalls breitausladend, es gibt aber durchaus Plätze, auch in kleinen Pflanzungen, wo man sie akzeptieren kann.

Hystrix patula, Flaschenbürstengras. 60 bis 80 cm hohes Gras mit gespreizten Ähren. Es sät sich leicht selbst aus, ohne lästig zu werden.

Molinia caerulea, Pfeifengras. Während die Sorten von *M. altissima* zu hoch werden, gibt es von *M. caerulea* Sorten, die sich für kleinere Pflanzungen eignen, aber den gleichen Habitus aufweisen. 'Moorhexe' wird nur etwa 70 cm hoch, wächst starr-aufrecht und läßt sich deshalb auf vielfältige Weise verwenden. Es gibt auch Ausnahmeplätze, an denen die Sorten 'Dauerstrahl' (Horsthöhe 40 cm, Höhe des Blütenstandes 120 cm) und 'Heidebraut' (Horsthöhe 40 cm, Höhe des Blütenstandes 150 cm) auf beschränktem Platz noch ihre Daseinsberechtigung haben. Die panaschierte 'Variegata' hat gelblichweiß längsgestreifte Blätter, der Blatthorst erreicht 30 cm, der Blütenstand 60 cm Höhe.

Panicum, Zierhirse. *P. clandestinum* wird mit seinen schilfartigen Blättern nur 60 cm hoch. *P. virgatum* 'Hänse Herms' bleibt mit 1 m im Vergleich zu anderen Sorten der Art besonders niedrig. Die Zierhirse liebt einen freien Stand.

Sorghastrum avenaceum, Goldbartgras. Etwa 1 m. Schöne, rötlichbraune Ähren mit gelben Staubgefäßen. Blüht spät. Nur für sehr warme Plätze.

Stipa, Federgras. In diese Gruppe gehören *Stipa barbata*, das Reiherfedergras, und *S. capillata*, das Büschelhaargras, beide entwickeln 40 cm hohe Horste, der Blütenstand erreicht 60 cm Höhe. Etwas niedriger bleibt *Stipa pennata*.

Einjährige, niedrige Gräser

Neben wesentlich höher wachsenden Arten gibt es Gräser, die durchaus kompakt und niedrig bleiben und sich für vielerlei Zwecke eignen. Oft können sie als Lückenfüller im Steingarten oder in Staudenpflanzungen dienen. Niedrige, einjährige Gräser eignen sich auch als Partner niedriger Rosenpflanzungen oder können schlicht auf Beete gepflanzt werden. Man kann sie dann für frische Sträuße schneiden oder für Trockensträuße gebündelt trocknen.

Manche der Einjahrsgräser säen sich auch selbst aus, ohne lästig zu werden. In den meisten Fällen suchen sie sich Plätze aus, an denen normalerweise nichts gepflanzt wird, wie beispielsweise Fugen und Ritzen. Es entstehen dadurch oft zauberhafte Bilder.

Agrostis nebulosa, Straußgras. 30 cm hoch. Zierliches Gras für Sommerblumenbeete und als Trockenblumen-Material.

Briza minima, Zwerg-Zittergras. Nur 25 cm. Mit kleinsten Blütchen.

Eragrostis tef, Liebesgras. 50 cm. Für frische und trockene Sträuße.

Hordeum jubatum, Mähnengerste. Etwa 60 cm an nahrhaften Plätzen, an mageren bleibt es wesentlich niedriger. Es eignet sich für grüne und trockene Sträuße, ist aber auch sonst ein Gras, das nirgendwo stört.

Lagurus ovatus, Samtgras, Hasenschwanzgras. 25 cm. Sehr hübsches Gras für trockene Plätze jeglicher Art, ebenso für frische und trockene Sträuße.

Polypogon monspeliensis, Bürstengras. 40 cm. Eignet sich für Einfassungen und für den Schnitt.

Farne von beschränkter Größe

Verwendung und Ansprüche an den Boden

Auch die Farnarten variieren stark in bezug auf ihr Höhenwachstum. Läßt man die nicht winterharten Baumfarne außer acht, schwankt die Größe doch in etwa zwischen 5 cm und 1,5 m. Unsere Betrachtung nennt nur solche Pflanzen, die 50 cm nicht überschreiten, so daß sie zu kleinen Pflanzflächen passen.

Leider werden Farne immer noch nicht so vielfältig eingesetzt, wie es ihrer Bedeutung entspricht. Mit der Unterpflanzung von Gehölzgruppen in halbschattiger Lage erschöpft sich das Thema längst noch nicht. Meist wird vergessen, daß bei geeigneter Bodenfeuchte viele Arten auch in sonnige Bereiche übersiedeln können, es gibt sogar einige wenige Sonnenfarne. Auch hinsichtlich der geforderten Bodenreaktion reichen die Ansprüche von

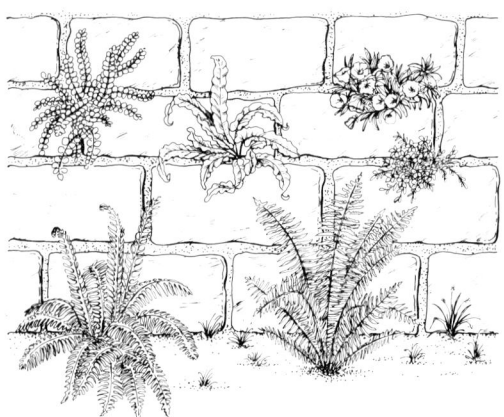

Im Sortiment finden sich kleine Farne für die unterschiedlichsten Standorte, sei es für die Trockenmauerfuge oder für die Pflanzung auf ebener Erde.

sauren Böden (zum Beispiel beim Rippenfarn, *Onoclea sensibilis*) bis basischen Verhältnissen wie beispielsweise bei der Hirschzunge *(Phyllitis scolopendrium)*. Kleinste Farne eignen sich für den Steingarten und das Alpinum, wobei manche kleine Arten sogar niedrige Teppiche bilden. Extreme Zwerge lassen sich auch in Tröge, Kübel und andere »mobile Gärten« pflanzen. Wildstauden-Partien wirken mit einer Farnkombination »naturnäher«, wobei – wie oben bereits angedeutet – Farne im Schatten, Halbschatten oder bei genügender Bodenfeuchte auch in der Sonne stehen können. Auf die unterschiedlichsten Kombinationsmöglichkeiten mit Bäumen und Sträuchern wurde schon hingewiesen. *Rhododendron* und andere immergrüne Laubgehölze erhalten immergrüne und wintergrüne Farnpartner, laubabwerfende Gehölze können ebenso wie Nadelgehölze durch die Kombination mit Farnen nur gewinnen.

Hinsichtlich der Beständigkeit der Wedel kann keine Art den Vorzug erhalten. Immergrüne Arten schmücken zu jeder Jahreszeit, wobei selbstverständlich unschön gewordene äußere Wedel zu entfernen sind. Die wintergrünen Arten kombinieren die Vorteile der immergrünen und der einziehenden Farne. Sie schmücken noch während des Winters, besonders in schneefreien Perioden, durch grüne Wedel, zeigen aber auch einen schönen Frühjahrs-Austrieb, wenn er auch nicht so stark ausfällt und weniger ins Auge springt. Bei den einziehenden Farnen bedeutet der Austrieb im Frühling immer ein begeisterndes Ereignis, wenn er auch von Art zu Art unterschiedlich gut wirkt.

Für alle Farne sollte der Humusanteil im Boden entsprechend den Gegebenheiten am natürlichen Standort ziemlich hoch liegen.

Der Zwerg-Frauenfarn Athyrium filix-femina 'Minutissima'.

Der Humusgehalt des vorhandenen Bodens reicht in den wenigsten Fällen aus, so daß für eine Farnpflanzung der Erde Humus zugesetzt werden muß. Die Anreicherung mit Humus kann auf verschiedene Art erfolgen. Torf stellt eine Möglichkeit dar, obwohl man aus Gründen des Umweltschutzes mit diesem Naturprodukt äußerst sparsam umgehen sollte. Am besten versucht man, Torf durch andere Materialien zu ersetzen. Keinesfalls darf ein mit Mineraldünger angereichertes Substrat verwendet werden, sondern man nimmt normalen Weiß- oder Schwarztorf. Weißtorf hat eine braune Farbe und weist eine langfaserige Struktur auf. Er bietet den Vorteil einer länger dauernden Zersetzung. Schwarztorf sieht ähnlich aus wie Schnupftabak, er wird schneller abgebaut, besitzt aber eine stärker saure Reaktion, was sich in Kalkgegenden oft positiv auswirkt. Wer über Kompost verfügt, sollte ihn nach Möglichkeit anwenden. Besonders positiv hat sich für die Ansiedlung von Zwerg- (aber auch höherwachsenden) Farnen Rindenkompost erwiesen (nicht mit Rindenmulch verwechseln, das ist gehäckselte, unkompostierte Rinde!). Walderde eignet sich ebenfalls gut, sowohl welche von Laub- als auch von Nadelbäumen. Bei Farnen, die eine besonders saure Bodenreaktion lieben, hat sich halbverrottete

Lauberde von Eichen als sehr günstig erwiesen. Sägemehl, in geringen Dosen dem Substrat beigefügt, stellt eine andere Möglichkeit dar. Mißerfolge bei der Ansiedlung speziell kleiner Farne lassen sich oft auf die ungenügende Beachtung der Bodenansprüche zurückführen.

Farne für Tröge und Kübel

Normalerweise stehen »mobile Gärten« an vollsonnigen, exponierten Plätzen im Garten und für diese Standorte liegt keine große Auswahl vor. Es bleibt aus dem Sortiment, bei näherer Betrachtung, nur der Schriftfarn *(Ceterach officinarum)* übrig. Dieser Farn ist – neben anderen Arealen – hauptsächlich in Südeuropa heimisch und deshalb an heiße Sommer gewöhnt. Man muß die Pflanzen einmal am Naturstandort gesehen haben, denn in voller Sonne und bei Trockenheit ist dieser graue trockene Knäuel gar nicht mehr als Farn zu erkennen. Aber schon kurze Zeit nach erneuter Zufuhr von Feuchtigkeit steht der nur 10 cm hohe Kleinfarn wieder in voller Frische und zeigt seine blattoberseits stumpfgrünen, unterseits silbrigen Wedel. Alle anderen Farne spielen in voller Sonne nicht mit. Eventuell kann man noch die Steinfeder *(Asplenium trichomanes)* im Schlagschatten von dekorativen Steinen ansiedeln. Erwähnung verdient auch die Mauerraute *(Asplenium ruta-muraria)*, deren dekorative Wirkung sich zwar in Grenzen hält, die aber selbst in Mauerfugen am Leben bleibt.
Wesentlich umfangreicher wird das zur Verfügung stehende Sortiment an Farnen, wenn die Tröge und Kübel im Halbschatten stehen, wobei der Begriff nicht allzu eng gesehen werden muß. Es darf sich selbstverständlich auch um absonnige Stellen handeln. Da es für derartige Plätze auch genügend blühende Kleinst-Stauden gibt (meist sind es sogar kostbare Arten), lassen sich durchaus dekorative Bepflanzungen schaffen. Auch schmückende, nicht lebende Beiwerke wirken dann

besonders attraktiv, wie schöne Moorwurzeln, hübsch geformte Steine, witterungsunempfindliche Mineralien, Versteinerungen, Schneckenhäuser oder anderes. Sicher gehört etwas Fingerspitzengefühl zur Ausschmückung, denn das Ganze darf nicht kitschig wirken. Ohne Probleme gedeihen hier verschiedene *Asplenium*-Arten. Die bekanntesten sind die schon genannte Steinfeder, auch Braunstieliger Streifenfarn genannt, und der grünstielige Streifenfarn *(Asplenium viride)*. Beide erweisen sich als verhältnismäßig unempfindlich, sind leicht zu erhalten und werden etwa 10 cm hoch. Daneben gibt es eine ganze Reihe weiterer Farnarten, die im allgemeinen etwas empfindlicher sind und bei denen man die gewünschte Bodenreaktion berücksichtigen muß.

Asplenium-Arten

Asplenium adiantum-nigrum, Schwarzer Streifenfarn. Wedellänge 15 bis 40 cm. Schutz vor Wintersonne erforderlich.
Asplenium fontanum, Jura-Streifenfarn, Quellen-Streifenfarn. Wedellänge 8 bis 25 cm. Liebt Kalk.
Asplenium platyneuron, Ebenholz-Streifenfarn. Wedellänge 15 bis 30 cm. Nicht für extremes kontinentales Klima.
Asplenium septentrionale, Nordischer Gabel-Streifenfarn. 8 bis 12 cm hoch. Braucht kalkarmes oder kalkfreies Substrat. Eignet sich bei milder Bodenfeuchte auch für sonnige Lagen.
Asplenium trichomanes, Braunstieliger Streifenfarn. 15 cm.
'Incisum'. Eingeschnittener Streifenfarn. Wirkt besonders hübsch mit 8 bis 12 cm langen Stielen.
'Ramo Christatum', Verzweigte Kamm-Steinfeder. Wedellänge 10 bis 15 cm. Diese Variante des erwähnten Braunstieligen Streifenfarns trägt verzweigte Wedelspitzen. Derartige Kostbarkeiten passen besonders in Tröge, um eine Betrachtung aus der Nähe zu ermöglichen.

Adiantum- und Athyrium-Arten

Einen Schatz für Tröge und Kübel stellt auch der Zwerg-Pfauenradfarn *(Adiantum pedatum* var. *aleuticum*) dar. Um seine korrekte botanische Bezeichnung hat es in den letzten Jahren ein ziemliches Tauziehen gegeben (Synonyme sind zum Beispiel *Adiantum imbricatum, A. pedatum* 'Imbricatum', *A. pedatum* 'Aleuticum'). Dieser kleine Farn, auch als Krauser Pfauenradfarn bekannt, kann zwar kleine Matten bilden. Der jährliche Zuwachs bleibt aber so gering, so daß man die Pflanze auch für Tröge und Kübel empfehlen kann. Auch der Frauenfarn steuert für derartige Plätze eine hübsche Art bei, den Bornholmer Frauenfarn, *Athyrium filix-femina* 'Bornholmense'. Seine Wedellänge wird zwar mit 25 bis 35 cm angegeben, aber in meinem Garten hat er noch nie 15 cm erreicht, möglicherweise hängt das mit dem Klima zusammen. Die Sorte entspricht vom Aussehen her völlig dem bekannten Frauenfarn, die Wedel sind lediglich etwas steifer. Eine Dreiergruppe, kombiniert mit einem Stein, sieht reizend aus.

Phyllitis-Arten

Der Hirschzungenfarn *(Phyllitis scolopendrium)*, hat enorm viele Formen hervorgebracht. In England soll es einmal eine Sammlung von mehr als 150 verschiedenen Typen gegeben haben. Unter der Vielfalt der Formen finden sich auch einige niedrige, kompakte Farne, die aber nicht jedermanns Geschmack sind. Besonders klein bleibt der Zwerg-Hahnenkamm-Hirschzungenfarn, *Phyllitis scolopendrium* 'Ramosa Cristata Nana', dessen Wedel nur 10 cm lang werden. Die Pflanzen bilden kleine, dichte Büschel. Die folgenden Sorten haben alle 25 cm lange Wedel, sie lassen sich in größeren Pflanzenbehältern noch verwenden: 'Cristata', 'Capitata', 'Digitata Cristata' und 'Ramosa Cristata'. Zu beachten ist, daß die Hirschzunge weitgehend auch in sonnigeren Lagen gedeiht, sofern ein Mindestmaß an Bodenfeuchte vorhanden ist.

Kleine bodendeckende Farne

Einige kleine Farne bilden Teppiche aus. Sie dürfen aber keineswegs als »Flächenriesen« gelten und eignen sich noch für kleine Pflanzplätze. Auf den Zwerg-Pfauenradfarn *(Adiantum pedatum* 'Aleuticum') wurde bereits hingewiesen, sein Flächenwachstum läßt sich als »sehr gebremst« kennzeichnen. Hübsche Teppiche bildet der Feuerland-Rippenfarn *(Blechnum penna-marina)*, auch Seefeder-Rippenfarn bezeichnet. Die Wedelchen werden 10 bis 15 cm lang, wobei sie noch ziemlich flach stehen. Leider benötigt dieser Farn in kälteren Gegenden Winterschutz, entwickelt aber guten Zuwachs in luftfeuchten Gebieten. Eine von der Art abweichende Form, *Blechnum penna-marina* f. *nova-zelandiae*, hat schmalere, harte Wedel und entwickelt mehr sporentragende Wedel. Sehr hübsch wirkt auch der Himalaja-Venushaarfarn *(Adiantum venustum)*. Leider sind davon zwei Typen verbreitet, eine empfindlichere und eine völlig winterharte Art. Die Pflanze wird etwa 20 cm hoch und sieht aus wie die tropischen *Adiantum*-Arten, die man als Zimmerpflanzen kennt. Die genannte Art entwickelt lange, kriechende Rhizome. Da *Adiantum* aber nur oberflächlich wurzelt, lassen sie sich leicht beseitigen, falls die Pflanze einmal in nicht für sie vorgesehene Gartenteile vordringt.

Farne im kleinen Steingarten

Alle Farne, die sich für die Verwendung in Trögen und Kübeln eignen, können hier gepflanzt werden. Darüber hinaus stehen für den Steingarten eine ganze Reihe weiterer Arten zur Verfügung. Zu beachten ist die Bodenreaktion und die Besonnung. Obwohl normalerweise der Steingarten ohne Beschattung durch höhere Bäume und Sträucher frei liegt, entstehen doch genügend Pflanzplätze für Halbschattenfarne, so im Schlagschatten von größeren Steinen und Zwerggehölzen (besonders von Zwergkoniferen), an den nach

Norden geneigten Hängen und im Schatten von Trockenmauern, in Hohlwegen und Senken.

Die folgende Aufstellung gibt eine Auswahl wieder, sie erhebt aber keinesfalls den Anspruch auf Vollständigkeit. In manchen Situationen können – wenn auch sparsam – Farne der nachfolgenden Abschnitte Verwendung finden.

Athyrium filix-femina 'Congestum', Steifwedeliger Zwerg-Frauenfarn. Wedellänge 25 bis 35 cm. Wächst langsam, eignet sich auch für kleinste Steingärtchen. 'Minutissimum', Kleiner Frauenfarn. Etwa 35 cm hoch bei magerem Stand, dehnt sich aber im Alter etwas in die Breite aus.

Athyrium niponicum 'Metallicum', Japanischer Regenbogenfarn. Meist 25 bis 30 cm hoch, in feuchteren Lagen auch etwas höher. Dieser Farn mit seinen verschiedenfarbigen Wedeln stellt einen Augenschmaus dar.

Blechnum spicant, Rippenfarn. 30 bis 40 cm hoch. Dieser heimische Farn paßt überallhin, saure Bodenreaktion und Beschattung vorausgesetzt. Wünscht hohen Anteil von Rohhumus.

Currania (syn. *Gymnocarpium*) *dryopteris*, Eichenfarn. 40 cm hoch. Bildet lockere Wedelchen. Hat kriechende Rhizome, wird aber damit keinesfalls lästig. Liebt saure Bodenreaktion.

Currania robertiana, Ruprechtsfarn. Ähnlich dem vorhergenannten Farn, kommt häufiger auf kalkhaltigen Böden vor.

Cystopteris bulbifera, Brutknospen-Blasenfarn. Wedellänge 30 bis 40 cm, an nahrhaften, feuchten Standorten auch höher. Seine Brutknospen-Vermehrung befähigt diesen Farn, sich an den schwierigsten Stellen anzusiedeln, selbst noch in Steinfugen, in die die Brutknospen hineinrollen. Der Farn besiedelt auf diese Art manchmal sogar sonnigere Plätze.

Cystopteris dickieana, Schottischer Blasenfarn. Mit nur 10 cm langen Wedelchen eig-

net sich dieser Farn gut für absonnige Steingartenplätze.

Hypolepis millefolia, Vielblättriger Buchtenfarn. Sieht aus wie eine Miniaturausgabe des bekannten Adlerfarns. Treibt zwar Rhizome, ist aber leicht zu bändigen.

Phyllitis scolopendrium, Hirschzungenfarn. Nicht nur die Formen, die bei der Trogbepflanzung genannt wurden, eignen sich. Für kleinere Steingärtchen wähle man besonders die schmalwedeligen Typen wie *Phyllitis scolopendrium* 'Angustifolia', der Schmale Hirschzungenfarn, oder die Sorten 'Angustifolia Omnilacera', die Zahnstangen-Hirschzunge, oder 'Angustifolia Undulata', der Gewellte Schmale Hirschzungenfarn. In Steingärten mit Tuffsteinen, die verschiedene Hirschzungen beinhalten, können allerlei neue Zwischenformen spontan entstehen.

Polypodium interjectum 'Cornobiense', Cornwall-Tüpfelfarn. 50 cm hoch, die Wedel stehen aber locker. Der Farn paßt dadurch auch in kleinere Steingärten. 'Hadwinii'. 25 cm hoch. Wo die vorhergenannte Art zu groß erscheint, kann diese Sorte verwendet werden.

Polypodium vulgare, Tüpfelfarn, Engelsüß. Etwa 30 cm hoch. Die Art mag keinen Kalk. Es gibt davon auch einige hübsche Formen. Die Sorte 'Bifido Multifidum', Gabel-Tüpfelfarn, hat 30 bis 40 cm lange Wedel. Die Wedel von 'Ramosum', Zwillings-Tüpfelfarn, werden nur 20 bis 25 cm lang.

Polystichum lonchitis, Lanzenfarn. Trotz der Wedellänge von 40 bis 50 cm (an trockener Stelle kürzer), kann der Lanzenfarn wegen der schmalen Wedel empfohlen werden.

Polystichum mohrioides, Falkland-Schildfarn. Etwa 30 cm hoch. Eine schöne, wintergrüne Art für absonnige Steingartenplätze.

Polystichum setiferum 'Congestum'. Etwa 35 cm hoch. Bildet aufrechte Wedel. Ähnlich, aber mit kammförmiger Vergabelung wirkt die Form 'Congestum Cristatum'.

Adiantum venustum überbringt einen Gruß vom Himalaja.

Beide Sorten wirken hübsch im Steingarten.

Polystichum tsus-simense, Tsuchima-Schildfarn. 30 cm hoch. Hübscher kleiner Farn, der aber nur im Weinbauklima voll winterhart sein dürfte.

Thelypteris hexagonopera, Amerikanischer Buchenfarn. Die 35 bis 40 cm hohen Wedelchen treiben aus weitkriechenden Rhizomen, der Farn wird dabei kaum lästig.

Thelypteris phegopteris, heimischer Buchenfarn. Wedellänge etwa 30 cm. Ähnlich der vorhergenannten Art. Die Art läßt sich trotz der Ausläufer gut unter Kontrolle halten.

Woodsia polystichoides, Fernost-Wimpernfarn. Die Wedel werden nur 12 bis 20 cm hoch. Für absonnige Steingartenplätze und für absonnige Trockenmauern.

Der Wert der Farne selbst für kleine Steingärten darf nicht unterschätzt werden. Diese Gartenteile dürfen sich nicht in einem Blütenfeuerwerk im April und Mai erschöpfen. Sie sollen auch ein dekoratives Bild in den blütenärmeren Monaten ergeben. Dazu tragen nicht unwesentlich die Klein- und Kleinstfarne bei. Erweist sich für die eine oder andere Art der gewählte Pflanzplatz als zu sonnig oder zu trocken, kann man sie umpflanzen, sogar während der Vegetationsperiode.

Kleine Farne als Partner zu niedrigen Gehölzen

Die Farnpalette erweitert sich jetzt beträchtlich, hier werden daher nur die wichtigsten Arten und Formen genannt. Viele dieser bis etwa 50 cm hohen Arten fühlen sich im lichten Halbschatten so richtig wohl. Die bereits in den vorangegangenen Abschnitten genannten kleinsten Farne können in vielen Fällen als Gehölzpartner Verwendung finden. Bei der Auswahl sollte man auf die richtigen Proportionen achten. Als Faustzahl gilt, daß die Farne nur ein Drittel der Höhe von den sie umgebenden Gehölzen erreichen sollten, wobei es natürlich in Einzelfällen Ausnahmen geben kann. Die folgende Auswahlliste berücksichtigt besonders das vorhandene Angebot. Spezialgärtnereien im Ausland bieten oft ein wesentlich breiteres Angebot an, in Einzelfällen erhält man Raritäten über Botanische Gärten. Manchmal läßt sich das Sortiment an Kleinfarnen auch durch »Reisemitbringsel« ergänzen. Besonders der »Pacific-Northwest« in den nördlichen USA, Kanada und der Himalaja sind ertragreich, aber bei der Entnahme von Wildpflanzen ist unbedingt das Washingtoner Artenschutzabkommen zu beachten. Kein echter Pflanzenfreund stiehlt vom Aussterben bedrohte Pflanzen oder schädigt durch die Entnahme die sehr empfindsame Hochgebirgsflora.

Adiantum pedatum, Pfauenradfarn, Hufeisenfarn. Etwa 50 cm hoch, unter günstigen Umständen auch ein wenig höher. Der wertvolle, dekorative Farn darf nicht eingezwängt zwischen anderen Farnen stehen. Er braucht einen ziemlich freien Stand, damit seine Schönheit zur Geltung kommt. In luftfeuchten Gebieten kann er auch in Steinspalten stehen. Ich selbst sah einen solchen Platz in der Natur auf der Insel Sitka in Alaska.
'Japonicum', Frühroter Pfauenradfarn. Bleibt etwas kleiner als die Art, zeigt einen schönen, kupferroten Austrieb.
Athyrium filix-femina 'Cristatum', Hahnenkamm-Frauenfarn. Der heimische Frauenfarn wird mit einer Höhe von 80 bis 100 cm für unsere Zwecke schon zu hoch, es gibt jedoch unter den zahlreichen Formen auch einige, die die 50-cm-Grenze

nicht überschreiten. Der Hahnenkamm-Frauenfarn gehört dazu, seine Wedel und Fieder sind an der Spitze fein zerteilt.
'Frizelliae', Halbmond-Frauenfarn. Wedellänge etwa 30 bis 40 cm und schmal. Der etwas bizarre Farn paßt auch noch in kleine Steingärten.
'Pseudo-Victoriae', Harpunen-Frauenfarn. Wedel nur 25 bis 30 cm lang mit rechtwinklig verzweigten Wedelchen.
Cyrtomium fortunei, Sichelfarn, Bergwald-Sagopalmenfarn. 50 cm hoch. Mit dunkelgrünen, aufrechten, einfach gefiederten Wedeln. Wächst sehr langsam. Schutz vor Wintersonne erforderlich.
Cystopteris fragilis, Felsen-Blasenfarn, Gemeiner Blasenfarn. Wedellänge 10 bis 40 cm. Die Art ist sehr variabel.
Dryopteris affinis (syn. *D. borreri*) 'Crispa', Krauser Goldschuppenfarn. Wedellänge 40 bis 50 cm. Dicht und auffällig gekräuselte Wedel.
'Cristata Angusta', Schmaler Troddel-Goldschuppenfarn. Wedellänge 30 bis 40 cm. Gegabelte Wedelspitzen.
Dryopteris erythrosora, Rotschleierfarn. Erreicht im Kontinentalklima kaum 50 cm, kann in maritimen Gebieten aber auch etwas höher werden. Wintergrün. Vor Wintersonne schützen.
Dryopteris filix-mas 'Linearis', Leiter-Wurmfarn. Überschreitet im Landklima kaum 50 cm Höhe. Grob zerschlitzte Wedel mit lineal-lanzettlichen Fiederblättchen.
'Linearis Polydactylon', Schellenbaumfarn. 50 cm hoch, im atlantischen Klima auch etwas höher. Fein zerteilte Wedel.
Dryopteris odontoloma, Himalaja-Wurmfarn. 40 bis 50 cm hohe, langgestielte Wedel mit wechselständigen Fiedern.
Onoclea sensibilis, Perlfarn. 40 bis 50 cm hoch. Dieser Farn soll zwar genannt werden, doch ist im Hausgarten Vorsicht angebracht. Mit Hilfe seiner Ausläufer durchwuchert er ganze Gartenteile, so zum Beispiel in meinem Garten.
Osmunda claytoniana, Kronen-Königsfarn.

40 bis 50 cm hoch. Dieser einzige niedrige Königsfarn hat sehr breite Wedel und kann auch lichter stehen.

Phyllitis scolopendrium, Hirschzunge. Auf Seite 116 wurden schon verschiedene Sortenempfehlungen gegeben. Zu niedrigen Gehölzen passen die höheren, 30 bis 50 cm hohen Sorten, aber auch die eigentliche Art. Auf Sortenangaben kann hier verzichtet werden.

Polystichum aculeatum, Glanz-Schildfarn, Harter Schildfarn. 40 bis 50 cm hoch. Die verschiedenen Höhenangaben in Katalogen sind auf die unterschiedliche Luftfeuchtigkeit des Standortes zurückzuführen. Die angegebene Höhe kann im maritimen Klima überschritten werden.

Polystichum munitum, Kalifornischer Schwertfarn. 30 bis 40 cm, im atlantischen Klima auch etwas höher. Braucht Schutz vor Wintersonne!

Polystichum rigens, Steifer Bärentatzenfarn. Die 30 bis 50 cm langen Wedel bilden lockere Trichter. Wintergrün, aber Schutz vor Wintersonne erforderlich.

Polystichum setiferum 'Ivernum'. 30 cm hoch. Von den Filigranfarnen gibt es eine ganze Reihe von Sorten, die nur etwa 50 cm hoch werden. Diese bleibt besonders niedrig und hat moosgrüne, feingefiederte Wedel.

'Plumosum Densum', Flaumfeder-Filigranfarn, Flaumfederfarn. 30 bis 40 cm. Die Fiederchen greifen übereinander, oft dreifach gefiedert. Wirkt sehr schön.

'Proliferum'. Schmaler Filigranfarn, Bulben-Filigranfarn. 40 bis 50 cm hoch. Auch hier beeinflussen die klimatischen Verhältnisse die Höhe. Die Wedel sind sehr fein zerteilt.

'Proliferum Dahlem', Bulben-Schildfarn. 50 cm hoch. Doch die Sorte wird mehr breit als hoch, was zu berücksichtigen ist. Wertvoller Farn!

'Proliferum Wollastonii', Schindel-Filigranfarn. 50 cm hoch. Locker gefiederte, lange, frischgrüne Wedel.

Thelypteris decursivepinnata, Tausendfüßlerfarn. Wedellänge etwa 30 bis 40 cm. Die Fiedern sind linearisch-locker angeordnet.

Thelypteris palustris, Sumpf-Lappenfarn. 20 bis 25 cm hoch. Ein Kleinfarn für sehr feuchte, auch sumpfige Stellen.

Die kleine Farnschlucht

Wer sie kennt, verbindet den Begriff »Farnschlucht« unwillkürlich mit der hübsch gestalteten, großen Anlage im Botanischen Garten von München in Nymphenburg. So etwas Ähnliches läßt sich auch in stark verkleinertem Maßstab im kleinen Hausgarten gestalten. Das Wort »Schlucht« wirkt dann zwar schon übertrieben, aber wer es genau nimmt, kann auch Steingartensenke oder Hohlweg dazu sagen. Die ganze Anlage braucht dabei nur wenige Meter lang zu sein. Auf alle Fälle handelt es sich um einen vertieft angelegten Weg, wobei der Aushub an beiden Seiten zur Anlage einer Böschung dient. Je tiefer die Wegführung liegt, desto größer werden die dabei gewonnenen seitlichen Pflanzflächen. Will man hauptsächlich Farne verwenden, sollte der seitliche Winkel nicht zu groß sein, aber keineswegs langweilig gleichmäßig, sondern steilere Böschungen sollten sich mit flacheren abwechseln. Seitlich werden darin einzelne Steingruppen eingebaut, die ruhig zum Großteil sichtbar bleiben können. Wieder wirken einige größere Steine besser als viele kleine. Die Wegführung ist an keine Richtung gebunden, aber bei West-Ost-Richtung ist zu bedenken, daß die eine Seite starke Sonnenbestrahlung erhält. Sie kann durch schattenspendende Gehölze oder durch sonnenverträglichere Pflanzen ausgeglichen werden. Die Bepflanzung richtet sich nach der Größe der Anlage, die Wahl läßt sich aus allen genannten Farn-Größenklassen treffen.

Bei kalkhaltigem Boden ist das Sortiment stark eingeengt, bei leicht saurer Bodenreaktion lassen sich dagegen alle Farne verwenden. Selbst der kalkliebende Hirschzungenfarn wächst noch gut in leicht saurem Substrat. Man kann eine solche Anlage ausschließlich mit Farnen bepflanzen, meist wird man jedoch geeignete Wildstauden-Partner dazusetzen. Besonders die *Hosta* ist zu erwähnen, die es auch in vielen kleinen und sogar zwergigen Arten und Formen gibt.

Perfektionisten können die Nymphenburger Anlage noch exakter kopieren, indem sie in der kleinen Anlage am Rande des Weges ein schmales Rinnsal dahinplätschern lassen. Mit käuflichen Pumpen, kombiniert mit Schwimmern, die den Verdunstungsverlust durch Zufluß aus der Wasserleitung regeln, ist das kein Problem. Möglicherweise überschreiten die Pflanzen unter solch günstigen Bedingungen etwas die in den Listen angegebenen Höhen.

Selbst in der kleinen Anlage sollte man keinen »Streuzucker-Effekt« anstreben und nicht zu viel durcheinander pflanzen. Es wird in Dreiergruppen gepflanzt, vereinzelt auch in Fünfergruppen, dazwischen kann dann eine Pflanze als Solitär stehen. Gerade mit Farnen lassen sich auf diese Art leicht naturnahe Effekte erzielen. Oft finden sich dann Tiere von selbst ein wie Kröten, Frösche und – wo es nicht zu schattig ist – auch Eidechsen.

Zwerg-Iris

Allgemeine Hinweise

Die Gattung *Iris* stellt in jeder Hinsicht eine der vielfältigsten Pflanzengattungen für den Garten dar. Praktisch gibt es Schwertlilien für fast alle Gartensituationen, vom Stand im Wasser bis zum trockensten Platz, mit Blüten unterschiedlichster Form und Farbe. Die Blütezeit aller Arten zusammengenommen reicht fast rund ums Jahr, dementsprechend gibt es *Iris* in vielerlei Höhenabstufungen, wobei die Zwerge eine wichtige Rolle spielen. *Iris* gehö-

ren auch in den kleinsten Garten. Die Blühdauer einer einzelnen Pflanze ist nie sehr ausgedehnt, aber durch die Blütenfolge der Arten und Sorten entstehen immer wieder einzelne Höhepunkte. Je kleiner die Pflanzflächen, desto intensiver läßt sich vor der Pflanzung die Erdvorbereitung durchführen. Bei einigen *Iris* spielt nämlich die Bodenreaktion eine Rolle und bei den trockenheitsliebenden die Dränage. Im kleinen Garten wird man von größeren flächigen Pflanzungen absehen, Einzelexemplare oder Dreiergruppen werden die

Hübsche Zwergiris-Pflanzung im Garten Erhardt, Langenstadt.

Regel sein. *Iris*, selbst viele Zwerge, wachsen vertikal aufstrebend. Sie wirken besonders gut, wenn die sie umgebenden Pflanzen niedriger sind und flächiger wachsen.

Iris in Trögen und Schalen

Es gibt selbst für kleinste Flächen geeignete Arten. Normalerweise stehen die zu bepflanzenden Behältnisse in voller Sonne, die verwendeten *Iris* müssen deshalb trockenheitsresistent sein. Hier bieten sich besonders die Arten der niedrigen Bart-Iris an, die in größeren Steingärten zwischen den üppig wachsenden Polstern oft »untergehen«. In Trögen und Schalen sind die niedrigen Formen der echten *Iris pumila* am richtigen Platz, weiter *Iris pumila* ssp. *attica* (syn. *I. attica*) und kleinere Formen von *Iris lutescens* (syn. *I. chamaeiris*). Schön wirkt *Iris suaveolens* (syn. *I. melitta*) mit ihren rauchigen, gelblichen und rötlichen Blütenfarben und *Iris suaveolens* var. *rubromarginata*, deren sichelförmige Blätter einen schmalen rötlichen Rand zeigen. *Iris humilis*, die kleine Sand-Iris (syn. *I. arenaria*), paßt bei guter Dränage ebenfalls in Tröge. Selbstverständlich eignen sich auch zwergige Züchtungen. Aus den vielen Züchtungen der MD (= Miniatur-Dwarfs) seien genannt: 'April Accent', 'Blue Beret', 'Bright White', 'Christine', 'Crispy', 'French Wine', 'Gizmo', 'Lemon

Die Sorten von Iris germanica (Barbata-Nana-Gruppe) eignen sich für trockene Standorte.

Puff', 'Little Sunbeam', 'Quip', 'Three Cherries', 'Vari Bright' und 'Zipper'.

Steht der Trog oder Kübel im Halbschatten, kann man auch *Iris lacustris* als kleinste *Iris* pflanzen, ebenfalls *Iris cristata* und deren Sorte 'Alba'. Von *Iris setosa* gibt es eine zwergige Form, *Iris setosa* 'Dwarf Form', mit etwa 20 cm Höhe, die treu aus Samen fällt, es muß aber die echte sein.

Iris im Steingarten und Alpinum

Alle im vorhergenannten Abschnitt genannten *Iris* können auch im Steingarten gepflanzt werden, wobei allzu raumgreifende Nachbarn zu vermeiden sind. Im Alpinum sollte man ebenso wie im naturnah gestalteten Steingarten bei der Verwendung von Züchtungen vorsichtig sein. Ebenso können alle kleinen Zwiebel-Iris gepflanzt werden, die im folgenden Abschnitt näher aufgelistet sind. Von den kleinen Bart-Iris-Arten eignen sich *Iris reichenbachii* und die kaukasische *Iris furcata*, ebenso die kleinen Formen von *Iris variegata* und *Iris aphylla*. Die aus dem Himalaja stammenden Pseudoregelia-Iris, *Iris kamaonensis* und *Iris hookeri* mit ihren gefleckten Blüten, passen in kalkfreie Partien, und von den Regelia-Iris bleibt *Iris bludowii* niedrig genug.

Von den Junos erweisen sich *Juno (Iris) bucharica*, *Juno (Iris) graeberiana* und *Juno (Iris) magnifica* als völlig winterhart. Die letztgenannte wird etwas höher und sollte nur in größere Steingärten gesetzt werden. Winterschutz benötigen *Juno (Iris) nusairensis*, *Juno (Iris) orchioides*, *Juno (Iris) willmottiae* 'Alba' und *Juno (Iris) aucheri*. Es gibt zudem eine ganze Reihe kleiner Arten, die sich aber alle sehr schwer erhalten lassen, wenn überhaupt. Schön und niedrig sind beispielsweise *Juno (Iris) caucasica* und *Juno (Iris) pseudocaucasica*.

Von den bartlosen kleinen *Iris* muß noch einmal auf *Iris setosa* 'Dwarf Form' hingewiesen werden. *Iris ruthenica* bildet kleine, grasartige Flächen. Von den Zwerg-Spuria-Iris muß auf

Iris pontica, I. graminea (nicht für sehr kleine Steingärten), *I. urumovii* und *I. pseudocyperus* hingewiesen werden. Für den Halbschatten eignen sich *I. lacustris, I. cristata* und die elegante *I. gracilipes*.

Bei den Züchtungen der niedrigen Bart-Iris wollen wir auf größere Aufzählungen verzichten, weil sich im Grunde alle für kleine, naturnah gestaltete Partien eignen. Lediglich einige eigene Lieblinge möchte ich erwähnen, die Sorten 'Allotria', 'Bembes', 'Gingerbread Men', 'Goldhaube', 'Lady', 'Stockholm' und 'Toskaner Prinz'.

Kleine Zwiebeliris

Die Systematik von Rodionenko, Leningrad, trennt diese kleinen Kostbarkeiten von den *Iris* ab und etabliert sie als eigene Gattung *Iridodictyum.* Wer sich hier nicht anschließen möchte, kann genausogut die Bezeichnung *Iris* dafür setzen. Um Schwierigkeiten aus dem Wege zu gehen, kürzen wir die Gattungsbezeichnung in diesem Abschnitt einfach ab und schreiben sie als »I.«.

Manche Zwiebeliris haben leider die unangenehme Eigenschaft, daß nach dem Abblühen die Mutterzwiebel in unzählige kleine Brutzwiebelchen zerfällt, die selbstverständlich nicht blühfähig sind. Diese Unart zeigen besonders die gelbblühende *I. danfordiae* und die violette *I. reticulata.* Andererseits werden deren Zwiebeln so preisgünstig angeboten, daß man sie jährlich neu legen kann. Es gibt aber auch gut ausdauernde Arten, die sich sogar durch Selbstaussaat behaupten, dazu gehört die großblütige *I. histrioides* var. *major,* während die kleinblütige *I. histrioides* var. *sopheriensis* sehr selten zu bekommen ist. *I. histrio* ist nicht völlig winterhart im Gegensatz zu der aus der Türkei stammenden *I. histrio* var. *aintabensis.* Diese Art stellt die am frühesten blühende kleine Zwiebeliris dar. Die weißliche *I. vartanii* ist bei uns nicht winterhart und kann lediglich in Töpfen gehalten werden. Schön wirkt noch *I. bakerianum,*

während die kleinen *I. hyrcanum* und *I. pamphylicum* eher selten sind. Eine Kostbarkeit (und deshalb entsprechend teuer) ist *I. winogradowii* aus dem Kaukasus. Entsprechend sorgfältig wähle man für sie den Pflanzplatz. Sicherer erscheint die Kultur in Töpfen, die in den kalten Kasten kommen oder ins Alpinenhaus. Neben der Sektion *Iridodictyum* der Gattung *Iridodictyum* gibt es noch eine Sektion *Menolepis.* Die darin enthaltene *I. winkleri* ist nicht erhältlich und steht auch in der Sowjetunion auf der roten Liste, die andere Art, *I. kolpakowskiana,* wirkt recht hübsch, kommt aber leider ziemlich teuer.

Neben all den Arten gingen auch aus den kleinen Zwiebeliris eine ganze Reihe von Züchtungen hervor. Wegen ihrer Dauerhaftigkeit muß zuallererst die Sorte 'Harmony' an erster Stelle genannt werden. 'Pauline', 'Gordon', 'J.S. Dijt' und 'Springtime' sind weitere Lieblinge neben einer Reihe weiterer Sorten. Ziemlich neu im Sortiment ist die Sorte 'Natascha'.

Zwergige Iris für spezielle Plätze

Im Kapitel »Gartenteich in Miniatur« werden die für diesen Gartenteil geeigneten Schwertlilien aufgeführt, die aber auch an mildfeuchten, halbschattigen Plätzen verwendet werden können. Wo die natürliche Feuchtigkeit nicht ausreicht, baut man in 20 bis 30 cm Tiefe eine Folie ein, die im Abstand von etwa 30 cm Löcher bekommt, es soll schließlich kein eigentlicher Sumpf entstehen. Ich will noch einmal auf die reizende *Iris gracilipes* aufmerksam machen, von der es auch die weißblühende, allerdings sehr seltene Form 'Alba' gibt. An den Teich gehören auch die 40chromosomigen *Iris* der Sibirica-Gruppe, besonders *I. forrestii, I. wilsonii, I. dykesii* und *I. clarkei* werden nicht so wuchtig, so daß sie auch noch in kleineren Partien passen. Sehr langsam wächst die auch noch für tieferen Schatten geeignete *Iris foetidissima* 'Variegata', aber sie benötigt Schutz vor Wintersonne.

Iris reichenbachii ist eine der Arten, die vom Balkan in unsere Gärten kamen.

Iris ruthenica.

Iris (Juno) nusairensis.

Miniatur-Hemerocallis

Klein, aber oho!

Hier muß erst einmal auf die Gefahr von Verwechslungen aufmerksam gemacht werden. In den letzten Jahrzehnten brach eine ganze Reihe von Neuzüchtungen über uns herein, die hauptsächlich aus den USA stammen. Die Sortennamen sagen über das Wachstum kaum etwas aus, deshalb wurden drei Hybridgruppen geschaffen: erstens Großblütige *Hemerocallis*, zweitens Kleinblütige *Hemerocallis* und drittens Miniatur-*Hemerocallis*. Uns interessiert hier nur die dritte Gruppe, da die kleinblütigen *Hemerocallis* der zweiten Gruppe durchaus hoch wachsen.

Die Miniatur-*Hemerocallis* sind kleine Ausgaben der großen Züchtungen, sogar der Blütenreichtum blieb bei vielen Züchungen erhalten. Auch in der Kultur unterscheiden sich die kleinen nicht von den großen Sorten. *Hemerocallis* sind anspruchslos, wenn auch das Wort von Altmeister Karl Foerster, »Ich habe noch nie eine *Hemerocallis* sterben sehen«, nicht für alle modernen Hybriden zutrifft. Jede Blüte öffnet sich nur etwa einen Tag lang, die Blütezeit der Einzelpflanze zieht sich aber lange hin, wobei sich Blütenhöhepunkte mit blütenlosen Tagen abwechseln, auch bei den kleinen Sorten. Wie bei den hohen Züchtungen stellt auch bei den kleinen der Blattbusch außerhalb der Blütezeit eine Zierde dar. Bei den Kleinausgaben gilt das gleiche wie bei den hohen – gelbblütige Sorten können stärker in beschattete Gartenpartien vordringen, ohne ihren Blütenreichtum einzubüßen, als andersfarbige Sorten.

Die kleinsten Ausgaben eignen sich durchaus noch für den Steingarten oder für »mobile Gärten«. Mit Miniatur-*Hemerocallis* lassen sich eigenständige kleine Gruppen gestalten, oder man kann sie in Kombination mit anderen kleinen Beetstauden (»Prachtstauden«) kombinieren. Gruppen im kleinen Vorgarten benötigen wenig Platz oder passen in die Uferzone von Wasserflächen, selbst wenn sie im Wurzelbereich nicht mit dem Wasser in Verbindung stehen. Eigentlich kann man mit Miniatur-*Hemerocallis* kaum etwas falsch machen.

Auch 40 bis 50 cm hohe Zwerg-Hemerocallis können an geeigneter Stelle als Solitär dienen.

Kleine Hemerocallis-Wildarten

Die Auswahl ist nicht sehr groß, da die meisten *Hemerocallis*-Arten recht hoch werden. Zwei Taglilien-Arten stehen in meinem Garten seit Jahrzehnten und können uneingeschränkt empfohlen werden – *Hemerocallis dumortieri* und *H. minor*. Beide passen sehr gut an den Rand von kleinen Wasserbecken, als Vorpflanzung zu etwas höheren Gehölzgruppen und in kleine Wildstauden-Pflanzungen. *Hemerocallis dumortieri* (Dumortier's Taglilie) bleibt sehr niedrig, je nach Standort wird sie 15 bis 60 cm hoch. Die Blätter stehen eher steif-aufrecht, die Knospen sind bräunlichrot gefärbt, die Blüten zeigen einen orangefarbenen Schlund. Meist blüht sie im Garten als die erste der Taglilien. Das Gegenstück in Zitronengelb ist *Hemerocallis minor*, die Zwerg-Taglilie. Die Blätter sind 35 bis 55 cm lang, der Blütenstengel erreicht eine Länge von 45 bis 60 cm. Er trägt zwei bis fünf kräftig-reingelbe Blüten. Leider geistern durch die Anzuchtbetriebe verschiedene Klone dieser Art, darunter auch ein faulblühender Typ, der ausgemerzt gehört.

In der Literatur findet man noch weitere kleine *Hemerocallis*-Wildarten, die aber empfindlich und kaum zu erhalten sind, wie *H. darrowiana*, *H. forrestii* und *H. nana*.

Miniatur-Hemerocallis-Züchtungen

Die beliebtesten Sorten

Leider sind diese Neuzüchtungen noch wenig in deutschen Gärtnereien verbreitet. Lediglich die älteren Sorten 'Corky' und 'Golden Chimes' findet man häufiger im Angebot, sie werden aber schon etwas zu groß. Die Liste nennt Pflanzen unterschiedlicher Größen, die etwa von 20 bis 60 cm reichen.

Die folgenden Sorten sind der Beliebtheitsliste der Gesellschaft der Staudenfreunde entnommen.

'Baby Julia'. 60 cm hoch. Goldgelb-apricot mit rosa Schlund.

'Berti Ferris'. 50 cm. Orange-tangerine.

'Bridget'. 50 cm. Schwarzrot mit gelbgrünem Schlund.

'Bumble Bee'. 30 cm. Hellgelb mit rosa Auge.

'Cosmic Hummingbird'. 60 cm. Honiggelb-pfirsich mit rubinrotem Auge und grünem Schlund.

'Curls'. 50 cm. Tangerine-orange.

'Darling Eyes'. 50 cm. Hellpink mit rosa Auge.

'Kokeshi'. 60 cm. Preiselbeerrot mit gelbgrünem Schlund.

'Little Brown Koko'. 60 cm. Braun mit purpurbraunem Auge und Goldschlund.

'Little Business'. 38 cm. Gedämpftes Himbeerrot mit cremegrünem Schlund.

'Little Cadet'. 46 cm. Cremegelb mit rotem Auge und grünem Schlund.

'Little Fellow'. 60 cm. Lavendelfarben mit dunklem Kranz und grünem Schlund.

'Little Grapette'. 30 cm. Pflaumenfarben mit dunklerem Kranz und zitronengelbem Schlund.

'Little Gypsy Vagabond'. 36 cm. Gelb mit schwarz-purpurnem Auge und grünem Schlund.

'Little Joy'. 60 cm. Blutrot mit dunklem Auge und grünem Schlund.

'Little Lassie'. 46 cm. Lavendelfarben mit grünem Schlund.

'Little Wart'. 60 cm. Lavendelfarben mit grünem Schlund.

'Little Woman'. 60 cm. Rötlichgelbes Pink mit kirschrotem Auge und grünem Schlund.

'Little Zinger'. 41 cm. Rot mit tiefgrünem Schlund.

'Pardon Me'. 45 cm. Rot mit gelbgrünem Schlund.

'Siloam Red Toy'. 50 cm. Rot mit leicht dunklem Auge und grünem Schlund.

'Stella de Oro'. 28 cm. Goldgelb mit grünem Schlund.

'Thumbelina'. 40 cm. Orangegold.

'Tiny Pumpkin'. 40 cm. Orange mit grünem Schlund.

Miniatur-Hemerocallis

Die Züchtung befindet sich noch völlig im Fluß, so daß zu erwarten ist, daß in absehbarer Zeit Miniatur-*Hemerocallis* jeder Größe und in jeder Farbe zur Verfügung stehen. Wichtig ist dann die Beurteilung und Auslese. Auch die Zwerge dürfen nicht nach fünf Jahren nur noch träge blühen, so daß ein Umpflanzen erforderlich wird.

Die folgende Übersicht enthält Sorten, meist aus den USA, die die 50-cm-Grenze nicht überschreiten – ihre Bewährung in Mitteleuropa steht teils noch bevor. Aber die Liste enthält auch einige ältere Sorten.

'Agape Love'. 40 cm hoch. Pink-elfenbein mit grünem Schlund.

'Amy Aden'. 36 cm. Helles Pink mit rosa Auge und grünem Schlund.

'Baby Ruth'. 38 cm. Babyrosa-fleischfarben mit grünem Schlund.

'Barbara Corsair'. 41 cm. Pflaumenviolett mit grünem Schlund.

'Bitsy'. 46 cm. Zitronengelb, trompetenförmige Blüten.

'Black Pearl'. 40 cm. Maronenfarben mit grünem Schlund.

'Blue Nile'. 40 cm. Purpurblau mit cremegrünem Schlund, gekräuselt.

'Bold Wonder'. 46 cm. Cremepink, burgunderfarben überlaufen, mit goldgelbem Schlund.

'Brilliant Luster'. 43 cm. Gelb mit rosa Rippen und grünem Schlund.

'Bubbling Champagne'. 38 cm. Orchideenrosa mit pinkfarbenem Schlund.

'Button Box'. 41 cm. Hellrosa mit burgunderfarbenem Auge und gelbgrünem Schlund.

'Celtic Sunrise'. 38 cm. Leuchtendrosa mit aprikosenfarbenem Schlund.

'Cenla Pecan'. 46 cm. Hellpink mit maronenfarbenem Auge und grünem Schlund.

'Chinese Imp.' 41 cm. Hellrosa mit burgunderfarbenem Auge und gelbgrünem Schlund.

'Corsican Bandit'. 46 cm. Elfenbeincremefarben mit dunkel-rotpurpurnem Auge und grünem Schlund.

'Country Club'. 46 cm. Babyrosa mit lavendelfarbenem Rand und grünem Schlund.

'Daily Bread'. 43 cm. Orangegelb.

'David Paul French'. 46 cm. Goldgelb mit Bronze, mit gelbem Schlund.

'Dragon Wings'. 48 cm. Rot mit grünem Schlund.

'Dutch Lady'. 43 cm. Gelb, pink überlaufen, mit grünem Schlund.

'Edna Spalding Memorial'. 36 cm. Gelbgrün mit grünem Schlund.

'Ella Gee'. 43 cm. Mittelgelb.

'Fairy Charm'. 46 cm. Cremegelb, rosa überlaufen, mit grünem Schlund.

'Fox Grape'. 36 cm. Blaupurpur mit silbernem Rand und grünem Schlund.

'Fuchsia Fairy'. 38 cm. Fuchsienrot mit grünem Schlund.

'Gamblers Prize'. 36 cm. Goldgelb mit gelbgrünem Schlund.

'Garden Doll'. 41 cm. Rosapurpur mit aprikosenfarbenem Schlund.

'Garden Puppet'. 46 cm. Hellrosa mit cremefarbenem Rand und grünem Schlund.

'Geneva Mercer'. 46 cm. Hellgelb mit grünem Schlund.

'Grace Cup'. 46 cm. Cremerosa mit grünem Schlund.

'Green Puff'. 38 cm. Kanariengelb mit grünem Schlund.

'Happy Diamond'. 36 cm. Cremegelb mit grünem Schlund.

'Homeward Bound'. 43 cm. Pfirsichfarben mit rosa Schimmer, grünem Schlund.

'Irish Eye'. 46 cm. Hell-cremerosa mit maronenfarbenem Auge und gelbem Schlund.

'Ivory Pearl'. 48 cm. Creme-elfenbein mit grünem Schlund.

'Kevin'. 46 cm. Bräunlich mit goldgelbem Schlund.

Die Hemerocallis-Hybride 'Kathrinchen' ist eine Züchtung des Autors.

Hemerocallis-Hybride 'Little Wart'.

'Knickknack'. 36 cm. Orangegold mit grünem Schlund.

'Lake Pixie'. 46 cm. Leuchtendgelb.

'Laura Pooh'. 43 cm. Cremerosa mit grünem Schlund.

'Leprechauns Lace'. 38 cm. Creme-pfirsichfarben mit goldgelbem Schlund.

'Little Big Man'. 41 cm. Gelb mit purpurfarbenem Auge und grünem Schlund.

'Little Carnation'. 46 cm. Goldgelb.

'Little Creme Puff'. 46 cm. Cremefarben mit rotem Auge und grünem Schlund.

'Little Dandy'. 41 cm. Dunkelrot-purpur mit grünem Schlund.

'Little Dream Red'. 38 cm. Dunkelrot mit grünem Schlund.

'Little Fat Dazzler'. 41 cm. Rosarot mit grünem Schlund.

'Little Gipsy'. 41 cm. Lavendelfarben mit grünem Schlund.

'Little Greenie'. 46 cm. Grüngelb mit grünem Schlund.

'Little Idy'. 36 cm. Pink mit rosa Rand und grünem Schlund.

'Little Lassie'. 46 cm. Lavendelfarben mit grünem Schlund.

'Little Lavender Fairy'. 46 cm. Lavendelfarben mit purpurfarbenem Auge und grünem Schlund.

'Little Missy'. 41 cm. Purpur mit weißem Saum und grünem Schlund.

'Little Orange Bird'. 36 cm. Tieforange mit rosa Auge.

'Little Papoose'. 38 cm. Rot mit schwachem Kranz und gelbem Schlund.

'Little Pink Charmer'. 43 cm. Pink mit grünem Schlund.

'Little Pink Ruffles'. 41 cm. Pink mit grünem Schlund.

'Little Ruffled Grape'. 43 cm. Traubenpurpur mit grünem Schlund.

'Little Wart'. 60 cm. Violett.

'Lona Eaton Miller'. 43 cm. Orangegelb mit hellvioletter Rippe.

Hemerocallis dumortieri.

Hemerocallis-Hybride 'Siloam Red Toy'.

Hemerocallis-Hybride 'Little Orange Bird'.

'Looking Up'. 48 cm. Hell-pfirsichfarben mit gelbgrünem Schlund.

'Loving Memories'. 43 cm. Fast weiß mit grünem Schlund.

'Lullaby Baby'. 48 cm. Rosapink mit grünem Schlund.

'Martha Adams'. 48 cm. Rosapink mit grünem Schlund.

'Mother Jewell'. 46 cm. Gelbgrün mit grünem Schlund.

'Munchkin Moon'. 46 cm. Goldgelb mit grünem Schlund.

'Nagasaki'. 48 cm. Cremegelb mit cremegrünem Schlund, gefüllt.

'Ono'. 46 cm. Hellgelb mit grünem Schlund.

'Pandoras Box'. 48 cm. Cremefarben mit purpurfarbenem Auge und grünem Schlund.

'Papeye'. 38 cm. Hellgold mit maronenfarbenem Auge und grünem Schlund.

'Party Toy'. 46 cm. Hell-pfirsichrosa mit gelbem Schlund.

'Periwinkle'. 48 cm. Gelbliches Rosapink mit grünem Schlund.

'Picture Perfekt'. 46 cm. Goldgelb mit grünem Schlund.

'Pink Circle'. 41 cm. Pink mit dunklem Auge und grünem Schlund.

'Pink Embers'. 48 cm. Lachs-pinkfarben mit tangerinefarbenem Schlund.

'Pixie Parasol'. 36 cm. Pfirsichpink mit grünem Schlund.

'Pixie Plum'. 56 cm. Pflaumengrau mit hellem Auge und gelb-cremefarbenem Schlund.

'Pony Ride'. 38 cm. Goldgelb mit grünem Schlund.

'Pyewacket'. 33 cm. Kalkig rosa mit purpurfarbenem Auge und grünem Schlund.

'Rodger Croker'. 46 cm. Leuchtend-rosarot mit dunkelrotem Auge und grünem Schlund.

'Rose Ruffling'. 38 cm. Hellrosa mit dunklem Kranz und grünem Schlund.

'Sadie Lou'. 48 cm. Creme-pinkfarben mit grünem Schlund.

'Saucy Rogue'. 41 cm. Weinrot mit cremegrünem Schlund.

'Seductress'. 46 cm. Beige-lavendelfarben mit purpurfarbenem Saum und Kranz, grünem Schlund.

'Siloam Baby Doll'. 46 cm. Aprikosenfarben mit rosa Auge und grünem Schlund.

'Siloam Baby Talk'. 38 cm. Hellrosa mit sattrosa Kranz und grünem Schlund.

'Siloam Bo Peep'. 46 cm. Orchideenrosa mit pflaumenblauem Auge und grünem Schlund.

'Siloam Bye Lo'. 41 cm. Rosa mit rotem Auge und grünem Schlund.

'Siloam Candy Girl'. 46 cm. Leuchtendpink mit rosarotem Auge und grünem Schlund.

'Siloam Edit Sholar'. 41 cm. Hell-cremefarben mit purpurrotem Auge und grünem Schlund.

'Siloam Gold Coin'. 46 cm. Goldfarben mit grünem Schlund.

'Siloam Jim Cooper'. 41 cm. Rot mit dunklem Auge und grünem Schlund.

'Siloam Kewpie Doll'. 46 cm. Satt-cremefarben mit tiefrosa Auge und grünem Schlund.

'Siloam Little Girl'. 46 cm. Pink mit rosa Auge und goldgelbem Schlund.

'Siloam Peewee'. 45 cm. Cremefarben mit kräftig-purpurrotem Auge und grünem Schlund.

'Siloam Red Toy'. 50 cm. Rot mit etwas dunklerem Auge und grünem Schlund.

'Siloam Royal Prince'. 48 cm. Rotpurpur mit grünem Schlund.

'Siloam Show Girl'. 46 cm. Rot mit dunklem Auge und grünem Schlund.

'Siloam Teddy Bear'. 46 cm. Cremefarben mit rosa Auge und grünem Schlund.

'Siloam Tinker Toy'. 41 cm. Hell-cremepink mit maronenfarbenem Auge und grünem Schlund.

'Siloam Tiny Jewel'. 46 cm. Hell-korallenfarben mit dunklem Auge und grünem Schlund.

'Siloam Tiny Tim'. 36 cm. Laubpurpur mit dunklerem Auge und grünem Schlund.

'Siloam Virginia Henson'. 46 cm. Pink mit rubinrotem Auge.

'Silver Swan'. 46 cm. Purpur mit Silberrand, grüner Schlund.

'Ski Chalet'. 46 cm. Hellgelb mit grünem Schlund.

'Sky Kissed'. 46 cm. Purpur mit grünem Schlund.

'Snow Elf'. 46 cm. Fast weiß mit grünem Schlund.

'So Seemly'. 46 cm. Hell-grüngelb mit grünem Schlund.

'Spritely Lass'. 41 cm. Rosarot mit grünem Schlund.

'Storm Witch'. 38 cm. Malven- bis lavendelfarben mit grünem Schlund.

'Thumbelina'. 40 cm. Orangegold.

'Toma'. 43 cm. Zweifarbig lavendel- und orangefarben.

'Toy Time'. 46 cm. Purpur mit gelbgrünem Schlund.

'Willy Rua'. 46 cm. Bräunliches Amberrosa mit goldgelbem Auge und grünem Schlund.

'Yazoo Parfait'. 46 cm. Rosa bis pink mit zitronengelbem Schlund.

'Yellow Baby'. 46 cm. Gelb mit grünem Schlund.

'Yesterday Memories'. 46 cm. Tiefpink mit grünem Schlund.

Man muß sich darüber im klaren sein, daß Züchtungen, die erst wenige Jahre alt sind, sehr teuer kommen. Neben älteren Sorten wie 'Thumbelina', die man für wenige Mark pro Stück erhält, nennt die Liste eine ganze Reihe von Sorten, bei denen der Stückpreis über 100 DM liegt.

Die Kleinsten der Kleinen

Alle hier genannten Sorten stellen echte Miniaturen dar und überschreiten kaum eine Höhe von 30 cm. Leider wachsen einige dieser Kostbarkeiten auch sehr langsam, man braucht also etwas Geduld. An nicht zu trockenen Gartenplätzen, aber auch in »mobilen Gärten«, kann eine Kombination von diesen kleinsten *Hemerocallis* mit echten Zwerg-

Hosta schöne Bilder ergeben. Auf alle Fälle lohnt es sich, diese hübschen Pflanzen immer ins Blickfeld zu rücken und aparte Pflanzplätze für sie auszusuchen.

Extra kleine *Hemerocallis* mit 20 bis 30 cm Höhe können ohne weiteres auch im Steingarten – selbst bei naturnaher Gestaltung – Platz finden, sofern die Blütenfarbe nicht zu schreiend wirkt. Eine geeignete Sorte ist 'Kathrinchen' (Züchter Köhlein) mit hellgelben Blüten, die sehr kompakt wächst. Sie ist im Gegensatz zu vielen amerikanischen Sorten gut wüchsig. Die folgende Liste gibt die kleinsten ausländischen Züchtungen wieder.

'Autumn Lace'. 30 cm hoch. Orange mit olivgrünem Schlund.

'Biddy'. 30 cm. Goldgelb mit grünem Schlund.

'Bonheur'. 23 cm. Cremegelb, wächst sehr langsam.

'Buffys Doll'. 30 cm. Pink mit rotem Auge.

'Bumble Bee'. 30 cm. Hellgelb mit rosa Auge.

'Eenie Fanfare'. 30 cm. Samtigrot mit schmalem weißem Rand und grünem Schlund.

'Eenie Weenie'. 25 cm. Hellgelb mit grünem Schlund.

'Grape Eyes'. 25 cm. Purpur mit dunklem Auge.

'Little Cameo'. 30 cm. Cremefarben mit pfirsichfarbenem Auge und grünem Schlund.

'Little Linck'. 30 cm. Rot mit goldgelbem Schlund.

'Little Magie'. 30 cm. Rosa mit burgunderfarbenem Auge und grünem Schlund.

'Little Tanager'. 30 cm. Dunkelrot mit grünem Schlund.

'Littlest Angel'. 30 cm. Pink mit rosa Auge.

'Mary Reed'. 30 cm. Purpur mit grünem Schlund.

'Raindrop'. 30 cm. Hellgelb.

'Water Witch'. 30 cm. Creme-lila mit purpurfarbenem Auge und grünem Schlund.

'Welchkins'. 30 cm. Purpur mit Blau und rötlichem Kranz, mit grünem Schlund.

Zwerg-Hosta

Ein neuer Trend

Die Staudenzüchtung ist keinesfalls eine Domäne der Berufsgärtner – im Gegenteil. Bei bestimmten Gattungen, bei denen in der Züchtung keine Auslesen aus Massenaussaaten, sondern Handpollination und gezielte Züchtungsarbeit vorherrschen, haben Pflanzenliebhaber beachtenswerte Erfolge errungen. Zuerst waren es die *Iris*, die von Liebhabergruppen bearbeitet wurden, dann folgten Taglilien *(Hemerocallis)* und Lilien, in abgeschwächtem Maße gilt das Gesagte auch für Pfingstrosen (Päonien). Als jüngste Gattung erfreut sich die *Hosta* (auch Funkie genannt) einer besonderen Wertschätzung in Kreisen von Hobbyzüchtern. Liebhaberkreise um die *Hosta* haben vor einigen Jahren in den USA sogar eine Hosta-Gesellschaft gegründet.

Hinter der Gattung *Hosta*, die in Ostasien zu Hause ist, verbirgt sich eine beachtenswerte Artenvielfalt, woraus durch Züchtung inzwischen schon einige hundert Kultivare hervorgegangen sind. Sowohl unter den Arten als auch bei den Sorten finden sich kleine und große Pflanzen. (Die *Hosta*-Hybride 'Tallboy' wird beispielsweise 1,6 m hoch.) Die Höhe erscheint für kleine Gärten weniger ausschlaggebend, größere Beachtung verdient der Durchmesser des Horstes, der 1 m und mehr betragen kann. Man darf durchaus behaupten, daß die Züchtung von Zwerg-*Hosta* Schritt gehalten hat mit der Züchtung großer und mittelgroßer Sorten. Man braucht deshalb selbst bei kleineren Pflanzflächen nicht auf die Sortenvielfalt dieser ostasiatischen Gattung zu verzichten. Gleich, ob es sich um große oder kleine Züchtungen handelt, in erster Linie beruht der Schmuckwert keinesfalls immer auf der Blüte (die bei den meisten Pflanzen durchaus attraktiv wirkt). Zuallererst interessieren Form und Färbung der Blattrosette, denn diese schmückt schließlich von Mai bis zum Frost den Garten.

Der Gartenplatz

Hosta zählen zu den Stauden des Halbschattens, wobei allerdings auch Zugeständnisse an den Standort möglich sind. *Hosta* dürfen durchaus auch in sonnigeren Bereichen stehen, wenn eine erhöhte Boden- und Luftfeuchtigkeit den entsprechenden Ausgleich bringt, was in Uferzonen von kleinen Wasserbecken, Teichen und Tümpeln der Fall ist. Die Lilienfunkie *(Hosta plantaginea)* ist sogar ein ausgesprochenes Sonnenkind, gehört aber wegen ihrer Größe nicht in das hier genannte Sortiment. Die Erfahrung zeigt, daß sich grünlaubige *Hosta* im allgemeinen als sonnenverträglicher erweisen als gelbblättrige und panaschierte Typen.

Hosta sind durchaus in der Lage, weiter in den Vollschatten vorzudringen. Unter Bäumen und Sträuchern halten sie auch großem Wurzeldruck stand, wobei die kleineren Arten selbstverständlich nicht so robust sind wie die großen. Je schattiger der Gartenplatz, desto leichter behaupten sich *Hosta* in trockeneren Böden, in umgekehrtem Verhältnis wie beim sonnigen Standort. Beim Vorstoß in sonnigere und schattigere Zonen benötigen *Hosta* eine nur sehr mäßige Düngung (organisch oder anorganisch). In der Sonne treten an mastigen Pflanzen eher Brandflecken auf, und im

Die Zwerg-Hosta 'Rheingold', eine Einführung des Autors (von Nord-Hokkaido), ist weitgehend identisch mit der Sorte 'Kapitan'.

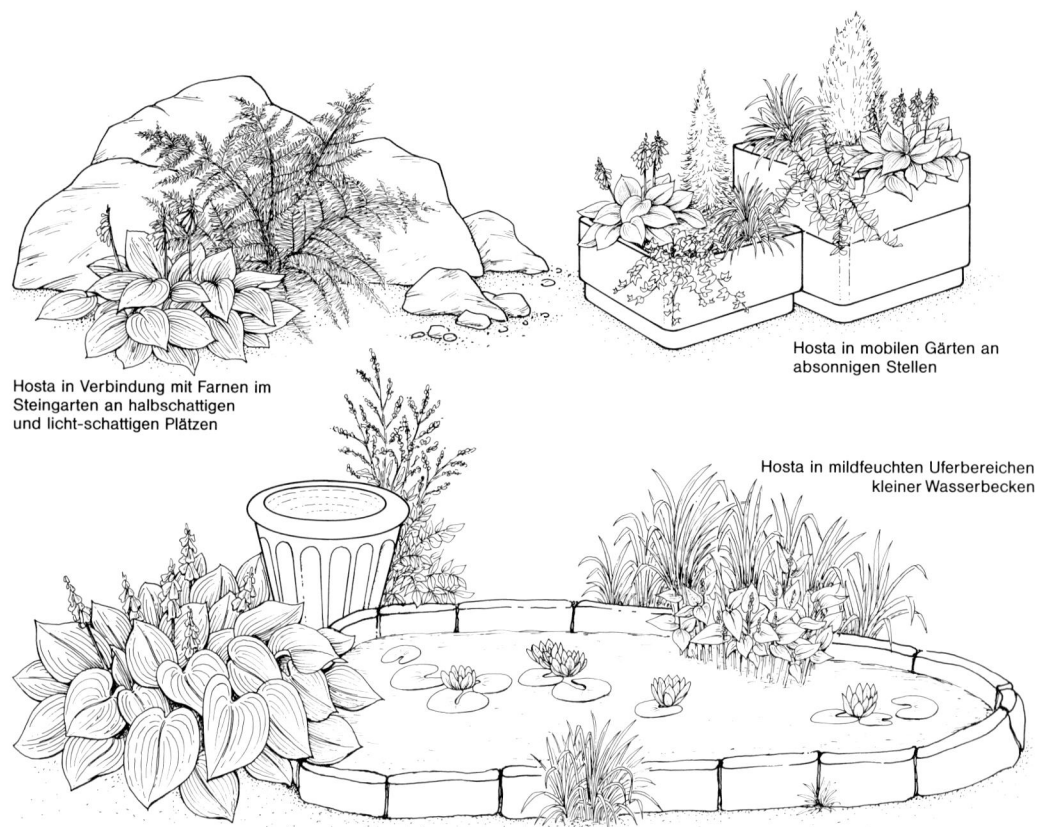

Hosta in Verbindung mit Farnen im
Steingarten an halbschattigen
und licht-schattigen Plätzen

Hosta in mobilen Gärten an
absonnigen Stellen

Hosta in mildfeuchten Uferbereichen
kleiner Wasserbecken

Zwerg-Hosta eignen sich für viele Plätze.

Schatten genügt das verrottete Laub als Nah-
rungsquelle. Im Halbschatten kann man mit
den Düngergaben etwas großzügiger sein,
ohne zu übertreiben, da sonst selbst kleine
Hosta gern etwas zu üppig wachsen.

Bei der Wahl des Pflanzplatzes braucht man
kaum die Blütenfarben beachten, die ohnehin
in einer Farbskala von Dunkelviolett über
Zartlila bis Weiß reichen. Diese Farbtöne harmonieren sowieso miteinander. Sehr wichtig
ist es dagegen, die Blattfarben und -zeichnun-
gen zu beachten. In mehr architektonisch-re-
gelmäßig angelegten Gärten gibt es keine besonderen Auflagen, wobei man auch in kleinen Pflanzungen, die überwiegend aus *Hosta*
bestehen, nicht nach den »Streuzuckereffekt«
vorgehen sollte, sprich alles völlig durcheinander pflanzt. Dreier- oder Fünfergruppen der
gleichen Art erzielen im Gegensatz dazu einen

viel besseren Effekt. Bei mehr natürlich gestalteten Pflanzungen sollte man mit weiß-
oder gelb-panaschierten Pflanzen vorsichtig
umgehen, wogegen die farblich uniformen
Hosta in grünen, gelben, gräulichen oder
bläulichen Tönen durchaus zu akzeptieren
sind, auch wenn es sich dabei um Pflanzen aus
dem fernen Ostasien handelt.

Die kleinen *Hosta* sind genauso pflegeleicht
wie die großen Sorten, eigentlich brauchen sie
überhaupt keine Pflege. Nur während längeren Trockenperioden muß man hin und
wieder wässern. Die Samenstände könnte
man noch abschneiden, aber selbst das Entfernen der übrigen Pflanze erübrigt sich. Beim
ersten Frost erfrieren die Blätter der Pflanze
und liegen pergamentartig auf dem Boden. Im
Frühling holen dann die Würmer die letzten
Reste in den Boden.

Gewisse Schwierigkeiten können bei der Beschaffung auftreten. Die meisten Staudengärtnereien führen nur wenige Sorten, andererseits gibt es einige Spezialgärtnereien, die ein großes Sortiment anbieten. Viele Neuheiten sind anfänglich noch sehr teuer, man wird sich bei der Anschaffung dabei auf einige wenige Exemplare beschränken. Aber im zweiten Jahr kann im allgemeinen schon wieder geteilt werden, so daß sich der Bestand bald erweitert. Bei den Höhenangaben in den folgenden Listen ist zu bedenken, daß die Höhe stark von Standort und Boden abhängt und deshalb immer etwas variieren kann.

Das gängige Kleinsortiment

Im Gegensatz zu den Listen US-amerikanischer Betriebe mutet die folgende Aufstellung noch sehr bescheiden an. Auswahlkriterium war, daß mindestens zwei deutsche Lieferanten die Art oder Sorte anbieten. Leider herrscht hinsichtlich der Nomenklatur oft ein Durcheinander, was zu Verwechslungen führt.

Hosta caput-avis. 15 bis 20 cm hoch. Die zwergige Art aus Japan hat dicke, breite, herzförmige Blätter. Die Blüten sind blaßlila, 4,5 cm lang.

Hosta gracillima. Etwa 20 cm. Ebenfalls eine zwergige Art mit nur 2,5 bis 6 cm langen Blättern. Etwa zehn blaßpurpurne Blüten.

Hosta-Hybride 'Hydon-Sunset'. Etwa 30 cm. Kleine, goldgelbe Blätter. Blüten bläulich.

Hosta hypoleuca. 15 bis 40 cm, je nach Standort schwankend. Silbrig bereifte Blätter, weiße Blüten in dicht beblätterten Trauben.

'Kapitan'. 30 cm. Leuchtend-gelbbunte Blätter. Lila Blüte.

Hosta kikutii. 30 cm. Blätter 15 cm lang. Dichtstehende, etwa 4,5 cm lange, weiße Blüten.

Hosta kikutii var. *yakusimensis*. 15 cm. Blätter lanzettlich, stark geadert. Glocken-blumenartige Blüten mit stark zurückgebogenen Blütenzipfeln.

Hosta lancifolia. Etwa 30 cm. Schmalblättrig. Blaßblaue Blüten.

'Alba'. Weißblühend.

'Albomarginata'. 20 bis 30 cm. Schmale grüne Blätter mit dünnem weißem Rand. Blüte violett.

Hosta longipes. 20 bis 30 cm. Blätter dunkelgrün, bis 12 cm lang. 4 cm große, blaßpurpurne Blüten.

Hosta minor. 25 bis 35 cm. Zierliche Art mit eirund-herzförmigen Blättern.

Hosta nakaiana (oft auch als *H. nakiana* und *H. naikiana* in den Katalogen). 25 bis 35 cm. Kleine Blätter. Große lila Blüten.

Hosta × tardiana 'Hadspon Heron'. 30 cm. Schmale blaue Blätter. Blüte zartlila.

Hosta thunbergiana. Der Artstatus erscheint zweifelhaft, soll eine Zwergform von *H. lancifolia* sein.

Hosta undulata 'Univittata'. 30 cm. Bekannte Schneefeder-Funkie mit weißbunten Blättern und lila Blüten. Schön auch für Schalen und Kübel.

Hosta ventricosa 'Minor'. Etwa 25 cm. Fälschlich unter diesem Namen verbreitet, gehört zu *Hosta minor*. Graues Laub. Lila Blüten.

Hosta venusta. 15 cm. Hübscher Zwerg mit sehr kleinen Blättern. Blüten lila.

Großes Sortiment kleiner Raritäten

Die folgende Übersicht informiert ausführlich über Raritäten und Neuzüchtungen. Nicht in allen Fällen sind bei der Höhe Zentimeterangaben möglich, aber im allgemeinen überschreitet das Höhenwachstum unter normalen Bedingungen kaum die 30-cm-Grenze.

Arten

Hosta gracillima 'Variegata'. Eine echte Miniatur-*Hosta*. Blätter grünlichweiß mit weißem Rand.

Hosta lancifolia 'Aurea'. Kleine Pflanze mit schmalen gelben Blättern.

Hosta ruprifraga. 15 bis 25 cm. Wächst langsam. Grüne Blätter. Reich- und spätblühend.

Hybriden

Die als Miniatur-*Hosta* bezeichneten Sorten werden etwa 8 bis 10 cm hoch, die übrigen kleinen Sorten erreichen eine Höhe von 10 bis 25 cm.

'Pfifferling', eine Zwerghosta-Züchtung des Autors.

'Amanuma'. Kleine Sorte mit grünen Blättern.

'Anne Arett'. Miniatur-Pflanze mit grüngelben, lanzettlichen Blättern und cremefarbenem Rand.

'Birchwood Gem'. Hübsche kleine Sorte mit grünen Blättern.

'Buchshaw Blue'. Kleine Sorte mit eher blauen Blättern.

'Butter Rim'. Kleine Sorte. Blätter grün mit goldenem Rand. Weiße Blüten.

'Celebration'. Miniatur-*Hosta*. Lanzettliche Blätter mit grünen Rändern auf cremefarbenem Untergrund.

'Chartreuse Wiggles'. Miniatur-*Hosta* mit lanzenförmigen, Chartreuse-goldenen Blättern und gerüschtem Rand.

'Crown Yewel'. Kleine Sorte. Blätter goldgelb mit cremeweißem Rand und Zeichnung. Lavendelfarbene Blüten.

'Dear Heart'. Kleine Sorte mit herzförmigen Blättern und dunkel-lavendelfarbenen Blüten.

'Excalibur'. Miniatur-*Hosta*. Blätter grün mit weißem Rand. Lavendelfarbene Blüten.

'Excitation'. Miniatur-*Hosta* mit gelbgrünen Blättern.

'Feather Boa'. Kleine Sorte, aber ein flotter Wachser mit schmalen, leuchtendgelben Blättern.

'Geiety'. Miniatur-*Hosta* mit gelben, weißgerandeten Blättern.

'Gingko Craig'. Kleine *Hosta* mit schmalen, lanzettlichen Blättern, grün mit weißem Rand.

'Gold Cadet'. Kleine Sorte mit leuchtendgoldgelben Blättern.

'Gold Cover'. Kleine Sorte mit gerunzelten und gehämmerten, goldenen Blättern.

'Gold Drop'. Kleine Sorte, die etwas sonnenverträglicher ist, mit herzförmigen goldenen Blättern.

'Golden Plum'. Kleine Funkie, im Austrieb gelb, später vergrünend.

'Green Spot'. Kleine Sorte, die im Frühling verschiedene Grünschattierungen zeigt.

'Green Wiggles'. Kleine *Hosta* mit grünen, schmalen und leicht gedrehten, leicht gewellten Blättern.

'Grünherz'. 20 bis 40 cm. Gut wachsende kleine Sorte. Hellgrüne, rundlich-herzförmige Blätter. Hellviolette Blüte.

'Haku Chu Han'. Kleine Sorte mit weißen, grüngerandeten und leicht gewellten Blättern. Blüte lavendelfarben.

'Harmony'. Kleine *Hosta* mit schönen blauen Blättern.

'Herifu'. Kleine Sorte mit grünen, weißgerandeten Blättern.

'Honey Moon'. Klein, wächst aber schnell. Herzförmige, honiggelbe Blätter.

'Hoopla'. Miniatur-*Hosta*. Blätter gelbgrundig mit weißen und grünen Streifen, weißer Rand.

'Hydon Sunset'. Kleine, wüchsige Sorte mit grünlichgelben Blättern und violetten Blüten.

'Inaho'. Kleine Sorte mit kleinen Blättern in Grün mit Gold.

'Jingle Bells'. Kleine *Hosta* mit mittelgrünem Laub.

'Kelsey'. Kleine *Hosta* mit schmalen grünen Blättern und lavendelfarbenen Blüten.

'Krossas Wide Band'. Kleine *Hosta* mit cremegrün gerandeten, grünen Blättern. Die Farbe des Randes geht später in Goldfarben über.

'Lemon Lime'. Kleine Sorte, die gut wächst. Gewellte Chartreuse-farbene Blätter.

'Little Aurora'. Kleine kompakte *Hosta* mit gehämmerten, goldgrünen Blättern.

'Louisa'. Schwachwüchsige, kleine Sorte mit weißgerandeten, grünen Blättern und weißen Blüten.

'Marble Rim'. Gutwachsende Zwerg-*Hosta* mit grünen, gelbgerandeten Blättern.

'Mentor Gold'. Kleine Sorte, deren lanzettlichen Blätter unregelmäßig goldgrün gefärbt und weiß gerandet sind.

'Oxheart'. Kleine dunkelgrüne Sorte mit herzförmigen Blättern.

'Peter Pan'. Kleine *Hosta* mit blaugrünen bis blaugrauen Blättern.

'Pixie Power'. Miniatur-*Hosta* mit schmalen, cremeweißen Blättern, die einen grünen Rand zeigen.

'Prinzess of Karafuto'. Kleine Sorte mit grünen Blättern und weißem Rand. Hellviolette, gestreifte Blüten.

'Royality'. Kleine Sorte mit altgoldfarbenen Blättern und dunkelpurpurnen Blüten.

'Saishu Jima'. Kleine Pflanze, besonders reichblühend. Die Blätter sind schmal, grün und glänzend. Lavendelfarbene Blüten.

'Sea Saw'. Kleine Sorte. Blätter grün mit weißem Rand und gehämmerter Oberfläche.

'Sea Sprite'. Miniatur-*Hosta* mit lanzettlichen, cremefarbenen Blättern, die einen unregelmäßigen grünen Rand zeigen.

'Shade Master'. Kleine, gutwachsende Pflanze mit goldgrünen Blättern.

'Snowflakes'. Kleine Sorte mit stumpfgrünen und schmalen Blättern. Weiße Blüten auf ziemlich langen Stielen.

'Sun Power'. Hübsche kleine Sorte mit goldfarbenen, stark gerüschten Blättern.

'Susy'. Leuchtendgrüne, stark gerüschte Blätter.

'Tiny Tears'. Miniatur-*Hosta* mit grünen Blättern.

'Twinkle Toes'. Kleine Sorte, die wellige, gelb- bis Chartreuse-farbene Blätter hat.

'Vanilla Cream'. Miniatur-*Hosta* mit herzförmigen, gelbgrün- bis cremefarbenen Blättern.

'Wagon Gold'. Kleine, gutwachsende Sorte mit dauerhaft goldfarbenen Blättern.

'White Christmas'. Kleine Sorte, deren weiße, gewellte Blätter einen grünen Rand zeigen.

'White Magic'. Miniatur-*Hosta* mit weißen, grün gerandeten Blättern.

'Yellow Boa'. Miniatur-*Hosta*, die einen guten Zuwachs zeigt. Blätter gelb, schmal und mit gewelltem Rand.

'Yellow Waves'. Kleine Sorte mit spitzen gelben, gewellten Blättern.

Die Züchtung von Zwerg-Hosta

Mancher Hobbygärtner würde gerne züchterisch aktiv werden, kann seinen Wunsch aber aufgrund der beschränkten Platzverhältnisse im eigenen Garten nicht verwirklichen. Mit den Zwerg-*Hosta* steht eine Pflanze zur Verfügung, die sich auch für wenig Platz eignet. Voraussetzung für die Züchtung ist eine geeignete Basis von Elternsorten, wobei für deren Beschaffung ein etwas größerer finanzieller Aufwand nötig ist – sofern man neue Sorten wählt, um sich die züchterische Arbeit anderer zunutze zu machen. Die eigentliche züchterische Tätigkeit unterscheidet sich nicht von der anderer Gattungen. Man kann gezielt oder »querbeet« kreuzen und sich die besten Typen für die weitere Beobachtung herauspicken. Man sollte bei der Beurteilung der Nachkommen strenge Maßstäbe anlegen. Nicht jeder andersgeartete Sämling stellt eine sogenannte Weltsorte dar.

Ein japanischer Brieffreund ermöglichte es mir, vier bisher hierzulande unbekannte Zwerg-*Hosta* in den eigenen Garten einzuführen. Es handelte sich dabei um zwei Naturformen und zwei sehr alte japanische Gartensorten. Diese namenlosen Einführungen erhielten die folgenden Bezeichnungen, unter denen sie mittlerweile auch verbreitet wurden.

'Japanboy', mit schmalen, länglichen grünen Blättern.

'Japangirl' hat mehr herzförmige, kleine grüne Blätter.

'Silberlöffel' mit kleinen grünen Blättern, die einen schmalen weißen Rand zeigen.

'Rheingold' ist eine wüchsige kleine, goldgelbe Sorte, die eine gewisse Ähnlichkeit mit der amerikanischen Sorte 'Kapitan' besitzt.

Diese vier und zusätzlich einige ältere Zwergsorten sowie ein paar Neuheiten bildeten für mich die Basis für meine eigene züchterische Tätigkeit auf dem Feld der *Hosta*-Züchtung. Als erste Ergebnisse liegen mir die Sorten 'Pfifferling', 'Goldene Woge', 'Mondlicht', 'Laterna Magica' vor.

Diese Zeilen sollen als Anregung dienen. Geduld und Ausdauer sind allerdings die Voraussetzungen für einen Erfolg.

Die Partner

Wer solche kleine Kostbarkeiten wie die *Hosta* in den Garten pflanzt, sollte auch darum bemüht sein, geeignete Partner zu wählen. Eine Pflanzung allein mit Zwerg-*Hosta* kommt selbstverständlich ebenfalls in Frage. Normalerweise sucht man aber einige gleichrangige Partner. Allerdings verfügen wir über keine so große Auswahlmöglichkeit wie bei den großen Funkien, aber sie genügt. Als

Partner mit und ohne auffällige Blüten bieten sich kleine Farne und Halbschattengräser an. Geeignete Arten und Sorten finden sich in den entsprechenden Abschnitten. Im Halbschattenbereich passen sich als Partner Lungenkräuter an, die nicht ganz so expansiv sind, wie *Pulmonaria saccharata* 'Alba' und 'Frühlingshimmel'. Werden diese zu üppig, kann man mit Schere und Messer eingreifen. Zu den echten Miniatur-*Hosta* kann man die drei nur 15 cm hohen Astilben setzen: *Astilbe crispa* 'Liliput', 'Perkeo' und 'Alba'. Auch der Salomonssiegel (*Polygonatum falcatum*) paßt.

Von den Primeln bieten sich wegen der gleichen Ansprüche die Sieboldsprimeln, *Primula sieboldii*, mit ihren vielen Sorten an. Die Partnerschaft dauert zwar nicht lange, da *Primula sieboldii* schon bald wieder einzieht und die *Hosta* verhältnismäßig spät austreiben. Auf das wunderschöne Entfalten der *Hosta*-Blätter und auf die bezaubernde farb- und formenreiche Primelblüte sollte man aber nicht verzichten. Einen Vorteil bietet der verhältnismäßig späte Austrieb der *Hosta* Anfang bis Mitte Mai schon. Er erlaubt nämlich in verstärktem Maße die Kombination mit sehr frühblühenden Zwiebel- und Knollenpflanzen. Besonders will ich auf *Eranthis* (Winterling), die knollenbildenden *Corydalis*-Arten (Lerchensporn) und *Fritillaria meleagris* (Schachbrettblume, Kiebitzei) hinweisen.

Eine Sinfonie in Blau ergibt eine Kombination von leuchtendblau blühenden *Corydalis cashmeriana* (Kaschmir-Lerchensporn) und Zwerg-*Hosta* mit bläulichen Blättern. Der ostasiatischen Heimat entsprechend können auch kostbare Lilien aus Ostasien zwischen den *Hosta*-Horsten stehen, wie *Lilium rubellum* und *L. japonicum*. Schön wirkt die gefüllte Blutwurz, *Sanguinaria canadensis* 'Multiplex', als Partner. Sie wächst zwar etwas in die Breite, zieht aber bald ein, ebenso wie *Jeffersonia diphylla* und *Plagiorhegma dubium*. Der Suchende wird weitere Partner finden, zum Beispiel aus dem Kreis der Zwerg-Rhododendren.

Kleine, nicht winterharte Zwiebelblumen und Knollenpflanzen

Kulturmethoden und Pflanzplätze

Die Grenze zwischen winterharten und nicht winterharten Blumenzwiebeln und -knollen ist verständlicherweise variabel. Selbst innerhalb von Mitteleuropa gibt es klimatische Unterschiede, so daß die Pflanzen im Grenzbereich einmal zu dieser und einmal zu jener Gruppe zählen. Hier werden kleine Arten und Sorten genannt, die man normalerweise erst im Frühling in den Garten setzt, wobei die Dahlien hier fehlen. Ihnen ist das nachfolgende Kapitel gewidmet.

Bis auf die Begonien, die etwas mehr Halbschatten lieben, sind alle genannten Gattungen Sonnenkinder, die man mit Sommerblumen kombiniert. Man kann sie in Gruppen im Eingangsbereich und Vorgarten pflanzen, als Höhepunkt in die Nähe der Terrasse setzen, Kübel und Schalen damit bestücken, und die kleinsten passen in den formalen Steingarten.

Durchlässige, nahrhafte Erde bildet grundsätzlich die Voraussetzung für ein intensives Blütenfeuerwerk, wobei während der Triebperiode durchaus eine leichte Feuchtigkeit wünschenswert ist. Vor den ersten stärkeren Nachtfrösten im Herbst nimmt man die Pflanzen wieder aus der Erde und überwintert sie frostfrei, wobei die verschiedenen Arten in dieser Hinsicht unterschiedliche Ansprüche stellen.

Leider werden die meisten Pflanzen dieser Gattungen ziemlich hoch, was bei der Verwendung auf kleinem Raum oft Probleme mit sich bringt. Die folgenden Arten und Sorten bleiben jedoch klein oder sie gehören zu den niedrigen einer Gruppe, so daß auch im kleinen Garten auf Vielfalt durchaus nicht verzichtet werden muß.

Gladiolen

Die Knollen der großblumigen Gladiolen werde alljährlich in Massen für wenig Geld angeboten. Sie dekorativ unterzubringen, bereitet oft schon in größeren Gärten gewisse Schwierigkeiten, um so schwieriger wird es auf beschränktem Raum. Sieht es nicht scheußlich aus, wenn die großblumigen, farbenfrohen Blütenlanzen einzeln an Pfählen angebunden sind? Erfreulicherweise steigt aber jährlich die Zahl der angebotenen niedrigbleibenden Gladiolen.

Unter der enorm großen Anzahl südafrikanischer Wildarten gibt es auch sehr viele, die kurz und grazil bleiben. Sie sind in Gärtnereien kaum verbreitet und meist nur von botanischen Interesse. Erinnert sei an *Gladiolus alatus* (20 bis 30 cm) und *G. citrinus* (15 bis 20 cm). Meist ist die generative Vermehrung die einzige Möglichkeit, diese Gladiolen zu erhalten. Den Samen erhält man manchmal über die Samentauschaktionen ausländischer Liebhaber-Gesellschaften oder Botanischer Gärten.

Durch eine intensive Züchtertätigkeit entstanden aus niedrigen Wildarten Gladiolengruppen, die graziler und kürzer bleiben als die sehr hohen, großblumigen Gladiolen-Hybriden und die obendrein empfehlenswerter für kleine Flächen sind. Es handelt sich um die Butterfly-, Primulinus- und Nanus-Gruppe. Ihr Vorteil liegt neben der durchaus empfehlenswerten Verwendung als Schnittblume in der Eignung für dekorative Gruppenpflanzungen. Die Gefahr, daß sie umkippen, besteht weit weniger, besonders, wenn man die Knollen tief genug setzt und keinen Kopfdünger vor der Blüte zusätzlich gibt.

Butterfly-Gladiolen

Unter den kleinen Gruppen werden die Butterfly-Gladiolen (Schmetterlings-Gladiolen) etwas höher. Bei einem Knollenumfang von 12 bis 14 cm erreichen sie etwa 50 bis 60 cm Höhe. Der Handel führt sie normalerweise nur als Prachtmischungen, manchmal auch Harlekin-Mischung genannt. Das Farbspektrum reicht noch wesentlich weiter über das der großblumigen Gladiolen hinaus. Manche sind zusätzlich reizvoll getupft oder gefleckt, auch dreifarbige Gladiolen finden sich im Sortiment, die sich noch dazu sehr gut für den Schnitt eignen.

Primulinus-Gladiolen

Als weitere Gruppe haben sich die Primulinus-Gladiolen etabliert. Auch diese Sorten werden meist in Mischungen angeboten und ihr vorwiegender Verwendungszweck ist der Schnitt. Ihre Höhe liegt etwa gleich der vorangegangenen Gruppe bei 50 bis 70 cm. Manchmal finden sich Einzelfarben im Angebot, wie zum Beispiel 'White City' und 'White Lady' (weiß), 'Yellow Special' und 'Citronella' (gelb), 'Carioca' und 'Copernicus' (orange), 'Brusseli' und 'Scarlet Bedder' (rot), 'Little Darling' und 'Her Grace' (rosa). Die Versandfirmen stellten in letzter Zeit besonders die Sorte 'Atom' heraus, die auch unter der Bezeichnung 'Flamcy' bekannt wurde. Sie trägt rote, cremefarben geränderte Blüten, der Blütenstand erreicht 50 cm Höhe. Man sollte sich nicht verleiten lassen, der Empfehlung zu folgen, sie unter einem »Reisigdach« zu überwintern, das klappt in den Niederlanden, nicht aber in Zentraleuropa.

Nanus-Gladiolen

Für die Nanus-Gruppe gilt ebenfalls der Hinweis, nicht der Empfehlung zu folgen, am Pflanzplatz zu überwintern! Diese Gruppe bringt die kleinsten Gladiolen-Hybriden mit einer Höhe von 40 bis 60 cm hervor. Es handelt sich um frühblühende, zierliche Pflanzen, die selbst im kleinsten Gärtchen die Proportionen nicht sprengen. Neben Mischungen sind auch verschiedene Einzelsorten im Angebot, die es wert sind, daß man sie hier nennt.

'Amanda Mahy'. Lachsrot mit kleinen violetten Flecken, relativ großblumig.
'Desideria'. Weiß mit roten Flecken.
'Elvira'. Lachsrosa.
'Florida'. Lachsrosa mit zartroten Flecken.
'Guernsey Glory'. Lachsrosa mit rotem Rand und weißen Flecken.
'Impressive'. Orangerosa mit purpurrosa Flecken.
'Nymph'. Weiß.
'Peach Blossom'. Zartrosa.
'Prinz Claus'. Leuchtend-dunkelrot, sehr wüchsig.
'Robinette'. Rot.
'The Bride'. Reinweiß, gut für den Schnitt geeignet.

Die Kleinen aus verschiedenen Gattungen

Alstroemeria versicolor. Während die Inkalilien verhältnismäßig hoch werden, ist dies der Däumling der Gattung mit 20 cm Höhe. Zartrosa-purpurrosa Blütenfarbe. Besonders für Kübel und Schalen, die man frostfrei überwintert.

Amaryllis gracilis. 50 cm. Unter dieser – wohl falschen – Bezeichnung wird in Katalogen ein niedriger, kleinblumiger Zwerg-Ritterstern angeboten. Er treibt zwei bis drei Blütenstengel mit bis zu neun roten Blüten. Der *Hippeastrum*-Abkömmling eignet sich auch für Schalen und Kübel, die ab Ende Mai bepflanzt werden.

Babiana, Pavianblume. Es gibt von dieser Gladiolen-Verwandtschaft höhere, fast 50 cm hohe Arten, aber auch niedere. Alle sind für heiße, sommertrockene Plätze dankbar, zum Beispiel an Terrassen und in Kübeln und Kästen, die etwas regensicher

Die farbenfrohen Ixia-Hybriden lieben sonnige Plätze.

Rhodohypoxis baurii erweist sich im günstigen Klima auch als winterhart.

stehen. Zu den kleinen Arten gehören *Babiana plicata* (15 cm) und *B. sambucina* (15 cm). Von den *Babiana*-Stricta-Hybriden wird 'Blue Gem' nur 15 bis 20 cm hoch. Meist bietet der Handel jedoch Hybrid-Mischungen an mit etwa 30 cm Höhe. An trockenen Plätzen bleiben sie jedoch unterhalb dieser Höhenangabe.

Begonia. Die Knollenbegonien werden zwar alle nicht sehr hoch, großblumige Sorten stören doch oft an beschränkten Plätzen. Mit einer Höhe von 15 bis 20 cm bleiben die meisten 'Multiflora'-Typen der Knollenbegonien-Hybriden am niedrigsten. Sie erweisen sich auch hinsichtlich ihrer Verwendung am anpassungsfähigsten.

Canna indica, Indisches Blumenrohr. Schon in einem »normalen« Garten wirken diese Pflanzen zu wuchtig, im kleinen sind die bekannten *Canna* erst recht fehl am Platze. Es gibt aber auch hier einige Zwerge. Bekannt ist besonders 'Lucifer', eine rote, hell gerandete Sorte von nur 60 cm Höhe,

während die meisten anderen 90 bis 100 cm hoch werden, einige sogar 1,5 m. 'Golden Lucifer' heißt das gelbe Gegenstück. 'Orchid' wird etwa 70 cm hoch und blüht orchideenrosa. Erwähnt werden muß bei den großblütigen Sorten die grünlaubige, rotblühende Sorte 'Brillant'. Sie ist zwar wüchsig, bleibt aber kompakt (70 cm). Geeignete *Canna* treibt man ab März vor, pflanzt nach den Eisheiligen an einem warmen, sonnigen Platz, zusammen mit Gruppenpflanzen und Sommerblumen aus oder setzt sie in Kübel.

Chlidanthus fragrans, Schönblüte. 20 bis 30 cm. Diese gelbblühende Zwiebelpflanze eignet sich an warmen, sonnigen Plätzen für Kübel und Schalen. Sie stört kaum an irgendeinem Platz, blüht aber nur für kurze Zeit.

Cypella herbertii, Becherschwertel. Die ungewöhnlich geformten, goldgelben Blüten erscheinen an gelben, etwa 30 cm hohen Stengeln. Für warmen, sonnigen Stand.

141

Eucomis bicolor, Schopflilie. Von dieser Gattung sind verschiedene Arten im Handel. *Eucomis bicolor* bleibt mit 30 bis 50 cm Höhe am niedrigsten. Sie eignet sich für sonnige Plätze, auch für Kübel. Sie kann im Weinbauklima am Standort im Garten überwintern, etwas Winterschutz ist dabei angebracht.

Freesia, Freesie. Seit einigen Jahren führt der Handel diese hübschen, vielfarbigen und duftenden Blumen auch für die Freilandpflanzung, wo sie einen lichten, aber keinesfalls brandheißen Pflanzplatz lieben. Die angebotenen Freesien aus Farbmischungen werden meist etwa 20 bis 30 cm hoch. Die zierlichen Pflanzen können überall gepflanzt werden, wo der Platz paßt und sich dekorative Blumen harmonisch einfügen.

Ixia-Hybriden. Etwa 40 cm. Es gibt Farbsorten, meist werden jedoch Mischungen angeboten. Für sonnige Plätze und nicht zu schwere Böden.

Lapeirousia, Lapeirousie. Alle Arten stellen zierliche Blumen für die Topfkultur und das Alpinenhaus dar. In meinem Garten verwende ich sie mit Erfolg als sommerlicher Lückenbüßer im Steingarten. Niedrig bleiben die Arten *Lapeirousia laxa* (15 bis 30 cm), *L. fabricii* (15 cm) und *L. fastigiata* (10 bis 15 cm). Normalerweise ist nur die erstgenannte Art leichter erhältlich.

Rhodohypoxis baurii. 10 cm. Die Art und ihre Farbsorten können in geschützten warmen Lagen ausdauern. Besser ist frostfreie Überwinterung.

Sparaxis tricolor und *S.*-Tricolor-Hybriden, Zigeunerblume, Fransenschwertel. Meist 25 cm. Die hübsche, sommerblühende, dreifarbige Art eignet sich für sonnige bis halbschattige Plätze. Normalerweise werden Farbmischungen angeboten. *Sparaxis* lieben keine Sommerfeuchtigkeit! In Steingärten nur in formalen Anlagen zu verwenden. *Sparaxis lutea* wird nur 10 bis 20 cm hoch.

Sprekelia formosissima, Jakobslilie. Eine Kultur sowohl im Topf und Kübel als auch ausgepflanzt im Garten ist möglich. Die Art erfordert Überwinterungstemperaturen von 13 bis 16 °C. Mit 20 bis 30 cm Höhe läßt sie sich überall an allen sonnigen Stellen im Garten verwenden.

Zephyranthes, Zephirblume. *Zephyranthes candida* kann zwar in milden Lagen im Freien überwintern, die meisten anderen Arten sollte man jedoch frostfrei halten. Verwenden lassen sich die Arten in Schalen und Kübeln, im Kalthaus und Alpinenhaus. Töpfe kann man während des Sommers im Steingarten einsenken. Die folgenden Arten der umfangreichen Gattung bleiben niedrig.

Zephyranthes atamasco. 20 cm.
  candida. 20 cm.
  citrina. 10 bis 20 cm.
  rosea. 20 cm.
  tubisphata. 15 cm.
  verecunda. 15 cm.

Kleine winterharte Zwiebelblumen und Knollenpflanzen

Die Standortfrage

Für viele Gartenbesitzer ist mit normalen Tulpen, Narzissen und Hyazinthen das Thema Blumenzwiebeln abgehakt. Nichts gegen die prächtigen Gartensorten dieser Gattungen, aber gerade unter den vielen kleinen der weniger bekannten Zwiebel- und Knollenpflanzen finden sich viele »Schönheitsbomben«, wie sie Karl Foerster zu nennen pflegte. Für die kleinen Zwiebelblumen ergeben sich zahlreiche Möglichkeiten der Verwendung im Garten, mehr noch als bei den genannten großen Arten.

Die robusten Arten von *Scilla* (Blaustern), *Chionodoxa* (Schneeglanz), *Galanthus* (Schneeglöckchen), *Leucojum* (Märzenbecher) und andere sind ideale Partner für laubabwerfende Gehölze. Im zeitigen Frühling zeigen sie sich als bunter Teppich unter den noch kahlen Gehölzen. Im Mai, wenn die Blätter treiben, beginnen die kleinen Zwiebelblumen ihre Samen auszubilden, bald danach ziehen sie ein. Üppige Teppiche erhält man nur, wenn das Fall-Laub im Herbst liegen bleibt. Man kann beim »Großreinemachen« Anfang März etwas Rindenkompost oder Torf darüber streuen, damit es ein sauberes Bild gibt.

Zwiebelblumen können auch zwischen höheren Stauden stehen, wobei *Eranthis* (Winterling), *Puschkinia* (Puschkinie) und Wildkrokus sich gut eignen. Wenn die Stauden größer werden und zuviel Schatten geben, ziehen die Zwiebelblumen-Zwerge schon wieder ein. Einen idealen Aufenthaltsort für das Kleinzwiebelvolk bietet der Steingarten, wobei man in einer kleineren Anlage mit *Scilla* und *Chionodoxa* vorsichtig sein sollte, weil sie sich manchmal sehr ausbreiten. In kleinen Stein-

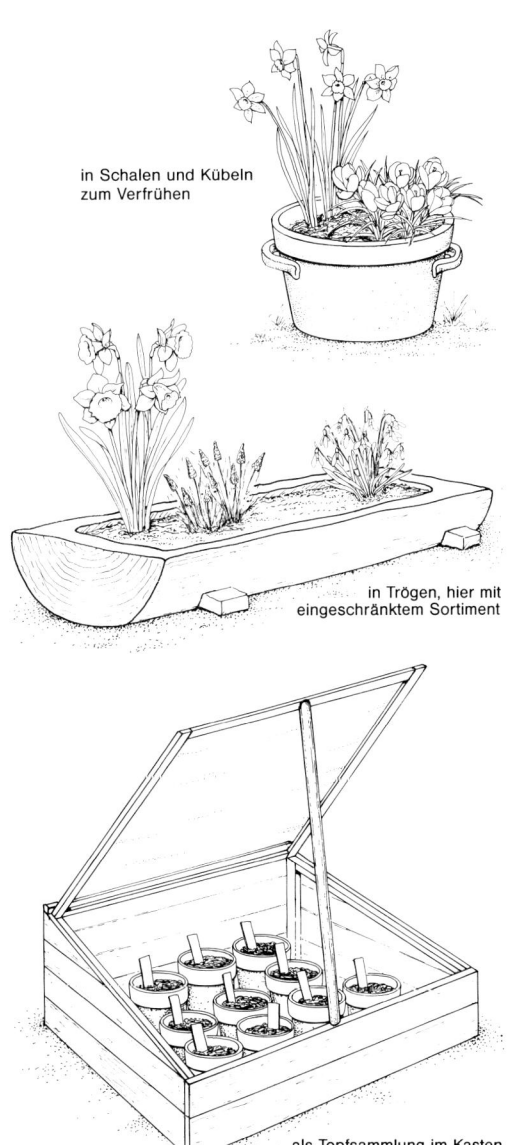

in Schalen und Kübeln zum Verfrühen

in Trögen, hier mit eingeschränktem Sortiment

als Topfsammlung im Kasten

Verschiedene Kulturmethoden und Gefäße bieten sich für kleine Blumenzwiebeln an.

Tulipa-Kaufmanniana-Hybride 'Scarlet Baby'.

gärten finden andererseits gerade die selteneren kostbaren – und beim Kauf manchmal
auch teuren – Arten und Sorten ihren stand-
ortgerechten Platz. Diese können auch in
Schalen, Kübel und Tröge gepflanzt werden,
wobei allerdings die zusätzliche Frosteinwirkung von der Seite Schranken in bezug auf die
Winterhärte auferlegt. Eine seitliche, nicht
sichtbare Innenauskleidung mit Styroporplatten hilft oft, den aufeinanderfolgenden Wechsel von Frost und Tauwetter zu mildern (siehe
Seite 193). Falls es sich um mehr flache und
transportable Gefäße handelt, senkt man sie
besser im Herbst in die gewachsene Erde ein
oder bringt sie an einen weniger exponierten
Platz.
Bei besonders kostbaren Pflanzen empfiehlt
sich eine reine Topfkultur im Frühbeet oder
Kleingewächshaus. Viele Arten wollen entsprechend ihrem Heimatstandort nach dem
Einziehen richtig »backen«, was ihnen Glas
und Folie ohne Probleme bieten. Vorteilhaft
erscheint es auch, wenn man blühende Töpfe
vorübergehend in Wohnungen und an exponierten Standorten präsentieren kann. Eine
ganze Reihe von Arten kann ebensogut zwischen immergrünen Gehölzen, besonders *Rhododendron*, stehen oder an den Grenzflächen
zwischen Rasen und Gehölzen. Wer danach
sucht, wird noch weitere Gartenteile finden,
die durch die Verwendung von kleinen Zwiebelblumen und Knollenpflanzen gewinnen.

Tulpengnome

Neben vielen hohen und mittelhohen Tulpen
gibt es durchaus auch niedrig bleibende, selbst
unter den dekorativen Züchtungen. Für zahlreiche Gartenplätze sind solche Zwerge regel-
recht gesucht, etwa auf beschränkten Flächen
im Eingangsbereich, in kleinen Vorgärten, in
Schalen und Kübeln, neben Terrassen oder
kombiniert mit zweijährigen Frühlingsblü-
hern als Einfassungen. An den meisten dieser
Pflanzplätze verwendet man diese Tulpen nur
in einem Jahr. Kräftige Zwiebeln pflanzt man
dann für die folgende Vegetationsperiode an
anderen Stellen wieder ein.

Garten-Tulpen

Die Einfachen Frühen Tulpen bleiben besonders niedrig. Ihre Höhe bewegt sich meist im
Bereich zwischen 25 und 35 cm. Zu den niedrigen, nur 25 cm hohen Sorten zählen die für

Tulipa bakeri 'Lilac Wonder'.

Tulipa tarda gehört zu den dankbarsten niedrigen Wildtulpen.

Gefäße und Balkonkästen geeignete Sorte 'Brilliant Star' (scharlachrot) und ihr gelbes Gegenstück 'Jaffre'. Etwa 30 cm hoch werden 'Ibis', 'Lucida' und 'Kaiserkrone'. Die letztgenannte Sorte erscheint insofern interessant, als sie sich schon seit 1750 in Kultur befindet! Bei den Gefüllten Frühen Tulpen kann man auf eine Aufzählung verzichten, da fast alle Sorten niedrig bleiben mit einer Höhe um 30 cm. Alle anderen Tulpengruppen werden wesentlich höher. Von den Triumph-Tulpen eignet sich lediglich die leuchtendrote 'Van der Eerden' (35 cm). Von den Einfachen Späten

Tulpen kann 'Palestrina' (50 cm) und von den Gefransten Tulpen (Crispa-Tulpen) 'Arma' (35 cm) Verwendung finden.

Botanische Tulpen

Niedrig bleibt ein großer Teil der sogenannten »Botanischen Tulpen«, die hauptsächlich in sonnigen Wildstaudenpflanzungen, in Steingärten und an geschützten Plätzen des Gartens, wo die frühe Blütezeit zur Wirkung kommt, verwendet werden. Von den *Tulipa*-Kaufmanniana-Hybriden erreichen die fol-

145

genden nur etwa 20 cm Höhe: 'Alfred Cortot', 'Berlioz', 'Cesar Frank', 'Corona', 'Daylight', 'Glück', 'Hearts Delight', 'Johann Strauß', 'Primrose', 'Scarlet Baby', 'Shakespeare', 'Showwinner', 'Stresa', 'The First' und die eigentliche Wildart *Tulipa kaufmanniana* (»Seerosentulpe«).

Sehr unterschiedlich in bezug auf das Höhenwachstum zeigen sich die *Tulipa*-Fosteriana-Hybriden. Manche werden einen halben Meter hoch, aber es gibt darunter auch echte Zwerge mit einer Höhe von nur 20 cm, wie 'Cantata', 'Princeps' und 'Rockery Beauty'.

Bleiben bei den Botanischen Tulpen noch die *Tulipa*-Greigii-Hybriden. 15 cm hoch werden 'Pandour', 'Dreamboat', 'Plaisir', 20 cm hoch sind 'Pinocchio', 'Buttercup', 'Cape d'Or', 'Eastern Surprise' und 'Rotkäppchen', um nur die niedrigsten zu nennen.

Wildtulpen

Große Unterschiede in der Höhenabstufung gibt es bei den eigentlichen Wildtulpen, aber die kleinen niedrigen überwiegen. Hier werden nur die echten Gnome mit einer Höhe bis 15 cm erwähnt.

Tulipa aitchinsonii. 5 bis 10 cm hoch. Mit unterschiedlicher Blütenfarbe von Gelb über Orange bis Karmesinrot. Bleibt im Garten sehr niedrig.

Tulipa aucheriana. Sehr niedrige Tulpe mit kleinen dunkelrosa Blüten Leicht gewellte Blätter. Liegt flach dem Boden auf. Spätblühend.

Tulipa batalinii. Etwa 15 cm. Zartgelbe Zwergtulpe, guter Partner zur roten *Tulipa linifolia*. Von *T. batalinii* gibt es auch eine Variante mit bronzeroten Blüten, bekannt als 'Orange Charm'. Alle eignen sich sehr gut für den Steingarten.

Tulipa biflora. 10 bis 15 cm. Blüte weiß mit gelber Mitte. Pro Stiel zwei bis drei Blüten.

Tulipa clusiana (syn. *T. chrysantha*). 15 cm. Reichblühender Zwerg mit dunkelgelben Blüten, die rötlich schattiert sind.

Tulipa linifolia. 15 cm. Scharlachrote Blüte mit schwarzer Mitte. Guter Partner zu *T. batalinii.*

Tulipa maximowiczii. 15 cm. Leuchtendrote Blüten.

Tulipa persica (syn. *T. celsiana*). 10 bis 15 cm. Sehr spät blühende Zwergtulpe mit dunkelgelben, stark karmesin getönten Blüten.

Tulipa polychroma. 10 bis 15 cm. Weiße Zwergtulpe, außen grünlich-violett getönt mit gelber Mitte.

Tulipa pulchella var. *humilis.* 15 cm. Violettrosa Blüte mit gelber Basis.

'Persian Pearl'. 15 bis 18 cm. Neue Mutante von bester Form.

'Rosea'. Wie 'Violacea', aber mit hellrosa Blütenfarbe.

'Violacea'. 10 cm. Purpurfarbene Blüte mit dunklem Herz. Krokusartige Gestalt.

'Violacea Pallida'. 15 bis 20 cm. Seltene, fast weiße Form mit blauem Hauch auf den Blüten.

Tulipa schrenkii. 7 bis 10 cm. Rote Blüte mit orangefarbenem Rand. Spielt etwas in der Farbe.

Tulipa tarda (syn. *T. dasystemon*). 15 cm. Drei bis acht Blüten pro Pflanze, anspruchslos. Sät sich auch selbst aus.

Tulipa wilsoniana. 10 bis 12 cm. Rote, bewährte Steingartentulpe.

Die genannten Arten können in gut gedüngten Böden an absonnigen und leicht beschatteten Stellen auch etwas höher werden. Die hier angegebenen Höhen gelten für vollsonnige, magere Plätze, wie sie der Situation am Naturstandort in etwa entsprechen.

Niedrige Narzissen

Die Zahl der Narzissen-Züchtungen hat einen enormen Umfang erreicht und die meisten werden etwa 40 und 50 cm hoch. Es gibt aber auch hier einige Ausnahmen, bei den Trompeten-Narzissen sei an 'Gold Medal' (30 cm) erinnert, bei den großkronigen Narzissen an die bewährte 'Semper Avanti' (35 cm), bei den kleinkronigen an 'La Riante' (30 cm) und bei den gefüllten Narzissen an 'Van Sion' (30 cm). Die Poeticus-Narzissen (Dichternarzissen) werden im allgemeinen nicht so hoch, fast alle Sorten erreichen nur 35 cm Höhe.

In wesentlich niedrigeren Gefilden bewegen sich die Wildnarzissen und Wildnarzissen-Hybriden. So wird *Narcissus triandrus* 'Albus' nur 15 cm hoch, während die Hybriden höher werden. 'April Tears' und 'Hawera' sind mit 20 cm die niedrigsten Sorten.

Ähnlich ist die Situation bei den Reifrock-Narzissen. *Narcissus cyclamineus* wird nur 20 cm hoch, und von den Hybriden bleiben 'Beryl' und 'Jumblie' in gleicher Größenordnung.

Von den Jonquillen, *N. jonquilla*, gehört die Sorte 'Lintie' mit 25 bis 30 cm zu den kürzesten.

Niedrig bleiben von den eigentlichen Arten und Wildformen *Narcissus asturiensis* (syn. *N. minimus*, 10 cm), *N. bulbocodium* (10 bis 20 cm), *N. minor* (20 cm), und die keiner Art zuzuordnende 'W.P. Milner' (20 cm).

Die zuletztgenannten finden in Schalen und Steingärten vorrangig Verwendung. Allerdings liegt der Grad ihrer Winterhärte manchmal an der Grenze. Der Boden sollte zur Vegetationszeit etwas feuchter sein.

Fritillarien (Schachbrettblumen)

Kaum eine andere Zwiebelblume gilt bei eingefleischten Liebhabern von winterharten Zwiebel- und Knollengewächsen als so begehrenswert wie die Schachbrettblume. Abgesehen von der hohen, überall bekannten Kaiserkrone handelt es sich eher um stille Schönheiten, da die Blüten oft gedeckte Braun- und Grüntöne aufweisen. Die Unterschiede zwischen den Arten sind oft geringfügig, trotzdem werden für die kleinen Zwiebelchen horrende Preise bezahlt.

Wichtig ist für die Kultur im allgemeinen ein sonniger Platz mit sehr guter Dränage, stehende Nässe vertragen Fritillarien nicht. Andererseits lieben die Zwiebeln eine leichte Feuchtigkeit. Viele der Kostbarkeiten lassen sich in kleine Steingärten pflanzen oder auch in Tröge und Schalen. Kann aber Frost ungehindert von der Seite her einwirken, überleben die Fritillarien oft nicht. Deshalb ist wieder ein Schutz mit seitlich eingebauten Styroporplatten notwendig. Auch ausgepflanzt halten viele Fritillarien unsere Winter nicht immer aus, da bleibt nur die Topfkultur im Alpinenhaus oder ein kalter Kasten.

Die folgende Liste versucht die Härtegrade zu berücksichtigen. Bei den mit A gekennzeichneten Arten sollte eine Kultur in Töpfen im Alpinenhaus oder an ähnlichen Plätzen vorgezogen werden.

Fritillaria armena. 10 bis 15 cm hoch, A.
aurea. 10 bis 12 cm.
biflora. 10 bis 30 cm, A.
bithynica. 10 bis 15 cm, A.
bucharica. 15 bis 30 cm, A.
camtschatcensis. 20 bis 30 cm.
canaliculata. 15 bis 25 cm.
conica. 15 bis 25 cm.
crassifolia. 10 bis 30 cm, A.
davisii. 10 bis 15 cm, A.
drenovskyi. 15 bis 30 cm.
elwesii. 20 bis 25 cm.
graeca. 15 bis 20 cm.
graeca var. *gussichiae*. 10 bis 30 cm.
latifolia. 15 bis 30 cm.
meleagris. 25 bis 30 cm.
michailovskyi. 10 bis 15 cm, A.
pallidiflora. 15 bis 35 cm.
pinardii. 10 bis 15 cm.
pontica. 25 bis 30 cm.
pontica var. *ionica*. 15 bis 30 cm.
pyrenaica, 25 bis 30 cm.
roderickii. 15 bis 20 cm, A.
sibthorpiana. 10 bis 20 cm, A.
tubiformis. 10 bis 30 cm.
tubiformis var. *moggridgei*. 10 bis 20 cm.
zagrica. 5 bis 15 cm, A.

Die Sorte 'Little Gem' ist eine der zahlreichen Zwerg-Narzissen.

Fritillaria graeca und F. latifolia var. lutea.

Die angegebenen Höhen mit relativ großer Spannweite liegen in der Eigenschaft der Fritillarien bedingt, auf Nahrungsangebot, Substratzusammensetzung und Standort durch verändertes Höhenwachstum zu reagieren. Die Höhenangaben können im Einzelfall noch über- oder unterschritten werden. Beispielsweise fand ich in Alaska besonders kräftige *Fritillaria camtschatcensis* im Feuchtbereich eines Tümpels, die Pflanzen erreichten Höhen um 80 cm. Das sollte niemanden daran hindern, die angeführten Fritillarien zu pflanzen. Alle sind grazile Gestalten, die auch noch für kleinste Plätze passen.

Krokus-Parade

Alle Krokus sind kleine Pflanzen, wobei andererseits doch wieder Unterscheidungen gerechtfertigt sind. So werden die großblumigen, züchterisch bearbeiteten Gartensorten allgemein höher als die vielen Wildarten. Vor allem neu gepflanzte Knollen der Namenssorten werden 15 cm hoch, alte Nester mit vielen

Nebenknöllchen und vermindertem Nahrungsangebot bleiben dann wesentlich niedriger. Die frühjahrsblühenden Wildarten und einige Hybriden von ihnen bewegen sich meist in einer Größenordnung von 10 bis 15 cm. Es gibt aber noch niedrigere, von denen die folgende Liste einige gängige Arten nennt.

Crocus ancyrensis. 5 cm.
  angustifolius (syn. *C. susianus*), 5 bis 8 cm.
  baytopiorum. 8 bis 10 cm.
  chrysanthus 'Lady Killer' und andere Sorten. 8 bis 10 cm.
  corsicus. 5 cm.
  etruscus 'Zwanenburg'. 5 bis 8 cm.
  fleischeri. 2 bis 5 cm.
  korolkowii. 5 bis 8 cm.
  minimus. 5 bis 8 cm.
  sieberi ssp. *atticus.* 5 bis 8 cm.
    'Firefly'. 5 bis 8 cm.
    'Violet Queen'. 5 bis 8 cm.
  versicolor 'Picturatus'. 5 bis 8 cm.

Bei den herbstblühenden *Crocus* ist die Situation ähnlich, besonders klein bleiben *Crocus ochroleucus* (5 bis 8 cm), *C. cancellatus* ssp. *cancellatus* (5 bis 8 cm) und *C. sativus* (8 cm). Wesentlich größer sind die Sorten von *Crocus speciosus*, die 15 cm Höhe und mehr erreichen. Vor ihnen muß für den kleinen Garten gewarnt werden. Sie entwickeln sich an einem zusagenden Platz zum Unkraut, besonders wenn die Knollen mit Erdbewegungen verbreitet werden. In meinem Garten läßt sich *Crocus speciosus* kaum noch ausrotten.

Neben den genannten, leicht erhältlichen Arten und Sorten gibt es bei den Wildarten viele echte Raritäten. Alle eignen sich auch für kleinflächige Gartenteile. Krokus sind normalerweise Sonnenkinder und lieben keine übermäßige Feuchtigkeit. Ansonsten gibt es hinsichtlich ihrer Verwendung kaum eine Einschränkung. Echte Raritäten erhalten selbstverständlich ausgesuchte Plätze im Steinbeet,

Steingarten oder Trog, oder aber man kultiviert diese Kostbarkeiten vorsichtshalber im Topf.

Allium-Schätze

Man könnte bei dieser Gattung von verkannten Schönheiten sprechen. Ihre meist sparsame Verwendung im Garten entspricht nicht ihrer Bedeutung. Ärger hat man mit der Selbstaussaat bei einigen wenigen Arten nur dann, wenn die Samenstände nicht rechtzeitig entfernt werden. Bei den zwergigen Arten hat man damit ohnehin keine Probleme. Verwendet werden die Verwandten der Küchenzwiebel im Steingarten und in »mobilen Gärten« aller Art. In Trögen, Schalen und Kübeln sind die Zwiebeln insofern wichtig, als sie ziemlich

Anemone blanda 'Radar' fällt mit ihrer lebhaften Farbkombination sofort ins Auge.

unempfindlich gegenüber seitliche Frosteinwirkung sind. Das Sortiment erscheint riesengroß, hier werden nur die Allerkleinsten genannt.

Allium acuminatum. 15 bis 25 cm hoch. Tiefrosa-lilarosa.
    akaka. 15 cm. Purpurrosa, empfindlich.
    amabile 10 bis 15 cm. Fahl bis tief-rötlich-purpur.
    beesianum. 15 bis 20 cm. Blau.
      'Album'. 15 bis 20 cm. Weiß.
    callimirschon. 10 cm. Rosa, etwas empfindlich.
    circinatum. 6 bis 7 cm. Weißlich-rötlich gestreift.
    cyaneum. 15 cm. Kobaltblau.
    cyaneum 'Album'. 15 cm. Weiß.
    cyathophorum. 20 bis 25 cm. Weinrot.
    falcifolium. 10 cm. Rosaweinrot.
    flavum var. *minus*. 5 bis 8 cm. Gelb.
    kansuense. 10 bis 20 cm. Blau-blauviolett.
    mirum. 12 cm. Weißlich-purpur, empfindlich.
    narcissiflorum. 15 bis 25 cm. Dunkelrosa.
    oreophilum. 15 bis 20 cm. Karminrosa.
    oreophilum 'Zwanenburg'. 15 bis 20 cm. Dunkler als die vorhergenannte Art.

Außer dieser Auslese kleiner dekorativer Arten gibt es noch eine größere Anzahl von weniger attraktiven niedrigen *Allium*, die aber durchaus ihre Berechtigung im Alpinum und im naturnahen Steingarten haben. Man findet sie kaum im gärtnerischen Angebot, sondern muß sie selbst aus Samen ziehen, die man über die Samentauschaktionen in- und ausländischer Pflanzenliebhaber-Gesellschaften erhält oder über Botanische Gärten.
Alle genannten Allium-Arten lieben einen sonnigen Platz und keine große Feuchtigkeit, obwohl hier zwischen den Arten gewisse Unterschiede vorhanden sind. So liebt *Allium narcissiflorum* durchaus einen leicht feuchten Boden.

Colchicum, die Herbstzeitlosen

In den letzten Jahren ist das Interesse der Blumenzwiebel-Liebhaber an den Herbstzeitlosen wesentlich gestiegen. Zwar gibt es größere Gartenhybriden, die sich während ihrer blatttragenden Zeit im Frühling ziemlich raumgreifend geben. Auf sie gehen wir hier nicht näher ein, weil einige durchaus interessante zwergige Wildarten zur Auswahl stehen. Die im folgenden genannte Höhe bezieht sich auf den Zeitpunkt der Blüte.

Colchicum agrippinum. 10 cm.
    boisieri. 4 cm. Empfindlich.
    cilicicum. 5 bis 7 cm.
    corsicum. 8 cm.
    croeiflorum. 5 bis 10 cm. Empfindlich.
    cupanii. 2 bis 6 cm. Empfindlich.
    decaisnei. 4 bis 5 cm. Empfindlich.
    hiemale. 2 bis 5 cm.
    hungaricum. 5 bis 6 cm.
    kesselringii. 3 bis 4 cm.
    kotschyi. 8 bis 10 cm.
    luteum. 5 bis 8 cm. Empfindlich.
    szovitsii. 2,5 bis 3 cm. Empfindlich.
    troodii. 2 bis 4 cm. Empfindlich.
    variegatum. 8 bis 10 cm. Empfindlich.

Die genannte kleine Liste vereinigt Herbst-, Winter- und Frühlingsblüher. Ohne Einwirkung der winterlichen Kälte würde sich die Blütezeit von September bis April durchziehen. Die *Colchicum*-Wildarten finden im Steingarten, Steinbeet und Alpinum ihren Standort, ein sonniger Platz vorausgesetzt. Bei der Verwendung an beschränkten Plätzen ist zu berücksichtigen, daß der Blattschopf höher wächst als die Blüte.

Kleiner Blumenzwiebel-Reigen

Neben den genannten Blumenzwiebel-Hauptgruppen gibt es auch ausgesprochene Zwerge bei denjenigen Gattungen, die nicht so viele Arten und Sorten aufweisen.

Anemone. Von den Anemonen gehört *Anemone blanda* zu den niedrigen Arten. Sie und ihre Sorten wie 'Atrocoerulea' (dunkelblau), 'Charmer' (rosa), 'Radar' (kardinalpurpur mit weißer Mitte), 'White Splendour' (weiß) werden kaum über 10 cm hoch. In etwa gleicher Höhe bewegt sich *Anemone tschernjaewii* (weiß oder muschelrosa). Sie kultiviert man allerdings besser im kalten Kasten oder Alpinenhaus.

Arisarum. Die Aronstabgewächse werden im allgemeinen ziemlich hoch, doch gibt es hier ein kleines Unikum mit kaum 10 cm Höhe, *Arisarum proboscideum*, eine Pflanze für beschattete, feuchte Humusböden.

Brimeura. Freie sonnige Lagen und helle Steingartenplätze liebt *Brimeura amethystina* (syn. *Hyacinthus amethystinus*). Sie und ihre weiße Rarität *B. a.* var. *alba* werden an mageren Plätzen etwa 10 cm hoch, an humusreichen Plätzen auch etwas höher.

Bulbocodium. Eine kleine Pflanze gleicher Höhe ist *Bulbocodium vernum* (syn. *Colchicum vernum*), sozusagen eine »Herbstzeitlose« des Frühlings. Die richtigen Plätze finden sich im Steingarten oder im Alpinum.

Calochortus. Aparte Pflanzen sind die Mormonentulpen, leider eignen sie sich bei uns nicht für das Freiland, sondern nur für das Alpinenhaus und den Kalten Kasten. Sie werden meist etwas höher, aber es gibt wieder cincn Zwerg, der oft nur 10 cm Höhe erreicht, *Calochortus elegans*.

Chionodoxa. Bei den Schneeglanz-Arten hat wohl *Chionodoxa nana* die kleinsten Blüten, bei einer Höhe von 5 bis 10 cm. Diese Art ist etwas empfindlich und braucht einen geschützten Steingartenplatz, besser ist die Topfkultur. Von den gängigen Arten, die sich auch gut zum Verwildern unter laubabwerfenden Gehölzen eignen, muß *Chionodoxa sardensis* als niedrigste genannt werden. Mit ihren enzianblauen Blüten wird die Pflanze je nach Standort 10 bis 15 cm hoch.

Cyclamen. Von den Alpenveilchen bleiben die meisten sehr niedrig, leider sind viele Arten nicht völlig winterhart und müssen entweder im Topf, im Kalten Kasten oder im Alpinenhaus kultiviert werden. Von den herbstblühenden Freilandarten bleibt mit etwa 10 cm Höhe unsere heimische Art, *Cyclamen purpurascens* (syn. *C. europaeum*), ziemlich niedrig. Noch kleiner bleibt *C. cilicium* mit nur 4 bis 6 cm Höhe. Von den frühjahrsblühenden Arten für das Freiland, besonders für den Steingarten, werden *Cyclamen coum* ssp. *coum* und deren Sorte 'Album' nur 5 bis 10 cm hoch. Die Unterart *C. c.* ssp. *hiemale* (syn. *C. atkinsii*) und die Sorte 'Album' erreichen etwa 10 cm Höhe. Zu den Zwergen, die besser im Alpinenhaus und bei sonstiger Topfkultur gehalten werden sollten, gehören *Cyclamen parviflorum*, *C. trochopteranthum*, *C. graecum* und *C. cyprium*, die meist nicht höher als 10 cm werden.

Eranthis. Zu den kleinen Freuden des Frühlings gehört auch der Winterling. Während der kleinasiatische Winterling etwa 15 cm hoch wird, begnügt sich der ähnliche heimische *Eranthis hyemalis* mit 7 bis 10 cm Höhe. Schwieriger zu kultivieren – im Gegensatz zu jenen gelbblühenden Arten – ist der weißblühende Winterling aus Japan, *E. pinnadifida*. Die Pflanze bleibt noch etwas kleiner als *E. hyemalis*.

In jeder Literaturstelle findet man Hinweise auf die halbschattige Lage, die die Winterlinge lieben. In meinem Garten haben sie sich in enormen Mengen am vollsonnigen Standort zwischen den Beetstauden etabliert, die zur Blütezeit der Winterlinge gerade erst mit dem Austrieb beginnen.

Erythronium. Schön, aber doch etwas empfindlich sind die Hundszahn-Arten. Alle werden etwas höher (meist 10 bis 30 cm), lediglich *Erythronium caucasicum* bleibt unter 10 cm.

Galanthus. Auch bei den Schneeglöckchen gibt es unterschiedliche Höhen, so erreicht das heimische *Galanthus nivalis* meist nur die halbe Größe des türkischen Schneeglöckchens *(G. elwesii)*, das 20 bis 35 cm am günstigen Standort erreicht. Von den selteneren Arten bleibt die kaukasische Art *G. bortkewitscha-*

nus mit 8 bis 10 cm sehr niedrig, ebenfalls *G. reginae-olgae* (syn. *G. corcyrensis*, 10 cm), *G. graecus* (6 bis 10 cm) und *G. forsteri* (7 bis 10 cm).

Hyacinthella. Wenn die Gattung auch von den *Muscari* getrennt wurde, darf man sie doch als kleine Traubenhyazinthe bezeichnen. Etwa 10 cm erreichen *H. dalmatica* und die raren *H. lineata* und *H. millengenii*.

Leucojum. Unter den Märzenbechern finden sich ebenfalls einige zwergige Arten. In klimatisch ungünstigen Gebieten muß von der Freilandkultur abgeraten werden. Geeignete Arten sind *Leucojum autumnale* (10 bis 15 cm), *L. nicaense* (5 bis 15 cm), und *L. roseum* (10 bis 12 cm.

Merendera. Sie sind nahe verwandt mit den Herbstzeitlosen. Alle Arten werden kaum höher als 10 cm, aber nur *Merendera pyrenaica* kann uneingeschränkt für den Steingarten empfohlen werden. Die anderen Arten wachsen im Kalthaus oder bei ähnlicher Kultur besser (wie *M. attica, M. filifolia, M. hissarica, M. kurdica, M. robusta, M. sobolifera, M. trygina*).

Muscari, Traubenhyazinthen. Viele *Muscari*-Arten bewegen sich hinsichtlich der Höhe zwischen 10 und 20 cm. Zu den speziellen Zwergen gehört *Muscari bourgaei* und *M. pulchellum*, die unter 10 cm bleiben. *Muscari* (syn. *Hyacinthella*) *azurea* und *M. azurea* var. *alba* werden zur Blütezeit kaum höher als 10 cm. Später sind sie dann etwas höher.

Ornithogalum. Von den Milchsternarten ist *O. balansae* eine schöne Zwergart mit 7 bis 8 cm Höhe. Auch *O. colinum, O. fimbriatum, O. chionophyllum, O. exscapum, O. lanceolatum, O. nanum, O. rupestre* und *O. sintenisii* überschreiten 10 cm nicht.

Oxalis. Die Sauerklee-Arten erweisen sich leider nicht alle als winterhart im Freiland. Mit geringem Schutz wachsen von den kleinen Arten *Oxalis adenophylla* (10 cm), *O. depressa* (syn. *O. inops*, 8 cm) und *O. lobata* (5 bis 10 cm).

Puschkinia. *P. scilloides* wird zwar etwas höher (10 bis 15 cm), erscheint aber auch an kleinen Pflanzplätzen wichtig, auch an Stellen unter laubabwerfenden Gehölzen.

Rhodohypoxis. Nur für das Alpinenhaus kann das 10 cm hohe *R. baurii* mit seinen verschiedenen Farbvarianten in Weiß, Rosa bis Karminrot empfohlen werden.

Scilla. Bei den Blaustern-Arten muß man bei *Scilla siberica* und seinen Formen auf kleinen Pflanzflächen vorsichtig sein. Sie entwickeln an den ihnen zusagenden Plätzen einen großen Ausbreitungsdrang. Das gleiche gilt für *Scilla bifolia*, auch wenn die Gefahr hier etwas vermindert ist. Diese Art wird 10 bis 15 cm hoch, ebenso wie ihre weiße und rosa Form. Gut paßt sie unter laubabwerfende Gehölze. Bei den *Scilla*-Raritäten gibt es auch eine ganze Reihe echter Zwerge wie *Scilla armena* (8 bis 10 cm), *S. autumnalis* (10 cm, herbstblühend, Abdeckung im Winter erforderlich), *S. furseorum* (10 cm für das Kalthaus), *S. monophyllos* (10 cm), *S. puschkinoides* (10 cm), *S. verna* (10 cm) und *S. winogradowii* (10 cm).

Sternbergia. In milden Gegenden können Sternbergien bei etwas Schutz im Freien, also im Steingarten oder im Steinbeet, kultiviert werden. Für die meisten Gärten ist jedoch die Topfkultur im Frühbeet oder Alpinenhaus zu empfehlen. Die Arten bewegen sich meist in Größen von 15 bis 25 cm, lediglich *Sternbergia colchiciflora* wird nur 10 cm groß und stellt sicher keine Schönheit dar.

Der Liebhaber kleinster Zwiebelblumen und Knollenpflanzen wird sicher über die genannten Arten hinaus fündig werden. Wo bezüglich der Winterhärte keine Klarheit herrscht, sollte man erst die Topfkultur unter Glas versuchen, ehe man in den Steingarten, in das Steinbeet oder das Alpinum auspflanzt. Viele Arten kann der Sammler nicht als Zwiebel oder Knolle bekommen. Samen ist durch die Tauschaktion der Liebhaber oft viel leichter zu erhalten. Die generative Vermehrung verlangt allerdings Geduld. Oft keimen die Aussaaten dieser Pflanzen erst im zweiten Frühjahr.

Dahlien von geringer Größe

Klasseneinteilung und Größenverhältnisse

Aus der Wildpflanze Mexikos hat sich eine kaum überschaubare Vielfalt ergeben, die dem an Pflanzen Interessierten Mühe macht. Schon frühzeitig hat man die Dahlienwelt aufgrund ihrer unterschiedlichen Blüten in Klassen eingeteilt. Da es in jeder Klasse auch niedrige Typen gibt, wollen wir erst diese Einteilung darlegen. In Klammer steht die jeweilige Abkürzung der Klasse.

1. Pompon-Dahlien (P). Mit kugeligen Blütenköpfen von etwa 5 bis 6 cm Durchmesser. Höhen von 70 bis 120 cm. Schnittsorten.
2. Ball-Dahlien (B). Ebenfalls mit kugeligen Blüten, aber mit einem Durchmesser von 8 bis 12 cm. Höhen von 40 bis 120 cm. Gute Schnittsorten.
3. Dekorative Dahlien (D). Diese wurden früher oft als Schmuckdahlien bezeichnet. Blütendurchmesser meist 10 bis 12 cm. Extra großblumige, amerikanische Riesendahlien können Durchmesser von 25 cm und mehr erreichen. Höhe 40 bis 120 cm.
4. Cactus-Dahlien (C). Spitze Blütenblätter, Durchmesser der Blüte 10 bis 12 cm. Höhe 40 bis 120 cm.
5. Semicactus-Dahlie (SC). Ähnlich den Cactus-Dahlien, aber die Blütenblätter wirken weniger spitz, Höhe 90 bis 120 cm.
6. Mignon-Dahlien (M). Niedrig mit einfachen Blüten, Blütendurchmesser etwa 7 cm, Höhe 30 bis 60 cm.
7. Topmix-Dahlien (T). Wie oben, aber mit einem Blütendurchmesser von nur 4 cm. Höhe etwa 30 bis 40 cm.

Zwergdahlie 'Inflamation'.

8. Einfache Dahlien (E). Einfachblühende Dahlien, höher als die Mignon-Dahlien. Blütendurchmesser etwa 7 cm. Höhe 60 bis 110 cm.
9. Halskrausen-Dahlien (HK). Blüten mit Halskrause, Blütendurchmesser etwa 8 cm. Höhe etwa 100 cm.

Man unterscheidet weitere Klassen wie Anemonenblütige Dahlien (A), Seerosen-Dahlien (S), Hirschgeweih-Dahlien (HG) und Orchideenblütige Dahlien (O). Diese sind aber weniger verbreitet und es gibt nicht so viele Sorten innerhalb der Klassen. Hier werden nur Dahlien genannt, die kaum höher als 60 bis 70 cm werden. Das Höhenwachstum ist jedoch nicht allein sortenbedingt, sondern wird

153

durch stärkere Kopfdüngergaben begünstigt. Die Angaben nennen Durchschnittswerte bei normaler Kultur.

Die Verwendung niedriger Dahlien im Garten

Wieder gibt es zahlreiche Möglichkeiten, wobei sicher die beetartige Bepflanzung überwiegt, sei es im Eingangsbereich, in Terrassennähe, als Trennpflanzung zwischen Wohn- und Nutzgarten und in flächiger Pflanzung, zusammen mit Sommerblumen und Gruppenpflanzen. Die kleinsten können auch in Kübel und Schalen gepflanzt werden.

Besonders in den Gärten um Neubauten lassen sich mit der Kombination von Sommerblumen und niedrigen Dahlien kurzfristig wirkungsvolle Effekte erzielen, ehe man eine Dauerpflanzung durchführt. Diese Erstpflanzung bietet zudem finanzielle Vorteile und meist ist die pekuniäre Lage zu diesem Zeitpunkt recht angespannt.

Weiterhin lassen sich einfachblühende Dahliensorten mit unterschiedlicher Klassenzugehörigkeit gut mit nicht zu hohen Beetstauden kombinieren. Man denke besonders an die Funktion als Lückenbüßer, falls einzelne Stauden ausgewintert oder anderweitig eingegangen sind.

Niedrige Dahlien lassen sich im gleichen Maße zum Schnitt verwenden wie hohe, wobei man selbstverständlich größenreduziertes Material für kleine Sträuße und Vasen erhält.

Die Kultur der Dahlien darf ich als bekannt voraussetzen. Ich will nur noch einmal auf den unbedingt erforderlichen sonnig gelegenen Pflanzplatz hinweisen.

Kleine aus der Klassenvielfalt

Niedrige Dahlien wie beispielsweise die Mignon-Dahlien bereichern seit vielen Jahrzehnten die Gärten. Erfreulicherweise bringt die

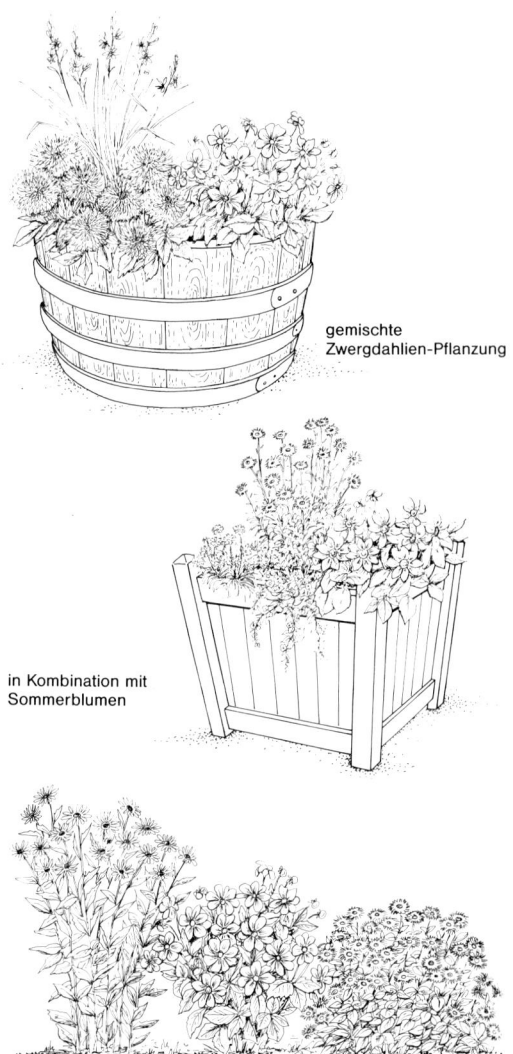

gemischte Zwergdahlien-Pflanzung

in Kombination mit Sommerblumen

Zwergdahlien als Lückenfüller zwischen niederen Beetstauden, hier zwischen Aster dumosus und Rudbeckia

intensive Arbeit in- und ausländischer Züchter immer mehr kleine Sorten aus Klassen hervor, bei denen es früher nur hohe Formen gegeben hat. Die Kombinations-Möglichkeiten vervielfältigen sich dadurch auch in kleinen Gärten. Zu diesen Züchtungen gehören die nachfolgend aufgeführten Sorten, die die Klassen der Pompon- (P), Ball- (B), Cactus- (C), Semicactus- (SC) und der Dekorativen Dahlien (D) umfaßt.

Pompon-Dahlien

'Little Robert'. 60 bis 70 cm hoch.
  Purpurweiß.

Ball-Dahlien

'Edinbourgh'. 60 cm. Karminrot mit
  weißen Spitzen.
'Goldbäumchen'. 40 cm. Gelb.
'Iescot Susan'. 60 cm. Rot-weiß.
'Klein Erna'. 60 cm. Gelb.
'Parkschöne'. 60 cm. Erdbeerrot.
'Roquencourt'. 50 cm. Orange, dunkles
  Laub.
'Thor'. 60 cm. Dunkelrot, dunkles Laub.

Cactus-Dahlien

'Achalengruß'. 50 cm. Zitronengelb.
'Amorette'. 60 cm. Purpurrot.
'Border Princess'. 60 cm. Goldorange.
'Columella'. 50 bis 60 cm. Karminrot.
'Dankbarkeit'. 60 cm. Zart-lachsrosa.
'Gartenparty'. 50 cm. Gelborange.
'Gute Laune'. 50 bis 60 cm. Weinrot mit
  weißen Spitzen.
'Park Delight'. 40 cm. Weiß.
'Red Pigmy'. 70 cm. Rot.

Semicactus-Dahlien

'Autumn Fairy'. 25 bis 30 cm. Bronzcorange.
'Basel'. 30 cm. Rot.
'Heidi'. 50 cm. Weinrot.
'Frau Luise Meyer'. 60 bis 70 cm. Gelb.
'Meliai'. 40 cm. Kupferorange.
'Parkprinzessin'. 50 cm. Rosa mit weißem
  Grund.
'Park Idylle'. 50 bis 70 cm. Orangerot.
'Red Prinzess'. 50 bis 70 cm. Scharlachrot.

Dekorative Dahlien

'Alboflora'. 50 cm. Bronzefarben.
'Andolina'. 40 cm. Fliederfarben.
'Berliner Kleene'. 40 bis 50 cm. Lachsrosa.
'Bern'. 30 cm. Orangerot.

'Ellen Houston'. 50 bis 70 cm. Rubinrot.
'Fairy Dwarf'. 40 cm. Lilarosa.
'Gartenkönigin'. 70 cm. Lachsrosa.
'Gruppengold'. 60 cm. Orangegelb.
'Little Tiger'. 40 cm. Rot mit weißen Spitzen.
'München'. 40 cm. Gelb.
'Orange Nugget'. 70 cm. Orange.
'Park Feuer'. 40 cm. Leuchtendrot.
'Prefere'. 50 bis 70 cm. Gelborange.
'Purpurröschen'. 50 bis 60 cm. Purpur.
'Siedlerstolz'. 70 cm. Rotweiß.
'Toya'. 60 cm. Gelb.
'Wittem'. 60 bis 70 cm. Weiß mit lila Saum.

Im Laufe der letzten Jahrzehnte haben sich immer mehr Klassen mit abweichenden Blütenformen herausgebildet, wobei immer wieder zwergige Typen dabei sind. Ihre Auflistung in einer gesonderten Übersicht läßt sich damit begründen, daß sie mehr für die Nahbetrachtung gepflanzt werden sollten, damit die besonderen Blüten ins Auge fallen. Besonders für Schalen und Kübel eignen sie sich gut. Zu ihnen gehören die Anemonenblütigen Dahlien (A), die Seerosen-Dahlien (S) und die Halskrausen-Dahlien (HK).

Anemonenblütige Dahlien

'Angela'. 70 cm. Tief-rosarot.
'Bridesmaid'. 40 cm. Zartrosa.
'Diamond Rose'. 30 cm. Rosarot.
'Fabel'. 30 cm. Kardinalrot.
'Gamelon'. 30 cm. Gelb.
'Honey'. 40 cm. Rot-gelb.
'Maggys Favorite'. 40 cm. Blutrot.
'Roulette'. 40 cm. Rosa.
'Scarabella'. 60 bis 70 cm. Rosa-karminfarben.
'Siemen Doorenbos'. 40 cm. Rosa.
'Toto'. 30 cm. Weiß mit gelber Mitte.

Seerosen-Dahlien

'Botkay'. 60 bis 70 cm. Rosa.
'Semara'. 40 cm. Orangegelb.
'Ymir'. 60 cm. Zartes Violett.

Die Cactus-Dahlie 'Gartenparty' zeichnet sich durch ihren niedrigen Wuchs aus.

Halskrausen-Dahlien.

'Alstergruß'. 30 bis 40 cm. Orangerot mit
  gelber Krause.
'Billegruß'. 40 cm. Rot mit weißer Krause.
'Herz-Ass'. 30 cm. Karmesinrot.

Bleiben die Klassen der einfachblühenden
Dahlien, die immer ihre Liebhaber finden. Im
Garten können sie Plätze einnehmen, an
denen die gefülltblühenden zu prächtig aussehen würden, als Beispiel sei die Partnerschaft
mit Blütenstauden erwähnt. Neben höheren
Sorten gibt es auch viele niedrige, mehr als bei
den gefülltblühenden. Sie werden in folgende
Klassen unterteilt. Etwas höhere, einfachblühende Dahlien (E), Mignon-Dahlien (M) und
Topmix-Dahlien (T):

Einfachblühende Dahlien

'Akiko'. 70 cm. Rot.
'Emilio Dahlio'. 60 cm. Rosalila.
'Fascination'. 50 bis 70 cm. Lilarosa.

'Berliner Kleene', ein Publikumsliebling, auf der Insel Mainau.

'Lilofee'. 70 cm. Lila.
'Orange Flora'. 60 cm. Orangegelb.
'Rotkäppchen'. 60 cm. Blutrot, halbgefüllt.

Mignon-Dahlien

'Bambino'. 30 cm. Weiß-rosa.
'Damas'. 40 cm. Rosa.
'Enno Dorscht'. 30 cm. Leuchtendrot.
'Flamme'. 30 cm. Orangerot.
'Fred Wetzel'. 40 cm. Blutrot.
'Gerda'. 40 cm. Weiß.

'G. F. Hemerik'. 40 cm. Orange.
'Grisby'. 40 cm. Gelb.
'Irene v. d. Zweet'. 40 cm. Gelb. Auch als
    'Irene' bekannt.
'Lady Eilen'. 40 cm. Rosa.
'Nelly Gerlings'. 40 cm. Rot.
'Philine'. 40 bis 50 cm. Blutrot.
'Preston Park'. 40 cm. Rot, dunkellaubig.
'Rote Funken'. 40 bis 50 cm. Rot, dunkellau-
    big.
'Roxy'. 40 cm. Weinrot-lilarosa, dunkles
    Laub.

157

'Schneewittchen'. 40 cm. Weiß.
'Signal'. 40 bis 50 cm. Rot.
'Sophia'. 40 bis 50 cm. Lachsorange.
'Wiehler Perle'. 40 cm. Hellrot.
'Züricher Traum'. 50 cm. Kupferlachs-
   karmin.

Topmix-Dahlien

'Andrea'. 30 cm. Gelb.
'Bonne Esperance'. 30 cm. Rosa.
'Inflamation'. 30 cm. Orange.
'Ele'. 30 cm. Rot.
'Kasperle'. 30 cm. Violettrosa.
'Pupy'. 30 cm. Rot.
'Sonnenkind'. 40 cm. Gelb.
'White Liliput'. 30 cm. Weiß.

Verschiedentlich werden manche Sorten der Mignon- den Topmix-Dahlien zugeteilt.

Kleine Dahlien aus Samen

Bei vielen kleinen Formen sonst höher wachsender Pflanzen verliert sich der zwergige Wuchs durch generative Vermehrung. Es bleiben dann nur vegetative Vermehrungsmethoden übrig wie Teilung, Stecklinge oder Veredelung. Erfreulicherweise ist bei den Dahlien das Höhenwachstum der kleinen Typen genetisch verankert. Beim Samenangebot der Dahlien handelt es sich zum allergrößten Teil um niedrige Sorten. Bei höheren Züchtungen hat sich die Samenqualität in den letzten Jahrzehnten zwar verbessert, aber die samenvermehrbaren Typen, beispielsweise von Kaktus-Dahlien und von Dekorativen Dahlien, bringen noch zuviel Ausschuß neben akzeptablen Sämlingen. Selbstverständlich ist vereinzelt einmal eine Spitzensorte dabei. Wäre das nicht so, könnten die Züchter nicht alljährlich neue Hochzuchten offerieren.

Voll zu empfehlen ist die Anzucht niedriger Dahlien aus hochwertigem Saatgut. Gartenbesitzer scheuen oft vor der Aussaat von Dahlien zurück – zu Unrecht, denn die Aufzucht

gestaltet sich nicht schwieriger als bei Astern und Tagetes. Der Gärtner sät im Februar bis März, der Hobbygärtner auch noch später. Bei einer Temperatur von 18 bis 20 °C beträgt die Keimzeit nur sieben bis zwölf Tage. Die Temperatur bei der Weiterkultur kann dann ruhig um 3 bis 5 °C niedriger liegen.

Was das Samenangebot betrifft, hat sich in den letzten Jahren bei der Züchtung einiges getan, der Fortschritt ist augenfällig. Sicher bieten die Samentütchen im »Tante-Emma-Laden« und in Supermärkten keine große Auswahl, aber die größeren Züchterfirmen führen ein beachtliches Angebot. Zu den hochwertigen gehören die folgenden Sorten. Völlig uniforme Blütenfarbtöne lassen sich noch nicht über Samen vermehren.

'Colarette Dandy'. 45 bis 55 cm hoch. Die Blüten ähneln denen der Halskrausen-Dahlien. Bezaubernder Eindruck. Die Blütenfarbe variiert zwischen Rot, Gelb, Orange und Weiß. Buschig wachsende Pflanzen.

'Coltness'. 50 cm. Einfachblühende Hybriden mit einer reichen Palette von Farben. Die Blüten wirken sternförmig mit geröhrten Blütenblättern. Besonders reichblühend.

'Early Bird'. 50 cm. Eine vielfarbige Spezialmischung halbgefüllter Blüten.

'Figaro'. 25 bis 30 cm. Prachtmischung niedrigster Typen für Topf, Balkon und Beete. Die Blüten sind gefüllt und halbgefüllt. Wächst niedriger und gleichmäßiger als die verwandte Rigoletto-Mischung.

'Fresco'. 20 cm zum Blühbeginn, später 40 bis 50 cm. Blüten mit schönen Farben und meist gefüllt. Gleichmäßiger Wuchs.

'Gartenfreude'. 30 cm. Zeichnet sich durch besonders frühe Blüte aus. Schöne Farbskala und stark halbgefüllte Blumen. Gleichmäßiger Wuchs.

'Mignon'. 30 cm. Einfachblühende, niedrigste Zwerge mit reichem Farbspiel.

'Mignon'-Formelmischung, Selektion Pannevis. Bei Blühbeginn 20 cm, später bis 40 bis 55 cm. Einfache Blüten mit 8 cm Durchmesser(!). Leuchtende Farben und kompakter Wuchs.

'Redskin' (Rothaut). 50 cm. Fleuroselect-Sieger. Besonders durch die verschieden bronze- und kupferfarben getönten Blätter auffällig. Die Blüten sind gefüllt und halbgefüllt und zeigen ein leuchtendes Farbenspiel.

'Rigoletto'. 30 cm. Bewährte niedrige Prachtmischung vom Unwin-Typ mit halbgefüllten und gefüllten Blüten. Buschiger Wuchs.

'Showpiece'-Hybriden Mixed. 60 bis 70 cm. Mit sehr gleichmäßig gefüllten Blüten. Die Blütenform entspricht in etwa der der Ball-Dahlien, mit einem Blütendurchmesser von 7,5 bis 10 cm. Breite Farbpalette von Gold, Karmin, Purpur, Apricot, Rot und Rosa.

'Ultra-Zwerg'. 30 cm. Zwerghybride mit gefüllten und halbgefüllten Blüten. Blüht bereits 60 Tage nach der Keimung.

Bleibt die Frage nach der Verwendung dieser Dahlien. Sie unterscheidet sich im Prinzip nicht von der der Hochzuchtsorten des vorhergegangenen Abschnittes, die vegetativ vermehrt werden über Teilung oder grundständige Stecklinge im Austriebsstadium. Man muß im kleinen Garten bei der Verwendung etwas Fingerspitzengefühl zeigen, weil die Dahlien aus Sämlingen sehr bunt wirken. Schließlich zeigt jede Pflanze eine andere Blütenfarbe, auch wenn alle anderen Eigenschaften im wesentlichen gleich bleiben. Hinzu kommt die Unterscheidung in einfachblühende und andererseits in halbgefüllt- und gefülltblühende Mischungen. Erstere sind als Lückenbüßer bei niederen Beetstaudengruppen meist noch akzeptabel, die gefüllten Mischungen aber kaum noch. Die Hauptverwendung der Dahlien aus Sämlingen liegt in der Kombination mit Sommerblumen und Gruppenpflanzen, frei ausgepflanzt oder in Kübeln. Dort können sie auch für sich allein stehen, so auch in Töpfen und Balkonkästen.

Lilien mit beschränktem Höhenwachstum

Allgemeine Hinweise

Flächenmäßig entstehen bei den Lilien sicher keine Probleme, jede Pflanze benötigt nur wenige Quadratzentimeter Boden. Oft fällt ihr Platzbedarf überhaupt nicht ins Gewicht, wenn sie aus Polsterpflanzen heraus wachsen. Andererseits ist das Höhenwachstum bei kleinen Pflanzflächen zu beachten. Man kann durchaus einmal eine »Lilienrakete« steigen lassen, aber im allgemeinen sollte man bestrebt sein, die Proportionen zu wahren. Die Lilienzüchtung liegt überwiegend in der Hand von Hobbygärtnern, und neben anderen angestrebten Eigenschaften möchte man meist kräftige, hohe Blütentürme haben. Sorten von reduzierter Größe sind nicht so zahlreich. Kleine Lilien finden in vielen Gartenteilen Platz, wobei selbstverständlich ihre Standortansprüche zu beachten sind. Lilien passen in den Steingarten, in Kästen und Kübel, zwischen Beetstauden und Wildstauden, sowohl in den sonnigen als auch in den halbschattigen Bereich, aber ebenso zwischen zwergige Gehölze.

Allgemein betrachtet sollte man sich bei der Verwendung von Lilien zwei Dinge einprägen. Erstens soll die Dränage unterhalb der Zwiebeln so gut wie nur möglich ausgeführt sein, wobei leichte sandige Böden die Forderung bereits von Natur aus erfüllen. Zweitens lieben Lilien einen besonnten Kopf und einen beschatteten Fuß. Das heißt, daß um die Basis herum einige andere Pflanzen stehen sollten. Es kann sich dabei um Kleinstauden, Zwerggehölze, aber auch um Annuelle handeln. Wie überall gibt es einige Ausnahmen, auf die bei den Arten hingewiesen wird. Bei der Verwendung in Kübeln, Schalen und Trögen, wo kleine Lilien sehr hübsch aussehen können, ist

die winterliche Kälteeinwirkung von der Seite her zu berücksichtigen. Ein Kälteschutz aus Styroporplatten an der Innenseite der Wandung kann Hilfe bringen. Besser ist es, solche »mobilen Gärten« nur als Pflanzplatz für eine Vegetationsperiode zu betrachten. Im Frühling pflanzt man die im Herbst getopften Lilien mit Ballen in die vorgesehenen Behältnisse, nach dem Abblühen oder im Herbst erfolgt die Pflanzung an ihren endgültigen Platz in den Garten. Da in dem Substrat der Pflanzgefäße oft viele Pflanzen wurzeln, sollte während der Wachstumsphase einige Male flüssig gedüngt werden. Bei den kleinen Wildlilien ist zu beachten, daß einige Arten keine allzulange Lebensdauer haben, wie beispielsweise *Lilium pumilum, L. cernuum, L. amabile* und *L. callosum.* Andererseits lassen sich diese Pflanzen leicht aus Samen nachziehen.

Egal ob es sich um hohe oder niedrige Lilien handelt, als wichtig erweist sich das Substrat, das frei von Pilzen und Bakterien sein sollte. Besonders in schweren Böden ist Vorsorge nötig, so sollte um die Zwiebel sterile Erde eingebracht werden. Man nimmt gedämpfte Erde oder ein Gemisch aus einem Teil käuflicher Beutelerde und zwei Teilen scharfem Sand. Ein vorsorgliches Einpudern der Zwiebel mit einem Fungizid ist ebenfalls zu empfehlen.

Wildlilien

Lilium amabile. 40 bis 100 cm hoch, meist bewegt sich die Höhe jedoch um 60 cm. Der Stengel trägt zahlreiche Blätter und bis zu sechs Türkenbund-artige, glänzend-orangefarbene Blüten mit schwarzer Sprenkelung. Ähnlich ist

Lilien im Steingarten

Lilien zwischen Zwerg-Rhododendren

Lilien betonen kleine Pflanzungen

Selbst in den engsten Gartenecken bleibt viel Platz für kleine Lilien.

Lilium amabile 'Luteum' mit orangegelben Blüten. Sowohl für den Steingarten als auch für die Pflanzung zwischen Zwerggehölzen geeignet.

Lilium bulbiferum var. *chaixii*. Während die normale Feuerlilie für kleine Plätze meist schon etwas zu groß und wuchtig wirkt, erreicht diese Varietät aus den französischen Seealpen nur 30 bis 40 cm. Die Blüten sind orangegelb mit rötlichem Zipfel.

Lilium callosum ist ziemlich selten. 30 bis 60 cm, selten höher. Sie trägt ziegelrote Blüten in Türkenbundform. Die Steingartenlilie läßt sich leicht aus Samen ziehen. Auch von ihr gibt es eine gelbblühende Form, *Lilium callosum* var. *flaviflorum*.

Lilium carniolicum. 30 bis 80 cm, meist jedoch schwankt die Höhe zwischen 40 und 50 cm. An ziemlich kurzen Blütenstielen stehen die orangeroten, Türkenbund-artigen Blüten. Wächst meist auf Kalkuntergrund und paßt gut in den Steingarten. Ziemlich dauerhaft. Von dieser Lilie gibt es einige abweichende Standortvarietäten:

var. *albanicum* mit bernsteingelben Blüten und zinnoberrotem Pollen.

var. *bosniacum* mit orangeroten Blüten und unbehaarten Blattnerven.

var. *jankae*, auch als *L. jankae* bekannt, hat kanariengelbe Blüten und behaarte Blattnerven.

Lilium cernuum ist leicht zu kultivieren. 30 bis 80 cm hoch, normalerweise wird die Art aber kaum höher als 60 cm. Sie hat lila bis fliederfarbene Blüten in Türkenbundform. Die zwar kurzlebige Lilie kann als Schnellkeimer verhältnismäßig rasch aus Samen gezogen werden.

Lilium concolor variiert in ihrem Höchenwachstum, sie erreicht meist eine Höhe zwischen 30 und 60 cm. Diese hübsche kleine Steingartenlilie hat aufrechtstehende, sternförmige Blüten, die in der Farbe in verschiedenen Rottönen spielen. Die Art kann vollsonnig stehen. Folgende Typen werden unterschieden:

Lilium cernuum, eine niedrige Lilie Ostasiens.

var. *coridion*. Zitronengelbe Blüten mit kleinen bräunlichen Sprenkeln. Wüchsige Pflanzen.

var. *pulchellum*. Zinnober- bis orangerote Blüten mit Sprenkelung.

var. *strictum*. Scharlachrote Blüten mit schwarzer Sprenkelung.

'Dropmore'. Orangerote Blüten. Kräftiger Wuchs.

'Okihime'. Reingelbe Blüten, ungesprenkelt.

Lilium distichum. 30 bis 80 cm. Eine Rarität mit einem Blattquirl und einer gedrängten Traube. Türkenbund-artige, blaßorange Blüten. Paßt gut zwischen Zwerg-Rhododendron in saurem Substrat.

Lilium formosanum var. *pricei*. Bei dieser Lilie handelt es sich um die alpine Zwergform von *L. formosanum*, die nur 30 bis 50 cm hoch wird. Während die Art nicht winterhart ist, überdauert diese Varietät unsere Winter gut, da sie aus höher gelegenen Regionen stammt. Die Varietät blüht

mit schmalen, eleganten weißen Blütentrichtern, pro Stengel erscheinen ein bis zwei Blüten. Diese Lilie ist nicht besonders dauerhaft, läßt sich aber leicht aus Samen ziehen. Sie paßt zwar von der Größe her in den Steingarten, wirkt bei naturnaher Gestaltung aber oft zu elegant. Schön in Kübeln und Schalen und zwischen Zwerg-Rhododendron.

Lilium japonicum. 30 bis 80 cm. Mit weißen oder blaßrosa, glockigen Blütentrompeten. Sehr empfindlich, liebt kühle, feuchtere Böden. Paßt zwischen Zwerg-Rhododendron. Sicherer erscheint die Kultur in Töpfen und Schalen.

Lilium mackliniae. 40 bis 80 cm. Mit hängenden, weit offenen Glockenblüten in Weiß oder auch rosa überhaucht. Für saure Böden zwischen Zwerg-Rhododendron. Heikel!

Lilium nanum. 15 bis 30 cm. Ein heikler kleiner Zwerg. Sehr selten im Angebot, Samen ist eher erhältlich. Halbschattig zwischen Zwerg-Rhododendron kultivieren.

Lilium oxypetalum ist ein echter Zwerg und wird nur 20 bis 25 cm hoch. Der Stengel trägt ein bis zwei glockenförmig hängende, weißlich-grünliche bis -gelbe Blüten. Die Varietät *L. o.* var. *insigne* hat purpurrosa Blüten in etwas grünlichen Tönen.

Lilium papilliferum. Etwa 60 cm. Ein bis drei dunkelpurpurne, fast schwarze Blüten. Die Blütenblätter sind unregelmäßig zurückgerollt, so daß die Form eher dreieckig erscheint. Im Freiland sehr heikel!

Lilium pensylvanicum (syn. *L. dauricum*). Meist 30 bis 60 cm. Mit bis zu sechs orangeroten bis scharlachfarbenen, aufrechten kelchförmigen Schalenblüten, mehr oder weniger stark gesprenkelt. Knospen und Stengeloberteil zeigen eine starke flaumige Behaarung. Die Art akzeptiert auch etwas feuchtere Böden. Für Steingärten, kleine Beetstaudengruppen, »mobile Gärten«. Ein besonders niedriger Typ mit nur 10 bis 20 cm hohen Stengeln ist die Varietät *L. p.* var. *alpinum*. Die

Lilium formosanum var. pricei. Die winterharte Hochgebirgsform stammt aus Taiwan.

Varietät *L. p.* var. *luteum* hat gelbe, schwarz gesprenkelte Blüten.

Lilium philadelphicum. 40 bis 80 cm. Aufrechte Blütenschalen, orangescharlach, innen meist dunkelbraun gesprenkelt.

Lilium pomponium. Auf 40 bis 50 cm hohen Stengeln stehen die nickenden rundlichen, mennigeroten Blüten in Türkenbundform, die schwarz gepunktet sind. Vollsonnig pflanzen. Besonders für Steingärten.

Lilium pumilum. Normalerweise 35 bis 45 cm. Es handelt sich um eine wirklich zwergige Lilie, die man an vielen Plätzen verwenden kann. Der Standort sollte aber nicht zu schattig sein. Sie paßt noch in kleinere Gefäße. Der Stengel ist mit vielen grasartigen Blättern besetzt und kann bis zu 20 duftende kleine Blüten in Türkenbundform tragen. Die Blüte zeigt eine rote Farbe mit einigen wenigen schwarzen Punkten. Die Sorte 'Golden Gleam' ist ähnlich, jedoch sind die Blüten orangegelb.

Lilium rubellum. 30 bis 50 cm. Eine zauberhafte japanische Lilie. Die glockige, duftende Trompetenblüte ist zartrosa und färbt sich im Verblühen purpurrosa. An einem Stengel befinden sich ein bis drei Blüten. Die Art blüht sehr früh. Im Freiland ist sie nicht einfach zu halten, besser erscheint die Kultur in Schalen. Fügt sich ausgepflanzt gut zwischen Zwerg-Rhododendron ein, da sie einen ziemlich sauren Boden benötigt.

Lilium sachalinense. Nur 20 bis 40 cm. Im Frühstadium weiß behaart mit orangedunkelgelben, aufrechten Kelchblüten. Typische Steingartenlilie.

Lilium tsingtauense. 40 bis 80 cm. Mit quirlständigen Blättern am Stengel und aufrechten, sternförmigen, kleinen, glänzenden, orangeroten Schalenblüten. Auffallend wirken die nicht radialsymmetrischen Blütenblätter. Liebt etwas mehr Halbschatten, paßt deshalb gut zwischen Zwerg-Rhododendron.

163

Eher zu den Arten müssen auch die alten *Lilium*-Hollandicum-Hybriden gestellt werden. Es sind niedrige, naturnahe Typen.

Es muß darauf hingewiesen werden, daß es sich bei verschiedenen dieser Arten um echte Raritäten handelt, die man oft auch nicht so ohne weiteres erhält. Andererseits geht von diesen Kunstwerken der Natur ein Reiz aus, den die Hochzüchtungen vermissen lassen.

Niedrige Lilien-Hybriden

Allgemein gesehen gelingt die Kultur von Lilien-Hybriden wesentlich leichter als die der Wildarten, aber wieder ist auf eine gute Dränage zu achten, speziell bei den sogenannten Asiatischen Hybriden.

Die folgende Aufstellung gibt Lilien-Hybriden wieder, die eine Höhe bis etwa 60 cm erreichen, wobei das Höhenwachstum durch Standort und Nahrungsangebot beeinflußt wird. Es handelt sich um eine umfassende Liste sowohl amerikanischer, tschechischer, holländischer als auch deutscher Züchtungen. Die Züchtung brachte bei uns innerhalb der letzten Jahre beachtenswerte Ergebnisse hervor, sie zielte aber mehr auf hohe, kräftige, vielblütige Lilien ab. Die niedrigen Sorten wurden zwar etwas vernachlässigt, aber die Liste nennt auch einige kleinbleibende Neuzüchtungen. Beachtung verdienen die Lilien des tschechoslowakischen Züchters Jost, der bei den niedrigen Lilien eine ganze Reihe von schönen Sorten erzielt hat. In der Liste steht der Züchtername jeweils in Klammer.

'Adonis' (North). Etwa 50 cm hoch. Hybride aus *Lilium lankongense* × 'Edith Cecilia'. Abwärts gerichtete, purpurrote Blüten.

'Alena' (Jost). 50 bis 60 cm. Aufrechtstehende Asiatische Hybride. Blüten frischgelbgrün mit leichter dunkelbrauner Punktierung auf den inneren Blütenblatthälften.

'Charisma' (Oregon Bulb Farm = OBF). Zwerg von nur 30 cm Höhe aus der Hybride 'Midcentury' × 'Scottiae'-Sämling.

Schalenförmige Blüten, orangefarben mit Gelb, ohne Sprenkelung.

'Cidlina' (Jost). Nur 50 cm. Asiatische Hybride mit hängenden Blüten. Blüten orangerot mit karminfarbener Sprenkelung. Typische Steingartenlilie.

'Connecticut Red' (Stone and Payne). 40 bis 60 cm. Asiatische Hybride mit aufrechten Blüten von beständiger, tiefroter Farbe. Ideale Sorte für den Steingarten.

'Dawn Star' (Windus). 60 bis 70 cm. Asiatische Hybride mit seitwärts gerichteten Blüten. Farbe elfenbein, innen hellgelb mit grünen Nektarfurchen, zart punktiert. Wüchsige Sorte.

'Dukat' (Jost). 50 bis 60 cm. Asiatische Hybride mit hängenden Blüten. Die Blüten sind leuchtend-cadmiumorange, in Kupferfarben übergehend. Sehr wüchsig. Ideal für den Steingarten oder Zwerg-Heidegärten, aber auch für niedere Staudenkombinationen.

'Firecraker' (OBF). 50 cm. Asiatische Hybride mit aufrechten Schalen. Die Blütenblätter der roten Blüten sind leicht zurückgeschlagen und mit feinen Punkten übersät. Die verhältnismäßig kleinen Blüten passen in alle kleineren Pflanzungen, sogar in den naturnahen Steingarten.

'Golden Chalice Hybriden' (OBF/de Graaff). Etwa 60 bis 70 cm. Ältere Zuchtlinie, die unterschiedlich getönte, gelborange Blüten zeigt mit variabler Sprenkelung. Für kleine Beetstaudengruppen.

'Gold Nugget' (Sun Valley Farms). Etwa 60 cm. Asiatische Hybride mit aufrechten Blüten. Zitronengelbe Blüte, nur im Innern etwas gesprenkelt.

'Gugerna' (Holländische Züchtung). Etwa 60 cm. Asiatische Hybride mit seitwärts gerichteten Blüten. Blüten hellgelb, nach innen kräftiggelb, gesprenkelt.

'Hawaian Punch' (Köhler). Etwa 60 cm. Asiatische Hybride mit seitwärts gerichteten Blüten. Abkömmling von 'Edith Cecilia'. Gleichmäßig lavendelrote Blüten, die dunkel punktiert sind.

'Heureka' (Jost). Etwa 60 bis 70 cm. Asiatische Hybride mit aufrechten Blüten. Blüht sehr früh mit rosa Blüten, deren Zentrum mehr gelborange getönt ist, grüne Nektarfurche. Paßt zu kleinen Beetstaudengruppen.

'Inka' (Jost). Nur 45 bis 60 cm. Asiatische Hybride mit aufrechten Blüten. Große Blüten bis 6 cm Durchmesser, goldorange, in der Mitte nur wenige Punkte. Nicht für naturnahe Pflanzungen, paßt aber zu kleinen Beetstaudengruppen.

'Kimpa' (aus Japan). Nur 30 bis 40 cm. Asiatische Hybride mit aufrechten Schalenblüten. Hellorangerot mit braun gesprenkeltem Kelch.

'Klara' (Jost). 60 bis 70 cm. Asiatische Hybride mit aufrechten Blüten, die deutlich die Abstammung von *Lilium bulbiferum* zeigen. Orangerote Blüten mit wenigen braunen Punkten.

'Little Fairies' (Woodriff). Nur 50 bis 60 cm. Die Orienthybride aus *L. auratum*, *L. rubellum* und *L. japonicum* stellt einen echten Zwerg dar. Kleine, weit geöffnete Blüten in Rosa, zart gepunktet. Blüht sehr früh. Eignet sich für die Topfkultur oder paßt zwischen Zwerg-Rhododendron.

'Miss Bowmann' (Bischoff Tulleken). 60 cm. Die Asiatische Hybride mit aufrechten Blüten ist ein Mutationsprodukt aus Bestrahlung dcr Sorte 'Tabasco' mit Röntgenstrahlen. Rotorange Blüten mit leichter Sprenkelung.

'Mont Blanc'. Nur 50 cm. Asiatische Hybride mit aufrechten Blüten. Dicht gedrängte cremeweiße Blüten. Für »mobile Gärten« und kleine Beetstaudengruppen.

'Mountainer Tetra' (Emsweller). Asiatische Hybride mit aufrechten Schalen. Flache Kelchschalen, paprikarot mit leichter Sprenkelung.

'Orangeglow' (OBF). Etwa 60 cm. Asiatische Hybride mit aufrechten, sternschaligen, rotorangen Blüten ohne Sprenkelung.

'Orast' (Rech). 60 cm. Asiatische Hybride mit aufrechten, orangefarbenen Blüten von kräftiger Substanz, im Zentrum purpur gepunktet. Eine gesunde Sorte.

'Orest' (North). Etwa 60 cm. Asiatische Hybride. Seitwärts gerichtete, orangerote Blüten, Blütenblätter zurückgeschlagen.

'Parfait' (OBF). Etwa 60 cm. Asiatische Hybride mit aufrechten bis seitwärts gerichteten Blüten. Großblumig, dunkel-apricotfarben, Spiegel aureolingelb, leicht gesprenkelt.

'Piedmont Gold' (Stone and Payne). Nur 40 bis 60 cm. Asiatische Hybride mit seitwärts gerichteten Blüten. Schwefelgelbe Blüten mit zarter Sprenkelung, grüner Nektarfurche und orangefarbenem Pollen. Vielseitige Verwendungsmöglichkeiten.

'Pirate' (OBF). 60 bis 100 cm. Asiatische Hybride mit aufrechten Blüten. Das Höhenwachstum hängt bei dieser Sorte vom Nährstoffangebot ab. Nasturtiumrote Sternschalen, Spitzen indianerorange.

'Piraten-Jenny' (Ewald). Etwa 60 bis 80 cm. Asiatische Hybride mit aufrechten Schalen in Saturnorange, leicht braun gepunktet. Attraktiv für kleine Beetstaudengruppen.

'Prince Charming' (de Graaf). Etwa 60 cm. Asiatische Hybride mit aufrechten Schalen. Blüten lilarosa mit weißer Mitte, leicht gesprenkelt.

'Rainbow Hybrid' (OBF/de Graaff). Etwa 60 cm. Züchtung in verschiedenen Farben. Asiatische Hybride mit offenen Becherschalen.

'Red Carpet' (Porter). Nur 30 cm! Asiatische Hybride mit aufrechten Blüten. Scharlachrote Becherschalen ohne Sprenkelung.

'Red Cloud' (Beracha). Etwa 60 cm. Asiatische Hybride mit hängenden Blüten. Dunkelrote Blüten. Blüht sehr früh.

'Roswitha' (Rech). 60 bis 70 cm. Asiatische Hybride mit aufrechten Blütenschalen. Eine insgesamt robuste Sorte. Weiße Blüten mit lila Punkten, zartrosa überhaucht.

'Scarlet Emperor' (OBF). Etwa 60 cm. Asiatische Hybride mit aufrechten Blüten. Scharlachfarbene Becherschalen, die fein gesprenkelt sind.

Lilium 'Stargazer' ist eine der besten »Orient-Hybriden«.

'Stargazer'. Etwa 70 cm. Sehr wüchsige und verhältnismäßig unempfindliche Orient-Hybride.

'Sundrop' (OBF). Etwa 60 cm. Asiatische Hybride mit aufrechten, zart-goldgelben Blüten. Insgesamt eine kräftige Sorte. Paßt besonders in Beetstaudengruppen.

'Sunkissed' (OBF). Etwa 60 cm. Asiatische Hybride mit aufrechten Blüten. Die Blüten mit breiten Petalen ergeben gelborange Schalen.

'Sun Ray' (Stone and Paine). Etwa 60 cm. Asiatische Hybride mit aufrechten Blüten. Reingelbe Blüten, die leicht gepunktet sind. Frühblühend.

'Sunrise' (OBF). 50 cm. Asiatische Hybride mit seitwärts gerichteten, weißen Stern-schalen-Blüten, die rosa überlaufen sind.

'Synfonieta' (Jost). 50 bis 70 cm. Asiatische Hybride mit aufrechten Blüten. Blüte nasturiumorange und ungepunktet, weit geöffnet.

'Tabasco' (de Graaff). Etwa 50 cm. Asiatische Hybride mit aufrechten, kastanienbraunen Schalenblüten.

'Tamara' (de Jong). Etwa 50 cm. Asiatische Hybride mit aufrechten Blüten. Empirerosa mit bernsteingelber Mitte, ochsenblutrot gesprenkelt.

'Tamila' (Jost). Etwa 50 bis 70 cm. Asiatische Hybride mit aufrechten Blüten. Blüte mattgelb mit ganz feinen purpurnen Sprenkeln.

'Top Class' (R. Clas). Etwa 40 cm. Asiatische Hybride mit aufrechten, korallenrosa Blüten mit Sprenkelung.

'Troika' (Holländische Züchtung). 60 cm. Asiatische Hybride mit seitwärts gerichteten Blüten in Bernsteingelb mit Orangefarben. Paßt auch in naturnahe Pflanzungen.

'Tai-Yin'. 60 bis 80 cm. Asiatische Hybride mit seitwärts gerichteten Blüten. Weiße stark gepunktete Lilie. Ideal zu Rittersporn (zum Beispiel *Delphinium* 'Blue Springs').

Ein Sämling aus den alten Lilium-Hollandicum-Hybriden.

'True Grit' (OBF). Etwa 50 cm. Asiatische Hybride mit aufrechten, rotorangefarbenen Becherschalen-Blüten, fein gesprenkelt.

'White Tiger' (Stone and Payne). Etwa 60 cm. Asiatische Hybride mit seitwärts gerichteten Blüten. Blüten weiß mit kleinen purpurnen Sprenkeln.

Sukkulenten mit geringem Platzbedarf

Pflanzplätze

Sukkulente sind mit einigen wenigen Ausnahmen ausgesprochene Sonnenkinder. Die zwergigen Arten und Sorten machen dabei keine Ausnahme. Viele eignen sich für extrem trockene Standorte, angefangen bei kleinen, schöngeformten Tontöpfen über Schalen, Tröge und Kübel, wo man mit *Sempervivum* (Hauswurz) und *Sedum* (Fetthenne) die widerstandsfähigsten Pflanzen zur Verfügung hat. Bei den Hauswurz-Arten geht die Resistenz soweit, daß einige von ihnen sogar auf Mauerkronen und Dächern wachsen daher auch die Bezeichnung »Dachwurz«. Wem die Treppe im Garten zu nackt erscheint, der kann beim Bau kleine Flächen aussparen und mit Hauswurz und Fetthennen bepflanzen. Sie dienen als niedere Vorpflanzung vor anderen zwergigen Stauden, wirken als Partner für Zwergkoniferen, und im kleinen Steingarten bleiben ebenfalls alle Möglichkeiten offen. Eigentlich sind alle Arten dieser Gattungen keine großen Pflanzen und sie lassen sich auch in kleineren Gärten verwenden. Im folgenden gehen wir aber besonders auf die Kleinsten der Kleinen ein.

Die kleinen Fetthennen

Sedum-Arten werden von Gartenliebhabern oft etwas verächtlich abgetan, wahrscheinlich weil sie zu problemlos sind. Man muß jahrzehntelang diese Gattung beobachtet haben, um ihren Wert voll erfassen zu können. Fast alle Arten weisen für bestimmte Gartenverwendungen Vorteile auf, man denke nur an ihre Funktion als wichtiger Bodendecker an unwirtlichen Stellen oder an die wichtige Rolle des Pracht-Sedums (*Sedum spectabile* in Sorten) im herbstlichen Garten. *Sedum*-Arten zeigen sich in vielerlei Gestalt, und so ist es erfreulich, daß es von allen Wuchsformen fast immer auch zwergige Ausgaben gibt. Damit lassen sich bestimmte Gartenbilder im verkleinerten Maßstab wiedergeben. Einige Fetthennen, kombiniert mit *Sempervivum* (Hauswurz), einigen kleinen Schwingeln und krustigen *Saxifragen* (Steinbrech), können, besonders in Nachbarschaft mit Steinen, begeisternde Pflanzungen formen. Einige kleine nordamerikanische Arten sind in der Lage, die Begeisterung auch in halbschattige oder absonnige Stellen zu tragen, wo sie mit anderen Partnern harmonieren. Nicht zu vergessen sind die extrem langsam wüchsigen Zwerg-Nadelgehölze, wo die zwergigen *Sedum*-Arten als Unterbepflanzung dienen können, egal ob in einer Schale oder ausgepflanzt im Steingärtchen. Bei besonders schön geformten Steinen lassen sich Vertiefungen und Löcher mit kleinen *Sedum*-Arten bepflanzen, gleiches gilt für dekorative Wurzel- und Aststücke, der Phantasie sind dabei keine Grenzen gesetzt.

Das kleine Sedum-Sortiment

Sedum acre var. *minus*. Diese Zwergform unserer heimischen Wucher-Fetthenne bleibt in allen Teilen kleiner als die Art. Sie wächst weniger aggressiv und eignet sich gut für Tröge und Steinbepflanzungen.

Sedum album var. *chloroticum*. Ähnlich der folgenden Varietät, aber mit fahlgrünen Trieben und Blättchen. Bildet kleine niedere, ganz flache Teppiche. Besonders hübsch für Tröge.

Sedum album var. *micranthum*. Wahrscheinlich die Stammform der vorhergegange

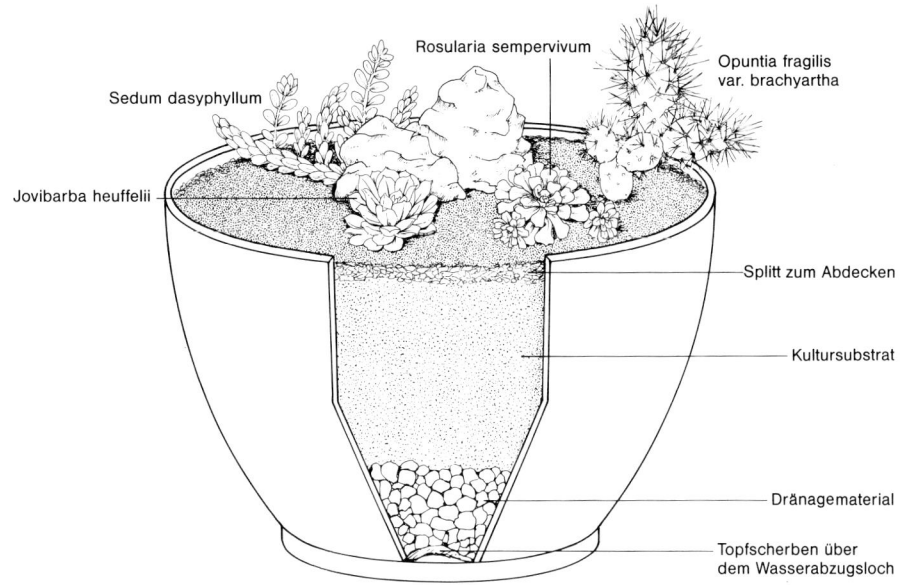

Sogar in einer kleinen Sukkulentenschale kann eine Miniaturlandschaft entstehen.

nen. Bildet ebenfalls hübsche kleine, etwa 1 cm hohe kompakte Polster aus. Für kleine Steingärtchen, Tuffstein-Bepflanzung, Tröge, kleine Trockenmauern.

Sedum anglicum var. *minus* (auch als *S. a.* var. *microphyllus* bekannt). Bildet schon die Art niedrige Pölsterchen, so bleibt dieser extreme Zwerg noch viel kleiner. Er wird nur etwa 1,5 cm hoch und wächst langsam. Manchmal leicht rötlich angehaucht. Ein Teppich für kleinste Pflanzungen.

Sedum atlanticum. Die ganz niedrige, blaugraue Pflanze formt kleine, kaum über 2 cm hohe Pölsterchen. Etwas empfindlich, für sehr gut dränierte Plätze im Schotterbeet, im kleinen Steingarten oder Trog. Erinnert etwas an *Sedum dasyphyllum*.

Sedum beyrichianum (syn. *S. nevii* var. *beyrichianum*). Bildet niedrige, 2 bis 2,5 cm hohe, kompakte und immergrüne Pölsterchen. Für Steingärten und Träge.

Sedum bithynicum. Bildet robuste lockere, etwa 3 cm hohe Polster. Weißliche Blüten im Juni bis Juli.

Sedum brevifolium. Lockere, hübsche, ausläufertreibende Polster, etwa 4 bis 5 cm hoch. Für Steingärten, in Spalten, im Geröllbeet. Liebt keine Winternässe!

Sedum cyaneum. Bildet laubabwerfende, niedere, kompakte Polster für gut dränierte Plätze, etwa 2 bis 2,5 cm hoch. Wird bei uns fälschlicherweise oft mit *S. pluricaule* gleichgesetzt, läßt sich aber durch die Blätter gut unterscheiden.

Sedum dasyphyllum, Kleiner Zapfen-Sedum, Zwergkugel-Sedum. Gut bekannte Gartenpflanze, die etwa 3 cm hohe und kompakte Polster bildet, die hübsch blaugrau gefärbt sind. Wie auch bei allen vorhergehend erwähnten Arten schmücken auch die Blüten, wesentlich erscheint aber der Gesamteindruck der Pflanze. Ähnlich wirken die Varietäten *S. d.* var. *glanduliferum* (syn. *S. corsicum*) und *S. d.* var. *suendermannii*. Beide sind dicht behaart, die letztgenannte wird etwas größer. Alle eignen

169

Hübsche Sukkulentengruppe in einem Steingarten.

Sedum spathulifolium 'Aureum'.

sich für Tröge, Schotterbeete, Steinspalten in Trockenmauern und ähnliche Plätze.

Sedum divergens. Bildet wüchsige lockere Matten, etwa 4 bis 5 cm hoch. Für viele Steingartenplätze.

Sedum ewersii var. *homophyllum.* Kompakter und niedriger als die Art, etwa 3 bis 3,5 cm hoch. Ein fauler Blüher, laubabwerfend. Für alle Steingartenplätze. Von der Art gibt es noch eine kleinere Form mit sehr geringem Zuwachs, *S. ewersii* 'Nanum'.

Sedum glaucophyllum (syn. *S. nevii*). Etwa 1,8 cm hoch, kompakter als die nahe verwandte *S. beyrichianum* und mit kürzeren Blättern. Bevorzugt leicht beschattete, aber gut dränierte Steingartenplätze.

Sedum gracile. Bildet immergrüne, kompakte, niedere und lockere Matten.

Sedum griseum (syn. *S. farinosum*). Immergrün, bildet sehr lockere, fahlgraue Matten, etwa 2 cm hoch. Etwas empfindlich in Kultur, hält nicht alle Winter aus.

Sedum gypsicola. Bildet hübsche, etwa 3 cm hohe, lockere Matten. Für gut dränierte Steingartenplätze.

Sedum hispanicum 'Aureum'. Licht-gelb-grünes Gegenstück zur Varietät *S. h.* var. *minus*.

var. *minus*. Ganz niedrige Form, die besser ausdauert als die Art. Zeigt eine schöne, blaugraue Farbe. Für bessere Pflanzplätze geeignet.

Sedum humifusum. Bildet ganz niedrige, kompakte Pölsterchen, 0,5 cm hoch. Für Miniaturgärten, Ausstellungsschalen und ähnliche bedeutungsvollere Plätze.

Sedum kamtschaticum 'Takahira Dake'. Diese Kurilenform wächst wesentlich kompakter als die Art, etwa 7 cm hoch. Sie eignet sich auch gut für kleinere Steingärten und Schotterbeete.

Sedum kostovii. Bildet etwas über 2 cm hohe, locker-kompakte Polster.

Sedum krajinae. Bildet lockere Matten, etwa 3 cm hoch. Erinnert an *S. acre*. Nicht für kleinste Flächen.

Sedum laxum. Diese Amerikanerin liebt absonnigere Plätze, sie wird etwa 5 cm hoch. Es gibt davon einige Unterarten, *S. l.* ssp. *laxum*, *S. l.* ssp. *eastwoodiae* und *S. l.* ssp. *heckneri*. Alle sind kompakte Pflanzen von 5 bis 6 cm Höhe für bessere Plätze. Es gibt auch die sehr nahestehende Naturhybride 'Silvermoon' (*S. laxum* ssp. *heckneri* × *S. spathulifolium* ssp. *spathulifolium*) mit ähnlichen Eigenschaften.

Sedum obtusatum hort. Wahrscheinlich eine kompakte Form von *S. rubroglaucum*. Etwas über 2 cm hohe Pflanze, in Gärtnereien oft als »Lebender Stein« angeboten. Zieht etwas beschattete Plätze vor, liebt keine Winternässe. Für kleine Steingartenplätze und Tröge.

Sedum oreganum. Immergrüne, kompakte Polster, etwa 5 bis 6 cm hoch. Eine gesunde und wüchsige Pflanze für Steingartenplätze. Die Sorte 'Metallicum' hat eher bronzefarbenes Laub.

Sedum oregonense. Ähnelt *S. laxum* ssp. *obtusatum*, 3 bis 4 cm hoch. Für Steingärten und Schotterbeete. Nicht zu sonnig pflanzen.

Sedum pilosum. Nur zweijährig, bildet hübsche Rosetten, etwa 3,5 cm hoch. Die attraktive Blüte erscheint im zweiten Jahr. Etwas feuchtigkeitsempfindlich. Manche Autoren stellen die Art zu den Rosularien.

Mit Sukkulenten bepflanzte Töpfe sind pflegeleicht.

Sedum pluricaule. Halb-immergrüne, kompakte Pflanze von 4 bis 5 cm Höhe. Nicht zu verwechseln mit *S. cyaneum*. *S. pluricaule* hat mehr rundliche und fleischigere Blätter, die kreuzgegenständig an den jungen Trieben stehen. Wirkt besonders hübsch zur Blütezeit. Für Steingärten, Trockenmauern und Tröge.

Sedum pulchellum. Lockere, 5 cm hohe Polster mit aufrechten Trieben. Liebt etwas

frischeren Stand. Hübsch, aber nicht langlebig. Für absonnige oder frische Steingartenplätze.

Sedum purdyi. Bildet etwas über 2 cm hohe,
kompakte Polster. Liebt lichten Schatten
und mildfeuchte Plätze. Für nach Norden
geneigte Steingartenplätze.

Sedum quadrifidum. Gehört zur Rhodiala-
Gruppe, wird am Naturstandort im Hima-
laja nur 3 bis 4 cm hoch. Wächst in Kultur
weniger kompakt, oft bis 10 cm hoch.
Mehr für Sammler und Liebhaber. Für
Tröge und Schalen.

Sedum rubroglaucum. Bildet 5 bis 6 cm hohe,
lockere, immergrüne Kissen. Für Steingärten, nicht zu sonnig pflanzen.

Sedum sartorianum. 4 bis 5 cm hohe, lockere
Polster für den Steingarten.

Sedum sempervivoides. Zweijährige Art mit
Sempervivum-ähnlichen Rosetten und
schönen roten Blüten im zweiten Jahr.
Rosettenhöhe 2,5 cm. Manche Autoren
stellen die Art zu den Rosularien.

Sedum sieboldii und die Sorte 'Variegata'.
Bildet etwa 10 cm hohe, lockere und spätblühende Büschel. Für viele Plätze geeignet, besser als *S. elwesii.*

Sedum spathulifolium. Bis 5 cm hoch, bildet
hübsch gefärbte Polster. Liebt keine volle
Sonne, sondern eher nach Norden ausge-
richtete Steingartenplätze oder leicht beschattete Pflanzplätze in Trögen und
Schalen. Folgende Sorten können empfohlen werden: 'Aureum', 'Roseum', 'William
Pascoe' (oft auch 'William Pascade' geschrieben), 'Cape Blanco'.

Sedum spectabile. Von diesem Pracht-Sedum
gibt es auch eine niedrige Sorte für kleine
freie Pflanzungen, 'Rosenteller', mit 30 cm
Höhe. Für kleinste Plätze eignet sich
'Humile' mit 15 bis 20 cm Höhe.

Sedum stribrnyi. Lockere Matten, etwa 7 cm
hoch. Mehr für Schotterbeete geeignet.

Sedum ternatum. Bildet 5 bis 10 cm hohe,
halbimmergrüne, lockere Matten. Die
niedrige Sorte 'Minus' paßt für Steingärten und Tröge.

Die kleinen Hauswurz-Arten

Auch hier gilt wieder, daß sich alle Arten und
Sorten für den kleinen Garten eignen, obwohl
sich einige großrosettige darunter befinden.
Andererseits gibt es kleinste Pflanzflächen,
die trotzdem einer Größenauslese bedürfen,
deshalb die folgende Aufstellung. Neben der
Rosettengröße (sprich dem Rosettendurch-
messer) spielt auch der kompakte Wuchs der
einzelnen Arten und Sorten eine Rolle. Von
den natürlichen Arten bleiben die folgenden
besonders klein.

Sempervivum arachnoideum. Alle Typen.
  ballsii
  borisovae
  × *giuseppii.* Wächst schön kompakt.
  ingwersenii
  leucanthum
  macedonicum
  marmoreum var. *dinaricum*
  minus
  montanum, außer *S. m.* ssp. *burnatii*
  octopodes
  ossetiense
  pittonii
  pumilum
  reginae-amaliae
  tectorum var. *minutum*
  tectorum 'Triste'
  thompsonii
  zelebori, verschiedene Typen.

Auch bei den Naturhybriden gibt es groß-
und kleinrosettige Typen. Eher kleinrosettig
sind

Sempervivum × *barbulatum*
  × *fauconettii*
  × *fimbriatum*
  × *schottii*
  × *vaccari*

Im Laufe der letzten Jahrzehnte sind sehr
viele Namenssorten entstanden und jährlich
kommen neue hinzu. Die meisten davon sind
groß- bis mittelgroß und alle lassen sich, wie

schon eingangs erwähnt, für den kleinen Garten gebrauchen. Aber einige kleinere Typen sollen Erwähnung finden, weil sie sich für Extremplätze bewährt haben. Der größte Teil von ihnen hat als einen Elternteil *Sempervivum arachnoideum*, deshalb sind sie zum Teil behaart oder silbrig übersponnen.

'Beta'
'Black Prince'
'Blood Tip'
'Jubilee'
'Ordensstern'
'Pekinense'
'Poke Eat'
'Rauhreif'
'Rheinkiesel'
'Roter Kristall'
'Shirleys Joy'
'Shootrold Triumph'
'Silberknopf'
'Standsfieldii'
'Topas'
'Zinal Rothorn'

Die nomenklatorisch abgespaltene Gattung *Jovibarba* stellt ausschließlich kleinrosettige Formen wie *Jovibarba allionii, J. arenaria, J. hirta* und *J. sobolifera*. Etwas größere Rosetten hat *J. heuffelii*. Da sich aber diese Art vegetativ nur durch Rosettenteilung vermehrt, bilden sich normalerweise nie sehr große Polster, sondern kleine Rosettenhaufen, die überall Platz finden. Sie erweisen sich als ideal zur Bepflanzung von Steinen, sie gedeihen in engsten Spalten und kleinen Vertiefungen. Das primäre Kriterium stellen nicht die gelben Blütenkugeln dar, sondern die Rosettenform und -färbung. Man kann durchaus eine sehr große Anzahl von Pflanzen zusammentragen, bei denen es sich teils um Standortvarietäten und teils um züchterische Auslesen handelt. Es handelt sich aber bei jeder Spielform um die reine Art. Von *Jovibarba heuffelii* kennt man eine ganze Reihe von anerkannten botanischen Varietäten und Standortvarietäten unterschiedlicher Form und Farbe:

Botanische Varietäten

Jovibarba heuffelii var. *glabrum*
    var. *heuffelii*
    var. *kapaonikensis*
    var. *patens*
    var. *reginae-amaliae*
    var. *stramineus*

Standortvarietäten

Jovibarba heuffelii von Anabakanah
    Anthoborio
    Athen
    Cakor-Pass
    Haila
    Jacupica
    Koprivnik
    Kosovo
    Ljubotin
    Osljak
    Ostrovica
    Pasina Glava
    Rhodope-Gebirge
    Rila-Gebirge
    Sapka
    Skopje
    Stogovo
    Treska George
    Urana e Vogel

Die meisten dieser Fundorte liegen in Jugoslawien, einige auch in Bulgarien oder Griechenland.

Züchterische Auslesen

Jovibarba heuffelii 'Apache'
    'Belcore'
    'Bronce Ingot'
    'Cameo'
    'Chocoleto'
    'Correvon Form'
    'Giuseppi'
    'Greenstone'
    'Miller's Violet'
    'Minutum'
    'Orion'

'Piccadilly Circle'
'Purple Haze'
'Tan'
'Torrid Zone'
'Roter Lolly'
'Russisches Roulett'
'Sundancer'
'Violet'
'Xanthoheuff'

Aus gutem Grunde wurde hier ein umfangreiches Auswahlsortiment vorgestellt. Den Wert dieser Pflanzen für die spezielle Verwendung in Steinen, Trögen, kleinen Steingärtchen und ähnlichen Plätzen haben die meisten Hobbygärtner nämlich noch nicht voll erkannt. *Jovibarba*-Arten erweisen sich an ihrem Pflanzplatz als sehr dauerhaft und sprengen nie die Proportionen. Weil sie sich schlechter vermehren lassen, bieten sie die Staudengärtnereien leider nicht im gleichen Maße an wie die Hauswurz.

Andere kleine Sukkulenten

Auch bei den anderen Sukkulenten-Gattungen finden sich kleine Typen. Aus winterharten Kakteen lassen sich Miniatur-Xerophytengärten schaffen. Winterharte, kugelig und zylinderisch wachsende Arten eignen sich dafür ohne große Einschränkung. Ihr jährlicher Zuwachs bleibt selbst unter günstigen Umständen gering. Auch mit den Opuntien darf man großzügig sein. Bei Pflanzen, die schnell in die Breite wachsen, kann man einzelne störende Glieder leicht entfernen. (Aber Vorsicht, Hände schützen!) Trotzdem stören für kleinste Pflanzungen oft die großen Einzelglieder. Bei solchen Extremplätzen sollte man auf die folgenden Opuntien zurückgreifen.

Links: Sukkulentenstück im Garten des Autors. Die Stammyucca wird frostfrei überwintert. Rechts: Nur wenige Sukkulenten haben einen ähnlichen Siegeszug angetreten wie die Bitterwurz (Lewisia).

Opuntia fragilis var. *fragilis*, *O. f.* var. *brachyartha*, *O. f.* var. *denutata* und *O. f.* var. *parviconspicua*
Opuntia humifusa var. *humifusa* (im Handel meist als *O. rafinesquai* var. *arkansana*)
Opuntia phaeacantha var. *camanchica* 'Minor' (im Handel meist als *O. phaeacantha* 'Minor')
Opuntia 'Smithwick' (*O. humifusa* × *O. fragilis*)
Opuntia 'Sydowiana' (*O. fragilis* × *O. erinacea* var. *utahensis*).

Es ist nicht zu verhehlen, daß man an diese Zwerge nicht immer leicht herankommt.

Bei den Lewisien ist in bezug auf die Verwendung ebenfalls kaum eine Einschränkung nötig. Wer speziell kleinrosettige sucht, kann auf *Lewisia pygmaea*, *L. columbiana* var. *wallowensis* und auf die kleine Hybride 'Pinkie' zurückgreifen. Es gibt noch einige weitere, die aber sehr schwer erhältlich sind oder deren Gartenwert sich beschränkt. Erinnert sei nur noch an *L. rediviva* var. *minor*, die allerdings ihr Laub im Herbst abwirft.

Vor den winterharten oder bedingt winterharten Mittagsblumen bleibt die härteste Art,

175

Delosperma nubigenum (syn. *Delosperma othonna, Mesembrianthemum othonna, Delosperma lineare*), ganz niedrig. Sie kann zwar größere Flächen bedecken, läßt sich aber leicht zurückschneiden, wenn sie stört. Erwähnt werden sollte noch *Delosperma sutherlandii*, deren dickfleischige Rosetten etwas größer werden. Die Pflanze bleibt jedoch kompakt, da die Triebäste alljährlich absterben und die Pflanze mit ihrer rübenförmigen Wurzel überwintert.

Von den *Crassula*-Arten wird *Crassula sarcocaulis* für manche Plätze etwas zu hoch, aber *C. setulosa* und *C. micrordica* bilden ganz flache Teppiche für viele Zwecke, auch für Schalen und Tröge.

Bleiben noch die Gattungen *Orostachys, Sempervivella* und *Rosularia*. Ihre leider sich sehr häufig ändernde Nomenklatur bedeutet sicher ein Hindernis für eine weitere Verbreitung, andererseits ist sowohl das Angebot als auch das Interesse an diesen Gattungen in letzter Zeit gestiegen.

Die folgenden Arten sind für kleinste Plätze interessant.

Orostachys aggregatus. Die Einzelrosetten werden etwas größer.
  erubescens
  iwarenge
  malacophyllus
  spec. 'Mongolei'
  spinosus
Rosularia alpestris
  pallida (syn. *R. chrysantha*)
  rechingeri (im Handel meist als *R. turcestanica*)
  sempervivum ssp. *persica* (meist als *R. radiciflora* verbreitet)
  serpentinica
Sempervivella alba
  sedoides

Beide Arten werden von manchen Botanikern zu *Rosularia* gestellt. Beide eignen sich für kleinste Pflanzplätze und sind kaum zu unterscheiden.

Steingärten für wenig Platz

Wer auf beschränktem Raum auf die Vielfalt der Pflanzenwelt nicht verzichten will, der sollte sich besonders den Miniaturen der Staudenwelt zuwenden, die es in großer Zahl gibt. Es bieten sich zwei Verwendungsmöglichkeiten an – die freie Pflanzung in kleinen Steingärten, Steinbeeten oder in einem Mini-Alpinum oder aber die Kultur in »mobilen Gärten« wie Trögen, Kübel, Schalen sowie auf Steinen in einem transportablen Format. Jede Verwendung hat besondere Vorzüge, wobei Steingärtchen beispielsweise mehr Pflanzenmaterial aufnehmen können. Je kleiner die Fläche, desto geringer können die Höhenunterschiede der Modellierung sein. Bei einem Steinbeet erreicht man schon mit 30 bis 40 cm Höhenunterschied eine attraktive Gestaltung.

Hinsichtlich der Bepflanzung unterscheidet man zwischen gebauten (architektonischen) und naturnahen Steingärten, außerdem kennt man den Typ des Alpinums. Man muß nicht streng nach dieser Einteilung vorgehen, da es auch Übergänge gibt. Zur erstgenannten Form gehören Trockenmauern und kleine Flächen, die sich zur Bepflanzung anbieten, wobei man bei der Pflanzenauswahl großzügiger sein darf und auch hochgezüchtete Kultursorten mit knallig wirkenden Farben und großen, oft auch gefüllten Blüten verwenden kann.

Der naturnahe Steingarten hat sanfte Flächen, die Steine liegen »natürlich« auf, und bei der Pflanzenauswahl verzichtet man auf ausgesprochene »Paukenschläge«. Die Anlage eines strengen Alpinums unterscheidet sich nicht von dem eines naturnahen Steingartens. Bei der Pflanzenauswahl wird man noch strenger vorgehen und auf jegliche Kultursorten verzichten.

Die bauliche Anlage

Die Gestaltung eines kleinen Steingärtchens oder einer verwandten Anlage hängt keinesfalls von der zur Verfügung stehenden Fläche ab. Selbst auf nur zwei Quadratmetern läßt sich eine ansprechende Gestaltung und eine vielfältige Pflanzung durchführen. Wo wenig Platz zur Verfügung steht, ist eine naturnahe Gestaltung vorzuziehen, wobei man aber – wenn es gegebene Höhenunterschiede zulassen – durchaus eine kleine Trockenmauer einbeziehen kann. Da sich auf kleiner Fläche keine »Gebirge« auftürmen sollten, genügt im Hausgarten oft schon der Höhenunterschied, der sich durch eine natürliche Hanglage ergibt, oder ein Hügel, der durch den Erdaushub beim Hausbau entstand. Man spart dabei Arbeit, andererseits wird es bei schweren, lehmigen Böden dann hinterher problematisch, für die notwendige Dränage zu sorgen, wie sie viele der etwas hochwertigeren alpinen Pflanzen wünschen. Bei den »Allerweltspflanzen« erscheint die Dränage weniger wichtig. Man kann sich nur damit helfen, indem man das Pflanzloch wesentlich vertieft und unten etwas Dränagematerial einfüllt.

Wie erwähnt, muß der Aufwand für die Bodenmodellierung bei kleinen Anlagen keinesfalls groß sein. Handelt es sich bei der vorhandenen Erde nicht um leichten, sandigen Boden, bringt man etwas Dränagematerial in das Zentrum oder an die Stellen, an denen Staunässe entstehen könnte, ein. Es kann sich dabei um groben Sand, Kies, Gesteinsschutt, Ziegelschutt, Schlacke oder Styromullflocken handeln. An solchen Stellen sollte die Schichtdicke des Substrates aber mindestens noch 15 cm betragen. Das Ideal einer solchen Kulturerde ist ein sandig-lehmig-humoses Sub-

Armeria juniperifolia 'Bevans Variety' ist ein Grasnelkenzwerg.

strat mit leicht saurer Bodenreaktion. Wenn man der Erde etwas beimischt, sollte man immer diesen Idealzustand anstreben.

Eine ganze Reihe von seltenen Pflanzen stellt spezielle Ansprüche, die sich ausgehend von dem genannten Idealboden immer leicht erfüllen lassen. Kalkliebende Pflanzen erhalten Düngekalk und Kalksteinsplitt zugemischt. Für Pflanzen, die eine extrem saure Reaktion benötigen, mischt man Torf (speziell Schwarztorf) bei. Geröllpflanzen erhalten einen Anteil von unterschiedlich grobem Gesteinssplitt, Humuspflanzen dagegen Torf

und Rindenkompost, um nur einige Möglichkeiten aufzuzeigen. Bei der Modellierung der Fläche vermeide man Steilflächen, an denen starker Regen die Erde abschwemmen kann. Die Einbettung der Steine soll natürlich wirken.

Bei der Standortwahl ist zu bedenken, daß ein sonniger Platz eine vielfältigere Pflanzung zuläßt als eine halbschattige bis schattige Lage. Ideal ist es, wenn sonnige, absonnige und halbschattige Zonen vorhanden sind, damit sich Pflanzen aus der ganzen Bandbreite verwenden lassen. Absonnige und halbschattige

Plätze erhält man oft schon durch geschickte Steinlagerung und durch die Verwendung von Zwerggehölzen.

Das Steinmaterial

Je kleiner die Fläche, desto leichter ist es, genügend schöne Steine zu bekommen. Auch hier gilt die Grundregel, möglichst das Steinmaterial zu verwenden, das in der näheren Gegend vorkommt. Von der Regel gibt es aber viele Ausnahmen. Auf Kalktuff und in seinen Löchern wachsen sehr viele der kleinen Steingartenpflanzen hervorragend, sofern sie

Campanula dasyantha, ein Glockenblumenzwerg aus Japan.

Helichrysum milfordiae, eine Zwerg-Strohblume.

nicht auf eine saure Bodenreaktion angewiesen sind. Da dieses Steinmaterial verhältnismäßig leicht und damit gut transportabel ist, verwendet man es auch dort gerne, wo es von Natur aus nicht vorkommt. Allerdings ist dieses Material meist nicht gerade billig. Das Gegenstück dazu bildet der Lavatuff mit neutraler Reaktion. Darin lassen sich also Pflanzen einsetzen, die keinen Kalk lieben. Keinesfalls sollte man weißlichgrauen Kalktuff und rötlichbraunen Lavatuff gemischt verwenden. Wo es die Pflanzenwahl erfordert, beide Typen zu verwenden, sollte es so geschickt ge-

schehen, daß es nicht ins Auge fällt. Besser wäre, zwei kleine getrennte Anlagen zu schaffen, die an unterschiedlichen Stellen liegen. Das hier Gesagte gilt ebenso für andere Gesteinsarten. Nie sollte man unterschiedliche Materialien durcheinanderwürfeln. Wo verschiedene Gesteine verwendet werden, muß die Berührungslinie der beiden Gesteinsarten gut kaschiert werden, der Unterschied darf nicht auffallen. Schichtgestein wie Muschelkalk, Schiefer oder Bruchgestein mit scharfen

Polsterphloxe gibt es in vielen Arten und Sorten.

179

Kanten, zum Beispiel Sandstein, sind leichter zu verarbeiten als Gesteinsarten mit oft abgerundeter Oberfläche wie Kiesel oder diverse Urgesteinsarten. Für die Anlage kleiner Flächen gelten die gleichen Faustregeln wie für die große Anlage:

1. Steine auf die flache (»faule«) Seite legen, wobei Ausnahmen die Regel bestätigen.
2. Einige größere Steine ergeben eine dekorativere Gestaltung als mehrere kleine. Auch dies ist relativ zu sehen, da es sich schließlich um flächenmäßig kleinere Pflanzplätze handelt.
3. Ideal wirkt eine Steingestaltung, wenn etwa zwei Drittel des Steines in Erde eingebettet sind und ein Drittel sichtbar bleibt.

Auch bei der Anlage kleiner niedriger Trockenmauern ist folgendes zu beachten:

1. Die Mauer sollte eine leichte Neigung nach hinten aufweisen, damit Wasser in die Fugen gelangt.
2. Nie sollten senkrechte Fugen von zwei aufeinanderliegenden Steinbändern aufeinanderstoßen, um Erdausschwemmung zu verhindern.
3. Wenn möglich, sollte die Bepflanzung schon beim Erstellen der kleinen Trockenmauer erfolgen.

Pflanzung

Bei Neuanlagen bietet sich wieder die bewährte Reihenfolge an: Erst die Zwerggehölze, dann die kleinen Stauden, anschließend – normalerweise im Herbst – die Blumenzwiebeln einsetzen. Gerade bei den zwergigen Pflanzen, gleich welcher Gruppe, gibt es keine feste Bindung an einen Pflanztermin. Praktisch alle werden schließlich im Container oder im Topf kultiviert. Deshalb kann man sie praktisch immer pflanzen, solange der Boden offen ist. Wenn ein Monat vorzuziehen ist, so der April. Die Pflanzen haben dann ihre Blütezeit in den meisten Fällen noch vor sich, sie können sich während der Dauer der gesamten Vegetationsperiode etablieren und einwachsen und sie begegnen dem ersten Winter in besserer Kondition.

Gerade Kleinststauden weisen an den Innenwänden ihres Kulturtöpfchens oft eine große Wurzelverdichtung auf, die vor der Pflanzung gut aufgelockert werden sollte, ohne dabei den gesamten Wurzelballen zu zerstören. Wichtig ist, daß sich im Wurzelbereich keine perennierenden Unkräuter eingenistet haben. Übersieht man solche Störenfriede, kann dies den Grundstein für einen dauerhaften Ärger legen. Auch die oberste Erdschicht der Ballen wird entfernt, um möglichst nicht auch neue einjährige Unkräuter in die Pflanzung einzuschleppen.

Die Pflanzen werden gut angedrückt, besonders dann, wenn die Pflanzung im Herbst erfolgt. Locker sitzende Topfballen in Trockenmauerfugen sollte man mit Steinchen verkeilen. Empfindliche Kleinstauden sind bei sehr heißem Wetter nach der Pflanzung zu schattieren, was bei einer Neuanlage im Hochsommer unbedingt beachtet werden muß.

Pflegearbeiten

Kleine Anlagen haben den Vorteil, übersichtlicher zu sein, was die Pflege wesentlich erleichtert. Nötige Handgriffe, die durchgeführt werden müssen, fallen eher ins Auge. Andererseits befindet sich unter den echten Steingartenzwergen ein höherer Anteil von Arten, die etwas höhere Ansprüche stellen, sei es hinsichtlich Feuchtigkeit oder in bezug auf Frost- und Regenschutz.

Die Schädlingsbekämpfung hält sich in Grenzen. Es sind die bekannten Tiere, die Ärger verursachen, wie Mäuse, die bei mir unter der Schneedecke wertvolle *Androsace*-Polster aufgefressen haben, oder Schnecken, die mit einem untrüglichen Gefühl für alles Wertvolle die teuersten Glockenblumen verspeist haben. Gewisse Mühe bereitet der Winterschutz. Kleine Anlagen sollten zumindest in winterkalten Gebieten und besonders an Südseiten

Schutz vor Wintersonne erhalten durch das Auflegen von Koniferenzweigen. Den größten Arbeitswaufwand, der sich aber wegen der kleinen Flächen in Grenzen hält, verursacht die Unkrautbekämpfung. Auch bei Mini-Steingärtchen sollte man eine regelmäßige Pflege durchführen. Verunkrautete Anlagen wieder sauber zu bekommen, gestaltet sich äußerst schwierig. Die geringste Arbeit bereitet die Düngung, die auf ein Minimum beschränkt sein sollte. Wenn es sich nicht um sehr leichte Böden handelt, kann die Düngung womöglich ganz unterbleiben, schließlich will man Miniaturpflanzen erhalten, und ein gemästetes Aussehen steht den Alpinen nicht gut zu Gesicht.

Das zwergige Pflanzmaterial

Die Auswahl erscheint im Grunde unerschöpflich. Steingartenpflanzen sind von sich aus kleine Pflanzen, so daß man die meisten Arten, die in »normalen« Listen aufgeführt sind, verwenden kann. Allerdings können sich darunter auch ganz schöne »Flächenriesen« befinden, die die Proportionen innerhalb der Gesamtanlage sprengen. Die vier Bände der Reihe »Gebirgspflanzen im Garten« (»Freilandsukkulenten«, »Saxifragen«, »Primeln« sowie »Enziane und Glockenblumen«) aus der Feder des Autors behandeln im überwiegenden Maße solche kleinen Pflanzen. Dieser Abschnitt hier nennt jedoch nur wirklich kleine Pflanzen, eine Vielzahl davon ist in Gärtnereien für alpine Pflanzen erhältlich. Einzelne Arten zu finden bereitet jedoch manchmal erhebliche Schwierigkeiten.
Die folgende Aufstellung ist selbstverständlich nicht vollständig und kann es bei der Fülle an Gattungen und Arten auch nicht sein. Andererseits dürfte hiermit die bisher umfangreichste veröffentlichte Aufstellung von zwergigen Steingartenpflanzen vorliegen. Der Platz erlaubt es nicht, ausführlich auf die einzelnen Pflanzen einzugehen, nähere Angaben sind Katalogen und der Fachliteratur zu entnehmen. Außer den genannten Arten und Sorten eignen sich auch Laubgehölze, Nadelgehölze, Gräser, Farne sowie winterharte Zwiebel- und Knollenpflanzen und sukkulente Pflanzen für den Steingarten. Kleine Formen finden sich jeweils in den entsprechenden Kapiteln.

Zwergige Arten und Sorten bekannter Gattungen

Die folgende Aufstellung nennt viele zwergige Formen bekannter Pflanzen, die sich zum Teil trotz ihrer geringen Höhe in die Breite ausdehnen können. Im Einzelfall ist darauf hingewiesen (F steht für »breitflächig wachsend«). Die hier genannten Pflanzen blühen meist farbenfroher und fallen stärker auf als die ab Seite 184 angeführten ausgesprochenen Raritäten.

Achillea × kolbiana. 10 cm hoch.
Achillea × lewisii. 10 cm, F.*
Achillea nana. Etwa 5 cm.
Alyssum saxatile 'Nanum'. Etwa 10 cm. Nicht verwechseln mit der höheren Sorte 'Compactum'.
Alyssum serpyllifolium 3 bis 5 cm, F.
Anacyclus pyrethrum var. *depressus*, Ringblume, Marokkokamille. 10 bis 15 cm, F.
Androsace sempervivoides, Mannsschild. 5 bis 7 cm, F.
Antennaria dioica var. *borealis* 'Minus', Katzenpfötchen. 5 bis 8 cm, F.
Aquilegia bertolonii. 10 bis 12 cm.
Aquilegia discolor. 10 bis 12 cm.
Aquilegia flabellata 'Ministar'. 12 bis 15 cm.
Arabis ferdinandi-coburgi 'Variegata'. 5 bis 10 cm, F.
Arabis minima, Gänsekresse. Etwa 5 cm, F.
Armenia juniperifolia (syn. *A. cespitosa*), Grasnelke. 5 cm. 'Alba'. 5 cm.
Asperula lilaciflora 'Cespitosa'. 5 cm, F.
Aster andersonii. 8 bis 10 cm, F.
Aster natalense. 10 bis 12 cm.

---

* F steht für »breitflächig wachsend«.

Aubrieta deltoidea 'Argenteo-variegata'. 5 cm, F.

Aubrieta tauricola 5 cm, F. Wächst zwar auch in die Breite, stellt aber doch die kompaktere Art dar.

Bellium minutum. Zwerg-Gänseblümchen. 5 bis 7 cm. Oft kurzlebig.

Bergenia minima. Bergenie. Etwa 10 cm. Sehr zwergig.

Campanula, Glockenblume. Es bieten sich bei den *Campanula* sehr viel mehr Zwerge an, siehe »Enziane und Glockenblumen« (Köhlein 1986).

Campanula bellidifolia. 10 cm, F.

Campanula cochleariifolia und Sorten. 10 bis 12 cm, F. Zierlich, wächst aber in die Breite und wuchert etwas.
'Warleyense'. 10 bis 12 cm, F. Gefülltblühend.

Campanula dasyantha. 5 cm.

Campanula persicifolia f. *nitida.* 15 bis 20 cm.
'Alba'. 15 bis 20 cm.

Campanula × *wockei.* 15 bis 20 cm, F.

Chamaemelum nobile (syn. *Anthemis nobilis*) 'Treneague', Kamille. 5 cm, F. Nicht blühend.

Dianthus alpinus 'Venus'. Etwa 5 cm, F.

Dianthus callizonus. 10 cm.

Dianthus gratianopolitanus 'Badenia'. 10 cm, F.
'Carina'. 10 cm, F.
'Compactus'. 7 cm, F.
'La Bourbille'. 3 cm, F.
'Pink Juwel'. 10 cm, F.
'Pummelchen'. 10 cm, F.
'Rubin'. 10 cm, F.

Dianthus microlepis. 5 cm.
'Alba'. 4 cm.
var. *musalae.* 6 cm.

Dianthus myrtinervius. 10 bis 12 cm, F.

Dianthus nitidus. 10 cm.

Dianthus pavonius 'Inshriach Dazzler'. 5 bis 10 cm.

Dianthus sequieri ssp. *glaber* (syn. *D. s.* ssp. *sylvaticus*) 'Dwarf Form'. 5 bis 10 cm, F.

Dianthus simulans. 4 cm.

Dianthus subacaulis 'Rosa Zwerg'. 6 cm, F.

Dianthus-Hybride 'Little Jock'. 10 cm, F.
'Pink Baby'. 8 bis 10 cm, F.

Draba, Hungerblümchen. Fast alle bleiben niedrig, so daß auf eine namentliche Aufzählung verzichtet werden kann.

Dryas octopetala 'Minor', Silberwurz. Etwa 10 cm, F.
var. *integrifolia.* 6 cm, F.

Erinus alpinus und Sorten, Alpenbalsam. 10 bis 15 cm.

Erysimum kotschyanum, Schöterich. 6 cm, F.

Gentiana acaulis. 5 bis 8 cm, F.

Gentiana angustifolia. 12 bis 17 cm, F.

Gentiana – Asiatische Hybriden. 7 bis 12 cm, F.

Gentiana clusii. 6 bis 14 cm, F.

Gentiana dinarica. 5 bis 7 cm, F.

Gentiana farreri. 7 bis 10 cm, F.

Gentiana × *macaulayi.* 7 bis 10 cm, F.

Gentiana sinoornata 7 bis 9 cm, F.

Geranium dalmaticum. 10 bis 15 cm.

Gypsophila buquantica 'Dwarf Form'

Gypsophila repens 'Alba'. 5 cm, F.
'Rosea'. 5 cm, F.

Helianthemum grandiflorum 'Schatzalpe'. 5 cm, F.

Helianthemum oelandicum ssp. *alpestre.* 5 cm, F.
ssp. *oelandicum.* 3 cm, F.

Helianthemum scardica. 3 cm, F.

Helichrysum milfordiae, Strohblume. 3 bis 5 cm.

Iberis saxatilis. 3 cm, F.

Iberis sempervirens 'Little Queen'. 15 cm.
'Weißer Zwerg'. 15 cm, F. Kompakt.
'Little Gem'. 15 cm, F.

Leontopodium souliei 'Mignon', Edelweiß. 8 bis 10 cm, F.

Micromeria corsica (Handelsbezeichnung). 7 cm, F.

Mimulus-Hybride 'Pretty Maiden', Gauklerblume. 10 cm, F. Will feuchter stehen.
'Whitecroft Scarlet'. 10 cm. Will feuchter stehen.

Gentiana clusii 'Albo-Violacea' ist ein bezaubernder Enzian. Albinoformen sind immer selten.

Penstemon rupicola 'Humilior' Bartfaden.
(syn. *P. roezellii* hort.). 5 cm, F.
Phlox. Alle Polsterphlox-Arten und -Sorten wachsen etwas in die Breite, die folgenden erweisen sich als etwas gezähmter.
Phlox amoena 5 cm, F.
'Violet Queen'. 6 cm, F.
Phlox borealis. 5 cm, F.
Phlox ensifolia. 5 bis 8 cm. F.
Phlox hoodii. 5 cm, F.
Phlox kelsyi 'Rosette'. 5 bis 8 cm, F.
Phlox 'J. A. Hibbersen'. 5 cm, F.
Phlox 'Rose Cushion'. 7,5 cm, F.
Platycodon grandiflorus 'Apoyana', Ballonglocke. 30 cm.
Potentilla neumanniana 'Nana' (syn. *P. tabernaemontanii*), Zwerg-Frühlingsfingerkraut. 5 cm, F.
Saponaria × *olivana*, Seifenkraut. 5 cm.
Saxifraga. Hier seien aus der enormen Auswahl kleiner Steinbrecharten nur einige genannt. Interessenten finden weiterführende Information in »Saxifragen« (Köhlein 1980).
Saxifraga-Arendsii-Hybride 'Luschtinetz'. 8 cm, F.
'Rosenzwerg'. 3 cm, F.
Saxifraga cochlearis 'Minor'. 10 cm, F.
Saxifraga 'Darlington Double'. 5 cm, F.
Saxifraga paniculata 'Baldensis'. 5 bis 8 cm.
var. *minutifolia*. 5 bis 7 cm, F.
Saxifraga 'Peter Pan'. 5 bis 8 cm, F.
Saxifraga 'Pixie'. 5 cm, F.
Saxifraga rosacea var. *stellata*. 8 cm, F.
Saxifraga 'White Pixie'. 3 bis 5 cm, F.
Solidago virgaurea var. *minutissima*, Goldrute. 5 cm, F.
Succisa pratensis 'Dwarf Form', Teufelsabbiß. 5 bis 8 cm.
Teucrium compactum, Gamander. 5 cm, F.
Thymus serpyllum 'Albus', Thymian. 5 cm, F. Wächst ganz flach.
Valeriana × *suendermannii*, Baldrian. 5 cm, F.

---

* F steht für »breitflächig wachsend«. Zwischen den mit »F« bezeichneten und den Pflanzen ohne diesen Zusatz gibt es oft Übergänge je nach Standort und vor allem Boden.

Verbascum × *letitia*, Königskerze. 30 cm.
Veronica armena. 5 cm.
Veronica prostrata 'Nana'. 5 bis 10 cm, F.

Raritäten für den Steingarten

Die folgende Aufstellung enthält Pflanzen für Kenner, außerdem Pflanzen mit besonderen Ansprüchen. Manche bedeuten nicht gerade das Nonplusultra hinsichtlich ihrer Blüte, sondern stellen eher stillere Schönheiten dar, alle zusammen bilden reizende Pflanzengemeinschaften.

Aethionema oppositifolium, Steintäschel. 5 cm hoch, F.
Ajuga tenore (syn. *A. acaulis*), Günsel. 5 cm.
Alyssum stribrnyi, Steinkraut, 5 cm. Schön im Trog.
Androsace alpina, Mannsschild. 2 cm, F.
brevis. 2 bis 3 cm, F.
carnea und Formen. 3 bis 6 cm, F.*
chamaejasme. 2 bis 6 cm, F.
ciliata. 2 bis 3 cm, F.
cylindrica. 1 bis 2 cm, F.
hausmannii. 1 bis 2 cm, F.
× *heeri.* 3 bis 5 cm, F.
helvetica. 1 bis 2 cm, F.
hirtella. 2 bis 4 cm, F.
× *mathildae.* 2 bis 3 cm, F.
muscoides. 1 bis 2 cm, F.
pubenscens. 2 bis 3 cm, F.
pyrenaica. 1 bis 2 cm, F.
vandellii. 2 cm, F.
Arabis androsacea. 6 bis 7 cm, F.
bryoides. 4 bis 5 cm, F.
Arenaria assoana. 2,5 cm, F.
aggregata. 3 cm, F.
balearica. 2 bis 3 cm, F.
gracilis. 3 bis 5 cm.
pulvinata. 5 cm, F.
rosanii. 2,5 cm.
tetraquetra. 3 cm, F.
var. *granatensis* (syn. *A. nevadenses*). 2 cm, F.

Armeria juniperifolia 'Beechwood', Grasnelke. 5 cm.
   'Bevans Variety'. 5 cm.
   'Dwarf Spring'. 5 cm.
Asperula arcadiensis Meier. 5 bis 10 cm, F.
Astilbe microphylla 'Tannanense', Zwerg-
astilbe. 10 cm.
Calceolaria darwinii. 5 cm.
   tenella. 5 cm.
Campanula calminthifolia. 3 bis 8 cm, F.
   lasiocarpa. 3 bis 10 cm.
   morettiana. 3 bis 6 cm.
   pulla. 5 bis 10 cm, F.
Cerastium alpinum ssp. *lanatum*, Hornkraut.
5 cm.
Cotula minima. 2 bis 4 cm, F.
   potentillina. 3 bis 5 cm, F.
   squalida. 3 bis 5 cm, F.
Crassula exilis ssp. *sedifolia* (syn. *C. sedifolia*,
auch als *C. sediforme* verbreitet). 3 bis
5 cm, F.
   setulosa var. *curta* (syn. *C. milfordiae*).
3 bis 5 cm, F.
Cyananthus microphyllus 10 cm, F.
Cyclamen coum ssp. *caucasicum*, Alpenveilchen. 3 bis 5 cm.
   hiemale (syn. *C. atkinsii*). 3 bis 5 cm.
Delosperma nubigenus (syn. *Mesembryanthe-
mum othonna*, Mittagsblume. 6 bis 8 cm.
Dianthus alpinus. 5 bis 7 cm.
    'Albus'. 5 bis 7 cm.
   freynii. 8 cm, F.
   furcatus. 5 bis 10 cm, F.
   glacialis. 5 bis 6 cm.
   × *roysii*. 3 bis 6 cm.
Draba molissima. 3 bis 5 cm, F.
   rigida var. *imbricata*. 3 bis 4 cm, F.
Edraianthus pumilio Büschelglocke. 5 cm.
   'Alba'. 5 cm.
Erigeron delicatus.
   radicatus. 5 bis 10 cm.
   simplex. 7 bis 10 cm.
Eritrichium nanum, Himmelsherold. 2 bis
5 cm, F.
Erodium reichardii Reiherschnabel. 5 cm. Die
Art und die Sorten benötigen Winterschutz.

   'Bishops Form'. 5 bis 7 cm.
   'Alba'. 5 cm.
   'Plena'. 5 cm.
Fumana procumbens 10 cm, F.
Gentiana alpina. 4 bis 7 cm, F.
   angustifolia. 15 cm.
   bavarica. 4 bis 10 cm.
   bellidifolia. 4 bis 12 cm.
   clusii. 10 bis 15 cm.
   hexaphylla. 8,5 bis 10 cm, F.
   ligustica. 5 bis 8 cm, F.
   occidentalis. 8 bis 15 cm, F.
   pumila. 3 bis 8 cm.
   pyrenaica. 7 bis 8 cm, F.
   saxosa. 5 bis 7 cm.
   × *stevangensis*. 8 bis 10 cm, F.
   terglouensis. 3 bis 6 cm.
   tubiflora. 2,5 bis 3 cm, F.
Geranium sessiliflorum 'Nigricans', Storchschnabel. 5 cm.
Globularia repens (syn. *G. nana*), Kugel-
blume. 3 bis 5 cm, F.
Gypsophila aretioides var. *caucasica*. 3 bis
5 cm, F.
   cerastioides. 7 cm, F.
Helianthemum oblongata, Sonnenröschen.
2,5 cm. Ideal für Tröge.
Helichrysum milfordiae. 5 cm.
Herniaria glabra, Bruchkraut. 3 cm, F.
Heuchera nicans, Purpurglöckchen. 10 bis
15 cm.
Houstonia caerulea 'Fred Millard', Porzellan-
sternchen. 5 cm, F.
Hypericum coris. 8 cm, F.
   reptans. 2,5 cm, F.
   yakushimanum. 1,5 cm.
Hypsela reniformis. 2,5 cm, F.
Iberis pygmaea, zwergartige Schleifenblume.
5 cm, F.
Inula acaulis. 5 cm.
   rhizocephala. 5 cm.
Leontopodium alpinum ssp. *nivalis*, Edelweiß.
5 bis 8 cm.
Lewisia brachycalyx. 5 cm.
   pygmaea. 10 cm.
Linum suffruticosum var. *salsoloides*
'Nanum', Lein. 3 bis 5 cm, F.

Oxalis inops, eine niedrige Sauerklee-Art, kann manchmal etwas wuchern.

Lysimachia japonica 'Minutissima', Felberich. 3 cm, F.
Mazus repens. 2,5 cm, F.
　pumilio. 1,5 cm, F.
Mentha requienii, Minze. 2 cm, F.
Minuartia parnassica, Miere. 5 cm, F.
Morisia monanthos (syn. *M. hypogaea*). 5 bis 7 cm.
Myosotis decora. 2 bis 5 cm, F.
　rupicola. 5 cm.
Onosma nana, Lotwurz. 7 bis 10 cm.
Ourisia caespitosa 'Gracilis', Ourisie. 5 cm, F. Winterschutz kann erforderlich werden.
Oxalis enneaphylla 'Minutifolia', Sauerklee. 2,5 cm.
　inops. 3 cm.
Papaver miyabeanum (syn. *P. fauriae*), Mohn. 7 cm.
Parahebe catarracteae 'Diffusa'. 7,5 cm.
　'Tiny Cat'. 10 cm.

Paronychia capitata. 2,5 cm, F.
　serphyllifolia. 1,3 cm, F.
Penstemon hirsutus 'Pygmaeus', Bartfaden. 10 bis 15 cm.
Perezia linearis. 10 cm.
Petrocallis pyrenaica, Pyrenäennelke. 5 cm, F.
　'Alba'. 5 cm, F.
Phlox caespitosa. 3 cm, F.
Physoplexis comosa, Teufelskralle. 10 bis 15 cm.
Phyteuma humile, Rapunzel. 13 cm.
Plantago nivalis. 5 cm.
Polygonatum hookeri, Salomonsiegel. 5 cm.
Potentilla ambigua 'Nana'. 5 bis 8 cm, F.
　nitida. 5 cm, F.
　var. *rubra*. 5 cm, F.
Pygmaea pulvinaris. 2 bis 4 cm, F.
Ramonda serbica, Felsenteller. 5 bis 6 cm.
　'Alba'. 5 bis 6 cm.

Oben links: Androsace ciliata ist eine edle Manns-
schild-Art. Oben rechts: Das Edelweiß Leontopodium alpinum ssp. nivale stammt aus Bulgarien.
Mitte links: Ramonda myconi, der Felsenteller, kam
aus den Pyrenäen zu uns. Mitte rechts: Soldanella
montana, das Fransenglöckchen, eignet sich für
mildfeuchte, nicht vollsonnige Steingartenplätze.
Unten: Viola altaica, ein zwergiges Veilchen, ist
zwar nicht sehr dauerhaft, läßt sich aber leicht aus
Samen ziehen wie auch viele andere kurzlebige
Arten.

Ranunculus alpestris, Ranunkel. 5 bis 10 cm.
  'Plena Annemarie'. 5 bis 10 cm.
  var. *traunfellneri*. 5 bis 10 cm.
Raoulia australis. 2 cm, F.
  hastii 1,3 cm, F.
  monroi. 3 cm, F.
  tenuicaulis. 0,7 cm, F.
Sagina boydii. 2 bis 3 cm.
  subulata 'Aurea'. 3 cm, F.
Saxifraga, Steinbrech. Alle Engleria- und
  Kabschia-Saxifragen.
Schivereckia doerfleri, Zwerg-Gänsekresse. 3
  bis 5 cm.
Scleranthus biflorus. 5 cm, F.
  uniflorus. 2,5 cm, F.
Senecio incanus, Kreuzkraut. 5 bis 10 cm, F.
Silene acaulis. Stengelloses Leimkraut. 2 bis
  3 cm, F.
  'Alba'. 2 bis 3 cm, F.
  'Plena'. 2 bis 3 cm, F.

'Floribunda'. 2 bis 3 cm, F.
  keiskei 'Minor'. 5 cm.
Soldanella minima. 4 bis 6 cm.
  montana. 10 bis 12 cm.
  pusilla. 4 bis 8 cm.
Thalictrum kiusianum. 10 cm, F.
  toyame. 15 cm.
Thymus serpyllum 'Minor', Thymian.
  3 cm, F.
Townsendia exscapa (syn. *T. wilcoxiana*).
  5 cm.
  parryi. 10 bis 12 cm.
Trollius acaulis, Trollblume. 10 bis 12 cm.
Veronica caespitosa. 2 bis 5 cm, F.
  minuta. 5 cm.
  schmidtiana 'Nana'. 5 cm.
Viola altaica. 12 cm.
  biflora. 5 cm.
  lyalli. 5 cm.
  verecunda 'Yakushimana'. 3 cm.

Troggärtnerei ganz groß

Diese Variante der Verwendung kleiner Pflanzen auf beschränktem Raum hat in den letzten beiden Jahrzehnten viele Freunde gewonnen. Es ist nichts gegen die Bepflanzung von Trögen, Schalen, Kübeln und Kästen mit Sommerblumen und Gruppenpflanzen einzuwenden, doch wirkt eben eine naturnahe Bepflanzung mit zwergigen Stauden und Gehölzen besonders reizvoll.

Die Pflanzgefäße

Nach wie vor stellt ein alter Natursteintrog das erstrebenswerteste Gefäß für solche Pflanzungen dar. Es wird leider immer schwieriger, welche zu erstehen, zumindest haben aber die Preise für schöne Exemplare schon schwindelnde Höhen erreicht. Unregelmäßig geformte Sand- oder Kalksteinträge sehen besonders attraktiv aus, die unverwüstlichen Exemplare aus Urgestein wirken dagegen meist etwas kühl.

Industriell gefertigte Tröge stellen zwar nur Duplikate dar, aber die Preise halten sich dafür in Grenzen. Die Form der alten Originaltröge wurde auf die Kunststeintröge übertragen, oft mit solcher Genauigkeit, daß jede Vertiefung, jeder Kratzer, die der alte Trog aufweist, auch an den Nachbildungen wieder auftauchen. Industriell gefertigte Tröge erhalten schon nach wenigen Jahren eine natürliche Patina aus Flechten und Moosen, so daß sie sich kaum mehr optisch von alten unterscheiden. Man kann dabei nachhelfen und einige Male mit einer Düngermittel-angereicherten Lehmbrühe die Außenwandung einstreichen.

Eine weitere Möglichkeit, ähnliche Pflanzgefäße selbst zu fertigen, bietet die Verwendung von Torfbeton. Durch die Beigabe von langfaserigem Weißtorf zu einer sehr mageren Betonmischung erhält man ein Material, das eine Oberfläche erzeugt, die sehr natürlich wirkt. Als Voraussetzung muß eine Form aus Holz gefertigt werden, bestehend aus Innen- und Außenwandung, wobei keinesfalls das Wasserabzugsloch am Boden vergessen werden darf. Wenn nach der Aushärtung diese Schalung entfernt wird, läßt sich an der noch etwas weichen Außenseite mit Meisel, Spitzhammer oder Drahtbürste eine natürliche Oberfläche erzeugen. Für so ein Material hat sich die folgende Mischung gut bewährt:

2 Volumenanteile Weißtorf
3 Volumenanteile Betonsand, 0 bis 3 mm
2 Volumenanteile Zement.

Die Industrie bietet auch Tröge aus Waschbeton an. Diese können weder strikt abgelehnt noch besonders empfohlen werden, es kommt auf die Umgebung an, in der solch ein Waschbetontrog stehen soll. Jedenfalls sind darin bunte und auffällige Pflanzen eher am richtigen Platz als eine besonders naturnah gestaltete Pflanzung.

Vorzuziehen sind dann schon eher asbestfreie Kunststeinwerkstoffe, wie sie jetzt üblich sind, seit Asbest in die Liste der krebsverdächtigen Stoffe aufgenommen und durch Asbestzement-Werkstoffe abgelöst wurde. Asbestfreie Kunststeinwerkstoffe bieten von der Form her die größte Auswahl, wobei bei einer Verwendung für naturnahe Pflanzungen klare, einfache Formen vorzuziehen sind. Moderne, wenig natürlich wirkende Formen sollten Gruppenpflanzen und Sommerblumen vorbehalten bleiben.

Es läßt sich im Grunde nichts gegen die Verwendung von Holz einwenden, sofern es sich

Oben: Natursteintröge wirken besonders attraktiv, wenn zu ihrer Bepflanzung kleine Alpine und Zwerggehölze verwendet wurden. **Rechts:** Selbst kleinste Schalen lassen sich auf diese Art und Weise gestalten. Es gibt mehr Pflanzen, die sich dafür eignen, als man denkt.

190

Oben: Tröge im Frühling.
Man muß allerdings darauf
achten, daß nicht alles auf
den Frühlingsflor konzen-
triert ist. Solche Pflanzgefäße sollen auch im Sommer und Herbst gut wirken.
Links: Kleine Schale mit
Pleionen; sie sind unemp-
findliche Erdorchideen. In
solchen Gefäßen müssen sie
aber geschützt überwintert
werden.

um starkwandiges, kesseldruckimprägniertes und pflanzenfreundliches Material handelt. Man sieht davon öfter einmal wirklich geschmackvolle Ausführungen. Tröge aus ausgehöhlten Baumstämmen wirken durchaus dekorativ. An den Seiten platzt jedoch nach einigen Jahren die Oberfläche, so daß durch die Sprünge das Gießwasser immer schnell entweicht. Zusätzlich sind diese Sprünge schwer zu kaschieren. Gut und dauerhaft sind gemauerte Klinker-Pflanzgefäße. Der warme Braunton der Klinker harmoniert gut mit kleinen alpinen Pflanzen. Auch Betontröge aus U-Stein-Elementen eignen sich. Anfangs wirken sie etwas kahl, aber die Bepflanzung verbessert bald den Eindruck.

Pflanzgefäße aus Metall sind abzulehnen, auch wenn die extreme Aufheizung des Metalls in der Sonne durch eine Isolierung gemildert werden kann. Der optische Eindruck ist nicht befriedigend.

Vorbereitung zur Pflanzung

Bei allen Überlegungen zu Pflanzungen in Gefäßen muß an erster Stelle eine gute Dränage stehen. Zwar müssen »mobile Gärten« öfter gewässert werden als Pflanzen in gewachsenem Boden, andererseits darf bei längeren Schlechtwetterperioden kein Sumpf entstehen. Deshalb muß sich an der tiefsten Stelle immer der Wasserabzug befinden. Der Durchmesser des Wasserabzugslochs darf nicht zu klein bemessen sein, damit es nicht nach kurzer Zeit durch verschlämmte Erde verstopft wird. Deshalb ist es auch günstig, wenn man über den Abzug ein grobes Stück Sieb mit einer Maschenweite von etwa 1 cm legt. Es hält große Teile auch aus der Dränageschicht zurück. Da dekorative alpine Kleinstbepflanzungen mit einer Substratschicht von 15 bis 20 cm Stärke vollkommen auskommen, kann das gesamte übrige Volumen mit Dränagematerial gefüllt werden, egal welche Höhe das zu bepflanzende Gefäß hat. Dieses Dränmaterial kann aus Kies, Mauerschutt, Flußsand, Topfscherben oder ähnlichem bestehen, Hauptsache zwischen den Einzelteilen ist genügend Hohlraum vorhanden. Styromullflocken fordern die geringste körperliche Anstrengung, wobei darauf zu achten ist, daß beim Einfüllen kein starker Wind weht. Die superleichten Flocken werden sonst in alle Richtungen verstreut.

Zusammensetzung und Eigenschaften des Kultursubstrates richten sich nach den zu verwendenden Pflanzen. Wenn die verwendeten Pflanzen hinsichtlich der Bodenreaktion keine besonderen Ansprüche stellen, genügt normale Gartenerde, die man mit Fluß- oder

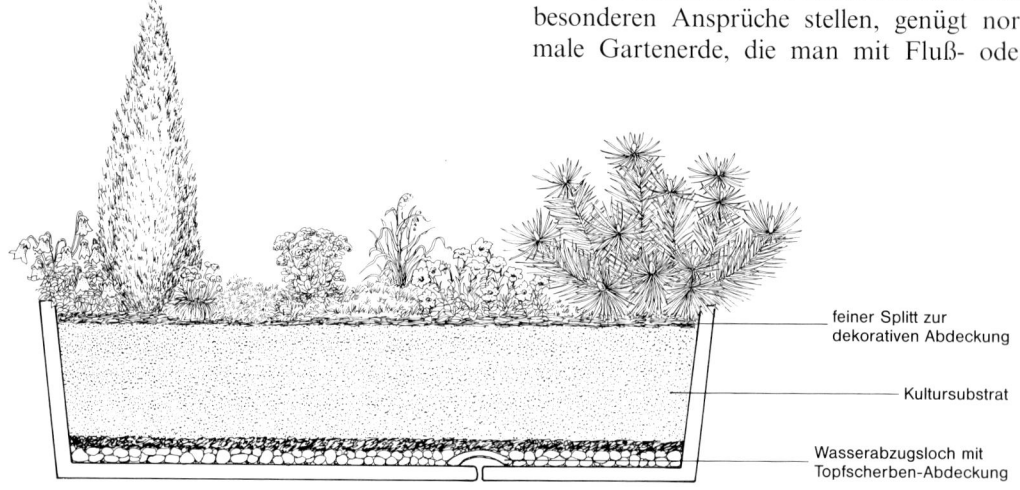

feiner Splitt zur dekorativen Abdeckung

Kultursubstrat

Wasserabzugsloch mit Topfscherben-Abdeckung

Eine naturnahe Bepflanzung entsteht aus der Kombination von alpinen Pflanzen und Gehölzen.

Kiessand und Torf etwas lockert, falls diese zu schwer ist. Setzt man Pflanzen ein, die auf eine saure Bodenreaktion angewiesen sind, muß eine größere Menge an Torf, besser Schwarztorf, zugegeben werden. Die Zugabe von Kalksteinsplitt empfiehlt sich bei kalkliebenden Pflanzen.

Bei vielen Trögen bietet es sich förmlich an, einige wenige dekorative Steine mitzuverwenden, wobei sich deren Größe nach der Ausdehnung der Pflanzfläche richtet. In Kalktuff lassen sich einige Löcher einbringen, die wiederum günstige Pflanzplätze ergeben, etwa für Hungerblümchen oder Hauswurz. Bei solchen mobilen Pflanzflächen lassen sich auch allerlei schmückende Beigaben kombinieren, wie Mineralienstücke, Fossilien oder dekorative Wurzeln.

Der Pflegeaufwand ist äußerst gering. Das Wässern bei Trockenheit erfordert noch den höchsten Aufwand, und Unkrautjäten gestaltet sich auf so kleinen und noch dazu erhöht liegenden Flächen ausgesprochen einfach. Wer die Oberfläche mit Urgesteinsplitt abdeckt, kann den Unkrautwuchs zusätzlich eindämmen.

Winterschutz ist bei mobilen Gärten besonders wichtig, da die Kälte von allen Seiten zudringen kann. Deshalb sollte zumindest in winterkalten Gebieten die Innenwand des Gefäßes mit 1,5 bis 2 cm dicken Styroporplatten ausgekleidet werden. Die Isolierschicht reicht etwa bis 5 cm unter den Rand, damit sie für den Betrachter unsichtbar bleibt. Damit wird der schädigende Wechsel von oftmaligem Gefrieren mit folgendem Auftauen etwas gemildert. Eine Abdeckung mit Koniferenreisig gilt als obligatorisch, um die immergrünen Pflanzen bei Kahlfrost und Sonnenschein vor dem Vertrocknen zu schützen.

Das Pflanzmaterial

Einzelne Pflanzen aufzulisten, erübrigt sich in diesem Abschnitt, da alle geeigneten in anderen Kapiteln genannt sind. Von den kleinen Stauden können praktisch alle Verwendung finden, die im Kapitel »Steingärten für wenig Platz« genannt sind. Für größere Tröge, Kübel und Schalen eignen sich die Pflanzen aus beiden Aufstellungen, bei kleineren Gefäßen wählt man Pflanzen aus der zweiten Liste. Bei der Auswahl sind die vorhandenen Lichtverhältnisse zu beachten. In heißer Sonnenlage kommen Hauswurz (*Sempervivum*), diverse Fetthennen (*Sedum*), kleine Schafschwingel (*Festuca*), Hungerblümchen (*Draba*) und einige Nelken (*Dianthus*) in Frage und im Halbschatten kleine Farne, Primeln und moosartige Steinbreche (*Saxifraga*). Das sind jedoch nur einige Beispiele. Die speziellen Ansprüche einzelner Pflanzen sind in größeren Katalogen und in der Fachliteratur nachzulesen. Geeignete Gräser, Farne, Gehölze und Zwiebelblumen finden sich in den entsprechenden Kapiteln. Bei den Gehölzen wähle man jeweils die kleinsten Arten und Sorten aus. Selbstverständlich lassen sich auch in Gefäßen kleine heideähnliche Pflanzungen gestalten. Die kleinsten Pflanzen des Kapitels »Der Zwerg-Heidegarten« sind brauchbar.

An solch exponierten Plätzen wird es sicher hin und wieder Ausfälle geben, auch der Fachmann bleibt nicht verschont. Vor allem halten nur wenige Zwiebelblumen auf Dauer in kleinen Gefäßen, die an exponierter Stelle stehen, aus. Aber schließlich und endlich bieten diese »mobilen Gärten« eine Quelle unentwegter Freude, und Lücken können schließlich nachgepflanzt werden.

Der Tischgarten

Eine viel zu wenig praktizierte Art, kleine alpine Pflanzen zu präsentieren, ist der Tischgarten. Gerade die augennahe Betrachtung eröffnet erst neue Aspekte der pflanzlichen Schönheit. Was ist ein Tischgarten? Es handelt sich um eine erhöhte Fläche, auf der mit Erde und Steinen eine naturnahe Szenerie modelliert wird als Basis für die Bepflanzung. In England, dem Vorbild für viele gärtnerische Aktivitäten, kennt man Varianten dieses Themas seit langem.

Beim Bau des Tischgartens ist das später enorme Gewicht zu bedenken, Leichtbauweise ist hier fehl am Platze. Normalerweise nimmt man eine Platte aus Eisenbeton, man kann sie zwar selbst fertigen, doch Betonwerke haben solche Platten meist auf Lager, die als Dauer-Tischtennisplatten fürs Freie gedacht sind. Die vier Stützen, entsprechend den vier Beinen eines Tisches, können aus Klinker gemauert werden oder man nimmt vier Sandsteinquader, wie sie oft beim Abbruch alter Häuser anfallen. Die Steinquader können auch aus anderem Material bestehen. Falls der Untergrund nicht besonders fest ist, muß unter die Stützen ein kleines Fundament aus Magerbeton kommen. Der Rand der Betonplatte wird mit Hilfe gemauerter oder lose geschichteter Klinker oder Natursteine um etwa 20 cm erhöht. Auch beim Tischgarten muß auf gute Dränage geachtet werden, ein Abzugsloch in der Mitte erscheint besonders günstig, man bedeckt es mit einem Sieb, damit es nicht verstopft. Das Material im Zentrum sollte ziemlich grob sein, es kann aus

Kies, Mauerschutt, Natursteinsplitt und ähnlichen Materialien bestehen. Ansonsten werden die tiefer gesetzten Pflanzen durch Dauerregen geschädigt.

Bei der Modellierung vermeide man zu steile Flächen oder befestige diese zumindest gut mit Steinen, um ein Abschwemmen der Erde zu verhindern. Für die verhältnismäßig kleine Fläche verwendet man nur eine Gesteinsart, gut eignen sich poröse Steine (Kalktuffe, Lavatuff) oder Schichtgestein (wie Muschelkalk, Schiefer).

Bei der Auswahl der Pflanzen ist besonders auf deren Winterhärte zu achten, bei einem Tischgarten wirkt die Kälte nicht nur von oben, sondern auch von der Seite und von unten her ein. Kleine, empfindliche Pflanzen sind hier fehl am Platz. Es gibt aber genügend winterharte Zwerge, selbst für derart exponierte Plätze. Die folgende Liste sollte nur als Anregung dienen.

Androsace villosa
Aquilegia bertelonii
  discolor
Armeria juniperifolia (syn. *A. cespitosa*)
    'Alba'
    'Bevan's Variety*
Asperula nitida
Campanula dasyantha
  persicifolia f. *nitida*
  × *wockei*
Dianthus alpinus
    'Alba'
    freynii
    microlepis
    pavonius
    subacaulis
Draba rigida
    var. *imbricata*

Eine Variante der Troggärtnerei bietet der Tischgarten, bei dem man seine Lieblinge dem Auge näher hat. Diese hübsche Demonstration des Themas zeigte das Gartencenter Feustel in Bayreuth.

Querschnitt

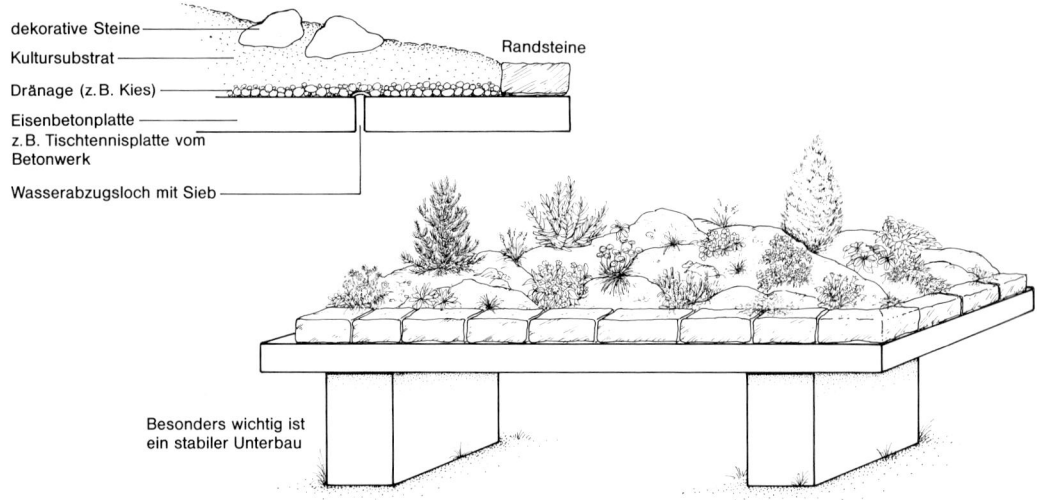

dekorative Steine
Kultursubstrat
Dränage (z.B. Kies)
Eisenbetonplatte
z.B. Tischtennisplatte vom
Betonwerk
Wasserabzugsloch mit Sieb

Randsteine

Besonders wichtig ist
ein stabiler Unterbau

Für kleine Gehölze und alpine Stauden, die man gerne aus der Nähe betrachtet, erscheinen Tischgärten ideal.

Edraianthus dinaricus
  pumilio
Gentiana dinarica
  verna var. *angulosa*
Globularia repens
Iberis saxatilis
Lewisia columbiana
  pygmaea
    'Sunset Strain'
    'Pinki'
Potentilla nitida und Formen
Primula marginata und Formen
Saponaria × *'Bressingham'*
Saxifraga cochlearis 'Minor'
  paniculata (alle)
Alle Kabschia- und Engleria-Saxifragen nicht an die Südseite der Anlage pflanzen.
Sedum dasyphyllum
  ewersii 'Nanum'
  glaucophyllum (syn. *S. nevii*)
  gracile
  oreganum var. *obtusatum*
  pachyclados
  spathulifolium und Varietäten
  tataranowii

Sempervivum arachnoideum und Formen
  ciliosum
  × *giuseppii*
  -Hybride 'Jubilee'
  pumilum
  thompsonianum
Thymus serpyllum 'Minus'

Bei den Koniferen und auch bei den laubabwerfenden Gehölzen suche man sich jeweils die kleinsten und langsamwüchsigsten Arten und Sorten aus den Listen heraus. Die folgenden Koniferen sind besonders dekorativ.

Chamaecyparis lawsoniana 'Gnome'
  obtusa 'Rigida'
Cryptomeria japonica 'Vilmoriniana'
Juniperus communis 'Compressa'
  procumbens 'Nana'
Picea abies 'Capitata'
Podocarpus nivalis 'Dwarf Form'. Nicht an die vollbesonnte Südseite setzen.
Thujopsis dolabrata 'Nana'.

Gartenteich in Miniatur

Das verstärkte Interesse an ökologischen Zu-
sammenhängen und naturnaher Gestaltung
hat es mit sich gebracht, daß das Wasser als
gestalterisches Element im Garten an Bedeutung gewonnen hat. Wasserflächen, auf denen
Seerosen und Wasser-Iris blühen, wo Goldfi-
sche nach Luft schnappen und Libellen hin-
und her schwirren, gehören zum Traum jedes
Gartenbesitzers. Meist kann dies aufgrund
der vermeintlich zu kleinen Gartenflächen
nicht verwirklicht werden. Es muß aber nicht
unbedingt ein Teich oder ein großflächiges
Wasserbecken sein, es genügt oft ein Platz von
3 m² und selbst auf 1 m² kann man ein Wasserbecken gestalten.

Möglichkeiten der Anlage

Chemie und Technik, heute vielgeschmäht,
haben in den letzten Jahrzehnten Teichfolien
sehr guter Qualität entwickelt, mit denen

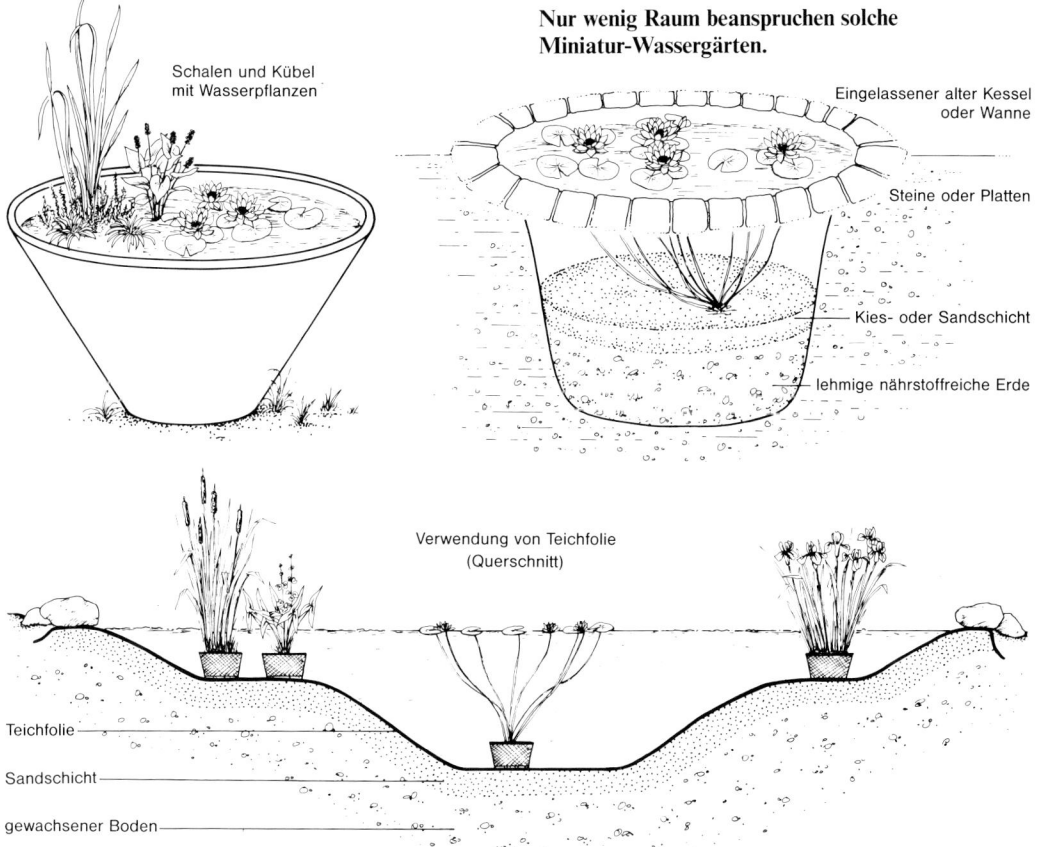

**Nur wenig Raum beanspruchen solche
Miniatur-Wassergärten.**

Schalen und Kübel
mit Wasserpflanzen

Eingelassener alter Kessel
oder Wanne

Steine oder Platten

Kies- oder Sandschicht

lehmige nährstoffreiche Erde

Verwendung von Teichfolie
(Querschnitt)

Teichfolie

Sandschicht

gewachsener Boden

nicht nur großflächige Teiche gestaltet werden können, sondern auch kleine Becken und Tümpel. Die Technik unterscheidet sich nicht von der der großen Anlagen. Das Becken wird durch den Erdaushub modelliert, wobei ein Richtungswechsel sanft und nicht abrupt vorgenommen werden sollte. Sehr wichtig ist, daß auf die Oberfläche etwa 5 cm Sand aufgebracht werden, um zu vermeiden, daß sich nicht sichtbare, etwas unter der Erdoberfläche befindliche Steine später durch die Teichfolie bohren. Nun wird die Folie mit möglichst wenig Falten auf die Sandschicht aufgelegt. Die Folienränder werden mit Erde bedeckt und mit dekorativen Kieseln oder anderen Steinen abgedeckt, so daß sie unsichtbar bleiben.

Die Pflanzerde für die Wasserpflanzen kann direkt auf die Teichfolie aufgebracht werden. Lehmige Erde eignet sich dafür besser als zu leichte. Die Pflanzen können auch in gitterartige Pflanzgefäße gepflanzt und später in das kleine Becken gesetzt werden. Vorteilhaft ist es, wenn man gleich bei der Modellierung verschiedene Höhenabstufungen berücksichtigt, da die Wasserpflanzen von Art zu Art unterschiedliche Wasserhöhen lieben. Eine Utopie wäre es zu glauben, bei der Verwendung von Pflanzgefäßen bliebe der Boden schön blau. In jedem Fall erscheint der Boden nach kürzester Zeit durch die verschiedenartigsten Ablagerungen dunkel, was keinesfalls das dekorative Aussehen beeinträchtigt; im Gegenteil, die gesamte Gestaltung wirkt natürlicher.

Eine weitere Möglichkeit bietet die Verwendung starrer, vorgeformter Becken aus Kunststoff, die es auch in sehr kleinen Ausmaßen gibt und bei denen verschieden hohe Pflanzkammern schon vorgesehen sind. Der Erdaushub erfolgt der Beckenform angepaßt, eine Sandauflage erübrigt sich. In die Pflanzkammern kommt etwas anlehmige Erde, und schon ist das Becken pflanzbereit.

Im Rahmen von Altbausanierungen fallen oft Badewannen oder kleine runde Waschkessel an, die für Gartenzwecke noch zu gebrauchen sind. Die Außenwandung ist zwar etwas steil, aber der geschickte Bastler findet immer Mittel und Wege, damit man später von dem in die Erde eingelassenen Kessel oder der Wanne nichts bemerkt. Diese zukünftigen Becken werden etwa zu 40 bis 60 Prozent ihrer Höhe mit Erde gefüllt, am besten schräg verlaufend, damit man später verschiedene Wassertiefen für die unterschiedlichen Pflanzen hat.

Von der vierten Variante möchte ich hier eigentlich abraten, gerade weil es sich um kleine Anlagen handelt. Gemeint sind Minibecken aus Stahlbeton oder gemauerte Anlagen. Abgesehen vom Nachteil der Rißbildungen bei Frostschäden, sollte man solche Anlage auch immer in Hinblick auf ihre spätere Beseitigung planen.

Seerosenpracht

Zu den attraktivsten Pflanzen jeder Wasseranlage, gleich welcher Größe, gehören die Seerosen. Die natürlichen Arten bevorzugen unterschiedliche Wassertiefen, entsprechend gibt es Hybriden mit verschiedenen Ansprüchen hinsichtlich der Tiefe. Man sollte es aber nicht allzu genau nehmen, die angegebenen Zahlen stellen ungefähre Richtwerte dar. Es bedeutet deshalb kein Problem, für kleine und kleinste Wasseranlagen die richtige Seerose auszusuchen, auch in bezug auf die Blütenfarbe. Manche dieser hübschen Pflanzen können im Winter in abgelassenen Becken und Tümpeln erfrieren, es muß also Frostschutz gewährt werden. Sind die Seerosen im Beckengrund ausgepflanzt, wird im Herbst nach dem Ablassen des Wassers ein Haufen Laub auf die Pflanze geschüttet, das mit einigen Koniferenzweigen am Wegfliegen gehindert wird. Ist die Seerose in Kübel, Körbchen oder andere Behälter gepflanzt, werden diese herausgenommen, in einen alten, leeren Plastiksack (Torfmullsack) gestellt, oben zugebunden und in einer kühlen, aber frostfreien Kellerecke aufbewahrt. Man muß wegen des dichten Zubindens keinerlei Bedenken haben, die Pflanze fault nicht!

Kleines Wasserbecken mit Seerose. Mit Hilfe von Teichfolien lassen sich kleine Wasseranlagen problemlos gestalten.

Seerosen lieben organische Düngergaben, die mit dem Beckenwasser aber möglichst nicht in Berührung kommen sollten. Man stößt dafür in die Erde am Beckenboden oder in den Pflanzbehälter mit einem Setzholz einige Löcher, die man mit verrottetem Rinderdünger oder Peru-Guano füllt. Im Loch sollten etwa noch 3 cm frei bleiben, damit man die Öffnung wieder mit einem Lehmpfropfen verschließen kann.

Da es sich bei den hier besprochenen nur um kleine Wasseranlagen handelt, sind in der folgenden Aufstellung nur Seerosen zu finden, die auch einen Wasserstand von 20 bis 30 cm vertragen. Hinter den Namen steht die maximale verträgliche Wassertiefe.

Gängiges Sortiment

Nymphaea-Hybriden

'Ellisiana'. 30 bis 40 cm Tiefe. Blüht dunkelrot auf, später aufhellend. Blütenscheibe gelb, reichblühend.

'Froebelii'. 20 bis 40 cm Tiefe. Blüten karminrot. Sie öffnen sich nicht ganz. Steht etwas über dem Wasser. Blüht auch bei kühler Witterung.

'James Brydon'. 20 bis 80 cm Tiefe. Sehr wertvolle, kirschrote Sorte, kugelförmige Blüten. Wüchsig, sicherer Blüher.

'Laydekeri Fulgens'. 30 bis 40 cm Tiefe. Gleichmäßig weinrot. Blühwillig, auch bei sehr flachem Wasserstand.

'Laydekeri Lilacea'. 30 bis 40 cm Tiefe. Lila-rosa Blüten, karmin punktiert und heller panaschiert.

'Laydekeri Purpurata'. 20 bis 40 cm Tiefe. Karmin, wird nach außen heller.

'Mme. Mce. Laydeker'. 20 bis 50 cm Tiefe. Kugelförmige, dunkelkirschrote Blüten. Auch in Schalen reizvoll.

'Marliacea Chromatella'. 20 bis 50 cm Tiefe. Verbreitetste gelbe Sorte. Marmorierte Blätter. Bei warmen Temperaturen sehr wüchsig.

'Masaniello'. 30 bis 100 cm Tiefe. Einheit-liche rosa Blüten und hellgelbe Staubblät-ter. Blühwillig und wüchsig.

'Maurice Laydeker'. 20 bis 50 cm Tiefe. Orange bis kirschrot mit dunkel-goldgel-ben Staubblättern.

'Princess Elisabeth'. 30 bis 40 cm Tiefe. Blü-ten zyklamrosa, duftend. Steht meist etwas über dem Wasserspiegel. Auch für ziemlich flache Becken geeignet.

'Sioux'. 20 bis 80 cm Tiefe. Blüten erst gelb, dann kupferrosa, später rötlich. Gefleckte Blätter. Liebt Wärme!

Nymphaea pygmaea
'Alba'. 20 cm Tiefe. Zwerg-Seerose. Rein-weiße Blüten, Durchmesser nur 2,5 cm. Jüngere Pflanzen noch flacher setzen. Frostschutz erforderlich.

'Helvola'. 20 cm Tiefe. Wie 'Alba', nur gelb. Noch etwas frostempfindlicher.

Nymphaea tuberosa
'Rosea'. 30 bis 40 cm Tiefe. Duftende, rosa-fleischfarbene Blüten. Auch in kleinen Becken reichblühend.

Zusatzsortiment

Nymphaea-Hybriden
'Aurora'. 20 bis 50 cm Tiefe. Blüht rosa-orange auf, später kupferfarben. Im Ver-blühen dunkelorange. Kugelige Form.

'Candidissima'. 30 bis 50 cm Tiefe. Schöne weiße Blüte.

'Chrysantha'. 20 bis 40 cm Tiefe. Blüht apri-kosenfarben auf, später zinnoberrot. Narbe hell-schwefelgelb bis kupferrot.

'Fabiola'. 30 bis 80 cm Tiefe. Weiße, rot-gesprenkelte, kugelförmige Blüten mit stumpfen Blütenblättern. Sehr blühwillig, oft bis zum Frost.

'Graziella'. 20 bis 40 cm Tiefe. Blüte orange-rot, äußere Blütenblätter mit grünlichen Streifen. Kugelförmige Blüte. Blätter ka-stanienbraun marmoriert.

'Indiana'. 15 bis 40 cm Tiefe. Kupferorange, kugelige Blüten. Blätter in der Jugend braunrot gefleckt.

'Murillo'. 30 bis 100 cm Tiefe. Blüten innen karminrot, außen hellrot panaschiert, halbgefüllt.

'Paul Hariot'. 30 bis 50 cm Tiefe. Creme-gelbe Blüten, später kupferorange, duf-tend. Steht etwas über dem Wasser, ähn-lich 'Sioux'.

'Pink Opal'. 30 bis 50 cm Tiefe. Gutge-formte, dunkelrosa Blüten.

'William Falkoner'. 20 bis 80 cm Tiefe. Blüte glänzend-rubinrot, hellroter Blütenboden, goldgelbe Staubblätter, gefüllt. Blätter röt-lich gefleckt. Eine der dunkelsten Seerosen.

Nymphaea odorata
'Caroliniana Nivea'. 30 bis 70 cm Tiefe. Duf-tende weiße Blüten. Sie stehen etwas über dem Wasser. Herzförmige Blätter.

'Caroliniana Perfecta'. 30 bis 70 cm Tiefe. Sternförmige, lachsrosa Blüte. Herzför-mige Blätter.

'Caroliniana Rosea'. 30 bis 70 cm Tiefe. Sternförmige, tiefrosa Blüte. Herzförmige Blätter.

'Firecrest'. 30 bis 70 cm Tiefe. Rosa Blüten und orangerote Staubblätter. Herzförmige Blätter.

'Luciana'. 30 bis 40 cm Tiefe. Zartrosa, sternförmige Blüten. Steht ab dem zweiten Jahr etwas über dem Wasser.

'Minor'. 30 bis 70 cm Tiefe. Weiße Blüte, zi-tronengelbe Staubblätter. Herzförmiges Blatt.

'Odalisque'. 15 bis 30 cm Tiefe. Zartrosa Blüte, gelbe Staubblätter, duftend. Bis 10 cm über dem Wasser stehend. Herzförmige Blätter.

'Rosennymphe'. 20 bis 50 cm Tiefe. Im Aufblühen gelb, dann kupferrosa, später rötlich, Blätter stark dunkel gefleckt.

'Sulphurea'. 25 bis 60 cm Tiefe. Schwefelgelbe Blüten, sternförmig. Immer über dem Wasser stehend. Blätter bräunlich gefleckt.

'Venusta'. 25 bis 70 cm Tiefe. Zartrosa Blüten, flach tassenförmig. Blatt herzförmig.

'W. B. Shaw'. 20 bis 50 cm Tiefe. Blüte zartrosa, becherförmig, goldgelbe Staubblätter. Blüten über dem Wasser stehend.

Nymphaea pygmaea
'Joanne Pring'. 10 bis 20 cm Tiefe. Blüte dunkelrosa, orangefarbene Staubblätter. Blüte 5 bis 8 cm im Durchmesser.

Das genannte Sortiment deckt alle Wünsche ab, die im Zusammenhang mit kleinen und kleinsten Wasserbecken entstehen. Es muß noch einmal auf die hochbewerteten Sorten 'James Brydon' und 'Laydekeri Purpurata' hingewiesen werden, die zudem den meist gesuchten roten Blütenfarbton aufweisen. Die erstgenannte zeigt sich hinsichtlich des Wasserstandes ziemlich universell, sie akzeptiert jede Tiefe von 20 bis 80 cm.

Für kleinste Becken und Schalen bieten sich die *Nymphaea pygmaea*-Sorten 'Alba', 'Helvola' und 'Joanne Pring' an. Man kann mit ihnen wirklich zwergige Wassergärten gestalten. Allerdings ist die etwas geringere Winterhärte zu beachten; die Pflanzen dürfen nicht einfrieren. Die weiße *Nymphaea pygmaea* 'Alba' ist dabei etwas weniger empfindlich als die beiden anderen. Andererseits dürfte es kaum Schwierigkeiten bereiten, »Minibecken« in einen hellen kühlen, aber frostfreien Raum zu transportieren.

Bei der Auswahl der Seerosen für kleine Becken spielt auch die Wasserfläche eine Rolle, die eine Pflanze beansprucht. Im Durchschnitt beträgt der Flächenbedarf einer gut entwickelten, alteingewachsenen Seerose 3 m²! Die folgenden Sorten geben sich aber schon mit 0,2 m² zufrieden, was etwa einem Kübel- oder Beckendurchmesser von 50 cm entspricht. Hybriden: 'Indiana', 'James Brydon', 'Laydekeri Purpurata', 'Laydekeri Lilacea', 'Madame Mce. Laydekeri', 'Maurice Laydeker'. Ebenso sind die Sorten von *N. odorata* in bezug auf den Platzanspruch genügsam: 'Sulphurea', 'Rosennymphe', 'Sioux', 'William Falkoner'.

Werden einzelne Sorten zu groß und üppig, muß geteilt werden. Man erkennt es daran, daß sich die vielen Blätter nach oben wölben. Das Teilen bereitet in kleinen Anlagen mit geringer Tiefe keine Mühe.

Andere Wasserpflanzen für kleine Plätze

Grob gesagt haben fast alle Wasserpflanzen einen Hang zum Wuchern, was sie besonders für kleine Wasseranlagen gefährlich macht. Bei der folgenden Aufzählung von kleineren Wasserpflanzen ist deshalb bei einer Auswahl der Ausbreitungsdrang zu bedenken. In vielen Fällen erscheint es angebracht, die Pflanzen am unkontrollierbaren seitlichen Ausbreiten zu hindern, indem man sie in alte Plastiktöpfe pflanzt, die mit in das Erdreich eingesenkt werden, so daß sie unsichtbar bleiben.

Typha

Beginnen wir abweichend vom Alphabet mit dem vertikalen Gegenstück zu den Seerosen, dem Rohrkolben, von dem es auch eine Miniaturausgabe gibt, den Zwerg-Rohrkolben, *Typha minima*. Er wird nur etwa 50 cm hoch, und auch die Blätter weisen mit einer Breite von 4 mm die richtige Proportion auf. Die Kolben werden 2 bis 4 cm lang. Während die weiblichen Kolben mehr kugelig-elliptisch geformt sind, haben die männlichen eine zylindrische Form.

Iris

Unter den anderen hoch aufsteigenden, attraktiven Wasserpflanzen spielen die *Iris* eine wichtige Rolle. Vom heimischen Sumpfschwertel gibt es den nur 30 cm hohen Typ, *Iris pseudacorus* 'Typ Keukenhof', den man allerdings selten im Angebot findet. Leider sind von *Iris laevigata* keine ausgesprochenen Zwergformen bekannt. Man muß daher auf das Normalsortiment zurückgreifen, aber jüngere Pflanzen wirken immer zierlich und sind für kleine Wassergartenplätze akzeptabel. Niedriger bleibt die hübsche *Iris laevigata* 'Variegata'.

Von der amerikanischen Sumpf-Schwertlilie, *Iris versicolor*, gibt es eine Form 'Rosea', die ziemlich niedrig bleibt und sich für unsere Zwecke gut eignet. Sie verträgt einen Wasserstand bis 15 cm.

Viel zu wenig bekannt ist, daß die heimische Wiesen-Schwertlilie, auch Gräser-Iris genannt *(Iris sibirica)* durchaus einen Wasserstand von 5 bis 10 cm verträgt, auch wenn ältere Sorten im normalen Gartenboden wachsen. Das Höhenwachstum schwankt ziemlich von Sorte zu Sorte. Mit 70 cm Höhe geben sich die Sorten 'Emperor', 'My Love', 'Snow Crest', 'Cambridge', 'Dreaming Spires', 'Swank' und 'White Swirl' zufrieden. 'Mountain Lake' und die neue 'Dirndl' werden nur 50 cm hoch, und dazwischen bewegen sich die nahe verwandte *Iris sanguinea* und deren weiße Sorte 'Snow Queen'.

Die Japan-Iris (*Iris kaempferi*, botanisch jetzt richtig *Iris ensata*) kann zur Wachstumszeit im Wasser stehen, liebt jedoch im Winter möglichst keinen so nassen Fuß. Das umfangreiche Sortiment enthält auch einige Sorten mit einer Höhe von nur 50 bis 60 cm. Dazu gehören 'Bambino', 'Blue Pompon', 'Chidori', 'Fujikosode', 'Gefüllte Orchidee', 'Gekko-No-Nami' und 'Wella'. Nur etwa 50 cm hoch wird 'Variegata' mit weiß panaschiertem Blatt, und noch kleiner bleiben mit 40 bis 50 cm Höhe die Sorten 'Mainhime', 'Mai Oghi' und 'Mikokagura'.

In den Feuchtbereich des Ufers kann man Iris sibirica setzen. Hier die Sorte 'Dirndl'.

In den feuchten Uferbereich passen höhenmäßig noch *Iris wilsonii, I. forrestii* und *I. chrysographes*.

Weitere Wasserpflanzen

Den *Iris* ähnliche Blätter hat der Kalmus, der aber für wirklich kleine Anlagen etwas zu groß wird. Besser verwendet man den Zwerg-Kalmus *(Acorus gramineus)*. Mit seinen dunkelgrünen, grasartigen und etwa 20 cm hohen Blättern paßt er überall hin. Noch etwas kleiner bleibt die weißbunte, panaschierte Sorte 'Variegatus'. Die Blütenkolben wirken wie bei allen *Acorus*-Arten wenig auffällig. Die Pflanze verträgt noch 10 cm Wasserstand und kann bis in mildfeuchten Normalboden stehen. Die Art und die Sorte benötigen bei uns Winterschutz.

Die Sumpf-Calla, auch Schweinsohr genannt *(Calla palustris)* wird nur 20 cm hoch. Ihr Standort reicht von der Sumpfzone bis in 10 cm Wasserstandshöhe. Sie hat herzförmige, glänzendgrüne Blätter und einen grünlichen Blütenkolben in einer weißen Blütenscheide. Wo die Pflanze zu sehr in die Breite wächst, sticht man das Wurzelwerk ab. Die *Calla* ist durchaus zu bändigen.

Das ehemalige Planschbecken wurde in ein Sumpfbecken umgestaltet. Die Aufnahme entstand im Mai.

Hübsch wirkt auch der Goldkolben *(Orontium aquaticum)*. Sein goldgelber Blütenkolben wird etwa 30 cm hoch. Der Wasserstand darf 10 bis 20 cm betragen. Der Goldkolben benötigt aber eine mindestens 30 cm starke Erdschicht im Wurzelbereich.

Weiter kann der Fieberklee *(Menyanthes trifoliata)* mit etwa 30 cm Höhe empfohlen werden. Er hat weißlichrosa Blütentrauben, erreicht etwa 30 cm Höhe und verträgt einen Wasserstand bis 30 cm.

Schwimm- und Unterwasserpflanzen. Die Verwendung von Schwimmpflanzen und Unterwasserpflanzen in kleinen Becken, Kübeln, Schalen oder ähnlichem sollte man sich gut überlegen und in den meisten Fällen besser unterlassen. Von den Schwimmpflanzen kann die Wasserhyazinthe *(Eichhornia crassipes)* gut wirken. Die Furcht, daß sie so stark wuchert wie auf dem Kongo, ist bei unserem kühleren Klima unbegründet.

Auch der Wassersalat oder die Muschelblume

(*Pistia stratiotes*) hat normalerweise keinen so großen Zuwachs, als daß man ihn nicht für kleine Wasserflächen verwenden könnte. Außerdem lassen sich die Nebenrosetten leicht entfernen. Beide genannten Schwimmpflanzen sind nicht winterhart. Sie müssen bei mindestens + 15 °C überwintert werden.

In vielen Fällen ist es besser, sich für wenige Mark im Frühling wieder eine neue Pflanze zu kaufen.

In größeren Kübeln mit etwa 1 m Durchmesser und 50 bis 60 cm Höhe können durchaus auch etwas größere Pflanzen verwendet werden, wie das Pfeilkraut (*Sagittaria sagittifolia*), die Wasserminze (*Mentha aquatica*), die Blumenbinse (*Butomus umbellatus*) oder der hohe panaschierte Kalmus (*Acorus calamus* 'Variegatus'). Ebenso Froschbiß (*Hydrocharis morsus-ranae*), die Wassertanne (*Hippuris vulgaris*), der hohe Rohrkolben, (*Typha angustifolia* und *Typha laxmannii*), der Froschlöffel (*Alisma plantago-aquatica*), der Brennende Hahnenfuß (*Ranunculus flammula*), die Seekanne (*Nymphoides peltata*). Man sollte sich aber darüber im klaren sein, daß spätestens nach zwei Jahren umgepflanzt werden muß.

Pflanzen der Uferzone

Pflanzen der Feuchtzone

Hier ist zu unterscheiden, ob es sich um Pflanzen der Feuchtzone handelt oder um Pflanzen, die trockeneren Wurzelbereich bevorzugen. Die erstgenannten stehen mit der Wasserfläche in Verbindung und sind deshalb meist auch sehr wüchsig, besonders wenn sie ihr Optimum in bezug auf Feuchtigkeit, Nährstoffversorgung und Wärme vorfinden. Einige können durchaus noch für kleine Becken empfohlen werden. Zumindest läßt sich unerwünschter Zuwachs leicht entfernen.

Im Frühling lenken die Rosenprimeln (*Primula rosea*) den Blick schon auf sich. Dabei spielt es keine Rolle, um welche Auslesesorte es sich dabei handelt, alle Sorten wirken auffällig. Hübsch sieht auch die Sumpfdotterblume (*Caltha palustris*) aus. Man sollte aber der gefülltblühenden Sorte 'Multiplex' und der weißblühenden 'Alba' den Vorzug geben. Die letztgenannte sät sich allerdings manchmal stark aus. Gut dazu paßt normalerweise das Sumpf-Vergißmeinnicht (*Myosotis palustris*). Für wirklich kleine Anlagen wird es aber oft schon etwas zu groß.

Hübsch wirken die Gauklerblumen, von denen sich *Mimulus cupreus* 'Roter Kaiser' mit 5 bis 20 cm hohen Polstern besonders für kleine Anlagen eignet. Die Pflanze erfriert zwar oft in kalten Wintern, erhält sich aber meist durch Selbstaussaat.

Ganz flach wächst das Pfennigkraut (*Lysimachia nummularia*) mit seinen runden Blättchen. Es erobert aber schon ziemlich große Flächen. Auffälliger in der Blattfarbe wirkt mit ihrem gelbgrünen Ton die Sorte 'Aurea'. Falls die Bodenreaktion in der Randzone mindestens einen pH-Wert von 4,5 aufweist und nährstoffarm ist, können Wollgräser (*Eriophorum*-Arten) mit ihren weißen wolligen Blütenköpfen gepflanzt werden.

Pflanzen der Randzone

Bei festgefügten Becken ergeben sich Randzonen, die nicht mit dem Wasser in Verbindung stehen und an denen die Erde keinesfalls feuchter ist als im übrigen Garten. Man kann an solche Stellen sicher alle Pflanzen mit normalem Feuchtigkeitsbedarf setzen, das Ergebnis wird aber keinesfalls befriedigen. Die Stauden müssen optisch eine Verbindung zu Wasser, Ufer, Feuchtigkeit herstellen.

Von den niedrigen Pflanzen fügt sich besonders gut der Günsel ein. Da es sich bei der Beckenbepflanzung um keine naturnahen Anlagen handeln kann, ist die braunblättrige Sorte *Ajuga reptans* 'Atropurpurea', oder die buntblätterige Sorte 'Delightful' vorzuziehen.

Zwar hat der Frauenmantel (*Alchemilla mollis*) keine auffälligen Blüten, es ist aber doch eine reizende Pflanze und mit 30 cm Höhe sehr brauchbar. Die Scheinspiere, *Filipendula vulgaris* (syn. *F. hexapetala*) 'Plena', mit ihren weißen Blüten ist angebracht und auch die Arten der Zwerg-*Hosta*, von denen immer neue Sorten in den Angebotslisten auftauchen. *Hosta* dürfen aber nicht an extrem heißen Stellen stehen.

Silbrigblaue und blaugraue Gräser passen nicht an den Wasserrand, dafür aber eventuell Zwergbambus, *Arundinaria pygmaea* (30 bis 50 cm) und *A. pumila* (50 bis 60 cm). Sie müssen jedoch im Wurzelbereich am Wuchern gehindert werden (zum Beispiel durch Einlassen von Eimern in die Erde, bei denen der Boden entfernt wurde).

Es gibt auch eine Reihe von Taglilien *(Hemerocallis)*, die als Einzelexemplare in Frage kommen. *Hemerocallis minor* mit 45 cm Höhe ist verhältnismäßig leicht erhältlich. Neuere amerikanische Miniatur-*Hemerocallis* finden sich noch ziemlich selten im Angebot. Die sehr zierliche alte Sorte 'Bel', die gut in den Nahbereich zum Wasser paßt, stellt eine zarte Erscheinung dar. Auch die niedrige Art *Hemerocallis dumortieri* eignet sich. Weitere Sorten finden sich im einschlägigen Kapitel (ab Seite 125).

Sommerblumen und Gruppenpflanzen für beschränkten Raum

Unbeschränkte Farbpalette

Sommerblumen sollten in keinem Garten fehlen, auch nicht im kleinsten. Besonders die lange Dauer der Blütezeit, die oft von Mai bis zu den ersten Frösten des Herbstes reicht, ist gegenüber anderen Pflanzengruppen hervorzuheben. Die Blüten bieten eine enorme Farbpalette und es bleiben in farblicher Hinsicht kaum Wünsche offen. Zusätzlich wirken manche Sommerblumen durch ihre besondere Blattfärbung. Wer mit dem Begriff Sommerblumen nur die großflächigen Blumenbeete öffentlicher Anlagen oder Gartenschauen vor Augen hat, der sei daran erinnert, daß selbst Kleinpflanzungen mit fünf Sommerblumen in einer Schale oder einem Korb eine tolle Wirkung erzielen können. Wie die folgende Aufstellung zeigt, gibt es vom Höhenwachstum her keine Probleme, die Vielfalt macht auch bei den Kleinen die Auswahl schwer.

Wegen der gleichartigen Verwendung werden in diesem Abschnitt die Gruppenpflanzen mitbehandelt. Die rasche züchterische Weiterentwicklung macht es immer schwerer, eine klare Trennlinie zwischen Sommerblumen und Gruppenpflanzen zu treffen. Bei den Gruppenpflanzen handelt es sich im ursprünglichen Sinne um nicht winterharte, ausdauernde staudige, manchmal auch verholzende Pflanzen (wie *Chrysanthemum frutescens*), die früher hauptsächlich vegetativ vermehrt wurden. Im Laufe der Zeit entstanden aber immer mehr Hochzuchtsorten, die sich auch generativ vermehren lassen.

Bunte Sommerblumen eignen sich für viele Arten mobiler Gärten, auch unterschiedlicher Größe und selbst für kleine Krüge, Körbe, Schalen.

Verwendungsmöglichkeiten im kleinen Garten

Auch bei beschränkten Raumverhältnissen gibt es breitgefächerte Verwendungsmöglichkeiten für Sommerblumen. Mit Pflanzungen auf wenigen Quadratmetern lassen sich auch hier schon flächige Wirkungen erzielen, wobei man sich allerdings auf wenige Arten und Sorten beschränken sollte, ansonsten entsteht eine nicht besonders attraktive Konfettiwirkung. Näheres ist im dazugehörigen Abschnitt ab Seite 222 zu finden. Wo man sich flächige Pflanzungen aus Platzgründen nicht erlauben kann, bieten sich punkt- oder bandartige Zusammenstellungen an Terrassen, an Rasenrändern und vor Stauden- und Gehölzgruppen an. Es lassen sich ohne weiteres auch Kombinationen mit Beetstauden durchführen, wenn hier auch schwerpunktmäßig der Einsatz als Lückenfüller überwiegt. Hingegen dürften sich nur wenige Sommerblumen für die Kombination mit Wildstauden eignen, sie wirken dabei zu prächtig und »gartenhaft«.

Es gibt durchaus Möglichkeiten, kleine Rosen mit niedrigen Sommerblumen und Gruppenpflanzen zu kombinieren, wenn auch hier die Auswahl etwas beschränkter ist und etwas Fingerspitzengefühl dazu gehört. Selbst für den kleinen Steingarten gibt es geeignete Sommerblumen, die etwas Farbe in diesen Gartenteil während der etwas blütenärmeren Zeit bringen.

Bleibt noch der Hinweis auf die Verwendung in Schalen, Kübeln, Körben, Trögen und sonstigen Behältnissen, die zu den »mobilen Gärten« gehören. Dort lassen sich auf kleinster Fläche farbenfrohe Pflanzungen erzielen, und der Gartenliebhaber oder -gestalter steht vor der Entscheidung zwischen solchen farblichen Paukenschlägen oder einer naturnahen Bepflanzung mit unauffälligeren Kleinstauden.

Übersicht kleiner Sommerblumen

Ageratum houstonianum, Leberbalsam. Da die Sommerblumen-Palette blaue Farbtöne in nicht gerade großer Zahl bietet, spielen *Ageratum* selbst auf beschränktem Raum eine wichtige Rolle. Hier erscheint es besonders wichtig, auf die Sortengrößen zu achten, da es neben besonders niedrigen, etwa 15 cm hohen Typen auch 60 bis 70 cm hohe gibt, die für Schnittzwecke gezüchtet wurden. (Die Sortennamen 'Schnittwunder' und 'Schnittperle' weisen darauf hin.) Zu den niedrigen gehören die folgenden Sorten, wobei darauf hingewiesen werden muß, daß es einige abweichende Farbvarianten gibt.
'Atlantik'. 15 bis 20 cm hoch. F$_1$-Hybride. Ultramarinblau.
'Blue Blazer'. 12 cm. F$_1$-Hybride. Marineblau, frühblühend. Besonders gleichmäßiger Wuchs.
'Blaue Donau'. 12 bis 15 cm. F$_1$-Hybride. Mittelblau, blüht früh und gleichmäßig.
'Blaue See Tetra'. 15 cm. 15 cm. Azurblau mit großen Blütendolden.
'Nordmeer'. 15 cm. F$_1$-Hybride. Tiefblau mit rötlichen Knospen. Gedrungener Wuchs.
'Pinky'. 20 bis 25 cm. Salmrosa. Kompakter Wuchs.
'Spindrift'. 15 bis 20 cm. F$_1$-Hybride. Reinweiß, frühblühend.
'Summer Snow'. 12 bis 15 cm. F$_1$-Hybride. Reinweiß, kompakt und ausgeglichen.
'Velvet Donau'. 15 bis 20 cm. Tiefblau, violett angehaucht. Blüht früh, bleibt besonders kompakt.
Amaranthus, Fuchsschwanz. Die altbekannte Pflanze der Bauerngärten mit den lang herunterhängenden, schwanzartigen Blütenständen wird für kleine Flächen zu groß, aber es gibt einige verhältnismäßig kleine Typen mit bis zu 50 cm Höhe.

Amaranthus cruentus 'Green Thumb'. 35 bis 45 cm. Hellgrüne, aufrechtstehende Blütenstände.
'Oeschberg'. 35 bis 40 cm. Mit 25 cm hohen, aufrechten Blütenständen und rotbraunem Laub.
'Pigmy Torch'. 40 bis 45 cm. Leuchtendrote, aufrechtstehende Blütenstände.
'Grüner aufrechter Gnom'. 30 cm. Grasgrüner, aufrechter Blütenstand.
Amaranthus-Hypochondriacus-Hybride 'Rote Fackel'. 45 cm. Aufrechter Wuchs.
'Grüne Fackel'. 45 cm. Aufrechter Wuchs.
Amaranthus salicifolius 'Flaming Fountain'. 50 cm. Schmale lange, etwas herunterhängende, rote Blätter. Nur für vollsonnige, sehr warme Lagen.
Anchusa capensis, Ochsenzunge. Während die Sorte 'Blauer Vogel' etwas hoch wird (50 bis 60 cm), bleibt die neuere 'Blauer Engel' niedrig (25 bis 30 cm). Sie erinnert mit ihren indigoblauen Blüten etwas an Vergißmeinnicht und blüht den ganzen Sommer über.
Antirrhinum majus, Löwenmaul. Normalerweise sind die meisten Sorten des Löwenmauls hohe, aufrechte Typen. Zunehmend werden jedoch auch niedrigere, oft flachwachsende Sorten angeboten. Dabei ist allerdings zu berücksichtigen, daß diese mehr Fläche beanspruchen als die meisten hohen Sorten.
'Blütenteppich'. 20 cm. Niedrige Beetsorte, blüht ab Juni den ganzen Sommer über. Außer der Prachtmischung gibt es die Farbsorten 'Weißer Teppich', 'Gelber Teppich', 'Rosa Teppich', 'Karminteppich', 'Orange Teppich', 'Scharlach Teppich' und 'Purpur Teppich'.
'Colibri F$_1$' (in manchen Katalogen auch 'Kolibri' geschrieben). 15 bis 20 cm. Als Mischung aus sieben Einzelfarben angeboten.
'Dwarf Trumpet Serenade'. 28 cm. Niedrige Farbmischung.
'Floral Carpet F$_1$'. Etwa 20 cm. Die raschwüchsigen und sehr niedrigen Pflanzen der Sorte werden etwa 40 cm breit, benötigen

Lobelia 'Cambridge Blue' und Sempervivum.

Dianthus chinensis 'Baby Doll' im Krug.

also etwas mehr Platz. Nach dem ersten Flor zurückschneiden. Außer der Prachtmischung gibt es Einzelfarben in Weiß, Gelb und Tiefrosa.

'Little Darling' 30 cm. Butterfly-Antirrhinum-Type, gefüllt.

'Sweetheart F_1'. 25 bis 30 cm. Formelmischung mit roten, bronzefarbenen, rosa, pinkfarbenen, gelben und weißen Azaleen-Blüten. Blüht länger als andere Sorten.

'Wunderteppich'. 20 cm. Bewährte Prachtmischung.

Die genannten Sorten sind wegen ihrer geringen Höhe kaum für Schnittzwecke geeignet.

Gazania 'Ministar Weiß', eine niedrige Züchtung auch für kleine Plätze.

Wer niedere Sorten (etwa 50 cm) für den Schnitt sucht, kann auf 'Coronette F_1' oder 'Cornelia F_1' zurückgreifen.

Begonia-Knollenbegonien-Hybriden (syn. Begonia × tuberhybrida). Zunehmend finden die samenvermehrbaren Sorten Eingang in die Kultur. Auch hier gibt es Unterschiede im Höhenwachstum, wenn auch alle Sorten als niedrig bezeichnet werden können. Jedoch werden einige mit

20 bis 30 cm Höhe für manche Zwecke doch schon etwas hoch. Die niedrigste, meist nur 15 cm hohe Züchtung ist 'Clips', eine F$_1$-Hybride mit flachem, breitem Wuchs und gut gefüllten Blumen von etwa 6 cm Durchmesser. Sie blüht zudem sehr reich. Es gibt diese Sorte in Formelmischung oder in Einzelfarben ('Gelbe Clips', 'Scharlach Clips', 'Orange Clips' und 'Weiße Clips').

Begonia-Semperflorens-Hybriden, Begonie, Gottesauge. Hier soll auf eine spezielle Übersicht verzichtet werden, da fast alle Sorten Höhen um 20 cm erreichen. Lediglich auf drei Sorten sei hingewiesen. Die grünlaubige 'Eureka'-Serie bleibt mit 16 bis 18 cm Höhe besonders niedrig. 'Whisky' (15 cm) hat reinweiße Blüten und bronzegrüne Belaubung. Die 'Vollendung'-Serie erreicht 15 cm Höhe.

Calceolaria integrifolia, Pantoffelblume. Die Sorten zeigen wieder unterschiedliches Höhenwachstum. Es handelt sich hier nicht um die ausgesprochene »Topf-Pantoffelblume«, sondern um jene für die Freilandverwendung, obwohl das eine das andere nicht ausschließt.

'Goldari'. 30 cm. Goldgelb, reich- und frühblühend.

'Goldbukett'. 20 bis 30 cm. F$_1$-Hybride. Reichverzweigte, gedrungene, goldgelbe Sorte.

'Golden Bunch'. 20 bis 35 cm. Ähnlich 'Goldbukett', jedoch größere Einzelblüten.

Calendula officinalis, Ringelblume. Neben den wohlbekannten höheren Sorten gibt es auch einige ausgesprochene Zwerge.

'Anagor'. Ein 25 cm hoher Zwerg mit Blumen in leuchtendem Orange mit brauner Mitte, gut gefüllt.

'Apricot Sherbet'. 25 bis 35 cm. F$_1$-Hybride. Große, sahnegelbe Blumen, lange blühend.

'Double Lemon Coronet'. 25 bis 30 cm. Große Blumen in Pampelmusengelb.

'Gitana'. 20 bis 30 cm hohe Zwergsorte, die es außer in Prachtmischung noch in Einzelfarben als 'Orange Gitana' und 'Yellow Gitana' gibt.

'Mandarin'. Etwa 35 cm. F$_1$-Hybride mit großen, kräftigorangen Blumen.

Callistephus chinensis, Sommeraster. Astern gehören bei uns zu den beliebtesten Sommerblumen, was verglichen mit dem Ausland durchaus nicht selbstverständlich erscheint. Auch hier bietet das Sortenspektrum in bezug auf das Höhenwachstum sehr großen Spielraum. Neben 1 m hohen Riesen (wie 'Radar') gibt es auch viele Zwerge, die nicht höher als 20 cm werden. Hier sollen nur die wirklich kleinbleibenden Züchtungen bis etwa 30 cm aufgeführt werden. Aber selbst im kleinen Garten könnten darüber hinaus einige höhere Sorten zum Schnitt stehen. Dafür empfehlen sich auf kleinem Raum die Pompon-Astern. Echte Zwerge sind die folgenden Sorten.

'Dingi'. 15 cm. Leuchtendrosa, mit 6 bis 7 cm großen Blumen.

'Farbenteppich'. 15 bis 20 cm. Mit chrysanthemenartigen Blumen in Prachtmischung und in fünf Einzelfarben.

'Love me'-Aster. 25 cm. In Formelmischung erhältlich.

'Milady'-Aster. 25 cm. Kompakt und gut gefüllt. In Mischung oder in fünf Einzelfarben erhältlich.

'Pinocchio'-Aster. 20 bis 25 cm. Die völlig neue Asternklasse bringt kleine, gefüllte Blumen über gedrungenen Büschen hervor. In Prachtmischung oder in sieben Einzelfarben erhältlich.

'Tausendschön'. Nur 15 cm. Mit bis zu 20 Blumen besetzt (Durchmeser 6 bis 8 cm). In Mischung oder in sieben Einzelfarben.

'Waldersee'-Aster. 25 cm. Ältere, bewährte Zwergaster-Mischung mit kleinen halbgefüllten Blumen. Von ihr gibt es neuerdings eine kompakte Auslese mit nur 15 cm Höhe. Sie trägt den Namen 'Scarlet'. Die sternförmigen, halbgefüllten Blumen erscheinen in großer Anzahl.

'Zwergkönigin'. 20 cm. Die bewährte Züchtung eignet sich besonders für Gruppenpflanzungen. In Mischung oder in sechs Einzelfarben.

Celosia argentea, Federbusch- oder Hahnen-kamm-Celosie. Neben bis 80 cm hohen Sorten gibt es hübsche Zwerge. Sie sollten jedoch nur an einem sehr warmen, sonnigen Platz verwendet werden. Die folgenden Federbusch-Celosien (*Celosia argentea* var. *plumosa*) werden nur 25 cm hoch: 'Miss Nippon', 'Federspiel', 'Scarlet Gem', 'Orange Kewpie', 'Red Kewpie', 'Yellow Kewpie', 'Goldfeder', 'Feuerfeder', 'Goldoranger Kimono', 'Orangeroter Kimono', 'Scharlachroter Kimono'. Bei den Hahnenkamm-Celosien (*C. argentea* var. *cristata*) werden die 'Olympia-Typen' nur 20 cm hoch, ebenso wie 'Rotkäppchen' und 'Korallengarten-Farbwunder'.

Chrysanthemum foeniculaceum siehe *Erigeron karvinskianus*

Chrysanthemum frutescens 'Whity'. Die stecklingsvermehrten, älteren Sorten werden für kleiner Pflanzplätze meist zu hoch. Diese samenvermehrbare Sorte, ein hübscher weißer Dauerblüher, wird jedoch nur 50 cm hoch.

Chrysanthemum multicaule 'Kobold'. Ein nur 25 cm hoher gelber Massenblüher. Die neue Sorte 'Gold Plate' hat halbgefüllte und gefüllte Blumen.

Chrysanthemum paludosom. Eine 25 cm hohe weiße, einjährige *Chrysanthemum*-Art. Die Sorte 'Weißer Ring' wird höher.

Chrysanthemum parthenium, Gefüllte Kamille. Neben bis 60 cm hohen Sorten kommen einige reizende Zwerge vor.

'Goldball', 25 cm. Goldgelb, kompakter Wuchs.

'Santana'. 15 cm. Eine wunderschöne Neueinführung mit weißen Blütenkörbchen.

'Schneeball', 35 cm. Kleine geröhrte weiße Blüten.

'Schneezwerg'. Nur 15 cm. Reinweiß. Wächst in die Breite.

'Sternenmeer'. 20 bis 25 cm. Reinweiß, gefüllt.

'Tom Thumb'. 20 cm. Cremefarbene Blütenbällchen.

'Weißer Stern'. 18 cm. Gefüllt mit einem breiten Kranz von Zungenblüten.

Chrysanthemum ptarmiciflorum. Beliebte, silbergraue Blattpflanzen für Schalen und Einfassungen. 'Silberfeder' wird 20 cm hoch und hat feinste silbergraue Blätter, 'Silbertau' erreicht 25 cm Höhe und wirkt ähnlich.

Chrysanthemum tenuiloba 'Goldener Fleck' (syn. *Thymophylla tenuiloba*). 15 bis 20 cm. Die wertvolle Neueinführung hat feines Laub und gelbe Blüten.

Coleus-Blumei-Hybriden, Blumennessel, Buntnessel, Buntlippe. Aus einer Zimmerpflanze entwickelte sich eine Freilandpflanze. Die intensive Züchtungsarbeit brachte auch niedrige Sorten hervor. Ältere Pflanzen, die etwas höher werden, lassen sich leicht zurückschneiden.

'Carefree'. 25 cm. Eichenblattartig, mit lebhaftem Farbspiel. In Mischung angeboten.

'Sieben Zwerge'. Eine schön gefärbte Neuheit.

'Wizard-Mischung'. Kleinblätterig, kompakter Wuchs.

Cosmos, Schmuckkörbchen, Schönkörbchen. Alle Sorten von *Cosmos bipinnatus* benötigen Platz und werden mindestens 1 m hoch. Im Gegensatz dazu stehen die wesentlich schwächeren und auch niedrigeren Sorten von *Cosmos sulphureus*.

'Lichterfest'. 60 cm. Hellgelbe bis tieforange Blüten.

'Diabolo'. 60 cm. Gleichmäßig feuerrot.

'Sunset'. 60 cm. Glühend-orangerot.

Cosmos eignen sich im kleinen Garten für Hintergrundpflanzungen und als Schnittblumen.

Cuphea ignea, Zigarettenblümchen, Köcherblümchen. Die Gruppenpflanze läßt sich vielfach verwenden.

'Medaillon'. 25 bis 30 cm. Zierliche Blüten, granatrot mit Schwarz.

Dahlia-Hybriden, Dahlie. Die aus Samen vermehrbaren Sorten finden sich im Kapitel »Dahlien von geringer Größe« (ab Seite 153).

Delphinium ajacis, Rittersporn. Bei dem einjährigen Rittersporn gibt es wenige niedrige Typen. Lediglich die Sorte 'Niedere

Den kleinen Trog schmückt eine bunte Sommerblumen-Mischung.

Hyazinthen' beinhaltet eine Prachtmischung von nur 50 cm Höhe.

Dianthus barbatus, Bartnelke. Bei den Bartnelken wachsen die meisten Sorten höher, aber es kommen doch einige dekorative Zwerge vor.

'Dwarf Double Pinocchio Mixed'. 20 bis 30 cm. Mischung mit einem Anteil gefüllter Blüten von 60 Prozent.

'Indianerteppich'. 25 cm. Mischung einfacher Zwergsorten.

'Karussell' ('Roundabout'). 15 cm. Kann ein- oder zweijährig kultiviert werden.

Dianthus caryophyllus. Auch bei den Gartennelken gibt es neuerdings niedrige F_1-Hybriden.

'Cavalier'. 25 cm. Wächst sehr kompakt. Ist als Mischung und in fünf Einzelfarben erhältlich.

'Juliette'. Nur 20 cm hohe Farbenmischung.

'Knight'-Serie. 20 bis 25 cm. Außer der Mischung gibt es sieben Einzelfarben. Die Blüten ähneln der einer Chabaud-Nelke. Der Wuchs wirkt jedoch buschig-kugelrund.

'Liliput'. 25 cm. Neuheit. Bis jetzt ist 'Liliput Scharlach F_1' erhältlich mit dichtgefüllten, mittelgroßen Blüten.

'Ritter'. 20 cm. In Einzelfarben und als Mischung erhältlich.

Dianthus chinensis-Hybriden, Gartennelken. Besonders die F_1-Hybriden der Chinenser-Nelken, *Dianthus chinensis*, haben an Bedeutung gewonnen, was wegen der geringen Höhe dem kleinen Garten zugute kommt. Sie sollten in keiner Pflanzung fehlen. Diese F_1-Hybriden überwintern oft und blühen im zweiten Jahr um so intensiver.

Sommerblumen im Korb, aufgenommen während der Landesgartenschau in Dinkelsbühl.

'Aristo'. 25 bis 30 cm. Einzelsorte. Zartrosa Blüten mit violetter Mitte.

'Baby Doll'. 12 bis 15 cm. Einfache Hybride von *Dianthus chinensis*. Im Verhältnis zur Höhe großblütig.

'Bradamante'. 25 bis 30 cm. Formelmischung. Großblumig mit interessanten zweifarbigen Blüten.

'Charm'. 20 cm. Eine ausgezeichnete Sorte, als Mischung 'Magic Charm' oder in Einzelfarben erhältlich.

'Crimson Storm'. 30 cm. Dunkelrote Partnersorte der bewährten 'Feuersturm' ('Firestorm').

'Feuersturm' ('Firestorm'). 30 cm. Hellscharlachrot, blüht sehr reich und lange.

'Herzkönigin'. 25 bis 30 cm. Leuchtendscharlachrote Blüten. Sehr wüchsig.

'Orchid Lace'. 20 bis 25 cm. Große, gefranste Blüten mit 5 cm Durchmesser in Cattleyarosa bis Hellviolett.

'Pluto'. 25 bis 30 cm. Neuzüchtung mit besonders langer Blütezeit. In zwei Einzelfarben erhältlich, 'Pluto Red' und 'Pluto White'.

'Prinzess'. 20 bis 30 cm. Die neue Serie ist als Mischung und in drei Einzelfarben erhältlich. Lange Blütezeit, buschiger Wuchs.

'Snowfire'. 20 cm. Eine hervorragende Sorte. Blüte weiß mit scharlachrotem Auge. Hat sich im Garten des Autors bewährt.

'Telstar Mixed'. 25 bis 30 cm. Die zweifarbigen Blüten bieten ein reiches Farbspiel. Blüht während des ganzen Sommers ohne Unterbrechung.

Dorotheanthus, Mittagsblume. Diese einjährigen Lückenfüller sind für viele Plätze willkommen.

Dorotheanthus bellidiformis. 10 cm. In allgemein bekannter Prachtmischung erhältlich.

Dorotheanthus oculatus 'Lunette'. 10 cm. Gleichmäßig ausgefärbte, hellgelbe Art.

Erigeron karvinskianus. Die hübsche Neueinführung entwickelt einen kriechenden oder hängenden Wuchs. Sie wird auch als »Spanisches Gänseblümchen« bezeichnet. Die weißen Zungenblüten umkränzen eine kleine gelbe Mitte. Braucht volle Sonne und gute Düngung.

Eschscholzia, Kalifornischer Mohn. Die meisten Arten und Sorten werden etwas höher und wachsen vor allem breit-ausladend. Nur etwa 20 bis 25 cm Höhe erreicht *Eschscholzia californica* 'Double Ballerina Mixed'. Ein echter Zwerg ist *E. caespitosa* 'Sundew'.

Gazania, Gazanie, Mittagsgold. Dieser südafrikanische Korbblütler erhielt in den letzten Jahren eine starke züchterische Aufwertung.

'Ministar'. 25 cm. Kompakt wachsende Neuzüchtung mit niedrigem Wuchs. In Mischung von gelben und roten Farben.

'Ministar Goldgelb'. 20 cm. Fleuroselect-Sieger. Wichtige Einzelfarbe aus obiger Mischung.

'Ministar Tangerine' Fleuroselect-Sieger. Leuchtend-hellorange. Eine sehr wichtige Sorte.

'Ministar Weiß'. Neuheit mit weißen Blüten.

'Morgensonne Prachtmischung'. 25 bis 30 cm. Eine Mischung gelber, orangefarbener, bronzefarbener, rosa und weißer Töne. Auch in den Einzelfarben Gelb und Orange erhältlich.

Godetia grandiflora, Sommerazalee. Diese einfach zu kultivierenden Sommerblumen gibt es auch in niedrigen Farbmischungen.

'Bunte Zwerg-Mischung' ('Dwarf Gem Mixture'). 25 cm.

'Niedere Schaumischung'. 25 cm.

Gomphrena globosa, Kugelamaranth. Während die meisten Sorten etwa 30 cm hoch werden, erweist sich die Züchtung 'Buddy' als ein echter Zwerg mit nur 15 cm Höhe.

Das weiße Gegenstück dazu heißt 'Bianca'.

Helianthus annuus, Sonnenblume, Sonnenrose. Sonnenblumen sind wahrlich keine Zwerge, sie werden 2 m hoch und höher. Man kennt aber selbst hier Zwerge – proportional gesehen natürlich –, die unter 1 m Höhe bleiben.

'Niedrige Sonnengold' (Zwerg-Sonnengold). 40 bis 50 cm. Goldgelbe, gefüllte Sorte.

'Samba'. 50 bis 60 cm. Kleine bis mittelgroße Blumen in Gelb und Braunrot auf verzweigten Pflanzen.

'Teddybär' ('Dwarf Sungold'). 40 cm. Niedrige, gefülltblühende, goldgelbe Gruppenpflanze.

'Zebulon'. 80 bis 90 cm. Blüten gelb mit heller Mitte, großblumig. Sehr frühe Blüte.

Helichrysum bracteatum, Strohblume. Neben den 60 bis 80 cm hohen Standardsorten gibt es auch etliche Zwerge aus der Reihe der Benary-Zwerg-Strohblumen.

'Bunter Bikini'. 30 cm. Eine kontrastreiche Formelmischung. Daneben sind fünf Einzelfarben erhältlich.

Helipterum, Sonnenflügel. Während die Sorten von *H. roseum* gut einen halben Meter hoch werden, erreichen die von *H. manglesii* und *H. humboldtianum* nur etwa 30 bis 35 cm Höhe.

Impatiens walleriana, Fleißiges Lieschen. Aus einer Topfpflanze entstand durch intensive Züchtungsarbeit eine wichtige Freilandpflanze, aus hohen, oft sparrigen Pflanzen gingen kompakte Schönheiten hervor. *Impatiens* sind vor allem auch für kleine Pflanzplätze wichtig, die im Halbschatten oder absonnig liegen, für die sich keine anderen Sommerblumen eignen. Alle Sorten aus dem Angebot können im kleinen Garten verwendet werden, aber es gibt noch besonders niedrige, kompakte Sorten.

'Accent'. 15 cm. F_1-Hybride. Großblumig, gleichmäßig. In Mischung oder in zehn Einzelfarben erhältlich.

'Fortuna Compacta'. 15 bis 20 cm. F_1-Hybride. Bleibt sehr kompakt. Mit großen

Blüten. In Mischung oder in sieben Einzelfarben erhältlich.

'Penny'. 15 cm. F_1-Hybride. Blüht sehr früh und reich. In Mischung oder in 15 Einzelfarben erhältlich.

'Piccolo'. 10 bis 15 cm. F_1-Hybride. Eine echte Miniaturserie. In fünf Einzelfarben erhältlich.

Zunehmend gewinnen auch die halbgefüllten und gefüllten Sorten an Beliebtheit, wie die 'Rosenknospe-Prachtmischung', 'Bellizzy Gefüllte Mischung' und die 'Rosette-Mischung', diese werden allerdings mit 25 bis 30 cm geringfügig höher.

Lobelia erinus 'Compacta'. Männertreu. Die für kleine Pflanzplätze sehr wichtige niedrige Sommerblume bringt zusätzlich die gesuchte blaue Blütenfarbe mit. Sie läßt sich universell einsetzen. Die folgenden Sorten werden alle etwa 10 bis 15 cm hoch.

'Blaue Perle'. Reines Enzianblau, frühblühend. Wächst sehr kompakt.

'Blauer Stein'. Leuchtendes Mittelblau.

'Blauteppich'. Schöner, reinblauer Farbton.

'Blue Moon'. Leuchtendblau, blüht sehr früh. Bleibt ganz kompakt.

'Cambridge Blue'. Leuchtend-hellblau, reichblühend.

'Kaiser Wilhelm'. 10 cm. Kornblumenblau. Bleibt besonders niedrig.

'Kristallpalast'. 10 cm. Dunkelblaue Blüte und dunkle Belaubung.

'Pumila Splendens'. Tiefblau mit großem weißem Auge.

'Rosamunde' ('Rosamond'). Karminrosa mit weißem Auge.

'Schneeball'. Reinweiß.

'Schneeflöckchen'. Reinweiß. Wächst schön kompakt.

'Schneekönigin'. Reinweiß.

'Schwabenmädchen'. Tiefblau mit großem weißem Auge.

Neben diesen kompakt wachsenden Sorten kennt man hängende sogenannte Ampel-Lobelien, die wiederum für kleine Pflanzplätze recht wichtig erscheinen, da sie über Schalen- und Trogränder, über Steine und Einfassungen herabhängen können. Man bezeichnet sie als *Lobelia erinus* 'Pendula'.

'Color Cascade Mischung'. Besteht aus weißen, rosa, rötlichen und blauen Tönen.

'Minerva'. Weinrot.

'Neptunus'. Hellblau.

'Saphir'. Tiefblau mit weißem Auge. Die Pflanzen können bis 50 cm lang herabhängen.

Lobularia maritima (syn. *Alyssum maritimum*), Duftsteinrich, Steinkraut. Diese niedrigen, einjährigen Polsterpflanzen erscheinen für flächenmäßig beschränkte Pflanzplätze sehr wichtig. Sie blühen unermüdlich den ganzen Sommer hindurch. Läßt die Blühfreudigkeit nach, kann zurückgeschnitten werden. Das Steinkraut kann als Lückenfüller im Steingarten dienen.

'Alice'. 8 cm. Reichblühend und kompakt.

'Bengali'. 12 cm. Hell-violettblaue Blüten, reichblühend, starkwachsend.

'Königsteppich'. 8 cm. Purpurviolett, reichblühend.

'Orientalische Nächte'. 8 cm. Purpurviolett. Flacher Wuchs.

'Rosy o'Day'. Nur 6 cm. Tief-rosarot.

'Schneehaube'. 6 cm. Reinweiß. Bleibt besonders niedrig.

'Schneeteppich'. 10 cm. Reinweiß. Kräftiger Wuchs.

'Snowdrift'. 8 cm. Reinweiß, reichblühend.

'Wonderland Deeprose'. 6 cm. Dunkel-karminrosa, reichblühend. Wächst sehr kompakt.

'Wonderland White'. 6 cm. Reinweiß, reichblühend. Wächst sehr kompakt.

Melampodium paludosum 'Medaillon'. Zu Beginn der Blütezeit etwa 20 cm hoch, wird später im Jahresverlauf allerdings bis zu 40 cm hoch. Die Neueinführung zeigt goldgelbe, Margeriten-ähnliche Blüten. Sie eignet sich auch für kleinere Plätze.

Mimulus luteus, Gauklerblume. Auf kleineren Flächen sollte man besonders die neueren 'Malibu'-Sorten verwenden, die nur 10 bis 15 cm hoch werden. Ihre Blühdauer ist allerdings beschränkt.

Ein Beispiel aus der Zwergtagetes-Palette: 'Petite Gold'.

'Malibu Gelb'. F$_1$-Hybride. Leuchtendes
   Goldgelb.
'Malibu Orange'. F$_1$-Hybride. Auffälliges
   Tieforange mit enormer Farbwirkung.
'Malibu Rot'. F$_1$-Hybride. Intensives Rot.
'Malibu Magic Mischung'. F$_1$-Hybride. For-
   melmischung verschiedener Farben.

Eine attraktive Kapuzinerkresse ist die Sorte Tropaeolum 'Alaska'.

Verbena-Hybride 'Derby Coral' mit besonders schöner Farbe.

Nemesia-Hybriden, Elfenspiegel. Alle ange-
   botenen Sorten eignen sich auch für be-
   schränkte Pflanzplätze.
Nemophila menziesii. Niederer, lockerer Auf-
   bau, mit himmelblauen, über 2 cm breiten
   Blüten. Auch für Steingärten.
Nicotiana-Hybriden, Ziertabak. Vermehrt
gibt es auch niedrige Züchtungen dieser dank-
baren Sommerblume.
'Domino'. Nur 30 bis 35 cm. F$_1$-Hybride.
   Reichblühende Serie. In Farbmischung
   oder in den Einzelfarben Weiß, Rosa und
   Rot erhältlich.
'Gnom'. 25 cm. F$_1$-Hybride. Reichblühend.
   Wächst extrem kompakt. In Mischung
   und in sechs Einzelfarben im Angebot.
'Nico'. 30 cm. F$_1$-Hybride. Reichblühend.
   Wächst kompakt und buschig verzweigt.
   In Rot und Weiß erhältlich.
'VIP'. 25 cm. F$_1$-Hybride. Frühblühend, sehr
   blühwillig. In Mischung und in vier Ein-
   zelfarben im Angebot.
Nigella damascena. Alle bisher bekannten
   Arten erreichen eine Höhe von knapp
   50 cm. Mit der Sorte 'Dwarf Moody Blue'
   gibt es erstmalig eine Miniaturform mit 15
   bis 20 cm Höhe. Sie hat halbgefüllte Blü-

Chrysanthemum tenuiloba findet man oft noch unter dem alten Namen Thymophilla tenuiloba.

ten, die anfangs violettblau, später mehr himmelblau gefärbt sind.

Phlox drummondii, Einjahrsphlox, Flammenblume. Man kennt sowohl höhere Sorten für den Schnitt (etwa 50 cm), als auch niedrige Beetsorten von 20 bis 25 cm Höhe, die sich auch für kleine Flächen eignen. Es gibt sogar einige ausgesprochene Zwerge, die nur 10 cm hoch werden.

'Compacta Prachtmischung'. Niedrige, dankbare Mischung in zahlreichen Farben.

'Compacta Sternenzauber'. Mischung mit hübschen, sternartig eingeschlitzten Blüten.

'Paloma'. Eine hübsche Neuheit mit karminrosa, weißgeäugten Blüten. Früh- und reichblühend.

Polygonum capitatum und die Auslesesorte 'Afghan' sind 15 cm hohe Pflanzen mit hellrosa Blütenköpfen über einem grünbraunen Laubteppich. Es ist zu bedenken, daß diese niedrige Pflanze doch sehr in die Breite wächst und ihr praktisch Bodendeckerfunktion zukommt.

Portulaca grandiflora, Portulakröschen. Neben den einfachen und gefüllten Sorten gibt es auch einige niedrige Auslesen. Alle eignen sich sehr gut für beschränkte Plätze und werden 15 cm hoch.

'Mosaik'. Robuste Formelmischung mit gefüllten Blüten.

'Orpheus'. Blütenfarbe Lilarosa. Einfachblühend, großblumig, auch gut bei schlechtem Wetter.

'Sundancer'. Formelmischung mit halbgefüllten Blüten.

'Sunnyside'. Gefüllte Prachtmischung.

Rudbeckia hirta, Sonnenhut. Eine ganze

217

Reihe von Züchtungen kann gut 1 m hoch werden, es gibt aber auch niedrig bleibende, kompakte Sorten, die nur 50 bis 60 cm Höhe erreichen. Sie eignen sich sowohl für kleine Gruppenpflanzungen, als auch noch für den Spätsommerschnitt.

'Goldilocks'. Fleuroselect-Sieger. Große, halbgefüllte und gefüllte goldgelbe Blumen mit schwarzer Mitte.

'Marmelade'. Leuchtend-goldorange, einfache Blumen. Der breitbuschige Aufbau ist bei der Pflanzplanung zu berücksichtigen.

'Rustic Dwarfs'. Die Farbpalette reicht von Goldgelb bis zu Rotbraun, ansonsten ähnlich der Sorte 'Marmelade'.

'Uranus'. Hellgelbe Blumen mit dunkelbraunem Knopf.

Salvia splendens, Feuersalbei. Während andere einjährige Salvien meist etwas höher werden, bleiben viele Feuersalbei-Sorten niedrig. Viele haben eine Höhe von etwa 25 bis 35 cm. Die folgenden Sorten stellen die kleinsten Typen dar, bei einem Höhenwachstum von etwa 20 cm.

'Carabiniere'. Scharlachrot mit dichter Rispe und dunklem Laub.

'Fury'. Leuchtend-scharlachrot. Frühblühend. Kompakter Wuchs.

'Inferno'. Scharlachrot, dunkellaubig.

'Leuchtfunk'. Dunkelscharlach. Blüht sehr früh.

'Scharlachzwerg' ('Piccolo'). Frühblühend.

Sanvitalia procumbens, Husarenknopf. Etwa 15 bis 20 cm. Zusammen mit ihren Sorten eine dankbare Sommerblume. Bei begrenzten Pflanzflächen ist jedoch auch das Breitenwachstum zu beachten. Die Pflanzen erreichen bis zum Herbst oft 40 bis 60 cm Durchmesser.

'Gold Braid'. Bildet zwei bis drei Kränze goldgelber Zungenblüten um die dunkelbraune, erhöhte Mitte. Wächst besonders stark in die Breite.

'Goldprinzeß'. Goldgelb, gefüllt, reichblühend. Kompakter Wuchs.

'Goldteppich'. Goldgelb mit schwarzbrauner Mitte. Besonders frühblühend.

'Mandarin Orange'. Leuchtend-mandarinenorangefarbene Köpfchen.

Schizanthus-Wisetonensis-Hybriden, Spaltblume. Während die bekannte 'Hit-Parade' 25 bis 30 cm hoch wird, erreicht die neue 'Star-Parade' nur 20 cm.

Senecio bicolor. Kreuzkraut, Greiskraut. Oft auch als *Cineraria maritima* oder *Senecio maritimus* und *Senecio cinerarius* in den Listen. Für flächige Pflanzungen, Einfassungen und ähnlichen Plätzen enorm wichtig wegen der verbindenden silbergrauen Blattfarbe. Die kleinsten von ihnen sind

'Silverdust'. 20 cm. Sehr weiße, zierlich belaubte Sorte.

'Silberzwerg'. 15 bis 20 cm. Silberweiße, tief geschlitzte Blätter.

Tagetes, Sammetblume, Studentenblume. Schon bei den höheren *Tagetes erecta* gibt es niedrige Sorten mit etwa 30 bis 35 cm Höhe, wie die 'Inca'-, 'Lady'-, 'Galvore'-, 'Space Age'- und 'Perfection'-Serien, von denen jeweils Einzelfarben in verschiedenen gelben und orangen Tönen angeboten werden.

Zusätzlich finden sich im Sortiment ausgesprochene 'Nana'-Formen der *Tagetes*-Erecta-Hybriden, wie die 'Piccolo'-Serie mit riesigen Blütenbällen auf nur 15 cm hohen Stielen und die 'Cupido'-Serie mit dicht gefüllten, Chrysanthemen-artigen Blüten in 20 cm Höhe.

Tagetes patula. Hier erübrigen sich Einzelvorstellungen, da alle Sorten etwa 20 bis 25 cm hoch werden, einige erreichen sogar nur 15 cm Höhe.

'Petite Gold'. 15 cm.

Tagetes tenuifolia trägt unzählige kleine Blüten über fein zerschlitztem Laub. Sie blüht reich bis zum Frost. Besonders gedrungen wächst die Mischung 'Ornament', die nur 20 bis 25 cm Höhe erreicht, ebenso wie die Sorten 'Carina' (orange), 'Gnom' (orangegelb) und 'Lulu' (zitronengelb).

Tropaeolum, Kapuzinerkresse. Neben den großen, rankenden Sorten gibt es auch kompakt-kugelig wachsende Pflanzen.

'Bunte Juwelen'. 25 bis 30 cm. Formelmischung aus sieben Farben, halbgefüllt.

'Whirlybird'. 25 cm. Halbgefüllte, sporenlose Züchtung, die es in Mischung, aber auch in goldfarbener und scharlachroter Einzelfarbe gibt.

Verbena-Hybriden, Eisenkraut. Auch hier kommen neben höheren Züchtungen einige sehr kompakte Typen vor.

'Derby'. Eine Serie mit Pflanzen von etwa 25 cm Höhe, die es in Mischung und Einzelfarben gibt.

Folgende Sorten bleiben auch für kleinere Flächen attraktiv: 'Amethyst' (mittelblau), 'Blaze' (reinscharlachrot), 'Crystal' (reinweiß), 'Delight' (korallenrosa mit lachs), 'Sangria' (blutrot), 'Sparkle' (feurig-scharlachrot mit weißem Auge), 'Splendor' (königspurpur mit weißem Auge), 'Mini Star' (blau mit weißem Auge).

Zinnia elegans, Zinnie. Zunehmend finden sich im Angebot neben den hohen Sorten auch zwergige Typen. In bezug auf ihre Proportionen lassen sie sich gut auf kleinen Flächen verwenden, wachsen aber oft auch in die Breite. Die folgenden Sorten zählen zu den bis 30 cm hohen.

'Dasher'-Serie. 20 bis 25 cm. F_1-Hybride. Widerstandsfähige Beet- und Gruppenzinnie, in fünf Einzelfarben erhältlich.

'Peter Pan'-Serie. 30 cm. F_1-Hybride. Gut gefüllte Blüten von 8 cm Durchmesser auf breitbuschigen Pflanzen. In Prachtmischung und als Einzelfarben im Angebot.

'Pulcino'-Mischung. 25 cm. Einzelblüten bis 8 cm Durchmesser, reichblühend.

'Thumbelina'-Mischung. 15 bis 20 cm Niedrigste Sorte. Halbgefüllt und einfachblühend.

Es muß noch einmal ausdrücklich darauf hingewiesen werden, daß das genannte umfangreiche Sortiment eine Zusammenfassung der Produkte der verschiedensten Züchterfirmen darstellt. Großfirmen liefern oft nur an Erwerbsgärtner. Kleinverkauf bedeutet für sie eine nicht zumutbare Belastung. Hobbygärtner sollten sich vertrauensvoll an ihr Samenfachgeschäft wenden, das spezielle Wünsche, wenn auch verständlicherweise gegen Aufpreis, meist erfüllt. Andererseits gibt es eine ganze Reihe von Firmen, die über ein breites Sortiment verfügen und Liebhaber beliefern.

Sommerblumen im Steingarten

Es ist nicht immer einfach, Sommerblumen im Steingarten zu verwenden, denn viele wirken zu prächtig, zu farbenfroh, zu gartenhaft, so daß sie in einer naturnahen Umgebung wie dem Steingarten nur stören würden. Der Steingarten bedeutet ein breit gefächertes Thema. Auf der einen Seite sind die Übergänge zum reinen Alpinum gegeben, andererseits bietet sich eine formale, architektonische Lösung an. Dazwischen gibt es viele Übergänge, wobei alle Gestaltungsformen unabhängig von der Größe sind. Auch in der Natur kommen in der Regel keine einheitlichen Staudenflächen vor. Oft sind dort Annuelle eingestreut. Doch sollte im Garten nichts streng reglementiert werden, und die Entscheidung, Sommerblumen im kleinen Steingarten zu pflanzen, bleibt jedem selbst überlassen.

Wer sich für die Verwendung entscheidet, sollte allerdings auf gewisse Differenzierungen achten. Keinesfalls haben gefüllte *Tagetes*, Sommerastern und Zinnien – um nur einige Beispiele zu nennen – im naturnahen Steingarten etwas zu suchen, nicht einmal als Lückenbüßer.

Etwas Fingerspitzengefühl gehört bei der Auswahl schon dazu. Es ist durchaus möglich, eine Steinpartie nur mit Sommerblumen zu bepflanzen. Auch eine weniger bewegte Fläche mit nur einigen dekorativen Steinen läßt sich als Sommerblumenbeet gestalten und unterliegt hinsichtlich der Bepflanzung keiner strengen Begrenzung. Bei stärkerer Bodenmodellierung und gesteigerter Verwendung von Steinen ist die Affinität zur Natur zu groß, um protzige Pflanzen zu verwenden. Hierfür sind

Brachyscome iberidifolia, das sogenannte »Blaue Gänseblümchen«.

die in diesem Abschnitt erwähnten Sommerblumen vorzuziehen. Meist spielt jedoch bei der Verwendung im Steingarten die Funktion als Lückenfüller die größere Rolle oder es ist die erklärte Absicht, in den blütenärmeren Zeiten des Hochsommers und Herbstes Farbflecke in den Steingarten einzubringen.

Dienen Sommerblumen als Lückenbüßer, legt man besser die Pflanzzeit der Sommerblumen etwas später, damit man echte Lücken richtig erkennt. Die Polsterstauden zeigen beim Neuaustrieb oft noch nicht ihre endgültige Größe. Andererseits sollen die Sommerblumen gut gekräftigt sein, damit sie sich gegen die alteingewachsene Konkurrenz der niedrigen Stauden behaupten können. Deshalb erweist es sich als günstig, geeignete Sommerblumen in Töpfen vorrätig zu haben, selbstgezogen oder zugekauft. Auf die Farbkombinationen zwischen Stauden und Sommerblumen muß kaum geachtet werden, da sich die Blütezeiten kaum überschneiden. Will man vorübergehend Sommerblumen an Plätzen ansiedeln, an denen eingezogene Zwiebelblumen sitzen, muß man bei der Pflanzung etwas Vorsicht

walten lassen. Vor übermäßiger Düngung muß gewarnt werden. Auch die Sommerblumen sollten im Steingarten niedrig und kompakt bleiben, speziell auf beschränkter Fläche.

Dies gilt beispielsweise für *Chrysanthemum paludosum*, das mit seinen weißen Margeritenblümchen überall hinpaßt und vom weißen Farbton her noch zusätzlich eine verbindende Wirkung erzielt. Je magerer der Boden, desto niedriger und kompakter bleiben die Pflanzen, ein Rückschnitt nach der Hauptblüte führt zu weiterer Blütenbildung. Ein gelbblühendes Gegenstück, *Chrysanthemum multicaule* 'Kobold', hat gelbe Korbblüten, ebenso wie die samenvermehrbare Neueinführung *Melampodium paludosum* 'Medaillon'.

Auch *Sanvitalia procumbens*, der Husarenknopf, blüht und paßt überall hin. Doch ist im kleinen Garten und bei kleinen Flächen das manchmal beachtliche Breitenwachstum zu berücksichtigen. Zusätzlich zur gelbblühenden Art und einigen Auslesen gibt es jetzt die orangefarbene Sorte 'Mandarin'.

Willkommen für die Verwendung im Steingarten sind die neuen »Gänseblümchen«, wobei hier nicht *Bellis perennis* gemeint ist. Den Anfang auf dem Markt machte das lilafarbene Australische Gänseblümchen, *Brachyscome multifida*. Die staudige, nicht winterharte Pflanze vermehrt der Gärtner vegetativ. Eine generative Vermehrung führt nicht zum Erfolg. Die Pflanzen lassen sich in einem kühlen, hellen Raum gut überwintern. Den Durchbruch hinsichtlich der Sonnenverträglichkeit schaffte *Brachyscome iberidifolia*. Die Art gibt es in Mischung mit blauen, weißen und violetten, Gänseblümchen-artigen Blumen und als Farbauslese 'Purple Splendour'. Die letztgenannte Sorte zeigt violette Blumen, die etwas im Farbton spielen. Als gelbes Gegenstück gibt es *Chrysanthemum tenuiloba* 'Goldner Fleck' (syn. *Thymophylla tenuiloba*). Über dem fein zerschlitzten Laub stehen kleine Blütenkörbe. Die dritte Pflanze im Bunde ist das »Spanische Gänseblümchen«, *Erigeron karvinskianus* (fälschlich als *Chrysanthemum foe-*

niculaceum verbreitet). Es hat einen kriechenden Wuchs und kleine, reinweiße Zungenblüten, die eine gelbe Mitte umkränzen. Ich weise ausdrücklich auf diese drei verhältnismäßig neu eingeführten Pflanzen hin, da es sich um Sommerblumen handelt, die überall hinpassen, nirgendwo störend wirken, auch nicht an kleineren Plätzen.

Man spricht bei *Brachyscome* oft vom blauen Australischen Gänseblümchen. Von Blau kann aber kaum die Rede sein, es handelt sich durchweg um Violettöne. Reinblaue Töne bringen die *Felicia*-Arten, die aber für kleine Plätze oft etwas zu üppig werden. Eine wirklich kleine Pflanze mit reinen hellblauen Blüten ist *Felicia bergeriana*. Sie wird nur etwa 10 cm hoch, läßt sich leicht über Samen vermehren, blüht aber nicht dauerhaft.

Ein altbewährter Lückenbüßer ist der einjährige Duftsteinerich, *Lobularia maritima*, mit seinen weißen, rosa und violetten Blüten. Ein rechtzeitiger Rückschnitt verlängert die Blütezeit. Sorten wurden im vorausgegangenen Abschnitt genannt. Vom Habitus her eignet sich der annuelle Knöterich, *Polygonum capitatum*, gut. Bei der Verwendung auf kleiner Fläche muß jedoch das Breitenwachstum berücksichtigt werden. Gut läßt sich auch das Portulakröschen, *Portulaca grandiflora*, verwenden, allerdings mit Einschränkungen. In naturnahen Pflanzungen wirken die leuchtenden Blütenfarben etwas zu auffällig, zumindest sind einfachblühende Mischungen den gefülltblühenden vorzuziehen. Der Boden sollte trocken und die Lage vollsonnig sein.

Nicht sehr auffällig, dafür aber hübsch bei der Nahbetrachtung, wirkt die einjährige blaue Fetthenne, *Sedum caeruleum*. Mehr für absonnige und lichtbeschattete Stellen eignet sich *Limnanthes douglasii*. Sie kann sich aber auch ausbreiten oder durch Selbstaussaat zu aggressiv werden. Die weißgelbe Blüte sieht hübsch aus. Die kleinen gefüllten Kamillen, *Chrysanthemum parthenium*, sind mit ihren weißen Zungenblüten überall willkommen, die neue Sorte 'Santana' wirkt besonders attraktiv. Von den Kamillen können sogar die

Mittagsblumen, Dorotheanthus bellidiformis.

gefülltblühenden Sorten in naturnahen Pflanzungen akzeptiert werden. Gut fügt sich *Anchusa capensis* 'Blauer Engel' mit Vergißmeinnicht-ähnlichen Blüten ein.

Eine ganze Reihe von Sommerblumen lassen sich mehr in regelmäßigen, architektonisch angelegten Steingärten verwenden, so die neue 'Mini Star'-Gazanie und auch die vielen neuen F_1-Hybriden der Chinenser-Nelken. Geeignet sind sicher auch die einjährigen Mittagsblümchen, *Dorotheanthus bellidiformis*, meistens wirken jedoch die schreienden Ostereierfarben für Steinanlagen zu grell.

In dekorativen Steinanlagen ergeben aber *Portulaca grandiflora*, *Sedum caeruleum* und *Dorotheanthus bellidiformis* in Kombination mit winterharten Sukkulenten hübsche Bilder.

Im allgemeinen ist es bei Sommerblumen nicht so schlimm, wenn man mit einer Kombination einmal einen Mißgriff gemacht hat. Man lernt daraus, und im folgenden Jahr läßt sich alles harmonischer gestalten. Man sollte sich damit trösten, daß sogar Fachleute Knollenbegonien für Steingärten empfehlen!

Flächige Pflanzungen für beschränkte Plätze

Mit niedrigen Sommerblumen lassen sich auch auf wenig Platz schöne Pflanzungen gestalten. Der Pflanzende ist oft versucht, möglichst viele verschiedene Arten zu verwenden. Weniger ist hier jedoch mehr, wenn man auch auf beschränkter Pflanzfläche eine gute Wirkung erreichen will. Mischungen verschiedener Blütenfarben sind weniger angebracht und die verwendeten Sommerblumen sollten hinsichtlich der Farbnuancen gut harmonieren. Orangegelb und Violett, Hellgelb und Mittelblau, Zinnoberrot und Orange sind Farbkombinationen, die immer befriedigen. Andererseits gehört eine Verbindung von Rotkohlfarben mit Orangerot wohl zu den größten Sünden, die man auf dem Sektor der Farbzusammenstellung begehen kann. Durch die Hinzunahme von Sommerblumen mit weißen Blüten lassen sich viele Fehler mildern. Das gilt ebenso für Pflanzen mit silbergrauen Blättern, wie sie beispielsweise *Senecio bicolor* (syn. *Cineraria maritima*) hat. Auch die sukkulenten Rosetten von *Echeveria peacockii* (syn. *E. desmetica*) besitzen mit ihrer blauweißen Bereifung farblich verbindenden Charakter.

Der Farbton der Blüte darf aber nicht das einzige Kriterium bei der Auswahl der Pflanzen bleiben, das Höhenwachstum ist ebenfalls zu berücksichtigen. Auch wenn es sich um eine niedrige, flächige Pflanzung handelt, wirkt ein völlig gleichmäßig hoher Teppich langweilig. Das niedrige Beetpflanzen-Sortiment bietet zudem genügend Auswahl, um höhenmäßig etwas Bewegung in die Pflanzung zu bringen. Eine andere Möglichkeit wäre, je nach Größe der Pflanzfläche ein oder mehrere höher aufsteigende Pflanzen in den Blumenteppich zu setzen. Eine weitere Variante, um Bewegung in die Fläche zu bekommen, bietet sich durch unregelmäßiges Ansteigen nach hinten an.

Nur schwer läßt sich die Frage nach den richtigen Pflanzabständen beantworten, denn diese hängen von verschiedenen Faktoren ab. Das Wuchstemperament schwankt von Sorte zu Sorte doch sehr, außerdem wird der Pflanzbedarf vom vorhandenen Boden und von der zusätzlichen Düngung beeinflußt. Als eine Faustzahl dürfte für viele niedere Sommerblumen 20 cm als der richtige Abstand gelten. Die Eigenschaft einiger kleiner Arten und Sorten, verhältnismäßig stark in die Breite zu wachsen, wurde in der Übersicht für niedrige Sommerblumen vermerkt.

Ein wichtiger Faktor stellt bei flächigen Sommerblumen-Pflanzungen auch die Blühdauer dar. Es wirkt äußerst störend, wenn sich bei der Verwendung von drei oder fünf Sorten eine vorzeitig erschöpft und nicht mehr blüht. Deshalb ist es wie bei keiner anderen Verwendung von Sommerblumen so wichtig, echte Dauerblüher zu pflanzen, deren Blüte möglichst bis zum ersten Frost durchhält. Schon dieser Faktor grenzt das Sortiment niedriger Sommerblumen für flächige Pflanzungen ein. Hier können nur einige Gattungen genannt werden, wie *Ageratum*, *Anthirrhinum*, Knollenbegonien, *Begonia*-Semperflorens-Hybriden, *Chrysanthemum* (syn. *Matricaria*) *parthenium*, *Gazania*, *Impatiens*, *Lobelia*, *Lobularia*, *Portulaca*, *Tagetes*, *Verbena*, *Zinnia*. Bei näherer Betrachtung der Reihe findet man nicht allzuviele wirklich weiße Arten, die für den Gesamteindruck so wichtig sind. *Chrysanthemum paludosum* muß man beim Erschöpfen der Blühkraft zurückschneiden, um eine neue Blüte anzuregen. Die Art ist deshalb nicht in dieser kurzen Aufstellung enthalten. Bei kleinen Flächen kann man sich allerdings die Mühe des Rückschnittes schon machen. Wo mehr flächig wirkendes Weiß gewünscht wird, greife man auf weißblühende Sorten zurück, so bei *Antirrhinum*, Knollenbegonien, *Begonia*-Semperflorens-Hybriden, *Gazania* (weiße 'Mini Star'), *Impatiens*, *Lobelia*, *Lobularia* und *Verbena*. Erneut muß auf das silbergraue Blatt von *Senecio bicolor* (syn. *Cineraria maritima*) hingewiesen werden, das die gleiche verbindende Eigenschaft wie weiße Blüten besitzt.

Eine weitere Möglichkeit für experimentierfreudige Leute stellt die Einbeziehung einzelner Pflanzen von F₁-Zierkohl-Hybriden dar. Sie sind zwar nicht jedermanns Geschmack, Könner schaffen es damit aber oft, durchaus ansprechende Bilder zu zaubern, wie in den US-amerikanischen Staaten häufiger zu sehen ist.

Aus der großen Fülle der Kombinationsmöglichkeiten dienen die folgenden als Anregung.

Dreierkombinationen

Rote und gelbe Knollenbegonien sowie *Senecio bicolor*. Zwerg-Canna können zusätzlich Akzente setzen.

Blaue *Ageratum*, weiße *Chrysanthemum parthenium* und zitronengelbe *Tagetes*

Rote *Salvia splendens*, orangegelbe *Tagetes* und *Senecio bicolor*

Rosa und weiße *Begonia*-Semperflorens-Hybriden sowie *Senecio bicolor*

Weiße *Lobularia*, gelbe *Tagetes* und blaue *Lobelia*

Fünferkombinationen

Gazania 'Ministar Weiß', 'Ministar Tangerine' und 'Ministar Goldgelb', rote *Salvia splendens* sowie *Senecio bicolor*

Rosa *Verbena*, gelbe *Antirrhinum*, weiße *Chrysanthemum parthenium*, lila *Ageratum* und rote *Zinnia*

Weiße, rosa und rote *Impatiens*, hellgelbe und orangegelbe *Tagetes*

Weiße und violette *Lobularia*, violettblaue *Ageratum*, weiße und hellgelbe *Antirrhinum*

»Mobile Sommerblumen«

Sommerblumen lassen sich ohne Einschränkung auch in Töpfen, Schalen, Kübeln und Trögen verwenden. Handelt es sich dabei um verhältnismäßig große Flächen (mehr als 1 m²), lassen sich viele der Kombinationen

aus dem vorangegangenen Abschnitt verwenden. Meist handelt es sich bei mobilen Gefäßen jedoch um kleinere Flächen und man kann dabei ruhig etwas bunt durcheinander gewürfelt arbeiten.

Bei Schalen mit einem Bedarf von fünf Sommerblumen darf man durchaus fünf verschiedene Pflanzen nehmen, ohne daß die Wirkung verlorengeht. Neben den schon genannten besonderen Dauerblühern können in »mobilen Gärten« durchaus solche Verwendung finden,

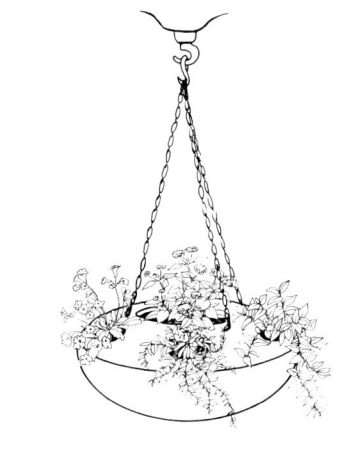

Auf kleinstem Raum kann sich eine bunte Sommerblumenpracht entwickeln.

223

Bunte Sommerblumenpflanzung. Wichtig ist es, immer auf die Farbkombination zu achten.

die zum Herbst hin schon einmal nachlassen oder erst nach einem Rückschnitt wieder blühaktiv werden.

Bei dekorativen Pflanzungen auf kleiner Fläche (und mit beschränktem Wurzelraum) lassen sich verstärkt die typischen Balkonkastenblumen miteinbeziehen. Bei mobilen Pflanzgefäßen stehen zusätzlich zur horizontalen Pflanzfläche auch die vertikalen Seitenwände zur Ausschmückung zur Verfügung. Es wirkt ausgesprochen dekorativ, wenn eine oder mehrere Pflanzen über den Rand herabhängen. Erinnert sei an *Lobelia erinus* 'Pendula Saphir' oder an die bunte 'Cascade Mischung', bei der ja schon der Name auf die hängende Eigenschaft hinweist. Ebenso befriedigt *Sanvitalia procumbens*, der Husarenknopf, besonders wenn er am Rand steht, seinen Ausbreitungsdrang nach unten. Ein Hinweis auf die neue Farbsorte 'Mandarin' darf

nicht fehlen. Auch das neu eingeführte »Spanische Gänseblümchen«, *Erigeron karvinskianus*, entwickelt in Gefäßen einen hängenden Wuchs. Ebenso unterstützen die bekannten hängenden Pelargonien- und Fuchsiensorten die Wirkungen der Gefäßbepflanzungen. Im Gegensatz dazu kann auch ein hochwachsendes Exemplar einer Pflanze innerhalb »mobiler Gärten« stehen (aber bitte nicht in der Mitte), etwa eine kniehohe Mignon-Dahlie oder eine fahlgrüne *Kochia scoparia* 'Trichophylla', die mit beschränktem Wurzelraum kaum über 50 cm hoch wird. Auch ein Ziergras im gleichen Höhenbereich wäre denkbar.

Bei mobilen Pflanzgefäßen erscheinen Kombinationen mit Gehölzen, aber auch mit Stauden durchaus möglich. Im letzten Fall ist wieder ein größeres Maß an Fingerspitzengefühl nötig.

Die kleinen Zweijährigen

Funktion im kleinen Garten

Als Bindeglied zwischen Stauden und Sommerblumen stehen die sogenannten Zweijahresblumen, deren normaler Lebenszyklus sich bei uns über zwei Vegetationsperioden erstreckt. Unter Umständen können diese Pflanzen auch ein oder zwei Jahre länger leben. Zumindest bei den meisten dieser Pflanzen geschieht im ersten Jahr die Anzucht vom Samenkorn zum blühfähigen Exemplar. In das zweite Jahr fällt die Blühperiode und die Samenbildung, wonach viele der »Zweijährigen« absterben. Es gibt keine engen Grenzen zwischen Sommerblumen, Zweijahresblumen und Stauden, die Grenzen verlaufen fließend. Manche der neuen F_1-Hybriden von *Dianthus chinensis* überdauern den Winter und blühen im zweiten Jahr noch schöner als im ersten. Beim *Antirrhinum*, dem Löwenmaul, finden sich in manchen Bauerngärten Pflanzen, die schon vier Jahre alt sind. Beide genannten Pflanzen sind aber sogenannte Sommerblumen. Unter den »Zweijährigen« sind mehrjährige *Digitalis purpurea* (Fingerhut), *Papaver nudicaule* (Islandmohn) oder *Coreopsis grandiflora* (Mädchenauge) keine Seltenheit.

Die wichtigste Funktion der »Zweijährigen« beruht auf der zeitigen Blüte im Frühling. Viele werden zweijährig kultiviert, weil sie nach einer kühlen Überwinterung reicher und schöner blühen, wie *Bellis* und *Viola*. Die kleinen Arten sind deshalb auch für beschränkte Pflanzplätze sehr wichtig. Bei dekorativen Pflanzungen hat sich der Rhythmus von Sommerblumen und »Zweijährigen« fest eingebürgert, nicht nur in öffentlichen Anlagen, sondern auch im Hausgarten. Wenn der Höhepunkt der Blüte der »Zweijährigen« Ende Mai bis Anfang Juni überschritten ist, wird geräumt und mit Sommerblumen bepflanzt, der umgekehrte Wechsel vollzieht sich dann wieder im Oktober. Mit den Biennen, wie diese Pflanzen noch heißen, kann man kaum etwas falsch machen, und alle bei den Sommerblumen genannten Grundregeln gelten auch hier.

Empfehlenswerte Sorten

Bellis perennis, Gänseblümchen, Maßliebchen. Es eignen sich sicher alle Sorten des Sortiments auch für kleine Pflanzflächen, denn keine wird riesig. Andererseits kommt es gerade bei beschränktem Platz oft schon auf kleine Unterschiede an. Hier sind daher die kleinsten Serien aufgeführt.
'Roggli'. 12 cm hoch. Mittelgroße Blumen mit geröhrten Blüten, gut gestielt, in Weiß, Rosa und Rot. Kompakte Pflanzen.
'Teppich'. 12 cm. Kleinblumig, sehr gleichmäßige und gut gefüllte Blume. In Mischung in Weiß, Rosa und Rot.
Campanula medium, Marien-Glockenblume. Die meisten werden mit 80 cm und höher, für kleine Plätze zu groß. Lediglich *Campanula medium* 'Dwarf Musical Bells' bleibt mit 35 bis 45 cm klein.
Cheiranthus cheiri, Goldlack. Auch hier gibt es einige kompakte Sorten.
'Gnom'. 25 cm. Eine Beetsorte, die es in goldgelber, orangegelber und braunroter Tönung gibt.
'Zwerg Busch Mischung'. 30 cm. Gefüllte Typen.
'Zwerg-Goliath-Lack'. 25 bis 30 cm. Samtig dunkelbraun-rot mit dunkelgrünem Laub.

Bei den zweijährigen Garten-Gänseblümchen bestechen die 'Pomponette'-Sorten.

Dianthus. Siehe bei den Sommerblumen.

Erysimum × allionii. Diese leuchtend-orange blühende Schotendotter-Art gibt es nicht als ausgesprochene Zwergsorte, aber mit einer Höhe von 40 bis 50 cm finden sich auch im kleinen Garten noch geeignete Plätze.

Myosotis sylvatica, Vergißmeinnicht. Hier ist deutlich zwischen den etwas höheren Sorten, die sich auch zum Schnitt eignen, und den niedrigen Beetsorten zu unterscheiden. Zu den letztgenannten gehören

'Amethyst'. 15 cm. Tief-indigoblau.

'Compindi'. 15 cm. Gleichmäßig, dunkelstes Blau.

'Blaue Kugel'. 15 cm. Leuchtendblau. Kugeliger Wuchs.

'Indigo Compacta'. 15 bis 20 cm. Gleichmäßige, tiefblaue Farbe.

'Nina Blue'. 15 cm. Frühblühend, kompakter Wuchs.

'Nina Rose'. 15 cm. Frühblühend, kompakter Wuchs.

'Nina White'. 15 cm. Reinweiße Blüten. Frühblühend, kompakter Wuchs.

Papaver nudicaule, Islandmohn. Eignet sich sowohl für die Frühlings- und Frühsommerblüte in Beeten, besonders die kleinen Typen, aber auch für den Steingarten. Die üblichen Sorten erreichen eine Höhe von 50 bis 60 cm, die folgenden bleiben wesentlich kleiner.

'Gartenzwerg'. 30 cm. Eine halbhohe, standfeste Mischung großblumiger Typen in reichen Farben.

'Wonderland Mixed'. Etwa 15 cm. Eine extrem niedrige Islandmohn-Mischung. Trotz geringer Höhe sehr großblumig!

Viola-Wittrockiana-Hybriden, Garten-Stief-mütterchen. Hier gilt das gleiche wie bei den *Bellis*. Alle passen auch für kleinere Pflanzplätze. Der Unterschied liegt eher bei den Blütengrößen als beim Höhenwachstum. Solche Zwerg-*Viola* mit kleinen Blüten und 15 bis 20 cm Höhe sind

'Baby Lucia'. Miniatur-Stiefmütterchen in Mittelblau mit kleinem gelbem Auge. Blütendurchmesser etwa 3 cm.

'Lancelot'. Als blaue, weiße und gelbe Farbe im Angebot. Besonders lange Blütezeit.

Verwendungsmöglichkeiten

Der Schwerpunkt der Verwendung liegt auch im kleinen Garten und auf kleinen Flächen bei bunten, im Frühling blühenden Beeten.

Kombinationen von *Bellis, Myosotis* und *Viola* sind landauf landab bekannt. Eine Ergänzungsmöglichkeit bieten niedrige Goldlack-Sorten. Beliebt sind Kombinationen mit Tulpen, Narzissen und Hyazinthen, wobei diese Zwiebelpflanzen keine separaten Plätze erhalten, sondern nach dem Legen mit den »Zweijährigen« überpflanzt werden. Das läßt sich alles in reduzierter Größe verwirklichen. Ähnliche Kombinationen eignen sich auch für größere Schalen und Gefäße. In exponierter Lage kann es allerdings Ausfälle geben, wenn kein Schutz gegen Winternässe vorlag. Auf die Verwendung von niedrigen Islandmohn-Sorten im Steingarten wurde schon hingewiesen. Falls die Anlage nicht besonders naturnah gestaltet wurde, lassen sich dort auch kleinblütige *Bellis* und kompakte *Myosotis* verwenden.

Kleine Typen der Fensterkastenpflanzen

Uniformität und Aspekte

Nichts kann das Aussehen einer Hausfassade mehr steigern als die Verwendung blühender Pflanzen an Balkonen und Fenstern. Die einfachste Hütte wirkt damit anziehend und attraktiv. Fensterkastenschmuck bedeutet keine Erfindung unserer Tage, aber in den letzten Jahrzehnten hat ihre Verbreitung doch sehr zugenommen. Das gilt nicht nur für städtische Siedlungsgebiete, sondern auch für Häuser auf dem Land. Wettbewerbe wie »Unser Dorf soll schöner werden« helfen zusätzlich, den Blumenschmuck zu propagieren. So erfreulich im Grunde die Tendenz ist, birgt sie doch auch die Gefahr von Uniformität. Gemeint ist vor allem die millionenfache Verwendung von roten Pelargonien, landläufig »Geranien« genannt. Vor einem Vierteljahrhundert gab es zwar nicht so viele bepflanzte Balkone und Fenstersimse, diese waren aber wesentlich abwechslungsreicher und farbenfroher gestaltet als heute. Drei Gründe haben zu dieser langweiligen Einheitspflanzung mit roten Pelargonien geführt.

1. Die Preisrichter bei Wettbewerben auf Landes- oder kommunaler Ebene bevorzugen solche blütenreichen auffälligen Bepflanzungen.
2. Es ist nicht zu leugnen, daß Pelargonien (»Geranien«) mit geringstem Arbeitsaufwand den größten Effekt ergeben. Sie sind pflegeleicht und blühen enorm reich.
3. Durch die jetzt mögliche Samenanzucht werden viele Hobbygärtner zu dieser Vermehrung verleitet.

Immerhin bemühen sich die Zuchtbetriebe des In- und Auslandes derzeit um abwechslungsreiche Farben bei den Neuzüchtungen. Vor allem die neuen Sorten von *Pelargonium peltatum* erinnern mit ihren grazilen Blüten verstärkt an Wildformen.

Trotzdem will ich an dieser Stelle verstärkt für die Verwendung anderer Pflanzen für den Balkon- oder Fensterkasten werben. Es gibt genügend kompakt wachsende, kleine Arten, die sich eignen. Den etwas erhöhten Pflegeaufwand sollte man in Kauf nehmen. Petunien sind beispielsweise stark ins Hintertreffen geraten, obwohl sich die nicht mehr ganz so neuen F_1-Hybriden als etwas wetterfester erweisen. Auch die Farbskala wurde ausgeweitet, besonders mit den neuen, gelbblühenden Neuzüchtungen. Bei weiteren klassischen Balkonkasten-Pflanzen erzielten die Züchter ebenfalls Fortschritte, zum Beispiel bei Fuchsien, Calceolarien, Knollenbegonien und *Chrysanthemum frutescens*, der Strauchmargerite.

Viele andere kompakt wachsende Sommerblumen eignen sich aber auch für den Kasten. Sie wurden schon bei den Sommerblumen erwähnt (ab Seite 208). Keinesfalls will ich gegen die Pelargonien (Geranien) zu Felde ziehen, sondern nur gegen deren uniforme, langweilige Verwendung. Andererseits verdienten es die Pelargonien, verstärkt Eingang in die Beetbepflanzungen zu finden.

Samenvermehrbare Pelargonien

Das samenvermehrbare Sortiment wächst bei *Pelargonium zonale* jährlich an, obwohl derzeit noch 20 Prozent aller Pelargonien über Stecklinge vermehrt werden. Während manche der ersten Züchtungen noch etwas sparrig wuchsen und sich weniger verzweigen, gibt es heute immer mehr kleinere, buschige und gut verzweigte Sorten. Die Größe einer Pflanze ist

A. Pelargonium-Zonale Hybride 'Red Elite',
   Petunia × multiflora, blau, weiß gesternt,
   Lobelia erinus 'Saphir'

C. Begonia-Knollenbegonien-Hybriden 'Scharlach Clips',
   Petunia × multiflora, weiß,
   Pelargonium-Peltatum-Hybriden 'Summer Showers'

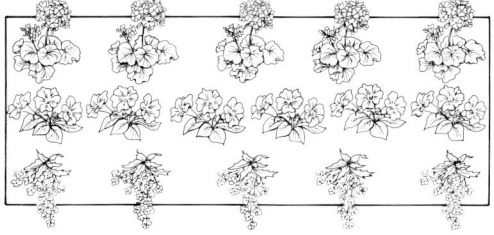

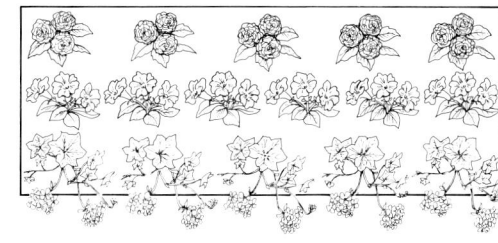

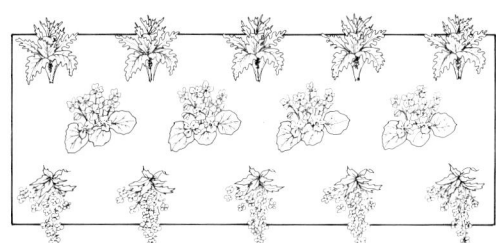

B. Senecio bicolor 'Silverdust',
   Begonia-Semperflorens-Hybriden, rosa,
   Lobelia erinus 'Pendula Saphir'

D. Senecio bicolor 'Silverdust',
   Impatiens walleriana 'Accent Lachs',
   Fuchsia-Hybride, hängend, rosa oder rot

Durch geschickte Kombination von kleinen Pflanzen erzielt man im Balkonkasten hübsche Farbeffekte.

hier aber nicht nur sortenbedingt, sondern hängt von einer ganzen Reihe anderer Faktoren ab, wie Topfgefäße, Zusammensetzung des Substrates, Aussaatzeit, Lichtmenge und Einsatz von Wachstumsreglern (»Stauchemittel«).

Die letzten beiden Faktoren sind ausschlaggebend für die Unterschiede zwischen den vom Erwerbsgärtner gezogenen Pflanzen und denen des Blumenliebhabers. In den Großgewächshäusern eines Gartenbaubetriebes erhält die Pflanze genügend Licht von allen Seiten, auch während des Winters, notfalls wird Zusatzbeleuchtung gegeben. Der Liebhaber hat meist wenig Gelegenheit, bei Frühaussaat genügend Licht zu geben. Deshalb sollte man den Aussattermin möglichst lange hinausschieben, eventuell bis Ende Januar. Da der Hobbygärtner normalerweise nicht mit Wachstumsreglern arbeitet, sind seine Pflanzen (gleicher Sorte) meist höher und blühen später als die aus einem Erwerbsbetrieb.

Der Erwerbsgärtner hat bei Pelargonien die Möglichkeit, gerade in der lichtarmen Zeit bei frühen Aussaaten den gewünschten kompakten Wuchs (zusätzlich gepaart mit dem Effekt der Blütenverfrühung) mit Hilfe von Wachstumsreglern zu erzielen. Beste Erfolge bringt Gartenbau-Cycocel, das mehrmals in der vorgeschriebenen Konzentration (0,15 bis 0,3 Prozent) ab der vierten Woche nach der Aussaat gespritzt wird.

Die folgenden Pelargonien sind von der Tendenz her als sehr kompakt zu bezeichnen, wenn auch genaue Höhenangaben schwer zu bestimmen sind. Die Größe der genannten Sorten liegt bei etwa 30 cm.

Serien

'Diamond'-Serie. Einzelsorten in Scharlachrot, Kirschrot, Brillantrosa, Lachsrosa und Weiß. Reichblühend. Schön gezeichnetes Blatt. Wächst buschig und kompakt. Läßt sich gut durch Cycocel beeinflussen.

229

'Orbit'-Serie. Neun Einzelfarben und Formelmischung. Kompakter Aufbau bei guter Verzweigung.
'Thasso'-Serie. Drei Einzelfarben. Früher
Blühbeginn. Wächst kompakt.

Einzelsorten

'Bright Eyes'. Rot mit weißem Auge.
'Happy End'. Lachsrosa mit stark gezontem
Laub.
'Red Elite'. Leuchtend-scharlachrot.
'Smash Hit Rosa'. Blüte in intensivem Rosa.
Kompakte, runde Pflanzen.

Im Gegensatz zu *Pelargonium zonale*, hat *Pelargonium peltatum* derzeit nur eine samenvermehrbare Sorte, 'Summer Showers'. Weitere
werden sicher bald folgen. Bei ihnen braucht
man selbst bei beschränkten Plätzen nicht auf
einen kompakten Wuchs zu achten, da sie herabhängen.

Petunien

Diese Südamerikanerinnen wurden in den
letzten Jahren stark zurückgedrängt, zu Unrecht wie ich meine. Neben den höheren, im
Spätsommer sparrig wirkenden Pflanzen gibt
es eine ganze Reihe von kompakt wachsenden
Sorten, die sich für kleinere Flächen und
Plätze gut eignen. Besonders die Neuzüchtungen wachsen sehr buschig und bewegen sich in
einer Höhe von 25 bis 30 cm. Allerdings erweisen sich all diese *Petunia*-Grandiflora-
Züchtungen, auch die F_1-Hybriden, gegen
Saisonende als etwas raumgreifend. Eine Sor-
tenauflistung erübrigt sich. Niedriger und vor
allem buschiger und kompakter wachsen die
Petunia-Multiflora-Hybriden. Die Einzelblüten sind mittelgroß, also wesentlich kleiner als
bei den *Petunia*-Grandiflora-Hybriden, zeigen
aber einen enormen Blütenreichtum. Sie sind
relativ wetterfest, in unserem Klima ein wichtiger Faktor. Multiflora-Hybriden stellen die
idealen Petunien für kleinere Flächen dar und

eignen sich als Fassadenschmuck ebenso wie
für flächige Pflanzungen. Die *Petunia*-Multi-
flora-Sorten, die es in Einzelfarben und in
Formelmischung gibt, werden etwa 20 bis
25 cm hoch, der Blütendurchmesser beträgt 5
bis 7 cm. Auch hier erübrigt sich eine Einzel-
darstellung, da die angebotenen Sorten in
etwa gleichwertig sind.

Pflanzen-Kombinationen für
wenig Platz

Da wir hier möglichst unterschiedliche Kombinationen anführen wollen, sind viele der erwähnten Pflanzen im Sommerblumen-Kapitel
aufgelistet und dort näher beschrieben. Wo
nur Artnamen genannt sind, sollte man
selbstverständlich die in den einzelnen Listen
aufgeführten kompakteren, kleineren Sorten
wählen. Schließlich gilt es, bei einer Fenster-
kastenbepflanzung zwei wichtige Punkte zu
beachten: Zum einen soll sie dekorativ aussehen, zum anderen aber keinesfalls als Licht-
barriere dienen.

Impatiens walleriana (scharlachrot), *Nicotia-
na*-Hybride 'Gnom' (weiß) und *Tagetes te-
nuifolia* 'Carina'
Calceolaria integrifolia 'Goldari', *Petunia*-
Multiflora-Hybride (blau) *Begonia*-Knol-
lenbegonien-Hybride 'Orange Clips', *Ageratum houstonianum* 'Blaue Donau' und
Tagetes tenuifolia 'Lulu' (zitronengelb)
Petunia multiflora-Hybride (weiß) und *Salvia
splendens* 'Inferno' (scharlachrot)
Ageratum houstonianum 'Nordmeer', *Begonia*-
Semperflorens-Hybride 'Eureka' (rot) und
Chrysanthemum multicaule 'Kobold' (gelb)
Tagetes-Patula-Hybriden (gelb) und *Lobula-
ria maritima* 'Königsteppich' (purpurvio-
lett). Beim Nachlassen der Blüte Rückschnitt!
Calceolaria integrifolia 'Goldari' (gelb), *Lo-
belia erinus* 'Pendula Saphir' (tiefblau mit
weißem Auge) und *Pelargonium*-Zonale-
Hybride (rot)

Bunte Sommerblumen auf engem Raum im Fensterkasten.

Dianthus chinensis-F$_1$-Hybriden 'Feuersturm', *Lobelia erinus* 'Pendula Saphir' (tiefblau mit weißem Auge) und *Tagetes tenuifolia* 'Gnom' (orangegelb)

Ageratum houstonianum 'Blaue Donau' und *Salvia splendens* 'Leuchtfunk' (dunkelscharlach)

Begonia-Knollenbegonien-Hybride 'Gelbe Clips', *Sanvitalia procumbens* 'Mandarin Orange' und *Verbena*-Hybride 'Derby' (scharlachrot)

Begonia-Knollenbegonien-Hybride 'Scharlach Clips', *Chrysanthemum multicaule* 'Kobold' (gelb) und *Lobelia erinus* 'Cambridge Blue' (leuchtend-hellblau)

Pelargonium-Zonale-Hybride (rosa), *Begonia*-Semperflorens-Hybride 'Whisky' (rein weiß) und *Lobelia erinus* 'Cambridge Blue' (leuchtend-hellblau)

Pelargonium-Zonale-Hybride (rot), *Calceolaria integrifolia* 'Goldari' (gelb) und *Lobelia erinus* 'Kristallpalast' (dunkelblau)

Begonia-Semperflorens-Hybride 'Vollendung' (rot), *Petunia multiflora* (blau) und *Impatiens walleriana* (weiß).

Die Liste ließe sich noch beträchtlich erweitern. Der Phantasie sind keine Grenzen gesetzt, so beispielsweise durch Hinzunahme hängender Fuchsiensorten und niedriger Dahlien. Bei den oben angeführten wenigen Beispielen können selbstverständlich die angeführten Sorten durch gleichwertige andere ersetzt werden.

231

Kleinigkeiten unter Glas

Bauliche Hinweise

Alpine Gewächse entstammen den verschiedensten Klimazonen. Unter diesem Begriff versammeln sich nicht nur Pflanzen unserer Alpen, sondern auch kleine Stauden und Sträucher aus allen Bereichen der gemäßigten Zonen von der nördlichen und südlichen Erdhalbkugel. Nicht alle von ihnen sind so unempfindlich wie Blaukissen und Polsterphlox. Ihre Ansprüche an Boden, Luftfeuchtigkeit, Niederschlagsmenge und ähnliche Faktoren variieren sehr stark. Manche Alpine wirken zwar attraktiv, sind aber schwachwüchsig und klein, und es besteht immer die Gefahr, daß stärkere Nachbarpflanzen sie bedrängen.

Aus den angeführten und weiteren Gründen hat sich schon Anfang dieses Jahrhunderts in England eine Liebhaberei etabliert, die zu sogenannten Alpinenhäusern führte. Dort werden alpine Kostbarkeiten unter Glas kultiviert und gehalten. Auch bei uns gibt es solche gärtnerischen Zweckbauten schon seit längerer Zeit, allerdings überwiegend auf einige Botanische Gärten beschränkt. Erst mit dem breitgefächerten Angebot an fertigen Kleingewächshäusern faßt die Alpinenhauskultur unter den Pflanzenliebhabern in Mitteleuropa verstärkt Fuß. Wer jedoch versucht, eine Gewächshaus-Standardtype als Alpinenhaus zu nutzen, wird Schiffbruch erleiden und die kleinen Kostbarkeiten – zumindest die empfindlichen – würden nach kurzer Zeit im Sommer eingehen. Die wichtigste und besonders schwer erfüllbare Forderung lautet, das Alpinenhaus im Sommer so kühl wie möglich zu halten. Die Temperatur soll nur wenige Grad über der Außentemperatur liegen.

Das Alpinenhaus beherbergt normalerweise auch kleine Kostbarkeiten, deren Winterhärte sich im Grenzbereich bewegt. Sie nehmen zwar bei geringem Frost keinen Schaden, aber bei stärkerem Frost leiden sie beträchtlich oder sie sterben ab. Die ersten Alpinenhäuser wurden deshalb als sogenannte Erdhäuser konzipiert, die Seitenflächen befinden sich zu zwei Drittel in der Erde und nur die beiden Dachschrägen ragen oberirdisch heraus. Zur Eingangstüre, an der einen Stirnseite, führt eine Treppe hinab. Die Glasflächen der Dachschrägen lassen sich bei diesen Typen im Sommer leicht schattieren und im Winter mit Bretter oder Rohrmatten vor zu strengem Frost schützen. Diese Erdhäuser haben den großen Vorteil, daß sie im Sommer kühl zu halten und im Winter leichter gegen Wärmeverluste zu schützen sind. Diese Art von Alpinenhaus ist zweckmäßig und stellt selbst heute noch die preiswerteste Alternative dar. Größere Erdbewegungen, Betonier- und Maurerarbeiten sind aber damit verbunden. Die kurze Seiten- und auch die Dachkonstruktion läßt sich aus Holz oder Metall oft selbst erstellen. Wichtig ist dabei, daß die über der Erde befindlichen kurzen Seitenflächen Lüftungsfenster in genügender Zahl erhalten.

Eine weitere Möglichkeit bieten Sonderanfertigungen von industriell gefertigten Gewächshäusern und Kleingewächshäusern. Die wichtigste Änderung gegenüber Standardtypen bedeutet der Bedarf an zusätzlichen Lüftungseinrichtungen an den Seiten oder in der Dachschräge. Beim seitlichen Lüften haben sich verschiebbare Wände bewährt. Das Lüften kann aber auch über die geöffnete Dachschräge erfolgen. Bei meinem Alpinenhaus werden 16 zusätzliche Dachfenster durch zwei thermostatisch gesteuerte Hubmotoren geöffnet. Bis zur Tischhöhe sind im eigenen Typ 5 cm starke Polyurethan-Schaumplatten als

Isolierung angebracht. Damit wird ein ähnlich ausgleichender Effekt erreicht wie beim Einbau in die Erde. Zusätzliche Seitenfenster, das Entfernen der Flügeltüren und der Einbau eines thermostatisch gesteuerten Ventilators sind weitere Möglichkeiten, um die Innentemperaturen auch an sehr heißen Tagen auf ein erträgliches Maß zu senken, wobei selbstverständlich noch eine gute Schattierung hinzukommt.

Technisch läßt sich noch viel mehr verwirklichen. Schattiert werden kann automatisch und die Luftfeuchtigkeit läßt sich über Meßfühler und Magnetventile steuern, was sonst über manuelles Besprühen erfolgen müßte.

Günstig ist es, sowohl beim Erdhaustyp als auch bei der oberirdischen Konstruktion für Dach und Stehwände kein Glas, sondern Stegdoppelplatten (aus Plexiglas oder Polykarbonat) zu verwenden. Die Stegdoppelplatten bringen eine gute Kälteisolierung mit sich, die im Winter eine zusätzlich angebrachte Noppenfolie noch verstärkt. Dadurch werden extreme Frosteinwirkungen entschärft und krasse Temperaturstürze gemildert. Handelt es sich bei der Bestückung um temperaturmäßig unempfindliche Pflanzen, ist keine Heizung nötig. Im anderen Fall sollte eine Heizungsmöglichkeit vorhanden sein. Als zweckmäßig erweist sich eine elektrische Rippenrohrheizung, die durch einen Thermostat gesteuert wird und die sich bei etwa $-3\,°C$ einschaltet und bei $+5\,°C$ ausschaltet. Dieser Vorschlag stellt eine der möglichen Varianten vor, bei der nur ein relativ niedriger Energiebedarf entsteht.

Wie erwähnt läßt sich mit den heute vorhandenen technischen Möglichkeiten viel verwirklichen und auch automatisieren, wobei alles eine Frage des Geldbeutels ist. Im Gegensatz zu den geschilderten Baulichkeiten lassen sich auch einfache Anlagen betreiben. Alpinenkultur unter »Glas« ist auch im Frühbeet möglich. Wenn hier von Glas gesprochen wird, kann doch im gleichen Maße transparenter Kunststoff verwendet werden. Egal aus welchem Material die Seitenflächen bestehen, sollte man Frühbeetkästen für Alpine mit Styropor- oder Polyurethanschaum-Platten isolieren. Günstig ist es auch, wenn das Frühbeet etwas tiefer liegt, die Seitenflächen also etwa zur Hälfte oder zu zwei Drittel in der Erde stehen, um tiefe Wintertemperaturen zu mildern. Andererseits muß sich der Liebhaber all dieser kleinen kostbaren alpinen Pflanzenschätze dann mühevoll zur Nahbetrachtung bücken. In Großbritannien sind daher höhere gemauerte, frühbeetartige Konstruktionen verbreitet, die das Betrachten erleichtern. Wichtig erscheint dabei in noch verstärktem Maß die seitliche Isolierung, aber auch die von unten, wobei ein Kompromiß zwischen Isolierung und einer sehr guten Dränage zu finden ist. Liegen solche alpinen »Hochbeete« in der Nähe des Hauses, bedeutet es kein Problem, mittels Erdheizkabel und Erdthermostat starke Minustemperaturen abzumildern oder zu egalisieren. Bei diesen Kästen empfehlen sich für die Eindeckung wieder Stegdoppelplatten aus Plexiglas oder Polykarbonat, auch wenn deren Anschaffungspreis höher liegt als der von Glas. Vorteile bieten auch selbstlüftende Konstruktionen. Mit Hilfe eines Kupferthermostates wird eine Lüftungsautomatik bedient, ganz ohne Strom. Der Phantasie sind bei baulichen Anlagen für kleine alpine Kostbarkeiten unter Glas keine Grenzen gesetzt, wobei man sich immer vor Augen halten muß, daß die Milderung der sommerlichen Temperaturen den wichtigsten Faktor darstellt.

Alpine Pflanzenminiaturen dekorativ gestalten

Für das Alpinenhaus gibt es drei Möglichkeiten der Kultur und Darstellung, wobei normalerweise die Präsentation der Pflanzen in Tischhöhe erfolgt, meist aus Gründen der Lichtintensität, aber auch, um die oft zierlichen Pflanzen gut betrachten zu können.

Die erste Möglichkeit stellt die Kultur in Tontöpfen oder -schalen dar, die frei auf den

Tischflächen stehen. Vorteilhaft erscheint die große Mobilität. Die Töpfe können ohne Mühe verstellt und ausgewechselt werden. Beispielsweise wandern abgeblühte Pflanzen in den Hintergrund und knospige Alpine nach vorne. Auch lassen sich ohne Mühe attraktive Töpfe und Schalen für Ausstellungszwecke entnehmen. Der Nachteil besteht hauptsächlich darin, daß die porösen Seitenwände der Pflanzgefäße eine große Verdunstungsfläche ergeben. Das führt zum schnelleren Austrocknen der Erdballen und erfordert ein wiederholtes Gießen, was vielen Alpinen weniger zuträglich ist. Sie lieben zwar meist eine hohe Luftfeuchtigkeit, nehmen aber oftmalige Vollbäder übel.

Als günstig hat es sich erwiesen, die Pflanzgefäße in Wannen aus Kunststoff oder Zinkblech zu stellen, die eine Einrichtung zum Regulieren des Wasserstandes besitzen. In diese Wannen gibt man eine etwa 2 bis 3 cm hohe Kiesschicht oder ähnliches unverrottbares Material, worauf man die Töpfe und Schalen stellt. Auf diese Art und Weise kann Wasser in die Wanne gegeben werden, bis der Fuß der Töpfe im Wasser steht, so daß die Bewässerung der Pflanzen von unten her über das Wasserabzugsloch erfolgt. Über die Kapillarwirkung wird das Wasser in den Wurzelbereich der Pflanze transportiert und die oft nässeempfindliche Basis der Pflanze wird vor Vollbädern verschont. Über einen am Boden der Wanne angebrachten Hahn kann das Wasser jederzeit abgelassen oder soweit abgesenkt werden, daß der Topfboden nicht mehr im Wasser steht, andererseits aber sorgt das noch im Kiesbett befindliche Wasser für eine hohe Luftfeuchtigkeit. Solche Wannen gibt es kaum fertig zu kaufen, aber für einen geschickten Handwerker (eventuell Flaschner) bedeutet es kein Problem, solche Konstruktionen nach Maß anzufertigen.

Als weitere Möglichkeit der Kultur und Repräsentation bietet es sich an, die Töpfe bis zum Rand hin in ein Substrat einzufüttern. Dieses kann aus den verschiedensten Materialien bestehen, wobei jedes Material seine Vor-

und Nachteile zeigt. Verhältnismäßig dauerhaft und attraktiv ist Sand, wobei etwas gröberer Fluß- oder gewaschener Kiessand vorteilhafter erscheint als lehmhaltiger Sand, bei dem sich an der Oberfläche leicht Moose und Unkräuter ansiedeln. Leider hat so eine feuchte, etwa 15 cm hohe Sandschicht ein enormes Gewicht und es bedarf schon eines sehr stabilen Tischunterbaues. Auch trocknet das Einfütterungssubstrat schnell aus.

Besser ist es, zum Einfüttern Torf oder Rindenkompost zu nehmen, was ein wesentlich geringeres Gewicht garantiert. Beide Substrate halten zudem die Feuchtigkeit recht gut. Nachteilig erscheint hier die verstärkte Algen- und Moosbildung an der Oberfläche, bald überzieht sich der gleichmäßige Braunton der Topf-Zwischenflächen mit einem grünen Film. Dann heißt es, die obersten 3 cm durch frisches Material zu ersetzen. Das ist zwar etwas arbeitsaufwendig, aber noch besser, als chemische Moosbekämpfungs-Präparate zu verwenden, die die empfindlichen kleinen Alpinen schädigen können. Eine wichtige Aufgabe stellt noch die Umrandung der Tischfläche dar, die ja genauso hoch sein muß wie die Substratschicht, also etwa 15 cm. Oft genügt schon ein imprägnierter Holzrahmen oder eine Doppelschicht aus Ziegelsteinen, die aber relativ viel Platz wegnimmt. Auch hier hat sich die Verwendung von Wannen aus Zinkblech oder Kunststoff in der schon geschilderten Art bewährt.

Bleibt als dritte Variante das Auspflanzen der kleinen alpinen Kostbarkeiten. Auch hier kann in Wannen der geschilderten Art gepflanzt werden. Unter der Schicht aus Kultursubstrat ist am Boden selbstverständlich eine Dränageschicht vorzusehen. Der Rand der Pflanzfläche kann aus einem Holzrahmen, aus lose geschichteten oder gemauerten Ziegelsteinen oder aus flächig geformten Natursteinen bestehen. Wichtig ist immer nur, daß die Seitenarmierung dem Druck des eingefüllten Kultursubstrates, der Pflanzen und der dekorativen Gestaltungselemente standhält. Eine ausreichende Dränage muß selbstver-

Dionysia aretioides (rechts) und die Primula-Hybride 'Valentin'.

ständlich garantiert sein, was in den meisten Fällen kein Problem darstellt. Lediglich bei gemauerten Seitenflächen muß speziell darauf geachtet werden.

Bei dieser Art der Präsentation wird man nicht mit planer Oberfläche arbeiten, sondern diese etwas modellieren. Keinesfalls soll sich ein schwer zu pflegendes Hochgebirge auftürmen, sondern die Höhenunterschiede müssen mit der Gesamtfläche harmonieren.

Egal welcher der geschilderten Möglichkeiten man den Vorzug gibt, es ergeben sich durch die Tischkultur enorme Vorteile, wobei auch die bequeme Arbeitsweise in Tischhöhe nicht unerwähnt bleiben soll.

Bei Alpinensammlungen in Töpfen, für die nur ein Frühbeet zur Verfügung steht, sollte man die Pflanzgefäße möglichst einfüttern, wobei sich an solchen Plätzen Sand durchaus bewährt hat.

Töpfe und Erde für die kleinen Kostbarkeiten

Es wurde schon auf die Verwendung von Tontöpfen und -schalen hingewiesen. Dieses durchlässige Material bietet bei der Kultur im Alpinenhaus durchaus Vorteile gegenüber Kunststofftöpfen. Die Pflanzen entwickeln sich darin wesentlich besser. Durch die Porosität des Tons findet ein ständiger Feuchtigkeitsaustausch statt, besonders bei eingefütterten Töpfen. Bei freistehenden Gefäßen empfiehlt es sich, für heikle Pflanzen oft mit Doppeltopf zu arbeiten. Der eigentliche Tontopf mit Kultursubstrat und Pflanze steht in einem größeren Topf, so daß sich von Wand zu Wand ein Zwischenraum von 1,5 bis 2,5 cm ergibt, der je nach Pflanze mit Sand oder Torf gefüllt wird. Gewässert wird nur dieser Zwischenraum.

Großer Wert ist auf das Kultursubstrat zu legen, es muß vor allem frei von Krankheitserregern sein. Schwierige kleine Alpine lassen sich nicht allein in einer Standardmischung kultivieren, zumindest müssen je nach Ansprüchen zusätzliche Einzelkomponenten beigemischt werden. Folgende Substrate eignen sich für die Mischungen: gedämpfte Komposterde, Weißtorf, Schwarztorf, Rindenkompost, Lauberde, Lehm aus tieferen Schichten, Sand (möglichst kristallin), zum Teil auch feines Styromull. In kleinen Mengen werden zugesetzt: Bentonitmehl, Vermiculite, Perlite, Urgesteinssand (besonders gut geeignet ist die Qualität aus Tröstau im Fichtelgebirge), Kalksteinmehl (nur für alkalische Reaktion liebende Pflanzen), gemahlener Lavatuff oder andere. Mit der Düngung muß man vorsichtig sein. Knochenmehl, Hornmehl und käufliche Substrate auf Basis gut verrotteter tierischer Dünger und TKS 1 können, allerdings sparsam, verwendet werden. Unempfindlicheren Pflanzen kann man in das Substrat mineralischen Vorratsdünger wie Plantosan oder Osmocote einmischen.

Für den Anfänger mag dies alles etwas verwirrend klingen. Als Grundmischung hat sich gedämpfter Kompost, Torf und Sand im Mischungsverhältnis von 1:1:1 gut bewährt. Den Erfordernissen der Pflanze entsprechend werden passende Einzelkomponenten zugesetzt. In den Topf oder in die Schale kommt erst eine etwa 3 cm starke Dränageschicht aus grobem, durchlässigem Material. Darauf folgt die Kulturerdeschicht bis etwa 3 cm unter den Topfrand und darauf eine dekorative Schicht aus Urgesteinssplitt, feinem Kies oder Lavatuff-Granulat.

Bei der Alpinenhaus-Kultur ist selbstverständlich auch auf Schädlinge zu achten, wobei diese sofort nach ihrem Auftreten zu bekämpfen sind, noch ehe sie sich stark vermehrt haben. Die eigene Erfahrung zeigt aber, daß bei einem vielfältig bestückten Alpinenhaus der Schädlingsbefall äußerst niedrig bleibt. Normalerweise genügt ein Pyrethrum-Präparat.

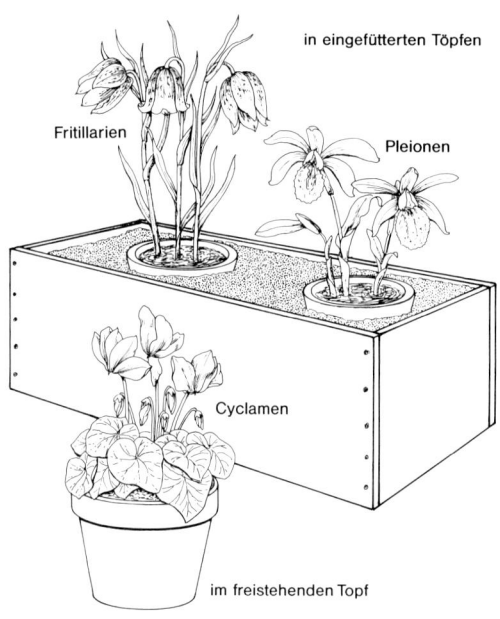

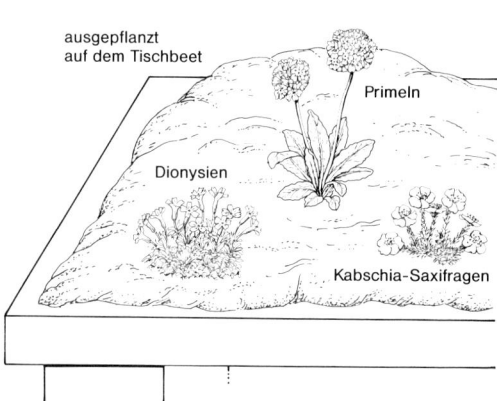

Drei Möglichkeiten der Kultur bieten sich für kleinwüchsige Gattungen im Alpinenhaus an.

Pflanzen für das Alpinenhaus

Speziell für das schon in der Größe beschränkte Alpinenhaus eines Pflanzenliebhabers sollte man nur kleine und kleinste Pflanzen wählen, damit sich eine möglichst große Stückzahl unterbringen läßt. Das gleiche Kri-

236

terium dürfte aber auch für die Alpinenhäuser Botanischer Gärten und sonstiger Institutionen zutreffen. Normalerweise eignen sich aus allen Pflanzengruppen die kleinsten Vertreter für die Kultur unter Glas, sie sind in den Kapiteln dieses Buches nachzulesen: »Zwerg-Nadelgehölze für beschränkten Raum«, »Zwerg-Laubgehölze«, »Rhododendron mit geringem Platzbedarf«, »Troggärtnerei ganz groß«, »Farne von beschränkter Größe«, »Zwerg-Iris« und »Kleine winterharte Zwiebelblumen und Knollenpflanzen«. Die folgende Liste gibt Zwiebelblumen, Zwerg-Laubgehölze und Stauden wieder, die im Alpinenhaus besonders gut gedeihen und attraktiv aussehen. Es handelt sich um keine 08/15-Auswahl, sondern neben einigen gängigen Pflanzen befinden sich darunter auch viele seltene Kostbarkeiten, hinter denen man oft jahrelang her ist – sofern sie überhaupt erhältlich sind. Das ist kein Manko dieser Liebhaberei, sondern sorgt für Spannung und macht alles viel interessanter. Man ist jedesmal hochbefriedigt, wenn man endlich eine solche Seltenheit als Pflanze oder Samen erhält.

Stauden und Gehölze

Abrotanella forsterioides
Alkanna incana
Allium nutallii
  thunbergii
  virgunculae
Anchusa angustissima
Androsace alpina
  carnea × *pyrenaica*
  ciliata
  cylindrica
  hirtella
  imbricata
  muscoidea
  pyrenaica
  rigida
  sempervivoides
  vandellii
  villosa var. *arachnoidea*
  villosa var. *jacquemontii*

  villosa var. *taurica*
  wulfeniana
Andryala agardhii
Anemone tschernjaewii
Aquilegia nivalis
Artemisia pedemontana
Asperula arcadiensis
  sintenisii
Beauverdia sellowiana
Berardia subacaulis
Betula nana
Calceolaria darwinii
  tenella
Callianthemum anemonoides
  coriandrifolium
Calochortus monophyllus
  tolmei
  uniflorus
Campanula alpestris
  bayerniana
  betulifolia
  bornmuelleri
  cenisia
  dasyantha
  hawkinsiana
  'Joe Elliott'
  'Mist Maiden'
  morettiana
  morettiana 'Alba'
  orphanidea
  petrophila
  raineri
  rupestris
  shetleri
  zoysii
Carmichaelia emysii 'Pringle'
Cassiope 'Medusa'
  wardii
Catananche caespitosa
Celmisia bellidioides
  hectori
Centaurea conifera
Chorispora bungeana
Chrysanthemum argenteum ssp. *canum*
Clematis marmorata
Colchicum diampolis
Conandron ramondioides

Androsace cylindrica, ein Mannsschild-Zwerg.

Conradina verticillata
Convolvulus lineatus
Coprosma petriei 'Blue Pearls'
Coptis japonica var. *japonica*
Corydalis solida 'Transsilvanica'
Cotula dendyi 'Southey'
Crocus corsicus 'Albus'
   cvijicii
   goulimyi f. *albus*
   scardicus
   tournefortei
Cytisus procumbens
Daphne jasminea
   petraea
Dentaria microphylla
Deutzia gracilis 'Nana'
Dianthus langeanus
   pindicola
Diapensia lapponica var. *ovata*
Diascia 'Ruby Field'
Dicentra peregrina var. *pusilla*
Diosphaera asperuloides
Dodecatheon littorale
Draba dedeana
   molissima
   polytricha
   rigida var. *imbricata*
Elmera racemosa

Epigaea repens
Erigeron uniflorus ssp. *eriocephalus*
Erythronium californicum
   helenae
Eucomis zambesiaca
Forestiera sedifolia
Fritillaria alburyana
   bucharica
   caucasica
   delphinensis var. *moggridgei*
   forbesii
   glauca
   hermonis ssp. *amani*
   kotschyana
   latifolia
   michailovskyi
   pluriflora
   purdyi
   sewerzowii
   sibthorpiana
   stenantha
   tuntasia
   whittallii
Gentiana acaulis 'Alba'
   depressa
   melandrifolia
   orbicularis
   verna var. *oschtenica*

**Calceolaria darwinii, eine Pantoffelblume
fürs Alpinenhaus.**

Leptospermum scoparium 'Kiwi' stammt aus Neuseeland.

Geranium farreri
Geum leiospernum
Gunnera monoica
Gypsophila aretioides
Haastia pulvinaris
Hebe raoulii var. *pentasepala*
Helichrysum coralloides
  frigidum
  sessile
  sibthorpii (syn. *I. virgineum*)
Hepatica nobilis 'Little Abington'
Hesperochiron californicus
Heuchera grossularifolia
Hypsela reniformis
Jasminum parkeri
Jeffersonia diphylla
Iris humilis (syn. *I. arenaria, I. flavissima*)
  (Iridodictyum) 'Katherine Hodgkin'
  (Juno) pseudocaucasia

(Juno) × *sindpers*
suaveolens (syn. *I. mellita*)
  (Iridodictyum) vartanii
  verna
Kalmiopsis leachiana 'M. le Pinniec'
Kelseya uniflora
Lamium armenum
Leiophyllum buxifolium 'Compactum'
  scoparium
Leptospermum
Leucogenes leontopodium
Liabum bullatum
Linum aretioides
  capitatum
  elegans (syn. *I. iberidifolia*)
Lithodora oleifolia (syn. *Lithospermum*
  oleifolium)
Lloydia longiscapa
Lobelia linnaeoides × *Pratia macrodon*

239

Maxillaria praetans 'Garfield'
Morisia monanthos
Muscari bourgai
Narcissus bulbocodium var. *romieuxii*
   cantabrieus var. *monophyllus*
Nassauvia gaudichaudii
   revoluta
Nertera balfouriana 'Lakeside'
Opithandra primuloides
Origanum 'Birch Farm'
Ourisia microphylla
Oxalis purpurea 'Ken Aslet'
Parahebe linifolia
Paraquilegia anemonoides
Petrophyton caespitosum
   hendersonii
Phagnalon helichrysoides
Phlox ensifolia var. *nana*
Phyllodoce caerulea
   nipponica
Polygala calcarea 'Lillet'
Pratia angulata 'Tim Rees'
   pedunculata 'County Park'
Pterostylis nutans
Raffenaldia platycarpa
Ranunculus abnormis
   calandrinioides
   × *flahaultii*
   hystriculus
   muelleri ssp. *brevicaulis*
   parnassifolius 'Nuria'
   paucifolius
Raoulia eximia
   hectori × *Leucogenes grandiceps*
   hookeri var. *albosericea*
Raoulia subsericea 'Wanaka'
Romulea bulbocodium 'Leichtliniana'
   clusiana
Salix × *boydii*
   hylematica
Santolina elegans
Saxifraga cebennensis
   cinerea
   georgei
   grisebachii
   'High Ace'
   hypostoma

lilacina
matta-florida
occidentalis
poluniniana
pubescens ssp. *irratiana*
Shortia soldanelloides var. *intercedens*
   uniflora 'Grandiflora'
   'Wimborne'
Silene keiskei
Sisyrinchium filifolium
   macrocarpon
Soldanella carpatica
   minima
Sternbergia candida
Synthris pinnadifida var. *lanuginosa*
Telesonix jamesii (syn. *Boykinia jamesii*)
Thalictrum kiusianum
Tofieldia nuda
Townsendia exscapa
   parryi
Trachelium asperuloides
Trillium ovatum f. *hibbersonii*
Ulmus parvifolia 'Pygmaea'
Vaccinium vitis-idaea 'Minus'
Viola alpina
   cazorlensis
   cotyledon
   dissecta var. *chaerophylloides*
   pedata var. *linearifolia*

Farne

Auch hierzu sollen noch einige spezielle Arten erwähnt werden

Asplenium dareioides
   marinum
Ceterach officinarium
Cheilanthes eatonii
   fragrans
Polystichum acanthophyllum
   sylvaticum
Pseudophegopteris levingii

Kabschia-Saxifragen gedeihen auch im Alpinenhaus.

Kabschia-Saxifragen-Hybride 'Pilatus'.

Saxifraga × petraschii 'Kaspar Maria Sternberg'.

241

Erdorchideen im Alpinenhaus

Ein Alpinenhaus eignet sich bestens für viele Erdorchideen, besonders da es die Kultur zahlreicher Arten ermöglicht, deren Winterhärte im Freiland fraglich oder überhaupt nicht gegeben ist. Man hat hier das Substrat besser unter Kontrolle, die Wassergaben können richtig dosiert werden, wobei die Bewässerung von oben oder unten erfolgen kann.

Leider lassen sich zahlreiche Erdorchideen kaum gärtnerisch vermehren, und trotz vieler Beteuerungen handelt es sich bei vielen der angebotenen Pflanzen um räuberische Entnahmen aus geschützten Beständen in der Natur, denn alle Erdorchideen sind geschützt! So gut sich manche *Ophris*-Arten auch im Alpinenhaus halten lassen, sie sind keine gärtnerischen Produkte, was auch für manche *Orchis*-Arten gilt. Für *Dactylorhiza*-Arten trifft das Gesagte nur mit Einschränkung zu, da besonders in Großbritannien verschiedene Arten vegetativ vermehrt werden. In meinem Alpinenhaus gedeihen *Dactylorhiza maculata* ssp. *fuchsii* und *D. incarnata* ssp. *foliosa* (syn. *D. madeirensis*) sehr gut, wobei die letztgenannte etwa 35 cm hoch wird, und ihr jährlicher Zuwachs ist beachtlich.

Eine andere Gruppe stellen die Frauenschuh-Arten dar. Die wüchsigeren und winterharten sollten mehr dem Freiland vorbehalten bleiben. Einige empfindliche und seltene Arten sind jedoch im Alpinenhaus besser aufgehoben. Zu ihnen gehören *Cypripedium candidum, C. formosanum, C. japonicum, C. margaritaceum*.

Eine Erdorchideen-Gattung scheint direkt geschaffen für die Alpinenhauskultur – die Pleionen. Mit Ausnahme von *Pleione limprichtii* sind alle anderen Arten und Sorten nur in Ausnahmefällen winterhart. Im Alpinenhaus, das im Winter nur wenig Frost erhält, gestaltet sich die Kultur jedoch einfach. Zudem bleiben alle Pleionen klein, so daß sie auch in dieser Hinsicht besonders gut in den Rahmen passen. Da Pleionen so viele Vorteile bieten und sich gut für das Alpinenhaus eig-

nen, werden sie hier etwas stärker herausgestellt.

Pleionen bilden Pseudobulben aus. In der Natur leben sie meist in luftfeuchten Gebieten epiphytisch an stark mit Moos besetzten Bäumen. Die Pseudobulben sich rundlich-zwiebelförmig bis flaschenartig-kegelförmig ausgeprägt. Ihr Leben ist nach zwei Jahren, nach der Entwicklung von Blüten, neuen Knollen und spindelförmigen Bulbillen, erschöpft. Die Laubblätter sind einjährig, und die Blütezeit kann je nach Art und Sorte im Frühling oder im Herbst liegen. Die Pseudobulben lassen sich im Winter ziemlich trocken halten. In diese Zeit und in das frühe Frühjahr fällt auch der beste Zeitpunkt zum Teilen älterer Pflanzen. Bei guter Kultur entstehen oft ganze Pseudobulben-Kolonien. Überhaupt hat sich ein jährliches Verpflanzen als vorteilhaft erwiesen, da die Wurzeln im Herbst sowieso absterben. Als Pflanzgefäße haben sich Schalen und Töpfe aus Ton bewährt, wobei eine gute Dränage gewährleistet sein muß. Das Substrat sollte humos und durchlässig sein und die Pseudobulben sollten etwa zu einem Drittel in der Erdmischung stehen. Einen weiteren Unterschied zu anderen Erdorchideen bildet die Eigenschaft, durchaus Dünger zu vertragen, ja sogar zu wünschen. Das kann schon bei der Substratmischung berücksichtigt werden. Als Einzelkomponenten der Mischung seien Torf, Rindenkompost, Moorerde, Sphagnum, verrotteter, pulverisierter Kuhmist, Sand, Vermiculite und Styroporflocken genannt, wobei selbstverständlich für die Mischung schon wenige Einzelkomponenten genügen, wenn die Forderung humos-durchlässiges und nahrhaftes Substrat lautet.

Die herbstblühenden Arten spielen eine weniger wichtige Rolle und sollen hier beiseite gelassen werden, um so empfehlenswerter erscheint mir die Kultur der im Frühling blühenden Arten und Sorten. Leider fällt das Angebot deutscher Lieferanten oft noch recht mager aus, und man ist derzeit teilweise noch auf Importe aus Großbritannien angewiesen. Die folgenden Pleionen sind empfehlenswert.

Pleione -Arten

Pleione bulbocodioides. Hochgestielte rosa Blüte mit scharlachfarbener Lippe. Flache, deutlich einseitige Bulben, die mehr unterirdisch wachsen. Heikle Art. Es bestehen hinsichtlich der Nomenklatur Unklarheiten, da man unter dem Namen *P. bulbocodioides* ungerechtfertigterweise verschiedene Arten führt. Diese werden hier als separate Arten genannt.

Pleione formosana. Eine variable Art. Die Stammart hat mittel- bis fahlrosa Blüten. Flaschenförmige, rundliche Pseudobulben, die oft eine beachtliche Größe erreichen können.

'Alba'. Weiß mit gefrillter, gelb gezeichneter Lippe.

'Blush of Dawn'. Hellrosa Blüten. Lippe weißlich mit gelblichen Flecken.

'Clare'. Große reinweiße Blüten. Beachtlich große Bulben. Ein guter Wachser.

'Iris'. Große, fahl-rosapurpurne Blüten. Die gefrillte Lippe ist rot, braun und gelb gezeichnet.

'Lilac Beauty'. Lilarosa Blüten mit schwach lilafarbener Lippe, innen und außen kräftig tieflila gepunktet.

'Oriental Grace'. Weiße Blüte, Lippe innen gelblich.

'Oriental Splendour'. Blüht kräftig und reich in Tiefrosa. Die Lippe wirkt viel fahler, fast weiß und ist braun und gelb gezeichnet.

'Polar Sun'. Kleinere, reinweiße Blüten.

'Pricei'. Ähnlich der Sorte 'Oriental Splendour'. Rosa Blüten mit gelbbraunen Flecken.

'Serenity'. Besonders kleine, zarte Blüten.

Pleione forrestii. Kleine, zitronen- und kanariengelbe Blüten mit kräftigen, rötlichen Flecken auf der Lippe. Was unter dem gleichen Namen vor 1979 in Kultur war, ist *Pleione × confusa*.

Pleione hookeriana. Kleine weiße, manchmal auch rosa angehauchte Blüten. Auf der Lippe befindet sich ein zentraler senfgelber Fleck mit purpurbräunlicher Strichelung. Purpurrote bis grünliche, eiförmige Bulben.

Pleione humilis. Blütenfarbe weiß, rosa überlaufen, mit gefrillter Lippe, die kräftig schokoladenfarben gezeichnet ist. Dunkelgrüne Pseudobulben. Eine besonders schöne Form ist *Pleione humilis* 'Frank Kingdon-Ward'.

Pleione limprichtii. Die eigene Stellung als Art dürfte berechtigt sein, und die häufige Zuordnung dieser verhältnismäßig einfachen Pflanze zur heiklen *Pleione bulbocodioides* erscheint nicht korrekt. Die 7 cm breiten, lilarosa Blüten stehen auf kurzen Stielen. Lippe heller lilarosa mit bräunlichrosa Flecken. Dunkelgrüne, oval zugespitzte Pseudobulben. Die kräftigen Bulben können mehrere Blüten bilden. Härteste Art.

Pleione speciosa. Große, kräftig-purpurrosa Blüten. Schlund kräftiggelb und karmin gezeichnet.

Pleione yunnanensis. Was unter dieser Bezeichnung verbreitet war, war *Pleione bulbocodioides* Yunnan. Die echte *P. yunnanensis* findet sich jetzt wieder im Angebot. Kleinere Blüten mit rundlichen, lavendelfarbenen Tepalen und rosaroten Klecksen an der Innenseite.

Pleione-Hybriden

Außer den genannten Arten und Formen gibt es zahlreiche Hybriden. Bei den Hybriden handelt es sich durchweg um Kreuzungen, die in Großbritannien entstanden sind.

'Alishan' (*P. formosana* × *P.* 'Versailles'). Verschiedene Klone mit fahlrosa bis dunkelrosa Blüten.

'Apricot Brandy'. Pfirsichfarbene Blüte.

'Barcena' (*P. formosana* × *P. praecox*). Lavendelrosa, frühblühend.

'Brigadoon' (*P. speciosa* × *P. × confusa*). Unterschiedlich gefärbt, je nachdem, welche Elternsorte Mutter oder Vater ist.

'Cotopaxi' (*P. limprichtii* × *P.* 'Vesuvius').
Fahllila, zart schattiert. Lippe kräftigkarminrot gefleckt und mit gelben Lamellen.
'Danan' (*P. limprichtii* × *P. humilis*). Amethyst-violettfarbene Blüte. Lippe violett
schattiert und kräftigrot gefleckt.
'Eiger' (*P. formosana* × *P. humilis*). Frühblühend in Weiß, rosa schattiert. Lippe mit
roten oder gelb-roten Flecken.
'El Pico' (*P.* 'Versailles' × *P. bulbocodioides*).
Fahl-mauverosa bis dunkel-rosapurpurfarbene Blüte. Lippe sehr fahl. Andere Formen sind kräftigrot gefleckt. Spätblühend.
'Erebus' (*P.* 'Versailles' × *P.* 'Vesuvius').
Blüte fahl-violettpurpur. Lippe weiß, dunkelrot gefleckt und mit gelben Lamellen.
'Etna' (*P. speciosa* × *P. limprichtii*). Blütenfarbe fahler als bei *P. speciosa*. Lippe gefleckt wie bei *P. limprichtii*.
'Fuego' (*P. formosana* × *P. bulbocodioides*).
Unterschiedliche Klone vorhanden.
'Hekla' (*P. formosana* × *P. humilis*). Elegante petunienpurpurfarbene Blüten.
Lippe dunkelrot gefleckt und mit gelben
Lamellen.
'Katla' (*P. limprichtii* × *P.* 'Versailles'). Sieht
P. limprichtii sehr ähnlich.
'Irazu' (*P.* 'Etna' × *P.* 'Shantung'). Malvenpurpurne Blüten mit fast weißer Lippe,
gelben Lamellen und kräftigen bräunlichroten Flecken.
'Jorullo' (*P. limprichtii* × *P. bulbocodioides*).
Kleine fahlviolett-purpurne Blüten, ähneln
in der Gestalt eher *P. limprichtii*. Lippe mit
großen karminroten Flecken.
'Muriel Harbed'. Pfirsichfarbene Blüten!
'Rakata' (*P. speciosa* × *P.* 'Shantung').
Mauve-pinkfarbene Blüten, Lippe orange
gefleckt.
'Sangay' (*P. limprichtii* 'Pink Form' ×
P. praecox). Fahl-lavendelrosa Blüten.
Lippe innen fast weiß mit braunen und
fahlgrünen Punkten.

Pleionen sind Erdorchideen und wie für das Alpinenhaus geschaffen. Neben den Arten bezaubern die vielen Hybriden. Hier Pleione limprichtii.

'Shantung' (*P. formosana* × *P.* × *confusa*).
Dunkelgelbe oder gelbe, rosa überhauchte
Blüten. Die Lippen sind rot markiert. Weit
verbreitet.
'Soufriere' (*P.* 'Versailles' × *P.* × *confusa*).
Fahlrosa-purpurfarbene bis Amethyst-violette Blüten. Lippe fahlgelb, kräftig-dunkelrot gezeichnet.
'Stromboli' (*P. speciosa* × *P. bulbocodioides*).
Kräftig-rötlichrosa Blüten, Lippe purpurrot markiert, manchmal duftend.
'Tarawera' (*P.* 'Versailles' × 'Bucklebury' ×
P. praecox). Mauve-pinkfarbene Blüten.
Die Lippe variiert von weißlich bis dunkelmauve-pinkfarben, immer kräftig gefleckt,
karminrot mit wenig Gelb.
'Tolima' (*P. speciosa* × *P. formosana*). Variable Blütenfarbe von Mauve-pinkfarben bis
Dunkelrosa-purpur. Lippe ungepunktet
bis gepunktet mit Rot.
'Tongariro' (*P.* 'Versailles' × *P. speciosa*).
Unterschiedlich königspurpurfarben schattiert. Lippe rot und gelb gezeichnet.
'Versailles' (*P. formosana* × *P. limprichtii*).
Verbreitete Hybride, farblich variierend
von fahl-mauverosa mit leicht dunklerer,
lavendelfarbener Lippe bis dunkel-rosapink mit tief-blutroter Lippenzeichnung.
Manche verwandte Formen haben auch
gelbe oder orangebraune Zeichnungen auf
den Lippen. Eine hübsche Auslese davon
ist 'Bucklebury'.
'Vesuvius' (*P. bulbocodioides* × *P.* × *confusa*). Variable Blütenfarbe von Fahllavendel oder Rosa bis Dunkel-Mauvefarben.
Die Lippe ist gezeichnet mit Rot oder Rot
und Gelb, manchmal auch mit Orangebraun.

Cyclamen im Alpinenhaus

Hier ist keinesfalls an die Hybriden von *Cyclamen persicum* gedacht, die jährlich in enormen Mengen kultiviert werden, obwohl es
auch dort ganz reizende Züchtungen, zum
Beispiel die Miniatur-*Cyclamen*, gibt, sondern

an die große Palette der Wildarten. Neben den winterharten Vertretern gibt es auch viele, deren Winterhärte im Grenzbereich liegt, und auch eine Reihe, deren Kultur im Freiland aussichtslos erscheint. Wer die gesamte Vielfalt kennen und lieben lernen will, ist auf die Kultur im Alpinenhaus angewiesen. Dabei können selbstverständlich auch alle winterharten Arten in die Sammlung eingeschlossen werden. Sie wachsen unter Glas genausogut wie im Freiland, oft noch besser. Die *Cyclamen*-Wildarten stehen alle auf der Liste des Washingtoner Artschutzabkommens. Man hüte sich daher vor halblegalen Beschaffungsversuchen. Nur *Cyclamen*, die nachweislich aus gärtnerischem Anbau stammen, dürfen gehandelt werden.

Leider herrscht bei den Arten oft ein großes Durcheinander hinsichtlich der Nomenklatur. Bei solchen Sammlungen in Tischhöhe läßt sich die Echtheit dann am besten nachbestimmen. Empfohlen wird die Kultur in Tontöpfen, die einzeln stehen und nicht eingesenkt werden, sie sollten mobil bleiben. Unter den *Cyclamen* gibt es sowohl Herbst- als auch Frühlingsblüher, wobei sich im Alpinenhaus unter günstigen Umständen die Blütezeiten berühren können. Die einzelnen Arten haben etwas unterschiedliche Ruhezeiten, alle aber ziehen im Sommer völlig ein. Zur blatt- und blütenlosen Zeit werden die Töpfe von der Tischfläche entfernt und unter den Tischen aufbewahrt, bis sich im Zentrum der Knolle neues Leben bemerkbar macht. Ist die Mobilität gewahrt, indem man freistehend und nicht eingefüttert kultiviert, bereitet der vegetationsbedingte Umzug keinerlei Schwierigkeiten.

Als günstig erweist es sich, wenn die *Cyclamen*-Sammlung auf einer Kies- oder Sandschicht in einer Wanne steht, so daß Anstaubewässerung von unten erfolgen kann. Ein Gießen in das Herz der Triebe zu Beginn des Neuaustriebs, aber auch noch danach, kann zu Fäulnis führen. Hierin unterscheiden sich die *Cyclamen*-Wildarten nicht von den Kultursorten von *Cyclamen persicum*.

Wer ältere Gartenliteratur liest, stößt auf die unterschiedlichsten Kultursubstrate für *Cyclamen*. Fast müßte man für jede Art eine Sondermischung bereiten. Ein leichtes, luftiges Kultursubstrat, das sich universell für die Kultur der *Cyclamen*-Arten in Töpfen einsetzen läßt, besteht zu je einem Teil aus gedämpftem, gut verrottetem Kompost, aus Lauberde, langfaserigem Weißtorf, Fluß- oder gewaschenem Kiessand und Kalksteinsplitt. Steht keine Lauberde zur Verfügung, ergänzt man den fehlenden Anteil je zur Hälfte mit Weißtorf und gedämpftem Kompost. Wenn es nicht anders geht, kann man auch ungedämpfte, gut verrottete Komposterde nehmen, nur muß man dann in der Anfangsphase das keimende Unkraut laufend entfernen. Kalksteinsplitt steht auch nicht in jeder Gegend in ausreichender Menge zur Verfügung. Wo die Beschaffung schwierig ist, wende man sich an Grabmal-Hersteller, die meist Splitt von Carrara-Marmor in Säcken verkaufen, so wie er manchmal auf den Wegen der Friedhöfe zwischen den Gräbern verwendet wird.

Manchmal wird solchen Mischungen verrotteter Rinderdünger beigefügt. So gut das den Kultur-*Cyclamen* auch bekommt, bei den Arten ist überhöhte Düngung unangebracht, da man kleine kompakte Pflanzen anstrebt. Kopfdüngung durch periodische Gaben von Knochenmehl ist besser.

Die *Cyclamen*-Arten können sehr lange in solchen Töpfen stehen. Im eigenen Alpinenhaus kultiviere ich einige Wildpflanzen von *Cyclamen persicum* seit mehr als zwölf Jahren. Sie waren einmal Reisemitbringsel aus dem Libanon. Gezwungen zum Umtopfen in einen wesentlich größeren Topf wird man erst, wenn die Knolle zu breit wird und der Abstand von Knollenaußenwand zur Topfinnenwand nicht mehr genügt. Wichtig ist es, von Anfang an für eine gute Dränage zu sorgen. Eine Schicht von 3 bis 4 cm des üblichen groben Materials kommt zuunterst in die Kulturgefäße. Umgetopft wird zur Ruhezeit, kurz vor Beginn des Neuaustriebs.

Am besten macht man sich bei der Kultur

einer größeren Anzahl von *Cyclamen*-Arten einige Notizen, um die Übersicht über den unterschiedlichen Vegetationsrhythmus der einzelnen Arten nicht zu verlieren. Oft beginnt *Cyclamen purpurascens* (syn. *C. europaeum*), das Europäische Alpenveilchen, mit dem Trieb schon im Juli mit bald darauf folgender Blüte, die sich aber bis weit in den Herbst hinein erstrecken kann. Im Spätsommer erscheint die Blüte von *C. graecum*, dann das Neapolitanische Alpenveilchen, *C. hederifolium* (syn. *C. neapolitanum*), wiederum gefolgt von *C. cilicium* und dem ähnlichen *C. mirabile*. Zur Herbstzeit blühen ebenfalls *C. africanum, C. rohlfsianum* und im Spätherbst folgt *C. cyprium*. Schon im Dezember zeigen sich die ersten Blüten von *C. coum* (syn. *C. orbiculare*), wobei die Blütezeit im frostfreien, aber sehr kühlen Alpinenhaus drei Monate dauern kann. Nach Weihnachten erscheint das kleine *C. parviflorum* und bald auch *C. trochoptheranthum*. Später blüht dann die Wildart von *C. persicum*, wobei es wichtig ist zu wissen, daß die Töpfe mit den Knollen im eingezogenen Zustand im Sommer in der Sonne schmoren wollen. Wie erwähnt gibt es bei der Nomenklatur ein großes Durcheinander und viele synonyme Bezeichnungen machen das Leben eines Sammlers schwer. Die folgenden Namen sind derzeit anerkannt. In Klammer steht die jeweilige Blütensaison.

Cyclamen-Wildarten

Cyclamen africanum (Herbst)
 balearicum (Frühling)
 cilicium (Herbst)
 cilicium var. *intaminatum*
 commutatum (Herbst)
 coum (Winter)
 creticum (Frühling)
 cyprium (Herbst)
 graecum (Herbst)
 hederifolium (Herbst)
 libanoticum (Frühling)
 mirabile (Herbst)

 parviflorum (Winter bis Frühling)
 persicum (Frühling)
 pseudoibericum (Frühling)
 purpurascens (Sommer bis Herbst)
 purpurascens var. *colchicum*
 purpurascens var. *fatrense*
 repandum (Frühling)
 repandum var. *peloponnense*
 repandum var. *rhodense*
 rohlfsianum (Herbst)
 trochoptheranthum (Winter bis Frühling)

Von einer ganzen Anzahl der genannten *Cyclamen* gibt es übrigens auch weiße Typen. Von den genannten Arten sind aus verschiedenen Gründen nur *C. purpurascens, C. hederifolium, C. cilicium* und *C. coum* voll als Freilandpflanzen zu empfehlen, was erklärt, warum die Kultur im Alpinenhaus für die gesamte Gattung so wichtig ist. Nicht alle Arten erhält man in deutschen Staudengärtnereien, in vielen Fällen muß man auf Lieferanten alpiner Pflanzen aus dem Ausland, besonders aus Großbritannien, zurückgreifen. Es ist sicher lohnend, sich mit diesen kleinen Kostbarkeiten zu beschäftigen.

Besitzer eines kühlen, aber frostfreien Alpinenhauses können diese Liebhaberei auch auf die Kultursorten von *C. persicum* ausweiten, wobei hier nicht die vielfältigen großblütigen Züchtungen gemeint sind, sondern die sogenannten Mini-*Cyclamen*. Es handelt sich dabei um ganz reizende Gestalten, und ihre Zuchtrichtung kommt der Tendenz zu kleinen Miniatur-Zimmerpflanzen entgegen. Da es *Cyclamen*-Hybriden grundsätzlich kühl, jedoch frostfrei lieben, steht einer Kultur im Alpinenhaus nichts im Wege. Die Mini-*Cyclamen*-Züchtungen ergeben ganz kompakte, reichblühende Pflanzen, wobei in diesem Fall in Schalen, Wannen, flache Kisten oder ähnliche Behältnisse ausgepflanzt werden kann. Obwohl es sich wiederum um Hochzüchtungen handelt, haben die Mini-*Cyclamen* ihre natürliche Anmut bewahrt und können in den genannten Gefäßen »naturnah« gepflanzt werden, zusammen mit Zwergkoniferen, klei-

Cyclamen coum eignet sich für das Alpinenhaus und fürs Freiland.

nen Farnen und Gräsern und verschiedenen anderen passenden Kleinstauden. Schöne Steine, Moorwurzeln, Moose und ähnliches natürliches Dekorationsmaterial steigert sogar noch den Gesamteindruck.

Man kann sich fertiges Topfpflanzenmaterial besorgen (trockene Knollen sind bisher nicht im Handel) oder man betreibt Selbstanzucht aus Samen. Die Aussaaten erfolgen im Alpinenhaus erst im April bis Mai bei + 16 bis + 18 °C. Die Kulturdauer beträgt etwa sechs bis acht Monate, wobei der Liebhaber am besten gleich in einen 8 bis 9 cm-Endtopf pikiert. Im Sommer dürfen die Pflanzen nicht zuviel Wärme erhalten, um kompakt zu bleiben. (Eine Schattierung ist daher unabdinglich.) Bei der Weiterkultur im Alpinenhaus ge-

nügen in der folgenden Zeit + 5 bis + 7 °C als Mindesttemperatur. Die folgenden Züchtungen bleiben besonders kompakt und klein.

'Biedermeier'. Zierliches Miniatur-*Cyclamen* mit schön gezeichnetem Blatt. Blüht früh und reich. Hell, kühl und luftig zu kultivieren.

'Kleine Dresdnerin Original Weixdorf'. Als Einzelfarben und in Formelmischung. Acht bis zehn Wochen nach der Aussaat wird gleich in 7-cm-Endtöpfe pikiert.

'Piccolo'. Schöne zierliche Blüten. In Einzelfarben und in Mischung. Miniatur-*Cyclamen* für den 8-cm-Endtopf.

'Zwerg-Cyclamen Super Mini'. Spezielle Schweizer Züchtung für den 6- bis 8-cm-

Cyclamen africanum kann nur im Alpinenhaus kultiviert werden.

Topf, wobei die echten Miniatur-Blüten auf kurzen Stielen stehen. Bisher nur in lachsrosa Farbton.

'Dwarf Fragrance' ('Kaori'). Neue japanische Züchtung mit duftenden Blüten.

Im Gegensatz zur erwerbsgärtnerischen Kultur führt die hier erwähnte Methode mit späterer Aussaat und ziemlich kühler Überwinterung zu einer verzögerten Blütezeit im Februar bis März.

Neuerdings wird auch verstärkt Samen vom weißen und rosa Neapolitanischen Alpenveilchen angeboten (*Cyclamen hederifolium*). Wird zu Jahresbeginn ausgesät, entwickeln sich bei guter Kultur unter Glas bis Oktober die blühenden Pflanzen.

Dionysien

Dionysien sind Primelgewächse, die hauptsächlich im Iran und in nahe benachbarten Gebieten heimisch sind. Ihre Empfindlichkeit gegen Nässe im Wurzelbereich und zum Teil gegen hohe Luftfeuchtigkeit läßt diese oft attraktiven Pflanzen zu schwierigen Pfleglingen werden. Ihre Kultur im Freiland dürfte aus den genannten Gründen bei uns meist aus-

sichtslos sein und es bleibt unter gewissen Voraussetzungen nur die Kultur im Alpinenhaus übrig. Stehende feuchte Luft bedeutet aber auch dort ihren Tod. Ein ständiger Luftaustausch durch seitlich geöffnete Fenster oder durch einen zusätzlichen Ventilator ist nötig. Das Alpinenhaus sollte auch im Winter möglichst unbeheizt sein, oder es wird über einen Thermostat auf einem möglichst niedrigen Temperaturniveau gehalten.

Die Kultur sollte bei exzellenter Dränage in Töpfen erfolgen, wobei ein durchlässiges und mit Steinen angereichertes Substrat zu empfehlen ist. Die besten Überlebenschancen in Kultur haben *Dionysia aretioides, D. curviflora* und *D. tapetodes*, auch *D. teucrioides*, die aber weniger attraktiv wirkt. *D. diapensifolia, D. revoluta* sind wesentlich schwieriger zu halten und *D. archibaldii* und einige weitere eignen sich nur für Könner.

Als Substrat werden verschiedene Mischungen empfohlen. Überwiegend sollte es aus feinem Gesteinsplitt oder grobem Kiessand bestehen, versetzt mit etwas Lauberde, Tuffsteinstückchen und ein wenig Knochenmehl und Bentonit. Bei den *Dionysia*-Arten empfiehlt es sich auch, mit dem Doppeltopf-System zu arbeiten. Der kleinere Innentopf mit dem Substrat und der Pflanze steht in einem größeren Topf in reinem Sand, wobei man die Wassergaben nur in den mit Sand gefüllten Zwischenraum gibt. Obwohl von Art zu Art etwas unterschiedliche Wünsche vorliegen, kann gesagt werden, daß besonders im Winter das Wässern äußerst gefährlich ist.

Dionysien sind kleine Edelsteine, aber ihre Kultur ist schwierig und die richtigen Kulturmethoden sind noch nicht bei allen Arten erforscht. Wer sie aber gesehen hat, möchte sie haben.

Primeln im Alpinenhaus

Allein der Primeln wegen lohnt schon ein Alpinenhaus, wobei aber in erster Linie an eine Kultur gedacht ist und nicht an eine

Ganzjahrskultur. Primelschätze in Töpfen stehen halbschattig kühl an geeigneten Plätzen im Garten oder sind im kalten Kasten aufgestellt. Im Herbst bis Winter erfolgt ihre Umquartierung in das Alpinenhaus, in dem sie dann, oft noch wenn Eis und Schnee den Garten beherrschen, verfrüht zur Blüte kommen. Nach der Blühperiode kommen sie dann wieder an ihren Platz im Garten oder im Frühbeet. Dieser Wechsel ist nötig, da für sehr viele Primel-Raritäten ein gemischt bestücktes Alpinenhaus zu warm wird. Für diese Wechselkultur eignen sich sehr viele Arten: die Kleinode wie *Primula apennina, P. calliantha, P. caveana, P. 'Clarence Elliott', P. decipiens, P. deuteronana, P. drummondiana, P. × forsteri, P. vulgaris* ssp. *heterochroma, P. hidakana, P. 'Johanna', P. irregularis, P. kisoana* var. *shikokiana 'Alba', P. kitaibeliana, P. nipponica, P. petiolaris, P. reidii, P. reinii, P. reniformis, P. rotundifolia, P. tanneri* ssp. *nepalensis, P. 'Tantallon', P. × vochinensis, P. whitei* und andere. Eine sehr umfangreiche Liste ist im Buch »Primeln« des Autors wiedergegeben.

Selbstverständlich ist bei all diesen Primeln auch die Ganzjahrskultur im Alpinenhaus möglich, jedoch sind verschiedene Einrichtungen nötig, um die gewünschte Luftfeuchtigkeit und die Schattierung zu ermöglichen. Dazu kommt eine ausgezeichnete Lüftung, damit die sommerlichen Temperaturen nicht zu hoch steigen. Außer den Arten eignen sich auch züchterische Kostbarkeiten für die Unterglaskultur, so gefülltblühende Sorten von *Primula vulgaris*.

Hier sollen nur einige Primeln herausgestellt werden, die sich in einem gemischt bestückten Alpinenhaus für die Ganzjahrskultur eignen. Dazu gehören die Aurikel-Hybriden, wobei viele Gärtnereien nur samenvermehrbare Hybriden anbieten. In speziellen Alpenpflanzen-Gärtnereien gibt es jedoch auch verstärkt vegetativ vermehrte Namenssorten. Wichtig bei ihnen sind die sommerliche Schattierung oder ein absonniger Standort. Exquisite Sammlungen lassen sich bei zwei Primelarten zu-

sammentragen, wobei man allerdings zum größten Teil auf Auslandsbezug angewiesen ist. Es handelt sich um *Primula allionii* und *P. marginata*, beide erweisen sich als verhältnismäßig trockenheitsresistent und kalkliebend. Bei der Topfkultur sollte man auf gute Dränage achten. Zur dekorativen Abdeckung der Topfoberseite hat sich Kalksteinsplitt bewährt.

Primula marginata

'Alba' ('White Pearl'). Schöne weiße Albino-Form.

'Amethyst'. Purpurlila Blüten. Remontiert im Herbst.

'Beatrice Lascaris'. Reinblaue Blüten mit weißem Auge auf kurzem Stiel. Kleinste Sorte, wächst langsam.

'Branklyn Garden'. Auslese vom bekannten Garten in Perth.

'Caerulea'. 7 cm hoch. Lichtblaue Blüten. Blätter gezähnt und stark bemehlt.

'Clear's Variety'. Schöngeformte lila Blüten.

'Crenata'. Zartviolette Blüten. Besonders stark gezähnte Blätter.

'Grandiflora'. Großblütige Auslese.

'Highland Twilight'. Tiefviolette Blüten. Hübsche Blätter mit silbernem Rand.

'Holden Variety'. 10 cm. Schöne amethystblaue Blüten, stark gepudert.

'Hyacintha'. 15 cm. Große hyazinthenblaue Blüten. Kräftige Sorte.

'Kesselring Variety'. Blüten tief-lavendelblau. Schöne silberne Blätter mit stark gezähntem Rand.

'Linda Pope'. Wohl die hübscheste Blüte aller Typen.

'Marie Crousse'. 10 cm. Tief-lavendelfarbene gefüllte Blüten, weiß gerandet.

'Nana'. 8 cm. Hellila. In allen Teilen kleiner. Blätter schön gezähnt.

'Prichard's Variety'. Blüte hübsch hellila bis purpurfarben, elegant und langröhrig.

'Rhenania'. Alte Sorte aus der Staudengärtnerei Arends.

'Rosea'. Rosablütige Sorte.

'Shipton-Form'. Neuere Auslese, die besonders in Großbritannien verbreitet ist.

'Waithmann's Variety'. Blüten lichtblau. Tief gezähnte, silbrig gerandete Blätter.

Primula marginata-Hybriden

'Barbara Baker'. (*P. m.* 'Linda Pope' × *P.* 'Zuleika Dobson'). Lilarosa.

'Beatrice Wooster' (*P. allionii* × *P. marginata*). Hellrosa Blüten.

'Marven' (*P.* × *venusta* × *P. marginata*). Tiefviolette, weiß geäugte Blüten.

'Ramona' (*P. marginata* × *P. latifolia*). Leuchtend-purpurrosa Blüten.

'Wockei'. Bei Wocke in Oliva entstandene Hybride aus *P.* × *arctotis* × *P. marginata*. Dunkellila Blüten. Grünlaubig mit mehr rundlichen, nicht so stark gesägten Blättern.

Wem die Farbpalette mit den hauptsächlich rosa, lilafarbenen bis violetten Blütenfarbtönen zu einseitig erscheint, kann die gelbblühenden Sorten von *Primula auricula* zur Auflockerung hinzustellen. Sie haben in etwa die gleichen Ansprüche.

Während *Primula marginata* und auch die vielen Namenssorten verhältnismäßig leicht im Garten gedeihen, wo sie sogar noch sonnige Tröge akzeptieren, gestaltet sich die Freilandkultur von *Primula allionii* meist problematisch. Die Art stammt aus den Meeralpen und ist enorm nässeempfindlich. Sie muß im Steingarten schon an sehr regengeschützten Stellen stehen, wenn man *P. allionii* Freude bereiten soll. Mögliche Pflanzplätze finden sich unter überhängenden Steinen.

Im Alpinenhaus bringt diese Miniatur-Primel ungetrübte Freude. Alle Sorten werden etwa 5 cm hoch. Sie formen kleine rundliche, grüne Blattpolster. Im Verhältnis zur Gesamtgröße der Pflanze wirken die einzeln stehenden Blüten groß. Sie sitzen dem Blattpolster direkt auf. Die im folgenden aufgeführten Kleinode sind zu empfehlen.

Primula allionii

'Agnes'. Hellfarbig mit großem weißem Auge.

'Alba'. Weiße Albinoform.

'Anna Griffith'. Delikates, fahles Rosa.

'Apple Blossom'. Phloxpurpur, spätblühend.

'Avalanche'. Cremefarben.

'Broadwell Strain'. Königspurpur. Mittelgroße Sorte.

'Celia'. Orchideenpurpur, frühblühend.

'Cowsley'. Kräftigkarmin.

'Elizabeth Earle'. Phloxpurpur, großblütig.

'Elliott's Large'. Große lila Blüten.

'Fanfare'. Phloxpurpur, großblütig.

'K. R. W.'. Großblütig.

'Margarete Early'. Amethyst-violett.

'Marion'. Hübsche lila Blüten.

'Marjorie Wooster'. Phloxpurpur, großblumig.

'Martins'. Lila Blüte. Kräftig wachsende Sorte.

'Mary Berry'. Petunienpurpur, großblütig.

'Norma'. Petunienpurpur.

'Pennine Pink'. Rosa Blüten.

'Picton's Variety'. Lila Blüten.

'Pinkie'. Sehr kleine Form mit klar-rosa Blüten.

'Viscountess Byng'. Tief-phloxpurpur, großblütig mit großem weißem Auge.

'William Earle'. Große lila Blüten.

Das Pflanzsubstrat für *P. allionii* sollte durchlässig, humos und kalkhaltig sein. Eine Mischungsvariante setzt sich zusammen aus 50 Prozent gedämpftem Kompost, 18 Prozent langfaserigem Weißtorf, 2 Prozent Bentonitmehl und 30 Prozent Kalksteinsplitt (auch Marmorsplitt oder Tuffsteingrus).

Klagen über Faulblütigkeit beruhen auf einem zu trockenen Winterstand und zu geringer Temperaturabsenkung während dieser Jahreszeit.

Blumenzwiebeln und Knollen unter Glas

Im Alpinenhaus wird man kleine Zwiebelblumen und Knollenpflanzen keinesfalls ganzjährig kultivieren. Dazu dauert die Ruhezeit, während der sich dem Betrachter nur der Topf mit Erde zeigt, zu lange. Andererseits lassen sich bei dieser Pflanzengruppe von Januar bis März unter Glas frühe Blütezeiten erreichen. Im Oktober bis November stellt man die Töpfe und Schalen auf die Tische, und nach der Blüte schafft man alles bis zum Vergilben und Einziehen der Blätter ins Freie. Zur Sommerruhe erhalten die Gefäße einen mit Fenstern abgedeckten Platz im Frühbeet, oder man bewahrt sie im Alpinenhaus unter den Tischen auf, bis alles im Oktober bis November wieder in Position gebracht wird. Selbstverständlich muß auch geteilt und in frische Erde neu gepflanzt werden.

Bei welchen Pflanzen dies notwendig wird, hat man sich am besten schon während der Vegetationsperiode notiert.

Es erübrigt sich hier, lange Pflanzenlisten zu bringen, denn alle bei den kleinen winterharten Zwiebelblumen und Knollenpflanzen

Primula apennina gehört zur Sektion Auricula.

genannten Arten und Sorten eignen sich. Erinnert werden sollte an Wildkrokus und Fritillarien, die sich für Sammlungen im Alpinenhaus besonders gut eignen.

Die verfrühte Blütezeit hängt selbstverständlich von verschiedenen Faktoren ab, neben Temperatur und Lichtmenge auch von der Substrat- und Luftfeuchtigkeit. Anhaltspunkte liefert die folgende kleine Liste, die auf Beobachtungen im eigenen Alpinenhaus beruht. Neben den Zwiebelblumen und Knollenpflanzen sind auch andere Frühblüher aus der Gruppe der Alpinen enthalten.

Blütenabfolge im Alpinenhaus

1. Januar	*Iris histrio* var. *aintabensis*
4. Januar	*Galanthus reginae-olgae*
8. Januar	*Cyclamen coum*
11. Januar	*Cyclamen trochophteranthum*
13. Januar	*Schizostylis coccinea* 'Mr. Haegarty' (aus Vorjahrsknospen)
18. Januar	*Galanthus woronowii*
	Iris (Iridodictyum) *reticulata* 'Gordon'
4. Februar	*Crocus fleischeri*
5. Februar	*Crocus sieberi* ssp. *atticus*
	Crocus danfordiae
	Merendera eichleri
12. Februar	*Crocus imperati* ssp. *souaveolens*
	Iris unguicularis
	Crocus chrysanthus 'Gipsy Girl'
14. Februar	*Corydalis transsylvanica*
	Primula palinuri
22. Februar	*Primula allionii*
	Narcissus bulbocodium
27. Februar	*Colchicum crociflorum*
28. Februar	*Colchicum aureum*
	Crocus chrysanthus 'Princess Beatrix'
	Iris (Juno) orchioides
	Ornithogalum fimbriatum
2. März	*Juno sindjarensis*
3. März	*Iris* (Iridodictyum) *winogradowii*
	Primula clarkei
10. März	*Fritillaria raddeana*
	Anemone biflora

Gefüllte Kissenprimeln (Primula vulgaris-Hybriden) stellen züchterische Kostbarkeiten dar.

Dieses Blühtagebuch soll als Anhaltspunkt dienen und demonstriert, wie ein schwach temperiertes Alpinenhaus eine durchgehende Blüte im Winter ermöglicht.

Saxifragen (Steinbrech)

Die meisten Saxifragen bereiten wenig Kummer. Sie lassen sich ohne Einschränkung im Freiland kultivieren. Bei der großen Gruppe der kleinen Engleria- und Kabschia-Saxifragen kann jedoch auch eine Sammlung in Töpfen unter Glas aufgebaut werden, wofür gute Schattierung, Lüftung und Luftfeuchtigkeit die Voraussetzungen stellen. Die Mühe lohnt, denn nirgendwo können diese Zwerge besser beobachtet werden als im Alpinenhaus auf Tischhöhe. Selbstverständlich lassen sich derartige Sammlungen auch im kalten Kasten unterbringen. Als Pflanzgefäße sind wieder Tontöpfe vorzuziehen, die aber besser nicht frei stehen, sondern die man in Sand einbettet, um eine leichte Feuchtigkeit im Wurzelbereich zu garantieren. Andererseits sollte das Substrat durchlässig und luftig sein.

Viele der kleinen Engleria- und Kabschia-Saxifragen, besonders die Hybriden, sind im nichtblühenden Zustand oft schwer zu unterscheiden. Deshalb muß hier besonders auf die Bedeutung einer exakten und dauerhaften Etikettierung hingewiesen werden. Man kann solche Sammlungen nach verschiedenen Gesichtspunkten aufbauen, entweder nach Arten und Hybriden getrennt oder die Hybriden eingeteilt in Gruppen nach der neuen tschechischen Nomenklatur. Selbst Einteilungen nach Blütenfarben sind möglich. Ausgepflanzt auf dem Tisch in etwas naturnaher Szenerie darf man selbstverständlich auch im Alpinenhaus andere alpine Kostbarkeiten damit kombinieren.

Bezugsquellen

Bitte beachten

Dieses Fachbuch soll als Wegweiser zu neuen Gartenfreuden dienen und es führt, bedingt durch die enorme Bandbreite der Thematik, zahlreiche Pflanzen an, die sich für beschränkte Räume eignen. Neben gängigen Pflanzen sind viele Seltenheiten und Neuzüchtungen genannt, und wer sich für diese interessiert, dem wird oft ein geduldiges Suchen nicht erspart bleiben. Es wäre aber für den Autor unverantwortlich, den Leser und Ratsuchenden ohne weitere Hilfe zu lassen. Deshalb finden sich auf den folgenden Seiten zahlreiche Lieferanten-Adressen, in einer Menge, wie sie wohl bisher in keinem ähnlichen Fachbuch gebracht wurden. Um den Kontakt zwischen Lieferanten und Kunden möglichst reibungslos zu gestalten, sollte man die folgenden Punkte beachten.

Dieses breitgefächerte Adressenmaterial entspricht dem Wissen des Autors, erhebt aber keinen Anspruch auf Vollständigkeit. Es gibt sicher darüber hinaus noch andere potente Lieferanten. Die Angaben entsprechen dem aktuellen Stand kurz vor der Drucklegung. Bitte bedenken Sie, daß auch Firmen hin und wieder die Adresse ändern oder vielleicht sogar erlöschen. Kataloge kosten die Firmen viel Geld, und es ist verständlich, wenn dafür mehrheitlich eine Schutzgebühr verlangt wird, die oft bei einer folgenden Bestellung gutgeschrieben wird. Bei Anfragen nach solchen Listen im Ausland sollten grundsätzlich eine Pfund-Note oder ein bis zwei US-Dollar beigefügt werden, damit der Lieferant die Ernsthaftigkeit des Interesses erkennt. Bei Bestellungen im Ausland ist auch zu bedenken, daß der Lieferant kein Interesse an Kleinstaufträgen hat, die ihm viel Arbeit bringen, aber keinen Verdienst. Deshalb liefern viele Firmen erst ab einem Mindestwert, in Großbritannien entspricht dies oft einem Wert der Sendung ab 50 oder 100 britischen Pfund.

Bleiben Sie realistisch. Man kann nicht verlangen, daß Lieferfirmen zusätzlich eine umfangreiche Korrespondenz führen über Pflanzenprobleme, Gestaltung und so weiter. Dafür gibt es andere Informationsquellen.

Die folgenden Firmen versenden normalerweise Pflanzen auch an private Kunden. In einem anschließenden Abschnitt werden viele interessante Firmen genannt, die keinen Versand an Privat durchführen, die aber ab Gärtnerei an jedermann verkaufen. Sie sollten schriftliche Anfragen an die letztgenannten Firmen unterlassen. Das gleiche ist bei den Samenlieferanten zu beachten. Einige liefern nicht an Privat, sondern nur an Erwerbsgärtner. In den meisten Fällen kann der Samenfachhandel spezielle Sorten von solchen Firmen besorgen.

Lesern, die noch keine lebenden Pflanzen per Post bezogen haben, sei gesagt, daß der Autor seit 35 Jahren Pflanzen auf diese Art und Weise bezieht. Die Bilanz ist durchaus positiv, obwohl es wie überall einige schwarze Schafe gibt, die minderwertige Qualität liefern. Sicher wird der Suchende erst einmal die Möglichkeiten ausschöpfen, Pflanzenmaterial aus der näheren Umgebung zu besorgen.

Wer die angeführten Punkte beachtet, wird wenig Ärger haben, und dann bedeutet das folgende umfangreiche Adressenmaterial einen Schlüssel zu mehr Freude im Garten.

Wo nicht ausdrücklich vermerkt, führen diese Firmen das jeweilige Gesamtsortiment, also wohlgemerkt nicht nur kleine Pflanzen, die die Thematik dieses Buches betreffen, diese dafür aber in interessanter Menge.

Lieferanten mit Versand

Alpine und kleine Steingartenstauden

Joachim Carl, Alpengarten Pforzheim,
7530 Pforzheim-Würm

Jack Drake, Inshriach Alpine Plant Nursery
Avimore, Inverness-Shire PH22 1QS, Schottland, Großbritannien

Edrom Nursery, Coldingham, Eyemouth,
Berwickshire TD14 5TZ, Großbritannien

Jac. Eschmann, Alpengarten, 6032 Emmen
(bei Luzern), Schweiz

H. Frei, Gärtnerei und Staudenkulturen,
8461 Wildensbuch, Schweiz

Hans Götz, Staudengärtnerei, 7622 Schiltach,
Schwarzwald

Hartside Nursery Garden, Low Gill House,
Alston Cumbria CA9 3BL, Großbritannien

Holden Clough Nursery, Holden, Bolton-by-
Bowland near Clitheroe Lancs. BB7 4PF,
Großbritannien

C. G. Hollett, Greenbank Nursery, Sedbergh
Cumbria LA10 5AG, Großbritannien

Horticulture Ghislaine Barrère Gariat, Mondavezan, 31220 Cazeres, Frankreich

W. E. Th. Ingwersen, Ltd. Birch Farm Nursery
Gravetye, East Grinstead West Sussex RH19
4LE, Großbritannien

Reginald Kaye, Ltd. Waithmann Nurseries
Silverdale, Carnforth, Lancs. LA5 OTY,
Großbritannien

Uwe Knopnadel, Friesland Staudengarten,
Husumer Weg 16, 2942 Jever 3 (Rahrdum)

Potterton and Martin, The Cottage Nursery,
Moortown Road, Nettleton Caistor, Lincs.
LN7 6HX, Großbritannien

Dr. Hans und Helga Simon, Gärtnerischer
Pflanzenbau, Staudenweg, 8772 Marktheidenfeld

F. Sündermann, Botanischer Alpengarten,
Aeschacher Ufer 48, 8990 Lindau im
Bodensee

Gabriele Wetzel, Botanische Raritäten, Oberkohlfurth, 5600 Wuppertal 12

Dahlien

Aylett Nurseries, Ltd., N-Orbital Road, London Colney, St. Albans, Herts. AL2 1HD,
Großbritannien

Otto Bergerhoff, Gärtnerei, Dahlien-Spezial-
Kulturen, Puhler Straße 3, 5276 Wiehl

Dunshelt Nurseries, Ladybank Road, Dunshelt, Auchtermuchty, Fife KY14 7HG,
Großbritannien

Dietrich Gnass, Dahlienkulturen, Ringstaße 15,
5760 Arnsberg 2

Halls of Heddon, W. Heddon Nurseries,
Heddon-on-the Wall, Newcastle-upon-Tyne
NE15 OJS, Großbritannien

Albrecht Hoch, Pflanzenimporteur, Potsdamer
Straße 40, 1000 Berlin 37

Wilhelm Pfitzer, Großgärtnerei, Täschen-
straße 53, 7012 Fellbach

Schwieters-Dahlien, Dahlien- und Canna-
Großkulturen, 4427 Legden in Westfalen

Walter Thiemann, Dahlien- und Jungpflanzen-
kulturen, Marke 3, 5609 Hückeswagen

Rolf Wagschal, Dahlienkulturen, Klosterberg-
straße 26, 2057 Reinbek-Hamburg

Farne

Hans Götz, Staudengärtnerei, Schramberger
Straße 65, 7622 Schiltach

Heinrich Hagemann, Staudenkulturen,
Walsroder Straße 324, 3012 Langenhagen 6

Fritz Häussermann, Schützenhausweg 43–47,
7000 Stuttgart-Weilimdorf

Kayser und Seibert, Wilhelm Leuschner
Straße 85, 6101 Roßdorf 1

Uwe Knöpnadel, Friesland Staudengarten,
Husumer Weg 16, 2942 Jever 3 (Rahrdum)

Johann Lintner, Nieder-Ofleidener Staudenkulturen, 6313 Homberg/Ohm 3

Gabriele Wetzel, Botanische Raritäten, Oberkohlfurth, 5600 Wuppertal 12

Gräser

Heinrich Hagemann, Staudenkulturen,
Walsroder Straße 324, 3012 Langenhagen 6

Kayser und Seibert, Wilhelm Leuschner
Straße 85, 6101 Roßdorf 1

Heinz Klose, Staudengärtnerei, Rosenstraße 10, 3503 Lohfelden

Uwe Knöpnadel, Friesland Staudengarten,
Husumer Straße 16, 2942 Jever 3 (Rahrdum)

Karl Heinz Marx, Staudengärtnerei, Bahnhofstraße 36, 8602 Pettstadt

Rolf Peine, Staudengärtnerei, Mariabrunner
Straße 71, 8000 München 60

Käthe Qual, Staudengärtnerei, Hörmanns-
dorf 15, 8019 Ebersberg

Dr. Hans und Helga Simon, Gärtnerischer
Pflanzenbau, Staudenweg, 8772 Marktheidenfeld (besonders auch Bambus)

Gertrud Willumeit, Baumschulen-Stauden,
Heidelberger Landstr. 179, 6100 Darm-
stadt-Eberstadt (besonders auch Bambus)

Heide- und Moorbeetpflanzen

Ballalheannagh Gardens, Glen Roy, Lonan,
Isle of Man, Großbritannien

Johannes Bornholdt, Baumschulen, Lütt'n
Feld, 2081 Alveslohe

Bressingham Gardens, Diss, Norfolk JP22
2AB, Großbritannien (nur Großaufträge)

Carl Bühring, Gartenbau, Schulstraße 1,
2127 Echem

Edrom Nurseries, Coldingham, Eyemouth
Berwickshire TD14 5TZ, Großbritannien

C. Esveld, Baumschulen, Rijneveld 72, 2771 XS
Boskoop, Niederlande

Glendoick Gardens Ltd., Nursery, Perth PH2
7NS, Schottland, Großbritannien

Heinrich Hagemann, Staudenkulturen,
Krähenwinkel bei Hannover, 3012 Langenhagen 6

Holden Clough, Nursery, Holden, Bolton-by-
Bowland near Clitheroe, Lancs. BB7 4PF,
Großbritannien

G. C. Hollett, Greenbank Nursery, Sedbergh
Cumbria LA10 5AG, Großbritannien

W. E. Th. Ingwersen, Ltd., Birch Farm Nursery
Gravetye, East Grinstead, West Sussex RH19
4LE, Großbritannien

Reginald Kaye, Ltd., Waithmann Nurseries,
Silverdale, Carnforth Lancs. LA5 OTY,
Großbritannien

Jürgen Krebs, Gartenbaumschule, Heidepark,
2812 Hoyerhagen Nr. 130

Harald Moermann, Baumschulen, Buschweg 1,
2081 Alveslohe in Holstein

Dietmar Rudowski, Heidekulturen, Römer-
straße 146, 5144 Wegberg-Klinikum

Tabramhill Gardens, Ash Landing, Far Sawrey
Ambleside, Cumbria LA22 OLW, Großbritannien

Wilhelm Wellner, Emil-Peters-Straße 16,
4930 Detmold

Hermann Westermann, Spezialgärtnerei winterharter Heiden und immergrüner Gehölze,
Baumschulweg 2, 3045 Bispingen-Borstel

Hemerocallis

Uwe Knöpnadel, Friesland Staudengarten,
Husumer Weg 16, 2942 Jever 3 (Rahrdum)

Gudrun Müller, Hochheimer Staudengarten,
Am Silbersee, 6203 Hochheim (Postan-
schrift: Schlesierweg 6, 6238 Hofheim am
Taunus)

Werner Reinermann, Schöppinger Pflanzen,
Bürgerweg 8, 4437 Schöppingen

Gräfin von Zeppelin, Staudengärtnerei,
8711 Sulzburg-Laufen

Hosta

Hatfield Gardens, 22799 Ringgold, Southern
Road, Stoutsville, Ohio 43154, USA

Homestaed Division, 9448 Mayfield Road,
Chesterland, Ohio 44026, USA

Iron Gate Gardens, Route 3, Box 250, Kings
Mountain, NC. 28086, USA

Klehm Nursery, Route 5, Box 197, South Bar-
rington, Illinois 60010, USA

Heinz Klose, Staudengärtnerei, Rosenstraße 10, 3503 Lohfelden bei Kassel

Uwe Knöpnadel, Friesland-Staudengarten,
Husumer Weg 16, 2942 Jever 3 (Rahrdum)

Iris

Albrecht Hoch, Pflanzenimporteur, Potsdamer
Straße 40, 1000 Berlin 37

Uwe Knöpnadel, Friesland-Staudengarten,
Husumer Weg 16, 2942 Jever 3 (Rahrdum)

Gudrun Müller, Hochheimer Staudengarten, Am Silbersee, 6203 Hochheim (Postanschrift: Schlesierweg 6, 6238 Hofheim am Taunus)

Werner Reinermann, Schöppinger Pflanzen, Bürgerweg 8, 4437 Schöppingen

Gräfin von Zeppelin, Staudengärtnerei, 8711 Sulzburg/Laufen

Rhododendron

Jac. Eschmann, Alpengarten, 6032 Emmen (bei Luzern), Schweiz

Glendoick Garden Ltd., Perth PH2 7NS, Schottland, Großbritannien

Hachmann Baumschulen, Brunnenstraße 68, 2202 Barmstedt in Holstein

G. Dietrich Hobbie, Rhododendron-Kulturen, Linswege, Zum Hullen 3, 2910 Westerstede 1

Holden Clough Nursery, Holden, Bolton-by Bowland near Clitheroe Lancs. BB7 4PF, Großbritannien

C. G. Hollett, Greenbank Nursery, Sedbergh Cumbria LA10 5AG, Großbritannien

W. E. Th. Ingwersen, Ltd., Birch Farm Nursery Gravetye, East Grinstead, West Sussex RH19 4LE, Großbritannien

Rosen

David Austin Roses, Bowling Green La, Albrighton, Nr. Wolverhampton WV7 3HB, Großbritannien

Fryer's Roses, Fryers Nurseries Ltd., Knutsford, Cheshire WA16 OSX, Großbritannien

Gandy's Roses Ltd., N-Kilworth near Lutterworth, Leicester LE17 6HZ, Großbritannien

R. Harknes and Co. Ltd., The Rose Gardens, Hitchin Herts. SG4 OJT, Großbritannien

Hillier Nurseries Ltd., Ampfield Ho, Ampfield near Romsey Hants. SO5 9PA, Großbritannien

Ingwer J. Jensen, Historische und seltene Rosen, Kletterpflanzen, Herman-Löns-Weg 39, 2390 Flensburg

W. Kordes Söhne, Rosenschulen, 2206 Klein Offenseth-Sparrieshoop

Strobel und Co., Markenbaumschulen, Postfach 2049, 2080 Pinneberg

Sunningdale Nurseries Ltd., London Road, Windlesham, Surrey GU20 6LN, Großbritannien

Rosen-Tantau, Tornescher Weg 13, 2082 Uetersen bei Hamburg

Rosen-Union, Steinfurther Hauptstraße 25, 6350 Bad Nauheim-Steinfurth

Stauden

Zusätzliche Spezialitäten des Sortiments sind in Klammern angegeben.

Georg Arends, Monschaustraße 76, 5600 Wuppertal 21 (Astilben, Azaleen, Phlox)

Joachim Carl, Alpengarten Pforzheim, 7530 Pforzheim-Würm (Gebirgs- und Alpenpflanzen, Steingartenstauden, Zwerggehölze)

Herbert Caspary, Staudenkulturen, Schulstraße, 6632 Saarwellingen-Schwarzenholz (auch Gehölze)

Alfons Funk, Gärtnerei, Schwarze Furth 2, 4242 Rees 2-Empel (Seerosen)

Hans Götz, Staudengärtnerei, Schramberger Straße 65, 7622 Schiltach (Alpine, Farne, heimische Pflanzen)

Heinrich Hagemann, Staudenkulturen, Walsroder Straße 324, 3012 Langenhagen 6 (Gräser, Canna, Lilien)

Fritz Häussermann, Schützenhausweg 43–47, 7000 Stuttgart-Weilimdorf (heimische Pflanzen, Farne, Gehölze)

Horticulture Ghislaine Barrère Gariat, Mondavezan, 31220 Cazeres, Frankreich

Kayser und Seibert, Staudenkulturen, Wilhelm-Leuschner-Straße 85, 6101 Roßdorf 1 (nicht alltägliche Stauden, *Delphinium*)

Heinz Klose, Staudengärtnerei, Rosenstraße 10, 3503 Lohfelden (Päonien, *Hosta*, Gräser)

Uwe Knöpnadel, Friesland Staudengarten, Husumer Weg 16, 2942 Jever 3 (Rahrdum)

Maren Lienau, Staudenkulturen, Post Groß Wittensee, 2333 Damendorf

Johann Lintner, Nieder-Ofleidener Staudenkulturen, 6313 Hobmerg/Ohm 3 (Farne)

Karl Heinz Marx, Staudengärtnerei, Bahnhofstraße 36, 8602 Pettstadt (Gräser, heimische Stauden)

Stauden Müller, Kampenweg 28, 4500 Osna-
brück-Hell
Hermann Näpfel, Staudengärtnerei, Nürnber-
ger Straße 99, 8820 Gunzenhausen
Osnabrücker Staudenkulturen, Peter und
Bärbel zur Linden, 4516 Bissendorf-Linne
Rolf Peine, Mariabrunner Straße 71,
8000 München (Schattenstauden,
Kletterpflanzen, heimische Wildstauden)
Pöppel-Stauden, Hauptstraße 95, 2805 Stuhr-
Seckenhausen
Käthe Qual, Staudengärtnerei, Hörmanns-
dorf 15, 8019 Ebersberg (Gräser)
Stauden-Rudolf, Eismannsberg 16, 8503 Alt-
dorf bei Nürnberg (Sukkulenten)
Walter Schimana, Waldstraße 21, 8861 Deini-
gen-Nördlingen (*Yucca)*
Robert Schneck und Söhne, Fellbacher
Straße 158, 7012 Fellbach
Werner Schöllkopf, Staudengärtnerei, Post-
fach 7113, 7410 Reutlingen (*Chrysanthemum-*
Indicum-Hybriden, Freilandorchideen)
Dr. Hans und Helga Simon, Gärtnerischer
Pflanzenbau, Staudenweg, 8772 Markthei-
denfeld (Bambus, Gehölze)
Wolfgang Stade, Bechenstrang 24, 4280 Bor-
ken-Marbeck (Wasserpflanzen)
Theoboldt, Staudengärtnerei, Auf der
Scheibe 2, 7960 Aulendorf
Erich Otto Volkmann, Staudenkulturen,
Schillerstraße 34, 6301 Heuchelheim
Karl Wachter, Rollbarg, 2081 Appen-Etz
(Wasserpflanzen)
Hans Peter Wahl, Backnanger Straße 21,
7153 Weissach im Tal (Polsterstauden,
Schnittstauden, Alpine)
Günther Wauschkuhn, Staudengärtnerei,
3510 Hannoversch Münden 15
Gertrud Willumeit, Baumschulen, Stauden,
Heidelberger Landstraße 179, 6100 Darm-
stadt-Eberstadt (Bambus, *Hemerocallis*)
Gräfin von Zeppelin, Staudengärtnerei,
7811 Sulzberg-Laufen (*Iris, Papaver, Heme-
rocallis, Sempervivum*)

Sumpf- und Wasserpflanzen

Alfons Funk, Gärtnerei, Schwarze Furche
Nr. 2, 4242 Rees 2 – Empel (Seerosen)

Heinrich Hagemann, Staudenkulturen,
Walsroder Straße 324, 3012 Langenhagen 6
Uwe Knöpnadel, Friesland Staudengarten,
Husumer Weg 16, 2942 Jever 3 (Rahrdum)
Erhard Wilfried Oldehoff, Siegelmühle 2,
8395 Hauzenberg (Seerosen-Gärtnerei)
Wolfgang Stade, Bechenstrang 24, 4280 Bor-
ken-Marbeck
Karl Wachter, Rollbarg, 2881 Appen-Etz
Gabriele Wetzel, Botanische Raritäten, Ober-
kohlfurth, 5600 Wuppertal 12

Winterharte Sukkulenten, Kakteen

Uwe Knöpnadel, Friesland Staudengarten,
Husumer Weg 16, 2942 Jever 3 (Rahrdum)
Oakhill Gardens, 1960 Cherry Knoll Road,
Dallas, Oregon 97338, USA
Stauden Rudolf, Eismannsberg 16, 8303 Alt-
dorf bei Nürnberg (besonders winterharte
Kakteen)
Dr. Hans und Helga Simon, Gärtnerischer
Pflanzenbau, Staudenweg, 8772 Markthei-
denfeld

Zwerg-Laubgehölze

Joachim Carl, Alpengarten, 7530 Pforzheim-
Würm
Jac. Eschmann, Alpengarten, 6032 Emmen,
Schweiz
C. Esveld, Baumschulen, 2771 XS Boskoop,
Niederlande
C.G. Hollett, Greenbank Nursery, Sedbergh,
Cumbria LA 10 5AG, Großbritannien
W.E.Th. Ingwersen, Ltd., Birch Farm Nursery
Gravetye, East Grinstead West Sussex RH19
4LE, Großbritannien
Uwe Knöpnadel, Friesland Staudengarten,
Husumer Weg 16, 2942 Jever 3 (Rahrdum)
Potterton and Martin, The Cottage Nursery,
Moortown Road, Nettleton, Caistor, Lincs.
LN7 6HX, Großbritannien
Dr. Hans und Helga Simon, Gärtnerischer
Pflanzenbau, Staudenweg, 8772 Markthei-
denfeld
Günther Wauschkuhn, Staudengärtnerei,
3510 Hannoversch Münden 15

Echte Zwerg-Nadelgehölze

Joachim Carl, Alpengarten, 7530 Pforzheim-Würm

Horstmann, Zwergkoniferen, Rotenburger Straße außerhalb, 3043 Schneverdingen

Potterton and Martin, The Cottage Nursery, Moortown Road, Nettleton, Caistor, Lincs. LN7 6HX, Großbritannien

The Wansdyke Nursery, Hillworth, Devizes Wilts. SN10 5HD, Großbritannien

Zwiebelpflanzen in Miniatur

P.J. und J.W. Christian, Pentre Cottages, Minera Wrexham, Clwyd, North Wales, Großbritannien

Horst Gewiehs, Blumenzwiebel-Import und Großhandel, Postfach 1270, 2720 Rotenburg/Wümme

Albrecht Hoch, Pflanzenimporteur, Potsdamer Straße 40, 1000 Berlin 37

J.A. Mars of Haslemere, Haslemere, Surrey GU27 2PP, Großbritannien

Potterton and Martin, The Cottage Nursery, Moortown Road, Nettleton, Caistor, Lincs. LN7 6HX, Großbritannien

Dr. Hans und Helga Simon, Gärtnerischer Pflanzenbau, Staudenweg, 8772 Marktheidenfeld

Hedy J. Stapel-Valk, Paradise Centre, Twinstead Road, Lamarsh, Bures Suffolk CO8 5EX, Großbritannien

Albert Treppens und Co., Friedrichstraße 231, 1000 Berlin 61

Gabriele Wetzel, Botanische Raritäten, Oberkohlfurth, 5600 Wuppertal 12

Lieferanten ohne Versand

Diese Firmen verkaufen ab Betrieb auch an Privatkunden. Schwerpunkte des Sortiments sind in Klammern angegeben. Anhand der Postleitzahl läßt es sich leicht erkennen, ob die Firma in erreichbarer Nähe ist.[4]

Albrecht, Staudengärtnerei, Döringsdorfer Straße 3, 3442 Wanfried (Stauden)

Angermunder Staudenkulturen, Sooterstraße 100, 4330 Mühlheim-Seelbeck (Containerstauden, Wasserpflanzen, Küchenkräuter)

Cornelia und Andreas Augustin, Mittlerer Bühl 16, 8521 Effeltrich (Stauden)

Baltin Stauden, Mörserstraße 29, 3180 Wolfsburg 13 (Stauden, besonders Opuntien, *Vinca*)

Ludwig Behrens, Soeser Weg 27, 5100 Aachen (Stauden, Alpine, Gehölze)

Delius Gartencenter, Oedenberger Straße 7, 8500 Nürnberg (Stauden, Gehölze, Sommerflor)

Wilhelm Demel, Baumschulstraße 3, 8124 Seeshaupt (Alpine, heimische Pflanzen, Gehölze)

Josef Denz, Rottweiler Straße 137, 7220 Villingen-Schwenningen (Stauden, besonders heimische Pflanzen)

Rosemarie Eskuche, Erica und Staudenkulturen, Gärtnerei am Söhnholz, 3031 Ostenholz

Staudengärtnerei Fehrle, Schwerzerallee 61, 7070 Schwäbisch-Gmünd (Stauden, besonders auch heimische Pflanzen)

Barbare Feld, Staudengärtnerei, Siedling Depot 14a, 5403 Mühlheim-Kärlich *(Sempervivum)*

Feustel Gartencenter, Königsallee 45, 8580 Bayreuth (auch Zwerggehölze und Alpine)

Bernd Fourné, Weisweiler Straße 58–62, 5163 Langerwehe-H. (Farne, Wasserpflanzen, heimische Pflanzen)

Werner Fürchtenicht, Lauenbrücher Weg 11, 2720 Rotenburg (Stauden, speziell *Sempervivum*)

Günter Fuss, Postfach 42, 3308 Königslutter (Schnittstauden, Schnittgräser)

Boto Ganzevoort, Staudenkulturen, Landstraße 58, 3551 Bad Endbach

Wolfgang Gericke, Schönefelder Straße 123, 1000 Berlin 47 (Stauden, Farne, Wasserpflanzen, heimische Pflanzen)

Henny Germann, Am Rübsamenwühl 24, 6720 Speyer (Wasserpflanzen)

Eberhard Gropper, Staudenkulturen, Schaläkker 1, 7050 Waiblingen (Polsterstauden, Schmuckstauden, Gewürzpflanzen)

Günther Härlen, Unter den Linden 100, 2093 Stelle (Stauden, Gräser, Canna)

Heim-Baumschulen, Kalterer Straße 10, 8900 Augsburg (heimische Pflanzen, Farne, Gehölze)

Hochheimer Staudengarten, Gudrun Müller, Am Silbersee, 6203 Hochheim (Postanschrift: Schlesierweg 6, 6238 Hofheim/Taunus)

Richard Homann, Auf dem hohen Ufer 21, 2820 Bremen (besonders Steingartenstauden, japanische Azaleen)

Andreas Huber, Schriesheimer Fußweg 7, 6802 Ladenburg (Gräser)

Karl Jeutter, Gärtnerhof im Marbachtal, 7320 Göppingen (Stauden, Gehölze, Kübelpflanzen)

Heinrich Junge, Seeangerweg 1, 3250 Hameln 1 (Wasserpflanzen, flächendeckende Stauden, Farne)

Jürgel KG, Baumschulen, Staudenkulturen, Sürther Straße 300, 5000 Köln 50 (Sürth) (Helleborus, Vinca, Bodendecker)

Emil Knecht KG, Garten-Zentrum, Rastatter Straße 18, 7500 Karlsruhe 51 (Gehölze)

Pflanzen Körner, Poppenbütt. Straße 92, 2000 Hamburg 65 (Stauden, Sommerblumen)

Walter Löw, Gartenbau/Baumschule, Friedrich-Ebert-Straße 14, 8480 Weiden (Herbstenziane, Alpine, Moorbeetgewächse)

Nikolaus Müller, Waldstraße 18, 6901 Bammental (Stauden, Küchenkräuter)

Hermann Neuhoff, Lee-Dieks-Weg 17, 2084 Rellingen (Stauden)

Erich und Maria Niederstadt, Riedweg 15, 4902 Bad Salzuflen 5 (Stauden)

Wolfgang Otto, Staudengärtnerei, Sigmaringer Straße, 7440 Nürtingen

Ernst Pagels, Deichstraße 4, 2950 Leer, Ostfriesland (Stauden, *Rodgersia*, Gräser, *Epimedium*)

Arno Panitz, Holzapfelstraße 3, 8303 Rottenburg an der Laaber (Stauden)

Walter Peters, Staudenkulturen, Auf dem Flidd 20, 2082 Uetersen

Gärtner Pötschke, Postfach 1220, 4044 Kaarst 2

Walter Radloff, Garten-Center, Schnieglinger Straße 54, 8500 Nürnberg 90 (Stauden, Gehölze, Gräser)

Hugo Raisch, Breslauer Straße 1, 7302 Ostfildern 2 (Stauden)

Dr. Reimer, Staudengarten, 7560 Geggenau/Winkel (Stauden)

Gärtnerei Reuther, Gärtnerstraße 1, 8077 Baar (Stauden, besonders Freilandfarne)

Ulrich Schermer, Heischhof-Stauden, 2371 Krummwisch (Stauden, Wasserpflanzen, Gräser, heimische Pflanzen)

Rolf Schimmele, SB-Baumschulen, Mühlweg 5, 7107 Neckarsulm (Gehölze, Stauden)

Max Schleipfer, Sedelweg 71, 8902 Neusäss bei Augsburg (Stauden, auch Raritäten besonders aus Neuseeland)

Paul Schnell, Staudengärtnerei, Leifringhauser Straße 60, 5880 Lüdenscheid

Baum- und Rosenschulen Schönemann, Fellbacher Straße 142–148, 7012 Fellbach bei Stuttgart (Gehölze, Rosen, Stauden, Gräser)

Staudengärtnerei Schwalm, Langholz 1, 8441 Neukirchen

Staudenkulturen Schweiss, Rheinbacher Straße 169, 5482 Grafschaft Bölling

Peter Schwermer, Staudenkulturen, Schüttenredder 5, 2300 Quarnbek-Flemh.

Stauden Siebler KG, Am Torgraben 1, 3033 Schwarmstedt (Stauden, Wasserpflanzen, Farne, Schnittstauden)

Dieter Stroh, Staudenkulturen, Kreisstraße 245, 6606 Saarbrücken (Alpine, Gräser, auch Bambus, Zwerglaub- und Zwergnadelgehölze, viele Raritäten)

Willi Tangermann, Staudenkulturen, Rauhe Wiese 17, 3204 Nordstemmen (Stauden, heimische Pflanzen)

Konrad Tietgen, Staudenkulturen, Grüne Twiete 14, 2083 Halstenbek

Hans Volz, Staudengärtnerei, Zum Geiersgrund 41, 7530 Pforzheim (Stauden, Gräser)

Helmut und Frauke Walter, Staudengärtnerei, Pinneberger Straße 240a, 2081 Appen-Etz

Karl Winkler, Goethestraße 61, 4000 Düsseldorf (Stauden)

Alfred Zimmer, Tidofeld 23, 2980 Norden (Stauden)

Samenlieferanten

Die folgenden Firmen haben Bedeutung für die
Anzucht von Sommerblumen und von kleinen
Stauden.

Ernst Benary, Samenzucht GmbH, Post-
fach 1127, 3510 Hannoversch Münden (nur
für Erwerbsgärtner, für Hobbygärtner über
den Samenfachhandel)
Chiltern Seeds, Bortree Stile, Ulverston Cum-
bria LA27 7PB, Großbritannien
Jack Drake, Inshrisch Alpine Plant Nursery,
Avimore, Inverness-Shire PH22 1QS, Schott-
land, Großbritannien
Erfurter Samenzucht KG, Weigelt und Co.
Samen- und Pflanzenzuchtbetrieb, Post-
fach 80, 6229 Walluf 1/Rheingau (nur für
Erwerbsgärtner)
R. Klaus Jelitto, Staudensamen, Post-
fach 560127, 2000 Hamburg 56 (nur für
Erwerbsgärtner)
L. Kreeger, 91 Newton Wood Road, Ashtead,
Surrey KT21 1NN, Großbritannien (Stau-
densamen)
Maver Rare, Perennial Nursery, P.O.
Box 18754, Seattle, W.A. 98118, USA
(Staudensamen)
Bruno Nebelung, Pflanzenzucht-Samenbau,
Albersloher Weg 25, 4400 Münster
Northside Seeds, Ludlow House, 12 Kingsley
Avenue, Kettering, Northants NN16 9EU,
Großbritannien
Gärtner Pötschke, Pflanzenzuchtbetrieb, Post-
fach 2220, 4044 Kaarst
Carl Sperling und Co., Pflanzenzüchter,
2120 Lüneburg (über den Samenfachhandel)
Thyanotus – Samen-Versand, Postfach
44–8109, 2800 Bremen 44 (Vertretung für
Thompson and Morgan)
Albert Treppens und Co., Samengroßhandel,
Friedrichstraße 21, 1000 Berlin 61
Gabriele Wetzel, Botanische Raritäten, Stau-
densamen, Oberkohlfurth, 5600 Wupper-
tal 12 (Staudensamen)
Zwaan Pannevis, Samenzucht, Postfach 2180,
4190 Kleve (nur für Erwerbsgärtner)

Allgemeiner Versandhandel

Die folgenden Firmen führen ein breites Sortiment von Pflanzen und Gartenbedarf. Speziell
bei den Blumenzwiebeln und -knollen finden
sich aber auch oft interessante kleinbleibende
Sorten, die zum Thema dieses Buches gehören.

Ahrens und Sieberz, Großversandgärtnerei,
Baumschulen, 5200 Siegburg-Seligenthal
Blumen Horstmann, Postfach 540, 2200 Elms-
horn
Gärtner Pötschke, Pflanzenzuchtbetriebe, Post-
fach 2220, 4044 Kaarst
Gustav Schlüter, Markenbaumschulen, Samen-
fachgeschäft, Voßloch, 2200 Bokholt-Hahn-
redder
Willemse, Blumenzwiebel-Großversand, Am
Bahnhof, 4193 Kranenburg

Literaturverzeichnis

Anderson, E.B.: Dwarf Bulbs for the Rock Garden. Thomas Nelson and Sons Ltd., London 1959.

Anley, G.: Alpine House Culture for Amateurs. Country Life Ltd., London 1938.

– Miniature Gardens. C. Arthur Pearson Ltd., London 1951.

Ashberry, A.: Miniature Trees and Shrubs. Nicholas Kaye Ltd., London 1958.

Bärtels, A.: Zwerggehölze. Verlag Eugen Ulmer, Stuttgart 1983.

Berrisford, J.: The small Shrub Garden. Faber and Faber Ltd., London 1975.

Brickel, C.D., und Mathew B.: Daphne. The Alpine Garden Society, Woking Surrey 1976.

Brilmayer, B.: All about Miniature Plants and Gardens indoors and out. Doubleday and Company, Inc. New York 1963.

Carl, J.: Miniaturgärten in Trögen, Schalen und Balkonkästen. Verlag Eugen Ulmer, Stuttgart 1978.

Conrad, S.H., und Henri Hus: Water-Lilies. Doubleday, New York 1914.

Cox, A.P.: Dwarf Rhododendrons. B.T. Batsford Ltd., London 1974.

Denkewitz, L.: Heidegärten. Verlag Eugen Ulmer, Stuttgart 1987.

Feldmaier, C. und McRae J.: Lilien. Verlag Eugen Ulmer, Stuttgart 1982.

Foerster, K.: Einzug der Gräser und Farne in die Gärten. Neumann-Verlag, Leipzig 1988, 7. Auflage.

Frank, R.: Zwiebel- und Knollengewächse. Verlag Eugen Ulmer, Stuttgart 1986.

Fricklinger, K.A., Ladiges, Prof. W. und Wieser, K.H.: Der neue Gartenteich. Tetra Werke, Melle 1981.

Genders, R.: Miniature Roses. Blanford Press, London 1960.

Heath, R.E.: Alpine Plants under Glass. John Gifford Ltd., London 1951.

– Miniature Shrubs. Barrie and Jenkins, London 1978.

– Collectors Alpines. Collingsridge, London 1981.

– Rock Plants for small Gardens. Collingsridge, London 1982.

Hills, D.L.: Miniature Alpine Gardening. Faber and Faber Ltd., London 1944.

Hörster, W.: Der Heidegarten. BLV Verlagsgesellschaft, München, Wien, Zürich 1984.

Hurtwood, Lady A. of, und Jellicoe, S.: The new small Garden. Architectural Press, London 1956.

Grounds, R.: Ornamental Grasses. Pelham Books, London 1979.

Ishimoto, T.: The Art of Growing Miniatur Trees, Plants and Landscaper. Crown Publishers, Inc. New York 1972.

Jelitto, L., Schacht, W., und Fessler, A.: Die Freiland-Schmuckstauden. Verlag Eugen Ulmer, Stuttgart 1985.

Köhlein, F.: Enziane und Glockenblumen. Verlag Eugen Ulmer, Stuttgart 1986.

– Freilandsukkulenten. Verlag Eugen Ulmer, Stuttgart 1984.

– Iris. Verlag Eugen Ulmer, Stuttgart 1981.

– Primeln. Verlag Eugen Ulmer, Stuttgart 1984.

– Saxifragen. Verlag Eugen Ulmer, Stuttgart 1980.

Laar, H. van de: Heidegärten. Paul Parey, Berlin, Hamburg 1976.

Lilley, S.E.: Ericaceous and Peat loving Plants. Alpine Garden Society, London.

Maatsch, R.: Das Buch der Freilandfarne. Paul Parey, Berlin, Hamburg 1980.

Mathew, B.: Dwarf Bulbs. B.T. Batsford, London 1973.

Melle, P.J. van: Shrubs and Trees for the small Place. Doubleday and Co., Inc. New York 1955.

Mühlberg, H.: Das große Buch der Wasserpflanzen. Edition Leipzig 1980.

Oudshoorn, W.: Farne für Haus und Garten. Verlag Eugen Ulmer, Stuttgart 1986.

Papenfuß, H.J.: Wasserpflanzen für den Gartenteich. Stichnote, Darmstadt 1963.

Perry, F.: Shrubs and Trees for the smaller Garden. C. A. Pearson Ltd., London 1961.

Proudley, B. und Proudley, V.: Heidekräuter in Landschaft und Garten. J. Neumann-Neudamm, Melsungen 1974.

Schacht, W.: Der Steingarten. Verlag Eugen Ulmer, Stuttgart 1985.

Schuster, E., und Sommer, S.: Sumpf- und Wasserpflanzen für Garten und Landschaft. VEB Deutscher Landwirtschaftsverlag, Berlin 1984.

Taylor, G.M.: The little Garden. Collins, London 1948.

Teichfischer, B.: Der schöne Teich im Garten. Urania-Verlag, Leipzig, Jena, Berlin 1984.

Wachter, C.: Der Wassergarten. Verlag Eugen Ulmer, Stuttgart 1983.

Welch, H.J.: Manual of Dwarf Conifers. Theophrastus, New York 1979.

Register

Um das Register nicht zu sehr aufzublähen, wurde die Nennung der Wissenschaftsnamen auf die Gattung beschränkt. Der Leser findet auf diesem Weg die gewünschte Auswahl kleiner Pflanzen. Seitenzahlen mit Sternchen * verweisen auf Abbildungen. Das Zeichen f. verweist auf die folgende Seite, ff. auf die folgenden Seiten.

Weitere Werke von Fritz Köhlein:

Zur weiteren Lektüre empfohlen:

Stauden und Sommerblumen für den Garten. Von → **Roy Hay, Patrick M. Synge,** London, **Achim Herklotz** †, und **Peter Menzel**, Sinzig. 3. Aufl. 358 Seiten mit 1152 Farbfotos auf 192 Tafeln. Pp. → **DM 38,-.**

Rosen für den Garten. Von → **Dietrich Woessner**, Neuhausen am Rheinfall. 2., überarb. und erg. Aufl. 208 Seiten mit 98 Farb- und 47 Schwarzweißfotos und Zeichnungen. Pp. → **DM 48,-.**

Das Kletterpflanzenbuch. Von → **Peter und Ilse Menzel**, Sinzig. 228 Seiten mit 91 Farbfotos und 57 Zeichnungen. Pp. → **DM 58,-.**

Fuchsien. Von → **Gerda Manthey**, Ergste. 2., erw. Aufl. 202 Seiten mit 91 Farbfotos und 24 Zeichnungen. Ln. mit Schutzumschlag. → **DM 78,-.**

Hemerocallis. Taglilien. Von → **Walter Erhardt**, Neudrossenfeld. 169 Seiten mit 39 Farbfotos auf 8 Tafeln und 40 Zeichnungen. Kt. → **DM 38,-.**

Päonien. Pfingstrosen. Von → **Reinhilde Frank**, Heppenheim-Erbach. 152 Seiten mit 45 Farbfotos und 27 Zeichnungen. Kt. → **DM 38,-.**

Hecken im Garten. Von → **Günter Pardatscher**, Wien. 160 Seiten mit 35 Farbfotos und 41 Zeichnungen. Kt. → **DM 38,-.**

Der Wassergarten. Von → **Karl Wachter**, Pinneberg. 6., verb. Aufl. 251 Seiten mit 128 Farbfotos, 48 Zeichnungen und 9 Entwürfen. Kst. → **DM 42,-.**

Prospekte kostenlos

Erhältlich in Ihrer Buch(Fach)handlung oder beim Verlag Eugen Ulmer, Postfach 70 05 61, 7000 Stuttgart 70

E.U.

VERLAG
EUGEN
ULMER